海绵城市建设研究丛书

夏军　张翔　总主编

“十四五”国家重点出版规划项目

海绵城市监测评价技术与应用

武治国　张家铨　黄明辉　等　著

长江出版社
CHANGJIANG PRESS

图书在版编目（CIP）数据

海绵城市监测评价技术与应用 / 武治国等著. -- 武汉：长江出版社，2023.10

（海绵城市建设研究丛书）

ISBN 978-7-5492-9156-4

Ⅰ. ①海… Ⅱ. ①武… Ⅲ. ①城市建设－研究－中国 Ⅳ. ① F299.21

中国国家版本馆 CIP 数据核字（2023）第 202029 号

海绵城市监测评价技术与应用

HAIMIANCHENGSHIJIANCEPINGJIAJISHUYUYINGYONG

武治国等　著

选题策划： 赵冕　胡紫妍
责任编辑： 高婕妤　许泽涛
装帧设计： 汪雪
出版发行： 长江出版社
地　　址： 武汉市江岸区解放大道 1863 号
邮　　编： 430010
网　　址： https://www.cjpress.cn
电　　话： 027-82926557（总编室）
027-82926806（市场营销部）
经　　销： 各地新华书店
印　　刷： 武汉精一佳印刷有限公司
规　　格： 787mm × 1092mm
开　　本： 16
印　　张： 20.25
字　　数： 460 千字
版　　次： 2023 年 10 月第 1 版
印　　次： 2023 年 10 月第 1 次
书　　号： ISBN 978-7-5492-9156-4
定　　价： 196.00 元

《海绵城市建设研究丛书》

编委会

总序

自改革开放以来，随着我国社会经济的高速发展，城市化水平也在不断提高。截至2020年，我国的城市化水平已经达到63.89%，城市数量达到687个。预计到2035年，我国城市化率将达到75%～80%，达到发达国家的城市化水平。我国城镇化建设发展迅猛，导致城市综合治理速度滞后于城市建设速度，一方面城市基础设施新建速度滞后于城市开发建设速度；另一方面已建基础设施逐步老化，更新进度缓慢，不能满足时代发展和城市品质同步提升的需求，导致城市“病”凸显，而城市“病”的核心问题之一就是城市水问题。

近年来，无论是国家层面，还是地方政府层面，都高度重视我国的城市水问题。2013年12月12日，习近平总书记在中央城镇化工作会议上强调：“提升城市排水系统时要优先考虑把有限的雨水留下来，优先考虑更多利用自然力量排水，建设自然存积、自然渗透、自然净化的海绵城市。”2015年10月，国务院办公厅印发《关于推进海绵城市建设的指导意见》，具体部署和推进了海绵城市建设试点工作。从当前和未来（2020—2030年）我国海绵城市建设规划目标来看，建设要求高，任务艰巨。从学科发展的角度来看，海绵城市建设涉及水文学、环境学、生态学、土木工程、市政工程、经济学等多门学科，迫切需要多学科交叉研究。从研究内容来看，海绵城市建设在城市水文与生态环境基础科学、规划、设计、施工、模拟、评价和运行维护等方面，迫切需要加强应用基础研究和实践总结。

《海绵城市建设研究丛书》面向国家城市绿色发展的重大需求，针对海绵城市建设的关键科学问题，围绕海绵城市建设中遇到的实践需求，从“政、产、学、研、用”协同的角度，为海绵城市建设提供了一套理论与实践相结合的书籍。本丛书包含三个主要部分：一是海绵城市建设的水文学和生态水文学基础理论；二是海绵城市建设规划、评估、优化和模拟方法；三是海绵城市建设在设施、施工、运维管理的工程实践。

本丛书全面地覆盖了海绵城市建设的各环节，为海绵城市建设提供了系统化的理论基础和实践指南。

《海绵城市建设研究丛书》编委会

2022年8月于江城（武汉）

序

近年来，随着我国城市化的快速发展，受气候变化和高强度开发的土地利用覆被变化的影响，水文循环发生变化，污染物排放量增多导致水环境恶化，城市建设挤占原有的生态系统导致湿地退化与湖泊萎缩，这些情况进一步引起城市内涝、水体黑臭、河湖生态退化等水问题，使城市水文与水系统科学的发展面临新的挑战。2023年7月，习近平总书记在全国生态环境保护大会上强调："要加强科技支撑，推进绿色低碳科技自立自强，把应对气候变化、新污染物治理等作为国家基础研究和科技创新重点领域，狠抓关键核心技术攻关，实施生态环境科技创新重大行动，培养造就一支高水平生态环境科技人才队伍，深化人工智能等数字技术应用，构建美丽中国数字化治理体系，建设绿色智慧的数字生态文明。"

海绵城市已成为我国城市建设中的热点。海绵城市建设以城市低影响开发(LID)的源头治理和城市水系统综合治理的结合为核心，推动城市化可持续发展。海绵城市建设在分散型和集中式结合的蓄水与排水能力内，虽然能减缓超标准洪涝灾害，但是不能消除超标准特大自然灾害带来的损失。利用可能的工程措施和非工程措施，提前防范超标准的特大自然灾害发生，能最大程度降低自然灾害所带来的损失。

专著《海绵城市监测评价技术与应用》，是武治国及其团队10年来海绵城市建设经验的积累与总结，是一本理论与实务相结合，富有我国数字化治理绿色智慧，构建数字生态体系的书籍。其内容包含海绵城市监测方案设计的相关技术、海绵城市监测数据应用、现阶段海绵城市监测新技术和实际系统平台建设案例，系统阐述了海绵城市监测对象、节点和监测指标，海绵城市监测的技术和要点，监测指标采集方法和设备，监测数据采集、管理和应用，海绵城市模型应用，海绵城市效果评价，海绵城市监测评价系统建设等技术实践的方法。书中对未来海绵城市监测评价技术的发展，如"天空地一体化融合"监测评价技术，水文水量监测、水质监测新技术产品研发也做了介绍，探讨了数据模型发展和新技术、开发标准监测井的设计和应用等要点。

该书作者提供了很宝贵的应用案例，其中西宁市智慧海绵城市监测评价系统应用于我国第二批海绵城市试点、我国半干旱地区唯一的海绵城市试点城市——西宁市，通过过程管控和考核评估，构建出一套系统、完整的监测体系方案，将西宁试点区实施后所得数据通过开发数字化管理平台远程传输，实现一张图可视化展示，以及全方位、长期有效的海绵城市建设全生命周期管理；上海市虹口区海绵城市监测评价系统针对各个排水分区的管网关键节点、易涝点、受纳水体进行长期的监测评价，案例涉及监测点位布设的位置、监测的指标和仪器的使用、监测数据统计分析的方法，最后形成海绵城市建设评价的长期结果。该书案例表现出耦合城市自然—社会水循环及其伴生的水环境过程和多尺度海绵措施的影响，是解决我国城市复杂水问题和促进绿色低碳科技发展的重要理论和技术基础。

总之，该书结构清晰、案例翔实，对应用于海绵城市建设的新技术与发展脉络进行了很好的论述介绍，适合从事城市建设管理部门、生态环境保护部门、水利（水务）部门的技术人员和管理者，以及水文、水资源、环境工程、给水排水等相关专业的师生阅读和参考。

中国科学院院士

武汉大学教授

2023 年 9 月

前言

PREFACE

“海绵城市”，是一个具有中国特色、创新的城市规划建设和雨洪管理的理念。海绵城市建设是缓解城市内涝的重要举措之一，能有效应对内涝防治设计重现期以内的强降雨，使城市在适应气候变化、抵御暴雨灾害等方面具有良好弹性和韧性。应急管理部发布的洪涝灾害统计数据显示，2021 年洪涝灾害造成 5901 万人次受灾，死亡失踪 590 人，倒塌房屋 15.2 万间，直接经济损失 2458.9 亿元；2022 年洪涝灾害造成 3385.3 万人次受灾，死亡失踪 171 人，直接经济损失 1289 亿元；2023 年洪涝灾害造成 5278.9 万人次受灾，死亡失踪 309 人，倒塌房屋 13 万间，直接经济损失 2445.7 亿元。依据生态环境部发布的地表水环境质量状况结果，2021 年水质优良（Ⅰ～Ⅲ类）断面比例为 84.9%，劣Ⅴ类断面比例为 1.2%；2022 年水质优良（Ⅰ～Ⅲ类）断面比例为 87.9%，劣Ⅴ类断面比例为 0.7%；2023 年水质优良（Ⅰ～Ⅲ类）断面比例为 89.4%，劣Ⅴ类断面比例为 0.7%。

以上数据说明，无论是我国雨洪防治，还是水环境、水生态治理，仍然任重道远，所以海绵城市相关新理念、新工具、新方法的推广和应用极为重要。海绵城市建设前和建设后对城市雨洪管理作用，如降低城市洪涝灾害的冲击，保持水环境、水生态等，都需要用科学、数字化的手段进行监测、比对和评价，这些评价和研究结果对全域推广海绵城市建设将起到重要作用。海绵城市监测包含对常规的管道、河湖监测，以及新兴的低影响开发设施运行监测。海绵城市监测评价系统（智慧海绵城市）通过数字城市、物联网、云计算等信息技术，实现各种集中式或分布式的碳汇处理设施、绿色基础设施和海绵城市建设的海绵设施协同管理，从而使海绵城市的建设与管理更加高效和富有智慧。本书聚焦于海绵城市监测评价技术与应用，详细地阐述了这一领域的前沿理念、最新技术和实践案例。本书不仅简要介绍了海绵城市的基本理论和发展历程，对海绵城市的监测评价技术进行深入探讨和解析，而且分享了西宁市海绵城市监测评价系统、上海市虹口区海绵城市监测评价系统等实际应用案例及经验教训。

本书是对新烽光电团队自2014年参加海绵城市建设工作10年经验的积累与总结，内容涵盖海绵城市监测设备制造、海绵城市物联网系统建立、海绵城市数学模型的应用、海绵城市监测评价系统建设及海绵城市监测评价案例。

本书包括10章，第1章为绪论，第2～4章总体介绍海绵城市监测方案设计的相关技术，第5～8章重点介绍海绵城市监测数据应用，第9、10章分别介绍现阶段海绵城市监测新技术和实际系统平台建设案例。

本书的整体架构、内容的组织、修改定稿由武治国完成，张家铨、黄明辉对各章内容进行整理、撰写、校核。各章节作者如下：第1、2章张家铨、黄明辉；第3章陈银、沈海超、崔立冬；第4章潘凌、陈银、徐锦锋、熊子谦、杨伟光、沈海超、崔立冬；第5章刘翀、王家琛、熊凯；第6章张家铨；第7章刘翀、王家琛；第8章熊凯、张鸿志；第9章张家铨、潘凌、陈银、杨伟光、薛世兵、徐凯；第10章刘翀。

本书不仅能帮助读者更好地理解海绵城市的理念，掌握其监测评价技术的核心要点，推动海绵城市理念在城市规划建设、项目实施中落地实践，而且能帮助海绵城市的建设者和管理者借助监测评价系统，科学地对海绵城市建设的绩效以及长期的运行效果进行评价和研究。无论是城市规划工作者，还是对海绵城市感兴趣的读者，相信都能从中获得有益的参考和启示。

本书的编写得到各方大力支持与帮助，特别感谢贡献了自己专业知识和实践经验的新烽光电团队成员，以及为本书的出版付出辛勤努力的夏军院士和张翔教授。同时，由于作者水平有限，书中还有很多不尽如人意之处，敬请广大读者批评指正！

作　者

2023年9月

目录 CONTENTS

第 1 章　绪　论

本书主要介绍海绵城市监测评价技术和相关的应用案例，分为监测方案设计的相关技术、监测数据应用、海绵城市监测新技术和实际系统平台建设案例介绍 3 个部分。现将主要章节内容介绍如下。

1.1　第 2～4 章总体介绍海绵城市监测方案设计的相关技术

首先，从海绵城市概念出发，同步探究监测和海绵城市建设间的关系，明确海绵城市监测的目的和意义；其次，协助读者了解海绵城市监测的整体概念，一方面解读相关政策文件要求，另一方面依托海绵城市试点城市建设时期的实际经验，总结海绵城市监测对象、监测节点以及监测指标，形成较为清晰的监测边界和框架内容，给海绵城市建设的监测工作者提供一定的参考。

我国海绵城市兴起较晚，没有较为明确和完善的监测规范来指导监测设计，现阶段海绵城市建设的重点为缓解内涝问题，因此，本部分主要从评估内涝问题缓解情况出发，针对径流雨水监测存在的监测点位布置和采样方法不合理、水质监测指标不明确、采样时间及频次不确定等问题，分析总结径流雨水监测现状及相关标准，以“源头”“过程”“系统”作为整体监测体系，提出适用于设施、排水管网、受纳水体的监测位置、监测指标、采样时间频次等监测要点和建议。

针对第 2～3 章涉及的监测内容，第 4 章根据实际项目经验，提供海绵城市监测指标采集的方法，并介绍包括气象、水文、水质监测在内的行业成熟的监测设备情况，给海绵城市监测工作者提供参考。

1.2　第 5～8 章重点介绍海绵城市监测数据应用

第 5 章主要介绍通过第 2～4 章中阐述的监测方案获取的数据，如何科学有效地进行采集、管理和应用。充分利用监测感知设备，将采集的各类水务信号解析转换为可用信息并储存，同时进行数据处理和分析。数据的采集、管理和应用能够实现数据的动态监管，同时，在海绵城市监测系统网络中，分层级、分功能的应用在实时在线监测、测报、预警，应用历史数据检讨、改进运维策略，应用统计数据科学化分析、规划、设计。

第 6 章先建立海绵城市设计、建设及评价与模型的关系，说明模型在海绵城市所扮演的模拟、评价角色。然后说明涉水模型的发展概况，以及在海绵城市建设中常用的模型工具及适用概况。最后以镇江市海绵城市模型作为应用实例，分析如何实现精细化海绵城市模型的评价及管理。

海绵城市建设效果评价的目的是以评价过程来促进建设、以评价结果来监督管理、以评价反馈来指导发展。本部分主要通过解读中华人民共和国住房和城乡建设部发布的海绵城市试点及现阶段示范城市建设绩效评价相关政策文件要求，分析和总结海绵城市建设评价的阶段性重点内容。

海绵城市监测评价系统(又称为智慧海绵城市)通过数字城市、物联网、云计算等信息技术，实现各种集中或分布式的碳汇处理设施、绿色基础设施和海绵城市建设的海绵设施协同管理，从而使海绵城市的建设与管理更加高效和智慧。因此本部分通过海绵城市监测评价系统定义、通信和数据采集法、数据库和数据滤网功能的介绍，架构起智慧海绵城市系统，并重点介绍智慧海绵城市平台建设案例。

1.3 第 9、10 章分别介绍现阶段海绵城市监测新技术和实际系统平台建设案例

第 9 章主要介绍“天空地一体化融合”监测评价技术、水文水量监测新技术新产品、水质监测新技术新产品、数据模型新技术以及标准监测井的设计和应用 5 个部分。“天空地一体化融合”监测评价技术主要实现“天空地”感知数据深度融合，包括使用卫星(天)、无人机(空)、地面传感(地)的立体化数据，建立数据融合与模型耦合分析计算的后台工具，最后呈现多源异构数据无缝拼接切换展示；在数据模型发展和新技术方面，为了解决特定的技术问题，模型工程师应根据实际需求选择应用现有模型、单独或组合应用多个模型、修改现有模型或开发特定站点的模型，设计模型的每个应用程序需满足特定系统的分析需求；标准监测井的设计和应用，主要采用预制装配式钢筋混凝土检查井，可大量减少现场湿作业，提高检查井施工速度，使检查井井体整体性更好、抗震能力更强，检查井刚度大有利于提高检查井四周回填土的密实度，避免回填土下沉，提高道路质量，从而使通路耐久性好，使用寿命长。

第 10 章以青海省西宁市和上海市虹口区两个城市项目为案例，结合项目实际背景条件和环境特点，对智慧海绵城市监测评价系统的建设实施工作进行经验总结和分享。

第 2 章　海绵城市监测对象、节点和监测指标

近年来，全球各地城市不断遭受气候变化和生态环境污染等引发的灾害的冲击，人民群众的生命财产安全遭受了无法估量的损失。据不完全统计，自 2010 年以来，我国因灾害导致的年均直接损失已超千亿元，全国共有 15 个省份损失在百万亿元以上。城市内涝覆盖范围涉及全国大多数省份，城乡受灾人口已将近 1 亿。

现阶段对因水而兴、傍水而居的城市持续推进海绵城市建设，是为了尽可能地使其建设区水文特征城市化。人口密集、工业集中的城市往往“逢大雨必涝”，通过海绵城市建设，能极大地缓解这一典型城市病情。

本章主要依据国家发布的海绵城市建设的相关评估要求，以定量考核指标作为监测重点，梳理监测工作中的各环节，主要内容包括海绵城市监测对象、监测节点及监测指标。

2.1　海绵城市的概念

2003 年，喻孔坚、李迪华在《城市景观之路——与市长们交流》[1]中提到：“河流两侧的自然湿地如同海绵，调节河水之丰俭，缓解旱涝之灾害。”“海绵城市”的概念最早由我国学者提出，比喻城市或土地的雨洪管理能力。经统计，目前从知网收录的涉及“海绵城市”主题的文献共计 1.43 万余篇。最早收录的一篇文献是 2008 年发布的《“海绵城市”建设走在全省前列》[2]，由此可知，自 2008 年开始，海绵城市概念已初见雏形。浙江省率先开展生态排水系统、推进绿地景观系统、修复生态湿地系统等工程建设项目。此类项目已具有低影响开发(Low Impact Development，LID)工程的特征与身影。LID 技术是 20 世纪 90 年代末发展起来的暴雨管理和面源污染处理技术，包含粗略的海绵城市“渗、滞、蓄、净、用、排”概念。

我国“海绵城市”概念的提出比其他发达国家晚，目前我国推行的海绵城市建设主要设施遵循国际主流的低影响开发雨水系统构建思想，以实现城市雨洪管理，即对城市雨水的控制和利用。经过多年的实践，结合我国水资源环境与地形地貌情形，并融合及提炼各国大量实践总结的经验，我国形成了具有中国特色的海绵设施构成与建设理论体系。整体海绵城市体系下的技术包括以下三类。

(1)让自然“做功”的生态设计技术

自然生态系统生生不息，为维持人类生存和满足人类需要提供各种条件和过程。生态设计是要让自然“做功”，强调人与自然过程的共生和合作关系。从更深层的意义上说，生态设计是一种最大限度地借助于自然力的最少设计[3]。任何技术的使用都要尊重自然，而不是依赖工程措施，不惜代价地以“改变场地原本稳定生态环境”为代价来实施“生态建设”。

(2)古代水适应技术遗产

先民在长期的水资源管理及与旱涝灾害适应的过程中，积累了大量具有朴素生态价值的经验和智慧，增强了人类适应水环境的能力。已有古代城乡聚落适应水环境方面的经验散见于聚落地理方面的文献[4,5]，在城市规划界，吴庆洲做了大量卓有成效的相关研究[6]，水利方面的相关遗产也非常丰富[7]。俞孔坚等研究了黄泛平原古代城市的主要防洪治涝的适应性景观遗产，并总结出“城包水”“水包城”和“阴阳城”等水适应性城市形态。这些研究成果饱含着古人应对洪涝灾害的生存经验，对今天的城市水系治理、防洪治涝规划以及土地利用规划等依然大有裨益[8]。同时，古代人民还创造了丰富的水利技术，如我国有着 2500 年的陂塘系统[9,10]，它同时提供水文调节、生态净化、水土保持、生物多样性保护、生产等多种生态系统服务。目前学术界对这些传统技术的整理归纳和应用还在进一步深化。

(3)当代西方雨洪管理的先进技术

目前发达国家已有比较完备的经验，如美国的最佳管理措施、低影响开发、绿色建筑，澳大利亚的水敏感城市，英国的可持续排水系统，荷兰的水广场，新加坡的活跃、美丽、洁净水项目，日本的雨水贮留渗透计划，新西兰的低影响城市设计和开发等[11]。

2013 年 12 月，习近平总书记在中央城镇化工作会议上强调:“在提升城市排水系统时要优先考虑把有限的雨水留下来，优先考虑更多利用自然力量排水，建设自然积存、自然渗透、自然净化的海绵城市。”国务院紧随其后出台的《国务院关于加强城市基础设施建设的意见》[12]、《国务院办公厅关于做好城市排水防涝设施建设工作的通知》[13]等相关政策文件提出:围绕推进新型城镇化的重大战略部署，立足于稳增长、调结构、促改革、惠民生，科学研究、统筹规划，提升城市基础设施建设和管理水平，提高城镇化质量;各地区要认真排查隐患点，采取临时应急措施，有效解决当前影响较大的严重积水内涝问题，避免因暴雨内涝造成人员伤亡和重大财产损失;要在摸清现状的基础上，编制完成城市排水防涝设施建设规划，力争用 5 年的时间完成排水管网的雨污分流改造，用 10 年左右的时间，建成较为完善的城市排水防涝工程体系。

2014 年 2 月，中华人民共和国住房和城乡建设部印发的《住房和城乡建设部城市建设司 2014 年工作要点》[14]指出，要“督促各地加快雨污分流改造，提高城市排水防涝水平，大力推行低影响开发建设模式，加快研究建设海绵型城市的政策措施”;并于同年 11 月发布《海绵城市建设技术指南——低影响开发雨水系统构建(试行)》[15]，指导各地在新型城镇化建设过程中，推广和应用低影响开发建设模式，加大城市径流雨水源头减排的刚性约束，优先利用自然排水系统，建设生态排水设施，充分发挥城市绿地、道路、水系等对雨水的吸纳、蓄渗和缓释作用，使城市开发建设后的水文特征接近开发前，有效缓解城市内涝、削减城市径流污染负荷、节约水资源、保护和改善城市生态环境，为建设自然存积、自然渗透、自然净化的海绵城市提供重要保障。

上述相关国家政策文件对海绵城市的建设提出了如下指导要求。

1)海绵城市建设——低影响开发雨水系统构建的基本原则。

①规划引领城市各层级、各相关专业规划以及后续的建设程序，应落实低影响开发建设、低影响开发雨水系统构建的内容，先规划后建设，体现规划的科学性和权威性，发挥规划的控制和引领作用。

②生态优先城市规划中应科学划定蓝线和绿线，城市开发建设应保护河流、湖泊、湿地、坑塘、沟渠等水生态敏感区，优先利用自然排水系统与低影响开发设施，实现雨水的自然积存、自然渗透、自然净化和可持续水循环，提高水生态系统的自然修复能力，维护城市良好的生态功能。

③安全为重，以保护人民生命财产安全和社会经济安全为出发点，综合采用工程措施和非工程措施以提高海绵设施的建设质量和管理水平，消除安全隐患，增强防灾减灾能力，保障城市水安全。

④因地制宜，各地应根据当地自然地理条件、水文地质特点、水资源禀赋状况、降雨规律、水环境保护与内涝防治要求等，合理确定低影响开发控制目标与监测指标，科学规划布局和选用下沉式绿地、植草沟、雨水湿地、透水铺装、多功能调蓄等海绵设施及其组合系统。

⑤统筹建设地方政府应结合城市总体规划和建设，在各类建设项目中严格落实各层级相关规划中确定的低影响开发控制目标、监测指标和技术要求，统筹建设。

2)海绵城市的建设途径。

主要有以下几方面：一是对城市原有生态系统的保护，最大限度地保护原有的河流、湖泊、湿地、坑塘、沟渠等水生态敏感区，留有足够的涵养水源，应对较大强度降雨的林地、草地、湖泊、湿地，维持城市开发前的自然水文特征，这是海绵城市建设的基本要求；二是生态恢复和修复，在传统粗放式城市建设模式下，对已经受到破坏的水体和其他自然环境，运用生态的手段进行恢复和修复，并维持一定比例的生态空间；三是低影响开发，按照对城市生态环境影响最低的开发建设理念，合理控制开发强度，在城市中保留足够的生态用地，控制城市不透水面积比例，最大限度地减少对城市原有水生态环境的破坏，同时，根据需求适当开挖河湖沟渠，增加水域面积，促进雨水的积存、渗透和净化。

3)海绵城市建设——低影响开发雨水系统构建需统筹协调城市开发建设各个环节。

设计阶段应对不同低影响开发设施及其组合科学合理地进行平面与竖向设计，在建筑与小区、城市道路、绿地与广场、水系等规划建设中，应统筹考虑景观水体、滨水带等开放空间，建设低影响开发设施，构建低影响开发雨水系统。低影响开发雨水系统的构建与所在区域的规划控制目标、水文、气象、土地利用条件等关系密切，因此，在选择低影响开发雨水系统的流程、单项设施或其组合系统时，需要进行技术经济分析和比较，优化设计方案。低影响开发设施建成后应明确维护管理责任单位，落实设施管理人员，细化日常维护管理内容，确保低影响开发设施运行正常。海绵城市建设——低影响开发雨水系统构建途径示意图见图 2-1。

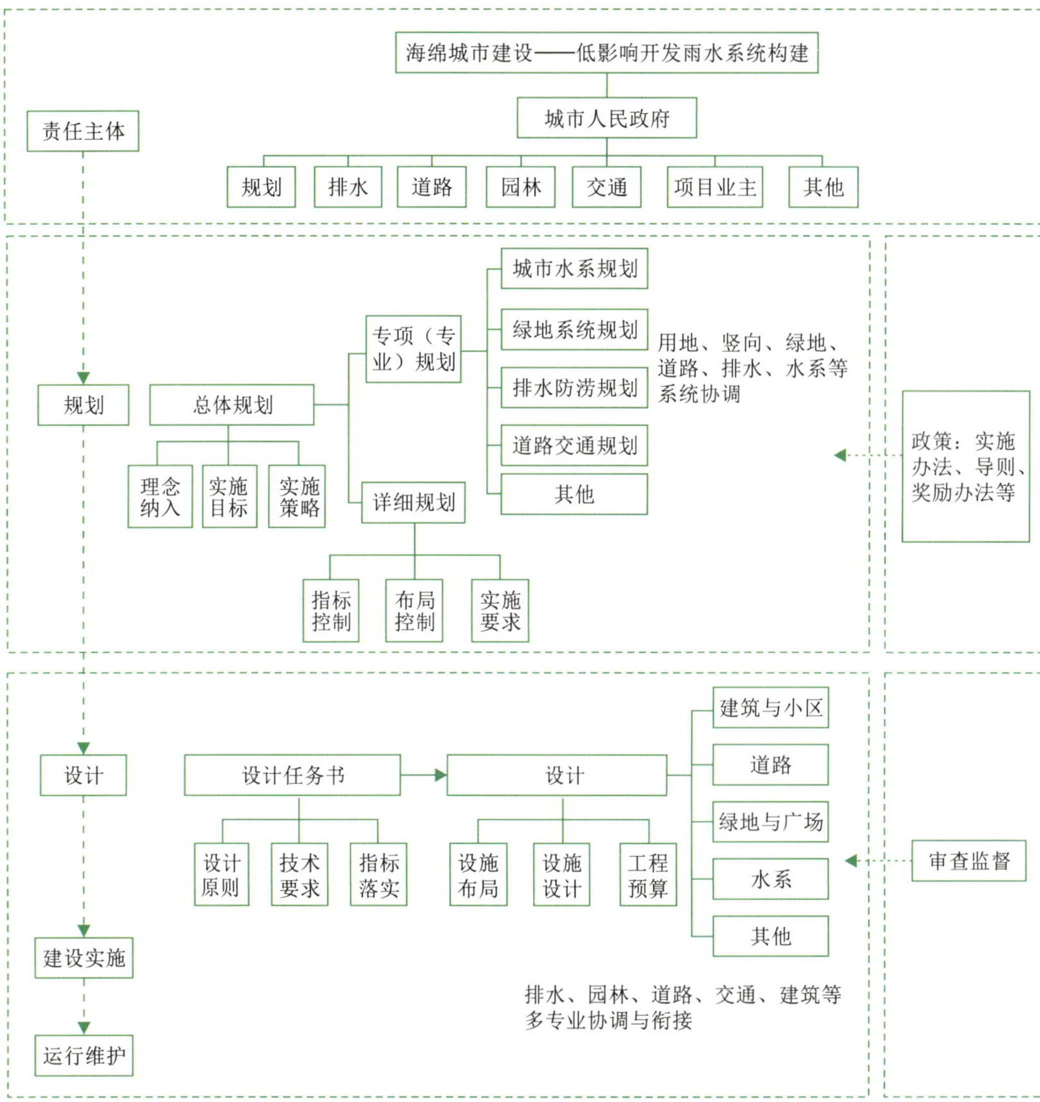

图 2-1　海绵城市建设——低影响开发雨水系统构建途径示意图

2013 年之后，海绵城市建设如雨后春笋般在我国发展起来。2015—2016 年，与海绵城市建设实践方法或过程相关的技术在众多项目和专家学术研究成果中得到体现。例如，下述几篇文献。

1）仇保兴在《海绵城市（LID）的内涵、途径与展望》[16]中表述：城镇是水体污染最重要的源头，通过海绵城市（LID）建设使城市成为应对水污染的主战场，是解决水资源短缺的希望。海绵城市规划与智慧水务是协整海绵城市各单元有效运行的两大系统。相关概念内测仍在发展中，创建具有中国特色的海绵城市理论、规范、标准任重道远。

2）车生泉等在《海绵城市理论与技术发展沿革及构建途径》[17]中提出：建立健全的雨水管理法律法规体系，将低影响开发理念融入规范性文件，确定在推进海绵城市建设过程中以雨洪管控、削减污染为主要目标；其次，加强技术研发与推广，研究适宜不同气候条件、城乡梯度和功能类型的场地中的雨水低影响开发的技术体系和模式，并出台各地区海绵城市建设技术导则与评价体系；最后，加强多方力量协同合作，寻求政府、科研机构、市场、群众等多方力量共同建设海绵城市的途径。

3）俞孔坚等在《“海绵城市”理论与实践》[18]中指出：“海绵城市”有别于传统的工程依赖治水思路和“灰色”基础设施，它作为一种生态途径，其构建核心在于建立跨尺度的水生态基础设施，以综合解决中国城乡突出的水问题。

4）吴丹洁等在《中国特色海绵城市的新兴趋势与实践研究》[19]中指出：梳理海绵城市的起源和我国提出的时代背景，探析雨洪治理、弹性城市、生态城市、低碳城市、低影响开发模式和城市可持续发展等海绵城市的核心理念与科学内涵，认为海绵城市建设与雨洪治理息息相关，海绵城市与生态城市、低碳城市、智慧城市存在理论递进的紧密联系，相辅相成。

5）杨阳等在《海绵城市概念与思想》[20]中提出：规划上，加强各专业和部门协作，以科学分析水文特征为先，合理配置空间资源；技术上，各地区应制定符合其地域条件和要求的专用技术指南，避免照搬模式；法规上，制定完善的法规政策和管理体系，做到开发有法可依，管理有法可循；实施上，辅以经济调节手段，加强政策支持与示范宣传，提高企业和市民减污、水体保护及水资源合理利用的意识和行动力。

6）车伍等在《海绵城市建设指南解读之基本概念与综合目标》[21]中提出：规划设计阶段构建综合的指标体系、应用绿色与灰色基础设施、合理选择设施、组合系统、方案优化等工作，均与概念和目标紧密联系，需要专业人员在清晰、全面的认识下重点突破。在实际建设过程中，各地、各项目条件差异大，面临问题也有所不同，特别需要在清晰的基本概念和综合目标的基础上，科学、灵活地应用新型雨水系统的规划设计方法。

传统的市政模式认为，雨水排得越多、越快、越通畅越好，这种“快排”（图 2-2）的传统模式并没有考虑水的循环利用。海绵城市遵循“渗、滞、蓄、净、用、排”六字方针，把雨水的渗透、滞留、集蓄、净化、循环使用和排水密切结合，统筹考虑内涝防治、径流污染控制、雨水资源化利用和水生态修复等多个目标。

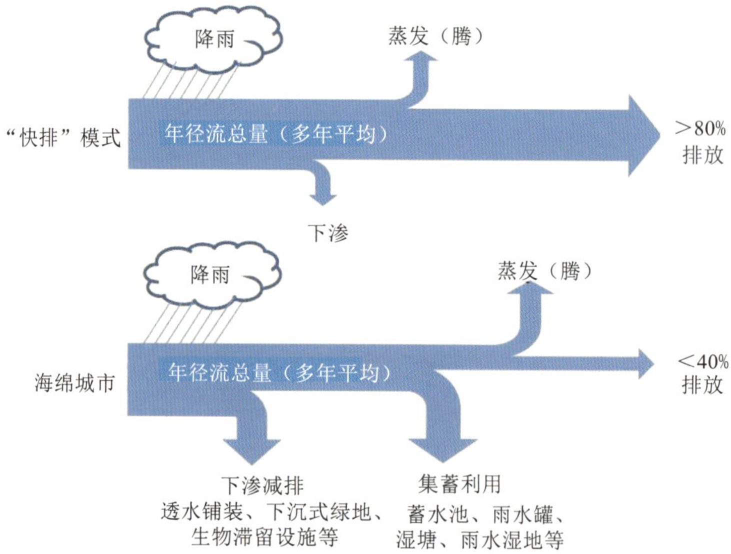

图 2-2　海绵城市转变排水防涝思路

2018 年 12 月，中华人民共和国住房和城乡建设部及国家市场监督管理总局联合发布《海绵城市建设评价标准》(GB/T 5134—2018)[22]，内容根据《关于开展〈海绵城市建设评价标准〉研究编制工作的函》[23]的要求标准编制，摘录内容如下：

1)海绵城市建设评价应遵循海绵城市建设的宗旨，保护山水林田湖草等自然生态格局，维系生态本底的渗透、滞蓄、蒸发(腾)、径流等水文特征，保护和恢复降雨径流的自然积存、自然渗透、自然净化。海绵城市建设评价应遵循海绵城市建设的技术路线与方法，目标与问题导向相结合，按照"源头减排、过程控制、系统治理"理念系统谋划，因地制宜，灰色设施和绿色设施相结合，采用"渗、滞、蓄、净、用、排"等方法综合施策。

2)海绵城市建设的评价应以城市建成区为评价对象，对建成区范围内的源头减排项目、排水分区及建成区整体的海绵效应进行评价。评价的结果应按排水分区为单元，统计达到本标准要求的城市建成区面积占城市建成区总面积的比例。内容由考核内容和考查内容组成，达到本标准要求的城市建成区应满足所考核内容的要求，考查内容应进行评价但结论不影响评价结果的判定。并且应对典型项目、管网、城市水体等进行监测，以不少于 1 年的连续监测数据为基础，结合现场检查、资料查阅和模型模拟进行综合评价。此外，对源头减排项目实施有效性的评价，应根据建设目标、技术措施等选择有代表性的典型项目进行监测评价。每类典型项目应选择 1～2 个监测项目，对接入市政管网、水体的溢流排水口或检查井处的排放水量、水质进行监测。

3)在海绵城市建设评价内容与要求中，将"年径流总量控制率及径流体积控制、源头减排项目实施有效性、路面积水控制与内涝防治、城市水体环境质量、自然生态格局管控与水体生态性岸线保护"作为考核内容，地下水埋深变化趋势、城市热岛效应缓解作为考查内容。海绵城市建设评价内容与要求见表 2-1。

表 2-1　　海绵城市建设评价内容与要求[24]

<table>
<tr><th colspan="2">评价内容</th><th>评价要求</th><th>评价方法</th></tr>
<tr><td colspan="2">年径流总量控制率及径流体积控制</td><td>①新建区：不得低于“我国年径流总量控制率分区图”所在区域规定的下限值及所对应计算的径流体积。
②改建区：经技术经济比较，不宜低于“我国年径流总量控制率分区图”所在区域规定的下限值及所对应计算的径流体积</td><td>应符合本标准5.1节的规定</td></tr>
<tr><td rowspan="3">源头减排项目实施有效性</td><td>建筑小区</td><td>①年径流总量控制率及径流体积控制：新建项目不应低于“我国年径流总量控制率分区图”所在区域规定的下限值及所对应计算的径流体积；改扩建项目经技术经济比较，不宜低于“我国年径流总量控制率分区图”所在区域规定的下限值及所对应计算的径流体积；或达到相关规划的管控要求。
②径流污染控制：新建项目年径流污染物总量（以悬浮物计）削减率不宜小于70%，改扩建项目年径流污染物总量（以悬浮物计）削减率不宜小于40%；或达到相关规划的管控要求。
③径流峰值控制：在雨水管渠及内涝防治设计重现期下，新建项目外排径流峰值流量不宜超过开发建设前原有径流峰值流量；改扩建项目外排径流峰值流量不得超过更新改造前原有径流峰值流量。
④新建项目硬化地面率不宜大于40%；改扩建项目硬化地面率不应大于改造前原有硬化地面率，且不宜大于70%</td><td rowspan="3">应符合本标准5.2节的规定</td></tr>
<tr><td>道路、停车场及广场</td><td>①道路：应按照规划设计要求进行径流污染控制；对具有防涝行泄通道功能的道路，应保障其排水行泄功能。
②停车场与广场：
年径流总量控制率及径流体积控制：新建项目不得低于“我国年径流总量控制率分区图”所在区域规定的下限值及所对应计算的径流体积；改扩建项目经技术经济比较，不宜低于“我国年径流总量控制率分区图”所在区域规定的下限值及所对应计算的径流体积。
径流污染控制：新建项目年径流污染物总量（以悬浮物计）削减率不宜小于70%，改扩建项目年径流污染物总量（以悬浮物计）削减率不宜小于40%。
径流峰值控制：在雨水管渠及内涝防治设计重现期下，新建项目外排径流峰值流量不宜超过开发建设前原有径流峰值流量；改扩建项目外排径流峰值流量不得超过更新改造前原有径流峰值流量</td></tr>
<tr><td>公园与防护绿地</td><td>①新建项目控制的径流体积不得低于年径流总量控制率90%对应计算的径流体积，改扩建项目经技术经济比较，控制的径流体积不宜低于年径流总量控制率90%对应计算的径流体积。
②应按照规划设计要求接纳周边区域降雨径流</td></tr>
<tr><td colspan="2">路面积水控制与内涝防治</td><td>①灰色设施和绿色设施应合理衔接，应发挥绿色设施滞峰、错峰、削峰等作用。
②在雨水管渠设计重现期对应的降雨情况下，不应有积水现象。
③在内涝防治设计重现期对应的暴雨情况下，不得出现内涝</td><td>应符合本标准5.3节的规定</td></tr>
</table>

续表

评价内容	评价要求	评价方法
城市水体环境质量	①灰色设施和绿色设施应合理衔接，应发挥绿色设施控制径流污染与合流制溢流污染及水质净化等作用。 ②旱天无污水、废水直排。 ③控制雨天分流制雨污混接污染和合流制溢流污染，并不得使所对应的受纳水体出现黑臭；或雨天分流制雨污混接排放口和合流制溢流排放口的年溢流体积控制率均不应小于50%，且处理设施悬浮物排放浓度的月平均值不应大于50mg/L。 ④水体不黑臭：透明度应大于25cm（水深小于25cm时，该指标按水深的40%取值），溶解氧应大于2.0mg/L，氧化还原电位应大于50mV，氨氮应小于8.0mg/L。 ⑤不应劣于海绵城市建设前的水质；河流水系存在上游来水时，旱天下游断面水质不宜劣于上游来水水质	应符合本标准5.4节的规定
自然生态格局管控与水体生态性岸线保护	①城市开发建设前后天然水域总面积不宜减小，保护并最大限度恢复自然地形地貌和山水格局，不得侵占天然行洪通道、洪泛区和湿地、林地、草地等生态敏感区；或应达到相关规划的蓝线、绿线等管控要求。 ②城市规划区内除码头等生产性岸线及必要的防洪岸线以外，新建、改建、扩建城市水体的生态性岸线率不宜小于70%	应符合本标准5.5节的规定
地下水埋深变化趋势	年均地下水（潜水）水位下降趋势应得到遏制	应符合本标准5.6节的规定
城市热岛效应缓解	夏季按6—9月的城郊日平均温差与历史同期（扣除自然气温变化影响）相比应呈现下降趋势	应符合本标准5.7节的规定

综上所述，自2003年海绵城市概念首次被提出后已在我国快速发展，从最初的简单说明河流两侧的自然湿地如同海绵开始，到现阶段的坚持绿色、蓝色和灰色基础设施建设相结合的原则，采用“渗、滞、蓄、净、用、排”等方法综合应用，合理选择设施、组合系统、方案优化等工作，最终形成建设评价标准。

2.2 海绵城市监测目的和意义

2014年11月，中华人民共和国住房和城乡建设部出台《海绵城市建设技术指南——低影响开发雨水系统构建（试行）》，标志着海绵城市正式纳入国家建设计划体系内。目前试点城市已完成建设周期，并且正在推进海绵城市示范城市建设工作。

2022年4月，住房和城乡建设部发布的《关于进一步明确海绵城市建设工作有关要求的通知》中再次明确：海绵城市建设总体目标是有效应对内涝防治设计重现期以内的强降雨，使城市在适应气候变化、抵御暴雨灾害等方面具有良好“弹性”和“韧性”。“弹性”和“韧性”

是指城市在遭遇强降雨环境条件下可短期内恢复原状，并且不会轻易引发洪涝灾害，危及人民群众的生命财产安全。在海绵城市示范城市建设阶段，我国针对每个不同城市的实际情况设定了对应的内涝防治标准，使得每个城市都能对应各自的标准完成海绵城市建设工作。

因此，如何科学有效地了解和评估海绵城市建成效果成为新的命题和热点。通过物联网感知监测和模型应用评价结合的方式进行海绵城市建成效果综合评价成为主要手段。海绵城市监测既包含常规的管道、河湖监测，也包括对新兴低影响开发设施的运行监测，低影响开发设施的运行监测是工作的重点和难点。

综合国内外低影响开发设施监测的研究进展来看，加拿大的 Credit Valley Conservation（简称 CVC）在低影响开发设施监测方面做了较为深入的研究，并积累了近十年的研究成果，该公司为半官方性质，其网站上多年的研究成果具有较高的参考价值[25]。此外由 EPA 等多个水环境研究机构建立了 International Stormwater BMP Database（简称 BMPDB），该数据库有近 600 个低影响开发设施的研究成果数据。我国在低影响开发建设和研究方面相对较晚，但也有众多研究成果，如西安理工大学李家科教授长期从事低影响开发设施效果监测，并取得了很好的科研成果。国外低影响开发等好的经验的确要学，但要考虑我国独特的自然条件（中国季风气候）和城市经济建设发展现状。如何对症下药，真正解决我国的城市水问题，需要认真思考，科学研究，科学开展城市规划，进行科学管理与正确决策[26]。上述国内外的经验和成果为海绵城市示范城市进行自身设施效果评估和研究提供了基础[27]。

结合监测及模型应用进行海绵城市建设效果评估，可实现以下目标：

1）为城市对设施、项目、排水分区、示范区、流域建成效果评估提供最基础的数据资料；

2）为城市模型体系提供率定与验证数据；

3）为海绵城市相关研究提供数据支撑；

4）为海绵城市体系运行调度提供参考数据；

5）便于城市确定低影响开发设施的全生命周期成本，评估长期维护需求和维护计划以及维护效果；

6）便于改进和完善低影响开发设施的设计。

2.3　监测对象

海绵城市建设成效评估主要针对城市降雨到排放入江河的整个过程，即对从降雨到地表径流，再到管网传输、受纳水体排放的整个过程进行综合评估，过程环环相扣。海绵城市建设主要分为源头、过程、末端设施。因此，海绵城市监测对象主要包括自然降雨、下垫面、海绵设施、排水系统（项目地块、排水分区、排水设施）、受纳水体（河湖、流域），其中海绵设施、项目地块、排水分区三者之间在空间上属于包含关系，一个排水分区中至少包含一个项目地块，一个项目地块中至少包含一个海绵设施，海绵城市监测体系见图 2-3。

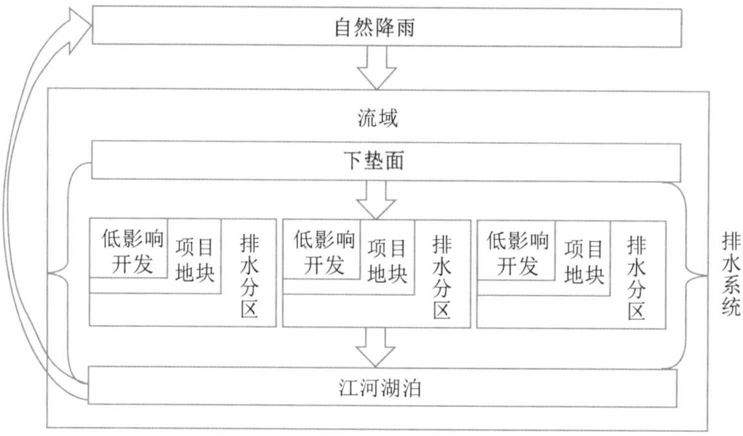

图 2-3　海绵城市监测体系

2.3.1　自然降雨

我国属季风气候，降雨落区主要受西北太平洋副热带高压等大气环流系统的控制，集中降雨时段主要分布在夏季，越靠近西部和北部，降雨期越集中。自然降雨作为城市雨洪的主要来源，是雨洪过程的重要驱动力。因此，自然降雨的监测是海绵城市监测体系的基础。

2.3.2　下垫面

下垫面是大气与其下界的固态地面或液态水面的分界面，是大气的主要热源和水汽源，也是低层大气运动的边界面。下垫面也可以说是地球表面的特征，如海陆分布、地形起伏和地表粗糙度、植被、土壤湿度、雪被面积等，它对气候的影响十分显著。下垫面可简单理解为在降雨过程中，与降落的雨水第一直接接触的表面的统称。对于城市而言，其下垫面主要为屋顶、硬化路面、种植地、草地等。

下垫面污染负荷是面源污染的重要来源，不同类别和空间分布的下垫面污染负荷各不相同，尤其是初期雨水污染，一度成为城市水环境治理的重点和难点。因此，对下垫面的监测是评估海绵城市工程建设成效的重要手段。

2.3.3　低影响开发设施

低影响开发一词起源于美国，大约于 20 世纪 70 年代在佛蒙特州的土地规划中被首次提出，20 世纪 80 年代在多个地区的环境敏感区域规划中出现，主要针对城市水源地等敏感区的保护，避免城市开发对生态环境的不利影响。在多处居住区、停车场建设的典型的低影响开发设施工程取得了较好的示范效果。低影响开发是指使用或模仿渗透、蒸发散或使用雨水的自然过程的系统和做法，利用低影响开发能保护相关的水环境，维持水生态[28]。低影响开发是一种场地设计的策略，其目标是通过使用设计技术来维持或复制开发前的水文状态或创建功能等效的水文景观。通过使用集成和分布的微型雨水截留和滞留区，减少不透水面积，延长径流路线和径流时间，保持储存、渗透和地下水补给的水文功能以及排放的体积和频率。低影响开发可以帮助环境实现持续的自然循环，其主要优势如下：

1）符合《清洁水法》要求：低影响开发符合 NPDES 设定的《清洁水法》要求。例如，通过源头控制使污染负荷量和进入水体的径流量降低。

2）保护水质：低影响开发有助于保护湖泊和溪流的水质免受大量径流污染，通过渗透促进地下水的补给。

3）防洪：低影响开发有助于维持和减小洪水发生频率及峰值流量，透水表面或材料的有效性可以帮助减少侵蚀和沉积物的负荷。

4）栖地保护：低影响开发还有助于环境永续发展，通过保护溪流和河岸汇水区的树木和植被，可以减少沉积物流入湖泊和溪流。

5）社区价值：通过环境微小改造，防止内涝发生，保持环境景观，提高社区人民生活质量，提高土地的价值。

6）道德价值：低影响开发可以帮助维持自然环境，同时留下美丽的风景，让路过的每一个人都能看到。

美国雨洪管理设施的历史进程，涉及最佳管理措施、低影响开发、绿色基础设施、绿色雨水基础设施等。发展的历史从 1948 年美国国会颁布《联邦水污染控制法修正案》开始。但刚开始由于美国正处于工业持续发展阶段，加之水污染的监管成本较高，人们仍肆无忌惮地往河里倾倒垃圾，因此该环境问题成效不彰，依旧严峻。直至 1972 年由美国环保局(U. S. EPA)提出《清洁水法》，情况才有所改变。根据《清洁水法》，州和联邦机构通过了水质标准和规定，从源头控制污染来合作控制污染。该法案主要由美国环保局管理，其中许多条款委托给各州实施。由于非点源污染导致约 60%的水质损害，因此美国国会于 1987 年修订了《清洁水法》，在第 319 条下建立了非点源污染管理计划，以实施其批准的非点源污染管理计划中描述的控制措施，即所谓的最佳管理措施。最佳管理措施可基于规模和基于类型两种方式分类，其中基于规模根据应用程序区域的大小（如地块、社区或流域比例）对它们进行分类；基于类型根据几何属性将它们分为三种类型。最佳管理措施（Best Management Practice，BMP）设施分类见表 2-2。

目前，低影响开发设施已经趋近于成熟，包括生物滞留池、植草沟、绿色屋顶、透水铺装等设施内容，通过使用分布在整个场地的微尺度控制设施在源头控制雨水，这与输送和管理位于排水区底部的大型设施中径流的最佳管理措施方法不同。目前，最佳管理措施虽然也已经能有效去除污染物，但自然水文仍受到负面影响（如基流不足问题）；即使水质不受影响，也可能对整个生态系统产生不利影响。低影响开发设施的设计结合雨水管理应用已经凸显出越来越多的优势，如作为雨水设施的景观可以满足对地下水的补水需求，对下游地区破坏性相对较小。

1999 年 8 月，美国保护基金会和农业部林务局首次明确提出绿色基础设施（Green Infrastructure，GI）的定义，即“绿色基础设施是国家自然生命保障系统，是一个由下述各部分组成的相互联系的网络,这些要素有水系、湿地、林地、野生生物的栖息地以及其他自然区。包括绿色通道、公园以及其他自然环境保护区;农场、牧场和森林;荒野和其他支持本土物种生存的空间。它们共同维护自然生态进程,长期保持洁净的空气和水资源,并有助于提高社区和人群健康状态和生活质量"[29,30],相关理念与我国海绵城市建设低影响开发雨水系统构建近期发展的全域海绵城市建设相近。

表 2-2　BMP 设施分类

点 BMP	线 BMP	面 BMP
人工湿地 入渗池 生物滞留池 砂滤处理(面源) 雨水罐 蓄水池 湿塘 干塘	植草沟 入渗渠 植物过滤带 砂滤处理(非面源)	绿色屋顶 透水铺面

低影响开发设施从源头上对径流进行调控,通过入渗、过滤和蒸发等方式模拟自然水文条件,实现减少径流、降低污染负荷和保护受纳水体的目标,与城市生态建设有机结合,从根本上解决城市健康问题。低影响开发组成要素见图 2-4。

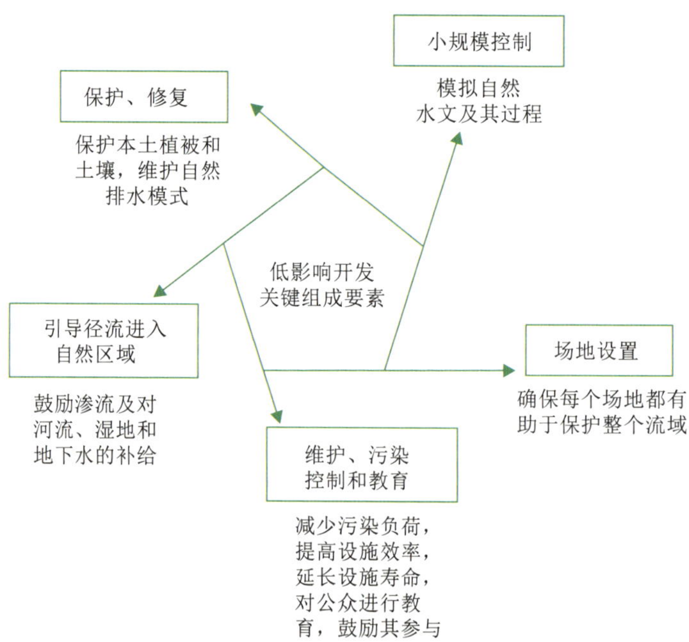

图 2-4　低影响开发组成要素

我国低影响开发技术也称作“海绵设施”，按主要功能一般可分为渗透、储存、调节、传输、截污、净化等种类。通过各类技术的组合应用，可实现径流总量控制、径流峰值控制、径流污染控制、雨水资源化利用等目标。在实践中，应结合不同区域水文地质、水资源等特点及技术经济分析，按照因地制宜和经济高效的原则选择低影响开发技术及其组合系统。我国常见的海绵设施有生物滞留设施、雨水花园、绿色屋顶、下渗沟、透水铺装设施等。

2.3.3.1 生物滞留设施

生物滞留设施指在地势较低的区域，通过植物、土壤和微生物系统蓄渗、净化径流雨水的设施。生物滞留设施分为简易型生物滞留设施和复杂型生物滞留设施，按应用位置不同，又可分为雨水花园、生物滞留带、高位花坛、生态树池等。生物滞留设施应满足以下要求：

1)对于污染严重的汇水区，应选用植草沟、植被缓冲带或沉淀池等对径流雨水进行预处理，通过减缓流速的方式，能够去除大颗粒悬浮物。应采取弃流、排盐等措施防止融雪剂或石油类等高浓度污染物侵害植物。

2)屋面径流雨水可由雨落管接入生物滞留设施，道路径流雨水可通过路缘石豁口进入，路缘石豁口尺寸和数量应根据道路纵坡等计算确定。

3)生物滞留设施应用于道路绿化带时，若道路纵坡大于1%，应设置挡水堰或台坎，以减小流速并增加雨水渗透量；设施靠近路基部分应进行防渗处理，防止对道路路基的稳定造成影响。

4)生物滞留设施内应设置溢流设施，可采用溢流竖管、盖篦溢流井或雨水口等，溢流设施顶一般低于汇水面 100mm。

5)生物滞留设施宜分散布置且规模不宜过大，生物滞留设施面积与汇水面面积之比一般为 5%～10%。

6)复杂型生物滞留设施结构层外侧及底部应设置透水土工布，防止周围原土侵入。如经评估，认为下渗会对周围建(构)筑物造成塌陷风险，或者拟将底部出水进行集蓄回用时，可在生物滞留设施底部和周边设置防渗膜。

7)生物滞留设施的蓄水层深度应根据植物耐淹性能和土壤渗透性能来确定，一般为 200～300mm，并应设 100mm 的超高；换土层介质类型及深度应满足出水水质要求，还应符合植物种植及园林绿化养护管理技术要求；为防止换土层介质流失，换土层底部一般设置透水土工布隔离层，也可采用厚度不小于 100mm 的砂层(细砂和粗砂)代替；砾石层起到排水作用，厚度一般为 250～300mm，可在其底部埋置管径为 100～150mm 的穿孔排水管，砾石应洗净且粒径不小于穿孔管的开孔孔径；为提高生物滞留设施的调蓄作用，在穿孔管底部可增设一定厚度的砾石调蓄层。

简易型和复杂型生物滞留设施典型构造示意图分别见图 2-5、图 2-6。

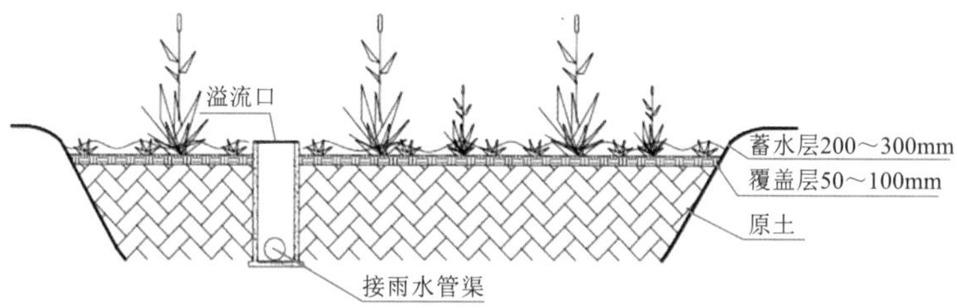

图 2-5　简易型生物滞留设施典型构造示意图

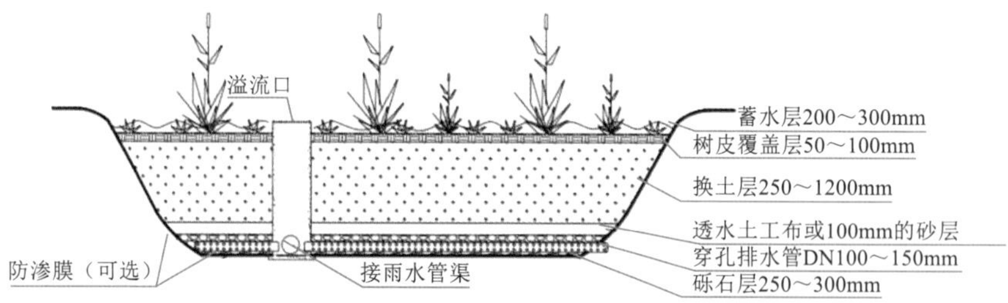

图 2-6　复杂型生物滞留设施典型构造示意图

2.3.3.2　雨水花园

雨水花园利用物理、水生植物及微生物等作用净化雨水，是一种高效的径流污染控制设施。雨水花园分为雨水表流花园和雨水潜流花园，一般设计成防渗型以便维持雨水花园植物所需要的水量，雨水花园常与湿塘合建并设计一定的调蓄容积。雨水花园与湿塘的构造相似，一般由进水口、前置塘、沼泽区、出水池、溢流出水口、护坡及驳岸、维护通道等构成。雨水花园应满足以下要求：

1)进水口和溢流出水口应设置碎石、消能坎等消能设施，防止水流冲刷和侵蚀；

2)雨水花园应设置前置塘对径流雨水进行预处理；

3)沼泽区包括浅沼泽区和深沼泽区，是雨水湿地主要的净化区，其中浅沼泽区水深范围一般为 0～0.3m，深沼泽区水深范围一般为 0.3～0.5m，根据水深不同种植不同类型的水生植物；

4)雨水花园的调节容积应在 24h 内排空；

5)出水池主要起防止沉淀物的再悬浮和降低温度的作用，水深一般为 0.8～1.2m，出水池容积约为总容积(不含调节容积)的 10%。

雨水花园典型构造示意图见图 2-7。

2.3.3.3　绿色屋顶

绿色屋顶也称种植屋面、屋顶绿化。根据种植基质深度和景观复杂程度，绿色屋顶又分为简单式和花园式，基质深度根据植物需求及屋顶荷载确定，简单式绿色屋顶的基质深度一般不大于 150mm，花园式绿色屋顶在种植乔木时基质深度可超过 600mm，绿色屋顶的设计可参考《种植屋面工程技术规程》(JGJ 155—2013)。绿色屋顶典型构造示意图见图 2-8。

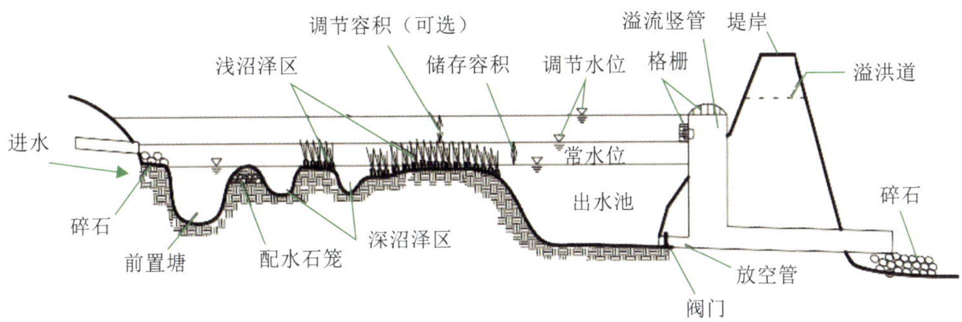

图 2-7　雨水花园典型构造示意图

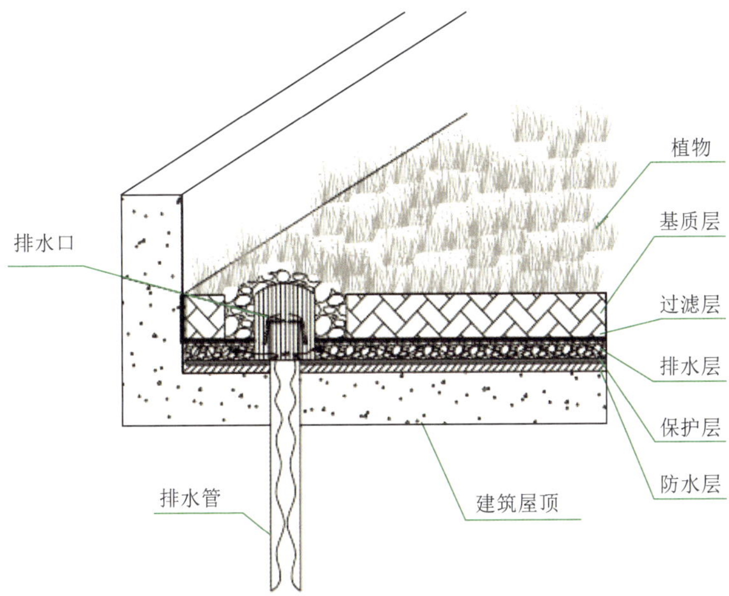

图 2-8　绿色屋顶典型构造示意图

2.3.3.4　下渗沟

下渗沟是指具有渗透功能的雨水渗水管(渠),可由穿孔塑料管、无砂混凝土管(渠)和砾(碎)石等材料组合而成。下渗沟应满足以下要求：

1)渗管(渠)应设置植草沟、沉淀(砂)池等预处理设施；

2)渗管(渠)开孔率应控制在 1%～3%,无砂混凝土管的孔隙率应大于 20%；

3)渗管(渠)的敷设坡度应满足排水的要求；

4)渗管(渠)四周应填充砾石或其他多孔材料,砾石层外包透水土工布,土工布搭接宽度不应小于 200mm；

5)渗管(渠)设在行车路面下时,覆土深度不应小于 700mm。

渗管(渠)典型构造示意图见图 2-9。

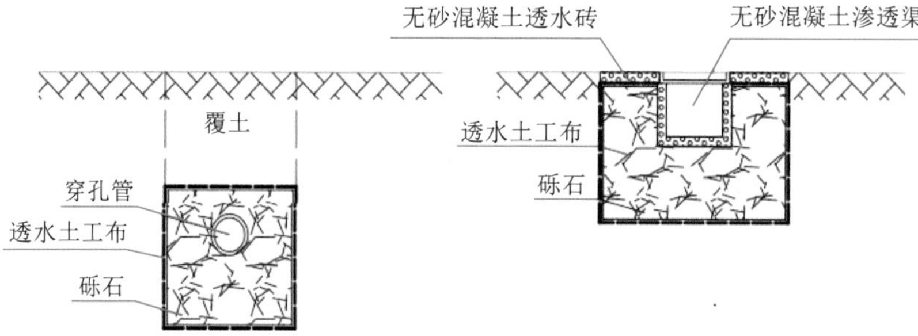

图 2-9 渗管(渠)典型构造示意图

2.3.3.5 透水铺装

透水铺装设施按照面层材料不同,可分为透水砖、透水水泥混凝土和透水沥青混凝土等。嵌草砖、园林铺装中的鹅卵石、碎石铺装等属于透水铺装。透水铺装结构应符合《透水砖路面技术规程》(CJJ/T 188—2012)、《透水沥青路面技术规程》(CJJ/T 190—2012)和《透水水泥混凝土路面技术规程》(CJJ/T 135—2009)的规定。透水铺装还应满足以下要求:

1)当透水铺装对道路路基强度和稳定性的潜在风险较大时,可采用半透水铺装结构;

2)当土地透水能力有限时,应在透水铺装的透水基层内设置排水管或排水板;

3)当透水铺装设置在地下室顶板上时,顶板覆土厚度不应小于 600mm,并应设置排水层。

透水砖铺装典型结构示意图见图 2-10。

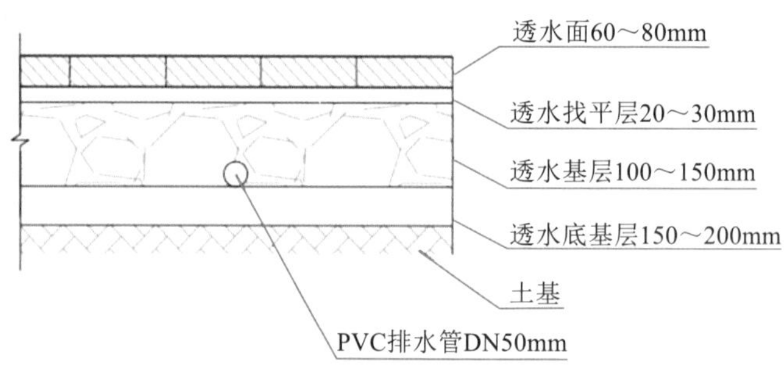

图 2-10 透水砖铺装典型结构示意图

2.3.3.6 雨水罐

雨水罐也称雨水桶,为地上或地下封闭式的简易雨水集蓄利用设施,可用塑料、玻璃钢或金属等材料制成,多用于单体建筑屋面雨水的收集和利用。

雨水罐一般具有收集、存储和回用屋面径流的功能,可减少外排水量和绿化灌溉等自来水用水量。目前大多数的雨水收集设施是模块化的,可以根据需要进行组装,进行下单体串联或与下渗沟(渠)组合搭配,以适应不同场地的雨水收集要求。

2.3.3.7　初期雨水弃流设施

初期雨水弃流是指通过一定方法或装置将存在初期冲刷效应、污染物浓度较高的降雨初期径流予以弃除，以降低雨水的后续处理难度。应对初期雨水弃流进行处理，如排入市政污水管网（或雨污合流管网）由污水处理厂进行集中处理等。常见的初期弃流方法包括容积法弃流、小管弃流（水流切换法）等，弃流形式包括自控弃流、渗透弃流、弃流池、雨落管弃流等。初期雨水弃流设施典型构造示意图见图 2-11。

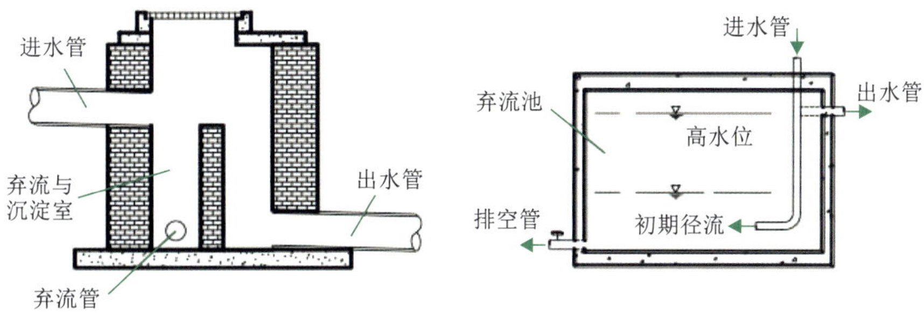

（a）小管弃流井　　（b）容积法弃流设施

图 2-11　初期雨水弃流设施典型构造示意图

2.3.3.8　植草沟

植草沟指种有植被的地表沟（渠），可收集、输送和排放径流雨水，并具有一定的雨水净化作用，可用于衔接其他各单项设施、城市雨水管渠系统和超标雨水径流排放系统。除了传输型植草沟，还包括渗透型的干式植草沟及常有水的湿式植草沟，它们可以分别提高径流总量和径流污染控制效果。植草沟应满足以下要求：

1）浅沟断面形式宜采用倒抛物线形、三角形或梯形。

2）植草沟的边坡坡度（垂直：水平）不宜大于 1：3，纵坡坡度不应大于 4%。纵坡较大时宜设置为阶梯形植草沟或在中途设置消能台坎。

3）植草沟最大流速应小于 0.8m/s，曼宁系数宜为 0.2～0.3。

4）传输型植草沟内植被高度宜控制在 100～200mm。

传输型三角形断面植草沟典型构造示意图见图 2-12。

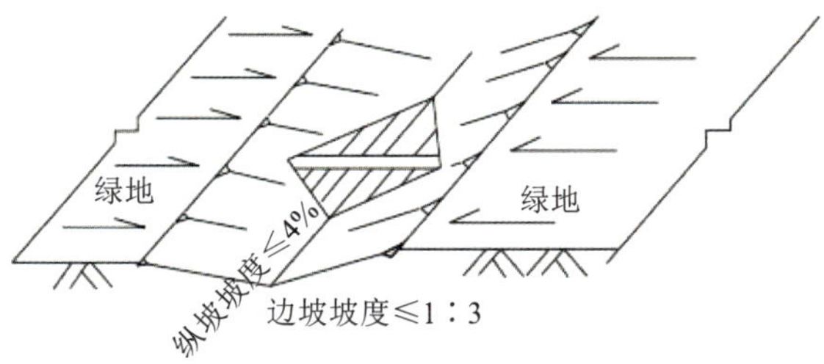

图 2-12　传输型三角形断面植草沟典型构造示意图

综上所述的海绵设施，经整理海绵设施及其相应的功能、控制目标等(表 2-3)，可作为监测方案设计的参考依据。

表 2-3　　低影响开发设施及相应指标[16]

单项设施	功能					控制目标			处置方式		经济性		污染物去除率(以悬浮物计)/%	景观效果
	集蓄利用雨水	补充地下水	削减峰值流量	净化雨水	传输	径流总量	径流峰值	径流污染	分散	相对集中	建造费用	维护费用		
透水砖铺装	○	●	◎	◎	○	●	◎	◎	√	—	低	低	80～90	—
透水水泥混凝土	○	○	◎	◎	○	◎	◎	◎	√	—	高	中	80～90	—
透水沥青混凝土	○	○	◎	◎	○	◎	◎	◎	√	—	高	中	80～90	—
绿色屋顶	○	○	◎	◎	○	●	◎	◎	√	—	高	中	80～90	—
下沉式绿地	○	●	◎	◎	○	●	◎	◎	√	—	高	中	70～80	好
简易型生物滞留设施	○	●	◎	◎	○	●	◎	◎	√	—	低	低	—	一般
复杂型生物滞留设施	○	●	◎	●	○	●	◎	●	√	—	中	低	70～95	好
渗透塘	○	●	◎	◎	○	●	◎	◎	—	√	中	中	70～80	一般
渗井	○	●	◎	◎	○	●	◎	◎	√	√	低	低	—	—
湿塘	●	○	●	◎	○	●	●	◎	—	√	高	中	50～80	好
雨水湿地	●	○	●	●	○	●	●	●	√	√	高	中	50～80	好
蓄水池	●	○	◎	◎	○	●	◎	◎	—	√	高	中	80～90	—
雨水罐	●	○	◎	◎	○	●	◎	◎	√	—	低	低	80～90	—
调节塘	○	○	●	◎	○	○	●	◎	—	√	高	中	—	一般
调节池	○	○	●	○	○	○	●	○	—	√	高	中	—	—
传输型植草沟	◎	○	○	◎	●	◎	○	◎	√	—	低	低	35～90	一般
干式植草沟	○	●	○	◎	●	●	○	◎	√	—	低	低	35～90	好
湿式植草沟	○	○	○	●	●	○	○	●	√	—	中	低	—	好
渗管(渠)	○	◎	○	○	●	◎	○	◎	√	—	中	中	35～70	—
植被缓冲带	◎	○	○	●	—	○	○	●	√	—	低	低	50～75	一般
初期雨水弃流设施	◎	○	○	●	—	○	○	●	√	—	低	低	40～60	—
人工土壤渗滤	●	○	○	●	—	○	○	◎	—	√	高	中	75～95	好

注：●—强，◎—较强，○—弱或很小。

2.3.4　市政排水系统监测

城市为有效应对内涝防治设计重现期以内的强降雨，适应气候变化，提升抵御暴雨灾害能力，应合理布置以排水管网为核心的排水系统。因此，市政管网监测为海绵城市监测对象之一，可反映分散布局的海绵设施经过下渗、滞留存储、净化、再利用后剩余的水量排放到受纳水体的实际情况。

市政管网监测着重考虑项目地块、排水分区关键节点及末端出口的水量水质特征。监测频率、方法和设备选型具体要求参考第 3～4 章。监测布点选择在排水片区排口关键节点、内涝点附近、典型地块出口，尽量选择直通井，减少支井来水对监测方向的扰动。

项目地块、排水分区是在海绵城市规划、建设、运行阶段包含低影响开发设施在内的更上一个层级的监测对象。

2.3.5 受纳水体监测

作为城市整个水循环的末端，水体的环境质量直接代表了城市水环境污染的治理效果。受纳水体监测在满足了解水体质量状况的基础上，还要满足受纳水体模型率定和验证的需求。

2.4 监测节点

经过“十三五”期间 30 个国家级海绵城市试点城市和上百个省级试点城市的探索实践后，2021 年 4 月 28 日，住房和城乡建设部、财政部和水利部联合发布《关于开展系统化全域推进海绵城市建设示范工作的通知》(以下简称《通知》)，选取基础条件好、积极性高、特色突出的城市开展海绵城市示范建设工作。《通知》也同步提出建设基于城市信息模型基础平台的城市综合管理信息平台，对城市、防洪、排涝、蓄水、用水等信息进行综合采集、实时监测和系统分析[32]，对海绵城市建设效果进行定量化评估。

海绵城市建设评估是指对海绵城市规划设计、建设实施、运行验收的全流程评价，评估工作的开展需要遵循科学、客观、准确的原则，需要监测数据支撑。因此，监测分析是评估海绵城市建设和运行管理质量的重要途径。

从时间维度来讲，在海绵城市建设的三个阶段，即项目规划和论证阶段、具体的施工阶段、工程的运营阶段，进行过程中均需要对不同阶段的重点关注对象开展监测工作，以满足实际需求。

海绵城市建设的项目规划和论证阶段是前期准备阶段，主要进行本底数据收集、整理和监测，包含项目的规划、工程的可行性研究、设计方案的论证与评估、勘测设计等工作，需进行整体分析评价并提出相应的环境影响评价及保护方案。

在海绵城市建设进入尾工验收阶段及工程的运营阶段时，需要对施工范围内相关建筑物的实际效果进行同步监测评估，监测对象包括城市径流过程中海绵设施、以排水管网为核心的排水系统、末端排入河道排口等。在海绵城市工程建成后，通过对设施、项目等进行关键指标监测来实现设施、项目运行问题的识别和预判，建立完善的长效保障机制。

2.4.1 本底数据收集、整理和监测(背景监测)

2.4.1.1 本底数据收集或监测的主要内容

(1)城市自然条件

城市自然条件包括地形地质地貌、植被、气候、水文与水资源和城市下垫面等,这些因素对水的下渗、蒸发、径流等循环过程产生直接的影响,为海绵城市建设确定年径流总量控制率、编制暴雨强度公式和设计降雨雨型、确定水域面积保持度、水体规划等提供依据。

(2)城市水环境

城市水环境因素包括城市黑臭水体分布、排污口情况、城市面源污染情况、地表水环境状况,为海绵城市建设确定水环境质量目标、城市面源污染控制率、低影响开发设施的选择和水环境保护重点建设区域等提供依据。

(3)城市供水及回用水

城市供水及回用水因素包括城市水源地、供水设施、雨水回用设施、中水回用设施等工程体系建设现状,为海绵城市建设确定雨水利用率、替代自来水比例、污水再生利用率、管网漏损控制率、雨水回用技术等提供依据。

(4)城市排水防涝防洪

城市排水防涝防洪因素包括城市排水体制、污水排放设施、雨水排放设施、城市防洪等工程与非工程体系现状,为海绵城市内涝灾害防治的重点区域、雨水管渠设计标准、内涝防治重现期标准、防洪标准等排水防涝防洪指标的确定,排水管渠的新建、改建及扩建,骨干调蓄设施布局,内河水系综合整治等工程措施提供依据。

(5)主要问题分析

通过前述基本资料调查,分析城市现状在水资源、水环境、水生态、水安全等方面存在的核心问题。以满足后续海绵城市工程设计和实施过程中能够因地制宜,坚持问题导向和目标导向,结合气候地质条件、场地条件、规划目标和监测指标、经济技术的合理性等因素,灵活设计和实施。

2.4.1.2 本底数据收集和监测方法

(1)城市自然条件[33]

1)地形地质地貌。

①地面高程及坡度。

地面高程及坡度不仅控制地下水的补给、径流与排泄条件,而且反映着地下水的分布状况和埋藏条件等。地形直接影响降水的入渗量,在补给区面积和岩性相同的条件下,平缓地形比陡倾地形接收降水入渗量要明显更多。因此,在海绵城市工程设计前期需对调查范围内老旧地形图资料进行修测和完善，在此基础上，通过地理信息系统软件分析区域内地面高程和地面坡度，分析雨水自然汇流路径，提供该区域的高程分析图和坡度分析图。

②地质构造。

地下水的埋藏、补给、径流、排泄、水质以及类型直接受地质构造控制。地质构造对地下水的影响主要表现在构造的形态特征和力学性质及其规模上。如在大的向斜盆地或大断裂形成的地堑中，往往分布范围广、厚度大的含水层，地下水资源丰富；反之，在较小的向斜盆地或背斜中，地下水资源往往不丰富。阻水断层会使地下水流受阻，常在断裂带强透水层一侧聚集丰富的地下水。

③岩层。

岩层影响地下水的运动形式，地下水的埋藏、补给、径流、排泄、水质以及类型都直接受到地质构造的控制。松散沉积物的成因、物质成分和结构决定松散沉积物（松散岩石）中的地下水赋存和径流条件。而对于坚硬岩石中的地下水来说，决定其地下水赋存和运动的是可溶性岩石的分布。在坚硬岩石中主要的含水层和透水层是洞穴发育的岩溶地层，其中有丰富的地下水。因此，需根据区（县）地质调查报告描述区域岩层类型、倾角、倾向和岩层厚度等，辅助综合评判建设和研究区域的地下水情况。

④土壤。

土壤分布于地球陆地表面，是具有一定肥力、能够生长植物、具有生物活性和孔隙结构的疏松层介质，是陆地植物着生的基地，是雨水下渗和陆地蒸发的关键因素之一。土壤透水性越好，前期含水量越小，下渗能力越大。

调查内容：对本区域的土壤情况进行系统调查，包括区域内土壤类型及分布状况等。

为了解土壤渗透性，应开展不同土壤类型的渗透性能检测。

a. 按照不同土壤类型、不同地形、不同利用方式、不同植被构成进行分类布点，检测土壤的渗透性能与厚度。

b. 根据检测结果，分析不同土壤类型、土壤层次、利用方式、地形、绿地植物配置方式对土壤渗透性能的影响，为确定不同土壤类型和坡度下的渗透系数及特征提供指导。

2）植被。

陆地表面分布的由许多植物组成的各种植物群落，如森林、草原、灌丛、荒漠、草甸、沼泽等，总称为该地区的植被。植被具有滞纳雨水、降低雨水径流、防止水土流失等作用。

调查内容：

①未开发区的植被类型、植被品种。

②建成区的市政道路绿化带、公园绿地、防护绿地、建筑与小区等不同类型的绿地，以及湿地和河畔的植物应用情况。

为选择适宜本底的植被类型，应开展海绵城市建设植物筛选应用及净化效果研究。

①本底集雨型绿地植物筛选，首先在实地调查及资料查阅的基础上，根据植物对淹水及干旱的抗性及生长表现情况优先选用本底植物，在此基础上对选择的植物分别在正常养护

环境、淹水环境、污染环境、干旱环境下的生长势及性状表现等形态指标进行观测，并根据生理指标测定，对植物的耐涝性及耐旱性进行评估，筛选出适宜本底海绵城市建设的植物品种。

②进行集雨型绿地植物净化能力研究，通过在试验区测定降雨条件下植物各项监测指标及出水水质变化，筛选出在不同栽植环境（屋顶绿化、道路、居住区等）下具有良好城市面源污染净化能力的植物种类。

3）气候。

①气温与湿度。

气温调查内容：根据国家基本气象站和区域气象站多年气温观测资料，统计分析年平均气温、月平均最高气温和最低气温、夏季（6—9月）日平均气温和最高最低气温，对比分析城市气象站和城郊气象站历年、月平均气温、最高气温和最低气温，进行城市热岛效应分析。

湿度调查内容：根据国家基本气象站和区域气象站多年相对湿度观测数据，统计分析年、月及夏季相对湿度变化特征。

监测方法：

a. 地面监测。海绵城市建设能够有效缓解城市热岛效应，温度是评估热岛效应的重要监测指标。地面监测方法包括气象站、定点监测及移动样带等方法，因为海绵城市评价需要长时间连续监测，所以选择在海绵城市监测区域内设置气象站或温湿度仪，监测对比海绵城市建设前后温度变化，评估海绵城市建设在城市热岛效应方面的作用。

b. 遥感影像监测。通过遥感卫星监测数据获取监测地区的湿度、温度数据，遥感影像监测比传统站点测量的方法监测区域面积大，并且数据获取方便、实时。国内常用的湿度、温度等气候数据获取网站包括中国气象数据共享服务网，国外常用的湿度、温度等气候数据获取方式包括全球陆面数据同化系统和中分辨率成像光谱仪，空间分辨率为1°和0.25°，时间分辨率为3h和24h等。

c. 融合地面监测与遥感反演的海绵城市热岛效应监测方案。对于大尺度区域的温度、湿度监测，通常采用遥感监测的方法，通过遥感影像解译出地表温度、湿度信息，利用部分地面监测点数据对遥感解译结果进行验证，比较二者差异，保证解译结果能够较好地反映地表温度状况，提高遥感解译结果的可靠性。可以利用多源遥感影像以及气象资料，构建高精度地表通量反演模型，生产水热通量产品，精确量化区域尺度海绵城市建设对城市热岛效应的缓解情况。

②降雨。

降水是指在大气中冷凝的水汽以不同方式下降到地球表面的天气现象，其中降雨特指以雨水的形式降落到地面的天气现象，是海绵城市建设的主要影响因素。

调查内容：根据国家基本气象站和区域气象站多年降雨观测资料，统计分析区域内年平均降雨量及降雨时空分布规律，在此基础上完成降雨强度公式编制和设计降雨雨型编制。

降雨监测：降雨监测是监测区域的基础气候数据，水量、水质监测数据都需要结合降雨数据，才能对海绵城市建设年径流总量控制率、年径流污染削减率等关键考核指标进行评价。降雨监测主要包括降雨量和降雨强度。降雨监测设备为雨量计，常用的雨量计包括翻斗式雨量计、虹吸式雨量计及称重式雨量计等 3 类。由于降雨受气候、地理位置、地形及城市建筑等因素影响，在时间和空间上存在较大差异，因此雨量计监测点应根据监测区域、监测项目及监测设施等具体情况确定布设密度。监测区域需考虑已建和新建，既有城市居住区面积一般为 0.02km^2 以上，每个监测项目建议配备 1 套降雨监测设备，新建城市居住区则每 4～6km^2 布设 1 个雨量监测站，当监测区域内特殊地点存在地势过高等情况时，可考虑适量增设雨量计；当 2 个或多个监测项目、监测设施距离较近时，可考虑共用 1 套降雨监测设备。结合上述原则，参考《地面气象观测规范》(GB/T 35221—2017)等相关标准，综合考虑经济、便捷及便于维护等因素，确定降雨监测设备的布设点位与密度。

③蒸发量。

蒸发量是指在一定时段内，水分经蒸发而散布到空中的量，通常用蒸发掉的水层厚度的毫米数表示，水面或土壤的水分蒸发量分别用不同的蒸发器测定。一般温度越高、湿度越小、风速越大、气压越低，则蒸发量就越大；反之蒸发量就越小。土壤蒸发量和水面蒸发量的测定，对于水文工作来说非常重要。雨量稀少、地下水源及流入径流水量不多的地区，如蒸发量很大，极易发生干旱。因此，在海绵城市设计初期需要根据国家基本气象站和区域气象站多年蒸发量观测资料，统计分析区域内年平均蒸发量。

④风。

雨滴随降落速度及风速不同成不同斜角降至地面。风力越强的地方，集雨系统的设计倾角一般越大。因此，在海绵城市建设工程设计初期，了解城市风力情况，对雨水收集设施等的设计有一定指导作用。根据国家基本气象站和区域气象站多年风速、风向观测资料，统计分析并建立风玫瑰图。

⑤日照。

根据国家基本气象站和区域气象站多年日照观测数据，分析区域内逐月日照时数和日照百分率。

(2)水文与水资源

1)城市水系。

城市水系调查范围：集水面积在 1km^2 以上河流穿过城市规划区的河段。

城市水系调查边界划分：

①集水面积在 100km^2 以上河流的调查河段延伸至城市规划区 1km 以外。

②集水面积大于 1km^2 且小于 100km^2 的河流中属于城市规划区泄洪通道的河段，纳入调查范围；非泄洪通道河段，不纳入调查范围。

调查内容：

①区域内控制集水面积在 1km^2 以上水系分布情况，含流域面积、河道长度、河口位置等。

②河道防洪标准下的洪水水面线计算成果;洪水水面线计算成果。

③河道管理水域、保护区、控制利用区和开发利用区四大功能区的划分成果;区域的城市水系分布图、河道设计洪水水面线纵剖图和河道岸线资源空间管控图。

2)未开发水面率。

根据城市水系水域面积资料,结合城市规划建设区内山坪塘(蓄水容积大于500m^3 且小于10万 m^3 的小型蓄水工程,也称坪塘、塘坝和堰塘)的水利普查数据,以城市规划功能区或组团为单位,统计各功能区或组团现状水体总面积,计算水面率。

3)水资源量。

①地表水资源量。

调查内容:地表水资源总量和可利用量。

②地下水资源量。

调查内容:地下水分布、多年平均地下水资源量、可开采量等。

③年径流特征。

调查内容:结合当地水文站观测数据,分析流域多年平均产水系数。

(3)城市下垫面

调查内容:

①利用地理信息系统,结合城市规划区控制性详细规划,调查城市不同地块的面积、建筑密度、绿地率和建设情况等。

②针对目前城市道路(人行道)、广场、建筑与小区使用的透水铺装种类、材料、透水效果和使用情况(是否出现了不均匀沉陷、面层碎裂与松散等问题)进行调查,并按照表2-4要求提供区域城市下垫面分析表。

表2-4　城市下垫面调查内容清单

序号	地块编号	地块面积/m^3	建筑密度/%	绿地率/%	建设情况

注:“建设情况”分为已建、地块已出让在建、地块已出让未建、地块未出让。

(4)城市水环境

1)城市黑臭水体。

调查内容:水体名称、起始边界、水体类型、面积/长度、所在区域、黑臭级别、水质现状等。建议参考已完成的城市黑臭水体普查数据。

2)城市排污口。

调查内容：

①针对旱季有污水直排入水体的排污口(管径≥300mm 或方沟≥300mm×300mm)，调查排污口的位置、管径、排污去向、旱季污水量和受纳水体的水环境功能区划等。

②针对截流式合流制溢流，主要调查溢流口的位置。

3)城市面源污染。

调查内容：

①雨水径流水质监测研究。根据区域内典型下垫面(城市主干道、高密度住宅区、低密度住宅区、工业用地、商业广场用地、地面停车场、屋顶、学校科研用地、公园绿地等)情况，选择不同类型的典型下垫面，针对降雨强度、总悬浮固体、颗粒粒度、重铬酸钾指数、氨氮、总氮、总磷和重金属等开展为期 1 年的监测，获得监测期间至少 10 个监测点的雨水径流及相应降雨强度等数据。

②开展雨水径流水质特征分析研究。根据监测数据对区域内雨水径流水质进行分析，获得相关监测指标随时间的变化特征、不同污染物之间的关系、各场降雨事件中雨水径流的污染负荷及事件平均浓度，初期效应的鉴别及表征、雨水径流水质的影响因素及其影响机制等，获得区域内雨水径流水质的各种特征参数，为后期开展雨水径流污染的控制及设计提供基础支撑，并进行区域内雨水径流污染负荷的预测。

4)地表水环境。

调查内容：河流名称、断面名称、主要污染物浓度、断面现状水质类别等。

调查范围：城市规划区内集水面积在 $1km^2$ 以上的河湖水系。

(5)城市供水及回用水

1)城市供水。

调查内容：

①城市饮用水水源地水质现状。

②供水厂名称、位置、水源、服务范围、服务人口、设计规模、现状供水能力、出厂水水质达标情况、市政杂用水使用情况等。

③供水厂供区分布及相应供区压力、管网漏损率、管网水水质达标情况等。

2)城市回用水。

①中水回用。

调查内容：中水厂名称、位置、供水范围、水处理工艺、设计规模、现状处理能力、中水回用类型及回用量、出厂水水质达标情况等。

②雨水回用。

调查内容：城市雨水回用设施在绿色生态小区及大型公共建筑的分布、雨水收集利用技术、处理能力、进出水水质、雨水回用类型及回用水量等。

(6)城市排水防洪防涝

1)排水体制。

调查内容:合流制区域及面积、分流制区域及面积。

2)城市污水。

调查内容:

①城市污水处理厂名称、位置、服务范围、服务人口、设计规模、现状处理能力、受纳水体及执行的排放标准、出水水质及是否满足达标排放等。

②污水管网基础信息普查(管径≥300mm 或方沟≥300mm×300mm):含管网平面位置、长度、管材、管径、管内底标高、埋深、流向、连接方式、建设年限、埋设方式、权属单位、管网附属设施设置等。

③在污水管网基础信息普查的基础上,开展管渠隐患排查工作,切实摸清污水管道破裂、变形渗漏、接口错位、有硬质垃圾或石块沉积堵塞、管道结垢、大管接小管、雨污水倒流、雨污混接及井室破裂漏水等运行维护情况。

3)城市排水(雨水)防涝。

调查内容:

①城市易涝点的空间分布,近 10 年城市现状易涝点位置、积水深度和积水范围。

②城市排水分区名称、流域面积和最终排水出路、雨水管渠现状排水能力。

③雨水管渠基础信息普查(管径≥300mm 或方沟≥300mm×300mm):管网平面位置、长度、管材、管径、管内底标高、埋深、流向、连接方式、建设年限、埋设方式、权属单位、管网附属设施设置等。

④在雨水管渠基础信息普查的基础上,开展管渠隐患排查工作,切实摸清雨水管渠破裂、有硬质垃圾或石块沉积堵塞、管道结垢、大管接小管、雨污水倒流、雨污混接及井室破裂漏水等运行维护情况。

⑤城市排水泵站位置、泵站性质、设计流量、设计标准、服务范围、建设年限及运行情况。

⑥现状城市雨水径流行泄通道位置、断面、长度、是否被随意侵占和改建等。

⑦城市排水防涝非工程措施建设情况,如体制机制、应急预案、内涝灾情预警预报、信息化平台、排水设施经费管理等。

此外,应提供区域城市排水分区图、城市雨水设施及管网图、内涝分布图。

内涝积水监测:采用查阅影像资料和现场调研相结合的方法,对非机动车道、人行道及建筑小区内部道路等地势低的易积水点进行监测筛选,确定易积水点位置并安装在线水位计和水质取样装置,监测积水范围、时间、深度及水质等数据。

4)城市防洪。

调查内容:

①城市已建河道治理工程情况,含堤防名称、堤防等级、起止位置、护坡形式及现状、设

计洪水标准等。

②城市已建涵闸情况，含结构形式、主要结构尺寸、设计流量、占用河道岸线长度和面积等。

③已建防洪水库基本情况，含控制集雨面积、总库容、防洪库容和特征水位等。

④城市防洪水文监测站点建设情况等。此外，还应提供区域城市防洪工程分布图。

⑤主要问题分析。结合现场调研资料，初步识别区域水资源、水环境、水生态、水安全等方面存在的主要问题。

a. 水资源。

工程性缺水、污水再生利用率低、雨水资源利用率低、供水管网漏损率高于国家要求等问题。

b. 水环境。

水体黑臭现象、河湖水系水质差、城市生活污水处理设施能力不足、配套污水管网建设滞后、旱季有污水直排入水体、城市合流制溢流污染严重等问题。

c. 水生态。

城市河湖水系岸线三面光、城市热岛效应等问题。

d. 水安全。

排水能力不足，内涝风险高，饮用水水源地、自来水出厂水、管网水和龙头水水质不满足国家标准等问题。

2.4.2　效果监测

效果评估应采用定量和定性相结合的原则，其中对于海绵城市建设情况和建设效果则是以定量评价为主，从海绵城市建设前的设施监测、项目地块监测、排水分区监测、城市监测及区域与流域监测等不同尺度，通过监测的方式对城市排水防涝、水环境健康改善效果客观真实地进行评估。

2.4.2.1　监测方案

(1)区域与流域监测

1)监测目的。

区域与流域监测应以获取城市所在流域水文数据为目的，对城市开发建设与流域水文条件之间的相互影响进行评价。

2)监测范围、对象。

①区域与流域监测的范围应为城市所在流域范围。

②区域与流域监测的对象应为监测范围内的河湖水系与气象。

③区域与流域监测范围、对象选择可参照图 2-13 执行。

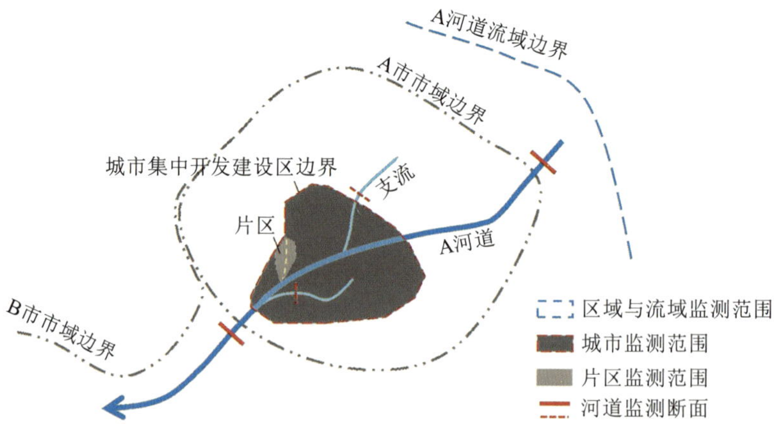

图 2-13　区域与流域、城市监测范围、对象

3)监测内容。

①监测范围内的河湖水系水位、流量或水质。

②监测范围内的降雨过程。

4)基础资料收集。

①应收集所监测流域整体及其内部子流域的范围边界、地形地貌、土地利用、土壤地质等基础资料。

②应收集监测范围内河湖水系平面和断面尺寸、生态基流量、库容及水量调度数据、水体功能定位与保护利用要求等基础资料。

③应收集监测范围内已有气象、水文、环保监测站点的位置信息,以及现有的降雨及河湖水系水位、流量、水质监测数据。

5)监测点布设。

①应根据城市开发建设与河湖水系相互影响的范围情况,在河湖水系与城市市域边界的交界处布设监测断面;必要时,也可在市域边界外,同一河湖水系的上、下游设置监测断面。

②降雨监测点的布设应覆盖监测范围内流域的上、中、下游。

③降雨、河湖水系监测点应统筹气象、水利、环保等部门已有监测站点位置进行布设。

6)监测方法、频次。

①为提高城市洪涝和水污染的流域治理水平与智慧管理水平,可对流域进行长期监测。

②河湖水系水位、流量监测方法应符合现行《河流流量测验规范》(GB 50179)、《水位观测标准》(GB/T 50138)的规定。

③河湖水系水质采样方法、频次和监测指标应符合现行《地表水和污水监测技术规范》(HJ/T 91)的规定。

④气象监测应符合现行《地面气象观测规范》(GB/T 35221)的规定。

(2)城市监测

1)监测目的。

城市监测应以获取海绵城市建设前后降雨、气温、地下水水位、受纳水体水位、流量、水质数据为目的,满足海绵城市建设本底及效果评价的要求。

2)监测范围、对象。

①城市监测范围应为城市集中开发建设区,并应根据本底及效果评价数据采集需要,选择城市集中开发建设区外的区域进行对比监测。

②对城市集中开发建设区海绵城市建设效果进行监测时,所选监测范围内城市建成区海绵城市建设评价达标面积占监测范围总面积的比例不应小于 20%。

③城市监测的对象应为监测范围内的河湖水系、气象及地下水。

3)监测内容。

城市监测应包括以下内容:

①降雨;

②海绵城市建设前后建成区内与周边郊区的气温;

③海绵城市建设前后地下水(潜水)水位;

④海绵城市建设前后受纳水体水位、流量及水质。

4)基础资料收集。

①应收集城市集中开发建设区的地形地貌、土地利用、土壤地质等基础资料。

②应收集监测范围内河湖水系平面和断面尺寸、生态基流量、库容及水量调度等数据。

③应收集监测范围内已有气象、水文、环保监测站点的位置信息,以及现有降雨、气温、地下水(潜水)水位及河湖水系水位、流量、水质监测数据。

5)监测点布设。

①应根据城市集中开发建设区与河湖水系相互影响的范围情况,在城市市域范围内河湖水系与城市集中开发建设区边界的交界处,以及城市集中开发建设区内的河湖水系设置监测断面;必要时,也可在城市集中开发建设区范围外、同一河湖水系的上下游设置监测断面。

②降雨、气温、地下水(潜水)水位监测点的布设应覆盖城市集中开发建设区及所在流域的上下游。

③降雨、气温、地下水(潜水)水位、河湖水系监测点应统筹气象、水利、环保等部门已有监测站点位置进行布设。

6)监测方法、频次。

①为提高城市洪涝和水污染的治理水平与智慧管理水平,可对城市进行长期监测。

②流量、水位监测方法应符合现行《河流流量测验规范》(GB 50179)、《水位观测标准》(GB/T 50138)的规定。

③监测范围内河湖水系水质采样方法、频次和监测指标应符合现行《地表水和污水监测技术规范》(HJ/T 91)的规定。

④气象监测应符合现行《地面气象观测规范》(GB/T 35221)的规定。

⑤地下水(潜水)水位监测方法、频次应符合现行《地下水监测工程技术规范》(GB/T 51040)的规定。

(3)片区监测

1)监测目的。

片区监测应以获取片区海绵城市建设前后内涝外排径流总量、合流制溢流、受纳水体水量与水质等数据为目的,满足片区海绵城市建设本底与效果评价的要求。

2)监测范围、对象。

①片区内涝监测的范围和对象应符合下列规定。

a. 片区内涝监测的范围应为易涝点的汇水范围;

b. 片区内涝监测的对象应包括易涝点与降雨;

c. 宜选择具有调蓄排放设施的片区进行内涝治理效果监测,调蓄排放设施宜按内涝防治设计重现期标准进行设计。

②片区外排径流总量监测的范围和对象应符合下列规定。

a. 片区外排径流总量监测的范围应为片区内的排水分区或子排水分区;

b. 片区外排径流总量监测的对象应包括排水分区下游市政管渠交汇节点或排放口,并应包括降雨;

c. 本底监测时,应选择土地利用构成具有代表性且径流污染贡献较大的排水分区;

d. 效果监测时,所选监测范围内绿色设施的汇水面积占监测范围总面积的比例不宜小于40%。

③片区合流制溢流监测的范围和对象应符合下列规定。

a. 片区合流制溢流监测的范围应为污水处理厂、合流制溢流排放口或污水截流井、合流污水溢流泵站等服务的排水分区或子排水分区;

b. 片区合流制溢流监测的对象应包括合流制溢流排放口或污水截流井、合流污水溢流泵站等永久性设施,并应包括降雨;

c. 效果监测时,所选监测范围内绿色设施的汇水面积占监测范围总面积的比例不宜小于40%。

④受纳水体监测的范围和对象应符合下列规定。

a. 当片区下游河湖水系、沟渠等受纳水体水位影响片区排水防涝时,应对造成该影响的受纳水体区段进行监测;

b. 当片区合流制溢流影响受纳水体水环境质量达标时,应对合流制溢流与受影响的受纳水体区段进行同步监测。

⑤片区监测范围、对象选择可参照图 2-14 执行。

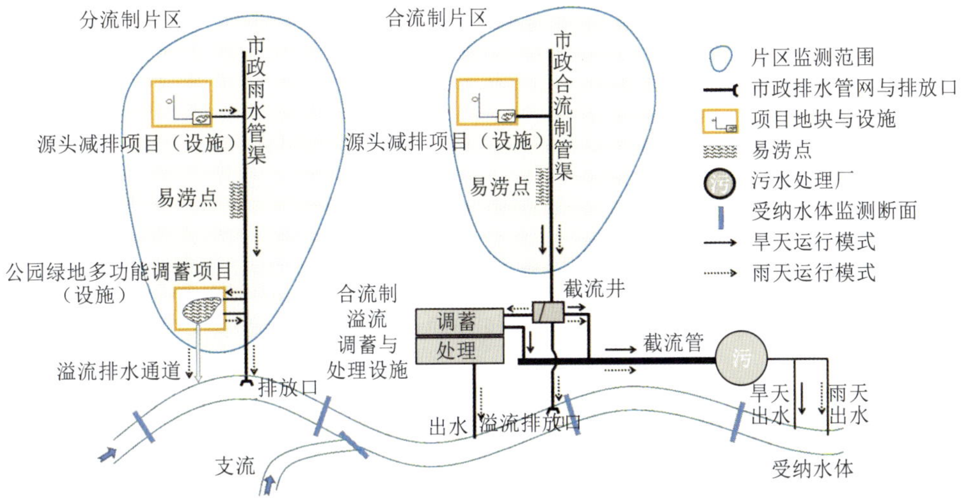

图 2-14　片区监测范围、对象

3)监测内容。

①片区内涝监测应对典型场次降雨条件下易涝点的积水范围、积水深度和雨后退水时间进行监测。

②片区外排径流总量监测应对典型场次降雨条件下片区下游市政管渠交汇节点或排放口的外排径流流量变化过程进行监测。

③片区合流制溢流监测内容应符合下列规定。

a. 应对合流制溢流排放口或污水截流井、合流污水溢流泵站的溢流流量变化过程进行长期监测;对溢流污染负荷进行评价时,应对典型场次降雨条件下的溢流流量和水质进行同步监测。

b. 当监测范围较大且溢流排放口较多时,对服务汇水面积小、溢流量和污染负荷贡献小的合流制溢流排放口,应对溢流频次进行长期监测,可对溢流流量和水质进行监测。

④对受纳水体的监测内容应符合下列规定。

a. 当受纳水体影响片区排水防涝时,应对典型场次降雨条件下受纳水体水位或流量变化过程进行监测。

b. 当片区合流制溢流影响受纳水体水环境质量达标时,应对典型场次降雨条件下受纳水体各监测断面的流量、污染物浓度变化过程进行监测。

4)基础资料收集。

①应收集监测范围内及周边土地利用、水文地质、地形地貌、土壤渗透能力等基础资料。

②应收集监测范围内现状易涝点分布及其积水深度、积水范围、雨后退水时间调研数据与监测数据。

③应收集监测范围内市政排水管网的下列基础资料。

a. 排水管渠、雨水管渠排放口、合流制溢流排放口、污水截流井、排水泵站、污水处理厂等排水设施的空间布局、属性和运行管理数据；

b. 排水分区范围边界；

c. 排水管渠病害探查数据；

d. 限制排水系统传输、截流能力的管渠或构筑物的位置和能力；

e. 合流制管渠旱流污水量；

f. 雨水管渠混接污水量；

g. 监测范围内相关规划、系统化方案、工程设计文件和竣工资料；

h. 监测范围内现有的合流制溢流调蓄与处理设施以及污水处理厂的进、出水水量，水质监测数据；

i. 现有的其他本底监测数据和效果监测数据。

④受纳水体监测应收集下列基础数据。

a. 受纳水体流域范围、平面和断面尺寸、生态基流量、库容测量数据及水体水量调度数据；

b. 现有的受纳水体水量、水质监测数据。

⑤应收集监测范围内及周边气象、水利、环保等监测站点位置信息和监测数据。

5)监测点布设。

①片区内涝监测点的选择应根据片区内历史积水情况和内涝风险分析情况综合确定。

②片区外排径流总量监测应在所选排水分区下游市政管渠交汇节点或排放口布设监测点。

③片区合流制溢流监测应在所有合流制溢流排放口或污水截流井、合流污水溢流泵站等永久性设施布设监测点。

④受纳水体监测断面的布设应符合下列规定。

a. 应根据片区与受纳水体相互影响的范围情况，在城市集中开发建设范围内河湖水系与片区范围边界的交界处布设监测断面。

b. 对片区排水下游受纳水体水位等边界条件的监测，监测断面的布设应根据片区管网排放口位置分布进行确定。

c. 对片区合流制溢流影响受纳水体水环境质量的监测，监测断面的布设应根据合流制溢流排放口的位置分布进行确定，并应符合下列规定。

Ⅰ. 应在合流制溢流排放口处、排放口上游、充分混合后的排放口下游不同距离处布设监测断面。

Ⅱ. 当合流制溢流排放口位于湖泊、水库或流动性较差的人工河道时，可以排放口为圆心，按扇形法在不同距离处布设若干弧形监测断面。监测断面布设应与附近水流方向垂直，当流速较小或无法判断水流方向时，以常年主导流向为准。

d. 当受纳水体监测范围内有较大支流汇入时，宜在汇入点支流上游及充分混合后干流的下游不同距离处分别布设监测断面。

e. 应避开死水区、回水区，选择河段较为顺直、河床稳定、水流平稳、无浅滩位置设置监测断面。

f. 应统筹区域与流域监测、城市监测已设置的河湖水系监测断面，以及现有国控、省控监测断面进行布设。

⑤河流、湖泊、水库、人工河渠监测断面上的采样垂线，以及采样垂线上的采样点的设置应符合下列规定。

a. 当水面宽度小于 50m 时，应在中泓和污染带处分别设置采样垂线；当水面宽度为 50～100m 时，应在左、右岸有明显水流处和污染带处分别设置采样垂线；当水面宽度大于 100m 时，应在左、右岸，中泓及污染带处分别设置采样垂线；当采样断面水质均匀时，可仅设中泓垂线。

b. 当水深不足 1m 时，采样垂线上采样点应在水深 1/2 处；当水深大于等于 1m 且小于 5m 时，采样点应在水面下 0.5m 处；当水深为 5～10m 时，采样点应在水面下 0.5m、水底上 0.5m 处；当水深大于 10m 时，采样点应在水面下 0.5m、水底上 0.5m、中层 1/2 水深处；潮汐河段应分层设置采样点。

⑥市政排水管渠监测点布设应符合下列规定。

a. 受潮水、洪水回流影响的管（渠）段和排放口不应设置流量监测点；

b. 发生变形、脱节、异物穿入等结构性缺陷的管段不应设置监测点；

c. 监测点水流状态、水头差、环境条件应符合监测设备工作环境条件要求；

d. 不宜在排水能力差、易形成有压流的管渠设置监测点。

(4)监测方法、频次

1)为满足片区内排水系统日常运行、调度、监管等要求设置的监测点，宜开展长期监测，其他监测点可根据监测目的、数据需求和监测实施计划，开展临时监测。

2)片区易涝点监测应符合下列规定。

①可采用摄像、水尺、雷达水位计等方式；

②电子水尺、水位计的数据自动采集与通信时间间隔不宜大于 15min。

3)片区外排径流总量监测应符合下列规定。

①管渠流量应采用多普勒超声波流量计、堰槽流量计进行自动监测；

②管渠水位宜采用超声波水位计、雷达水位计、压力式水位计、浮力式水位计等进行自动监测；

③数据自动采集与通信时间间隔不宜大于 15min；

④排水泵站外排水量可根据水泵额定流量、启停时间，或根据泵站前池“时间—水位”监测数据计算获得。

4)片区合流制溢流监测应符合下列规定。

①雨天合流制溢流监测应以合流制溢流事件为单元进行监测，无溢流排放的时长大于24h时应记为2次溢流事件。

②可采用水尺等简易方式对检查井等构筑物处的最高水位进行监测。

③可采用标识物、最高水位水尺、摄像等方式对合流制溢流排放口或污水截流井是否发生溢流进行监测。

④合流污水管渠、泵站外排水量监测应符合片区外排径流总量监测的规定。

⑤对溢流污染负荷进行评价时，应同步开展水量与水质监测。

⑥应采用人工或自动监测方式采集混合样，自监测点产生合流制溢流排放时起，3h内每1h应至少采集3个样品，样品采集间隔时间不应少于15min，3h后每30min或1h、1.5h应采样一次；排放时长不大于3h时，采集总时长应覆盖整个排放过程，排放时长大于3h时，采集总时长不应少于排放总时长的75%且不应少于3h。

⑦对污染物浓度变化过程进行监测时，应采用人工或自动监测方式采集瞬时样，自监测点产生径流或合流制溢流排放时起，3h内每15min应采样一次，3h后每30min或1h、1.5h应采样一次，直至排放结束。

⑧样品采集间隔时间和总时长还应考虑样品允许的最大保存时间，以及样品由监测点运输至实验室所需时间。

⑨合流制溢流污水水质监测指标应根据污染源类型、受纳水体水质标准、排放标准、监测目的等进行确定，宜包括总固体、悬浮物、五日生化需氧量、pH值、溶解氧，也可包括粪大肠菌群。

⑩各瞬时样、混合样样品采集体积量应满足各水质监测指标检验所需的最小样品量要求，还应考虑重复分析和质量控制的需要。

5)受纳水体监测应符合下列规定。

①通过典型场次降雨监测，对合流制溢流排放口影响范围内的受纳水体水质进行监测时，各监测断面、各采样点应每4h采样一次，降雨开始前应至少采集2个背景水样，降雨开始后样品采集时长不应少于48h，直至水体水质恢复至雨前背景值水平。

②受纳水体流量、水位监测方法应符合现行《河流流量测验规范》(GB 50179)、《水位观测标准》(GB/T 50138)的规定。

6)典型场次降雨的选择应符合下列规定。

①场次降雨应为独立的降雨事件，无雨时长大于6h时应记为2场降雨；场次降雨总时长不宜小于1h。

②典型场次降雨监测场次数不宜少于4场。

③不计降雨量不大于2mm的场次降雨，典型场次降雨的雨前无雨天数不宜少于当地雨季或汛期的多年平均降雨间隔天数，无相关资料时，可取3天。

④通过内涝监测评价内涝防治标准达标情况时，所选实际暴雨的最大1h降雨量不应低

于内涝防治设计重现期标准。

⑤雨水管渠监测时，场次降雨的降雨量宜为 50%～150%的当地多年平均场次降雨量。

⑥合流制溢流监测时，宜至少包含一场最大 1h 或 24h 降雨量达到 0.25 年一遇设计重现期标准的降雨。

(5)项目地块监测

1)监测目的。

项目监测以获取项目海绵城市建设前后外排径流总量、峰值流量等数据为目的，满足项目海绵城市建设本底评价和效果评价的要求。

2)监测范围、对象。

①监测项目的选择应符合下列规定。

a. 所选监测项目宜位于片区监测范围内；

b. 可选择工业、商业、居住、公共管理与服务、道路、广场、停车场、公园绿地等项目进行监测；

c. 项目内排水管渠的汇水范围、运行情况等基本条件应清晰明确；

d. 对项目绿色设施实施效果进行监测时，监测项目选择应符合下列规定。

Ⅰ. 项目内绿色设施服务的汇水面积与项目总面积的比值不宜小于 60%。

Ⅱ. 项目的年径流总量控制率设计值不宜低于“我国年径流总量控制率分区图”所在区域规定的下限值。

②项目监测范围和对象应符合下列规定。

a. 监测范围应为项目接入市政管渠的接户井或接入受纳水体的排放口所服务的汇水范围。

b. 监测对象应为项目接入市政管渠的接户井或接入受纳水体的排放口，并应包括降雨。

3)监测内容。

①对项目外排径流总量、峰值流量进行监测时，应对典型场次降雨条件下项目接户井或排放口的外排流量变化过程进行监测。

②对项目外排径流污染量进行监测时，应对典型场次降雨条件下项目接户井或排放口的外排径流水质进行监测。

4)基础资料收集。

①应收集项目下垫面构成、地形地貌、土壤渗透能力等资料。

②应收集监测范围内排水管网的下列相关基础资料。

a. 排水管渠、接户井、排放口、排水泵站等排水设施的空间布局、属性和运行管理数据；

b. 接户井、排放口的汇水范围边界；

c. 排水管渠病害探查数据；

d. 限制排水系统传输能力的管渠或构筑物的位置和能力;

e. 雨水管渠混接污水量;

f. 项目排水设计和竣工资料;

g. 现有的本底监测数据和效果监测数据。

5)监测点布设。

①项目监测应在项目接入市政管渠的接户井或项目接入受纳水体的排放口布设监测点;当接户井或排放口较多时,可根据汇水范围内的下垫面构成和径流污染源类型,选择具有代表性的监测点进行监测。

②项目内排水管渠监测点应具备人工、自动监测条件,并符合市政排水管渠监测点布设规定。

③项目内降雨量监测点的设置应与片区监测点统筹考虑。

6)监测方法、频次。

①项目内排水管渠水量监测应符合片区外排径流总量监测规定。

②项目内排水管渠水质监测应符合下列规定。

a. 应采用人工或自动监测方式采集混合样,自监测点产生排放时起,3h 内每 1h 应至少采集 3 个样品,样品采集间隔时间不应少于 15min;3h 后每 30min、1h 或 1.5h 应采样一次;排放时长不大于 3h 时,采集总时长应覆盖整个排放过程,排放时长大于 3h 时,采集总时长不应少于排放总时长的 75%且不应少于 3h。

b. 对污染物浓度变化过程进行监测时,应采用人工或自动监测方式采集瞬时样,自监测点产生排放时刻起,30min 内每 5min 应采样一次,0.5~3h 内每 15min 应采样一次,3h 后每 30min、1h 或 1.5h 应采样一次,直至排放结束。

c. 对项目外排径流污染负荷进行评价时,应同步开展水量与水质监测。

d. 样品采集间隔时间和总时长还应考虑样品允许的最大保存时间,以及样品由监测点运输至实验室所需时间。

e. 径流雨水水质监测指标应根据污染源类型、受纳水体水质标准、排放标准、监测目的等进行确定,应包括悬浮物、总磷、化学需氧量。

f. 各瞬时样、混合样采集体积量应满足各水质监测指标检验所需的最小样品量要求,还应考虑重复分析和质量控制的需要。

③采用典型场次降雨监测,通过监测接入市政管渠的设施溢流排水口或接户井处有无直接排泄流量,评价项目的年径流总量控制率达标情况时,应至少筛选 2 场典型场次降雨,且典型场次降雨的降雨量与项目设计降雨量的下浮值不超过 10%,与前一场降雨的降雨间隔应大于设施设计排空时间。

④当采用典型场次降雨监测评价项目外排径流峰值流量时,所选实际暴雨的最大 1h 降雨量不应低于排水管渠或内涝防治设计重现期标准。

⑤典型场次降雨的选择应符合片区典型场次降雨选择的规定。

(6)设施监测

1)监测目的。

设施监测应以获取设施控制径流或合流制溢流体积、污染量、峰值流量效果与设施技术参数等数据为目的,满足设施运行数据收集与效果评价的要求。

2)监测范围、对象。

①所选监测设施应位于项目监测范围内,与项目监测统筹考虑。

②设施监测对象可包括下列内容。

a. 渗透塘、生物滞留设施、湿塘、调节塘、湿地、砂滤池、人工土壤渗滤池等绿色设施;

b. 蓄水池、调节池、合流制溢流调蓄池、合流制溢流处理站等灰色设施。

③设施监测的对象可为单一设施或组合设施,并应符合下列规定。

a. 设施的汇水范围、设计参数、构造尺寸、材料规格等应清晰明确;

b. 所选源头减排设施的设计年径流总量控制率宜为我国年径流总量控制率分区图所在区域规定的下限值的 90%～100%。

3)监测内容。

①对设施水量控制效果进行评价时,应对设施调蓄水位和进、出水流量变化过程进行监测。

②应对合流制溢流处理设施排放的污染物浓度进行监测,评价设施污染负荷削减效果时,应同步监测设施的进、出水流量与水质。

③宜对渗透塘、生物滞留设施土壤或人工介质的入渗率、含水率等进行监测。

4)基础资料收集。

①应收集设施汇水范围内下垫面构成、地形地貌、土壤渗透能力等数据。

②应收集设施相关下列基础资料。

a. 设施的汇水范围及汇水范围内排水管网的运行情况。

b. 设施水质处理工艺。设计降雨及设计进水及出水流量、设计排空时间或设计停留时间等设计参数。

c. 设施设计和竣工资料。

d. 现有的设施监测数据。

5)监测点布设。

①设施监测点布设应符合下列规定。

a. 应在设施进水口、出水口或溢流排水口设置水量监测点。

b. 渗透塘、湿塘、调节塘、蓄水池、调节池、合流制溢流调蓄池等宜在设施调蓄空间或设施结构内部设置水位监测点,对设施径流体积控制量、排空时间进行监测。

c. 湿地、砂滤池、人工土壤渗滤池、合流制溢流调蓄池、合流制溢流处理设施等宜在设施进水口、过程处理单元、出水口设置水量、水质监测点,对设施水质处理效果进行监测。

d. 绿色设施监测点布设可按图 2-15 至图 2-17 执行。

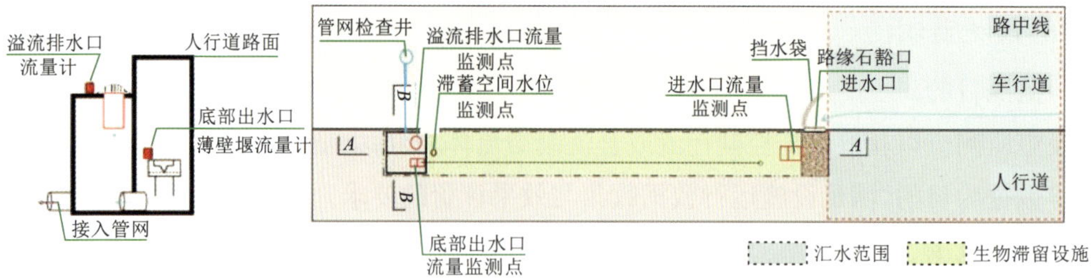

（a）*B-B*断面图　　（b）平面图

图 2-15　生物滞留设施监测点布设

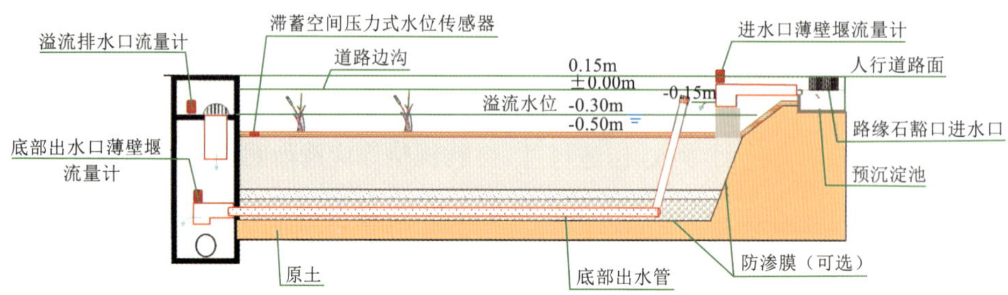

(a)设置底部出水口

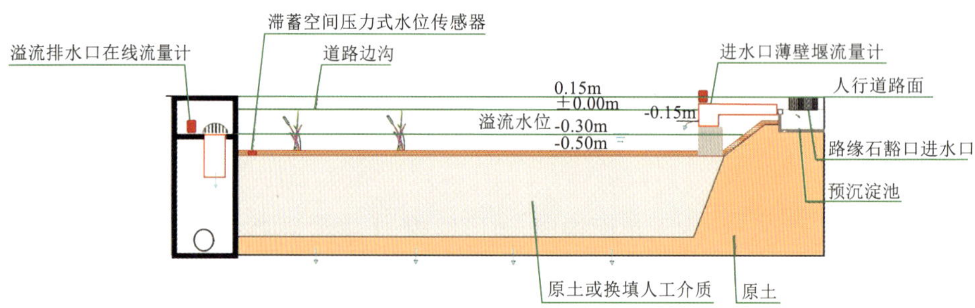

(b)无底部出水口

图 2-16　生物滞留设施监测点布设(A-A 断面图)

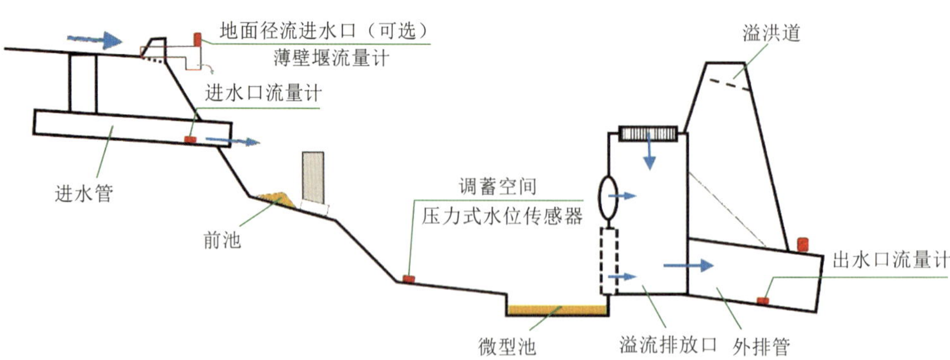

图 2-17　调节塘监测点布设

②设施监测应与项目监测设置的降雨量监测点合并使用。

6)监测方法、频次。

①为满足合流制溢流调蓄与处理设施日常运行,调度及监管要求设置的监测点应开展长期监测。

②设施水量监测应符合下列规定。

a. 设施进水、出水等小流量监测宜采用堰槽流量计进行自动监测;

b. 设施内部水位可采用压力式水位计进行自动监测;

c. 自动监测数据的采集和通信时间间隔不宜大于 15min;

d. 土壤入渗率可采用双环入渗仪进行监测,土壤含水率可采用土壤湿度仪进行监测。

③设施水质监测应符合下列规定。

a. 对于合流制溢流处理设施,出水水量与水质监测应以出水排放事件为单元进行监测,无排放时长大于 24h 时应记为 2 次排放事件。

b. 应采用人工或自动监测方式采集混合样,自监测点产生排放时起,3h 内每 1h 应至少采集 3 个样品,样品采集间隔时间不应少于 15min;3h 后每 30min、1h 或 1.5h 应采样 1 次。排放时长不大于 3h 时,采集总时长应覆盖整个排放过程;排放时长大于 3h 时,采集总时长不应少于排放总时长的 75%且不应少于 3h。

c. 对污染物浓度变化过程进行监测时,应采用人工或自动监测方式采集瞬时样,自监测点产生排放时起,30min 内每 5min 或 15min 应采样 1 次,0.5~3h 内每 15min 应采样 1 次,3h 后每 30min、1h 或 1.5h 应采样 1 次,直至排放结束。

d. 对排放污染负荷进行评价时,应同步开展水量与水质监测。

e. 样品采集间隔时间和总时长还应考虑样品允许的最大保存时间,以及样品由监测点运输至实验室所需时间。

f. 水质监测指标应符合片区合流制溢流监测、项目内排水管渠水质监测的规定。

g. 各瞬时样、混合样采集体积量应满足各水质监测指标检验所需的最小样品量要求,还应考虑重复分析和质量控制的需要。

④典型场次降雨的选择应符合上述典型场次降雨的选择规定。

2.4.2.2 监测设备

(1)一般规定

1)监测设备可包括与海绵城市建设本底监测和效果监测相关的人工监测设备和自动监测设备。

2)自动监测设备选型应符合监测对象的实际运行水文水力条件,应满足易安装维护、稳定性强、可靠性高等要求。

3)密闭空间安装自动监测设备,设备整体应满足防水、防腐和防爆要求。开放空间安装自动监测设备,设备还应满足防盗要求。

4)自动监测设备应具备掉电保护功能,在外部电源中断时,应能保证已有监测数据不丢失。

5)自动监测设备的通信时间间隔不宜低于采样时间间隔,非工作时间内,通信时间间隔应延长,最大通信时间间隔不宜超过 720min。

6)监测设备安装完成后应进行测试,达到性能要求后方可投入使用;监测实施过程应开展日常检查维护和定期检修保养,及时排除故障。

7)除以上监测设备以外,当监测环境条件、设备技术性能满足要求时,也可采用其他类型的监测设备进行监测。

(2)气象监测

1)降雨量、空气温度和湿度、气压、风向和风速、蒸发等气象要素监测设备的技术要求应符合现行《地面气象观测规范》(GB/T 35221)的规定。

2)雨量计工作环境条件应符合下列规定。

①工作环境温度应为 0~55℃;

②工作环境相对湿度在 40℃时不应大于 95%。

3)雨量计技术参数应符合下列规定。

①测量范围不应大于 4mm/min;

②降雨量测量值不大于 10mm 时的最大允许误差应为±0.4mm,降雨量测量值大于 10mm 时的最大允许误差应为±4%;

③分辨力应为 0.2mm;

④采样频率应为 1 次/min。

4)雨量计的安装应符合下列规定。

①宜选在平坦避风场所;

②障碍物与雨量计的距离应大于障碍物与雨量计承水口高度差的 2 倍。

5)雨量计安装调试完成后,应进行现场测试,可人工模拟 1.5~2.5mm/min 雨强向雨量计注入清水,计数值不应小于 10mm,准确度应满足上述雨量计技术参数的规定。

6)雨量计的运行维护应符合下列规定。

①应该定期进行校验和检定;

②雨季或汛期应至少每月检查 1 次,保持节流管畅通、电源正常。

(3)水位、水量监测

1)超声波水位计。

①超声波水位计工作环境条件应符合下列规定。

a. 水上工作环境温度应为−20~50℃,相对湿度在 40℃时不应大于 95%;

b. 水下工作环境温度应为 0~40℃,应能承受不小于 1.5 倍的工作水压力;

c. 在水上工作时,雨污水表面不得有泡沫或其他漂浮物,宜在上游设置拦污栅;

d. 在水下工作时，水位传感器不得被沉积物覆盖。

②超声波水位计技术参数及要求应符合下列规定。

a. 测量范围应为 0～1m、0～5m、0～10m、0～20m、0～40m。

b. 分辨力应为 0.1cm、0.5cm、1.0cm。

c. 准确度应符合下列规定。

Ⅰ. 在 0～10m 测量范围内，最大允许误差不应大于±2cm；

Ⅱ. 重复性标准差应小于最大允许误差的 50%；

Ⅲ. 最大允许计时误差每月应小于±2min。

d. 应具备声速补偿、温度补偿、消除波浪影响功能。

e. 应具备预置换能器安装高程、实时时间、测量周期等参数的功能。

f. 数据存储容量可根据预置的测量周期确定，宜大于 180 天。

③超声波水位计安装调试完成后，应进行现场测试，并应符合下列规定。

a. 实际测试条件下，应在水位升、降的完整过程中，取水位比测点不少于 3 个，分别记录每个比测点的标准水位值和被测试水位计的水位测量输出值，计算差值，取绝对值最大者。

b. 测试水位宜升至测试点设计最高水位。

c. 标准水位值宜采用被率定过的参比水位计进行测量，也可采用水尺进行人工测量。

d. 准确度应符合上述超声波水位计技术参数及要求的规定。

e. 对于源头减排设施，可采用人工模拟径流监测的方法进行测试。

④超声波水位计的运行维护应符合下列规定。

a. 应在雨季前、雨季后、暴雨前、暴雨后及开展降雨监测前进行日常检查维护，及时清理雨污水表面泡沫或其他漂浮物，及时清理覆盖在传感器上的沉积物，检查通信是否正常。

b. 每年在雨季前、雨季后定期进行保养检修。

c. 设备出现故障时应进行针对性检查维护，及时排除故障。

2)压力式水位计。

①压力式水位计工作环境条件应符合下列规定。

a. 显示记录装置的工作环境温度应为－10～50 ℃；水下压力传感器工作环境温度应为 0～40 ℃(接触的水不结冰)。

b. 显示记录装置的工作环境相对湿度不应大于 95%。

②压力式水位计技术参数及要求应符合下列规定。

a. 测量范围应为 0～0.5m、0～5m、0～10m、0～20m、0～40m。

b. 分辨力应为 0.1cm、0.2cm、0.5cm、1.0cm。

c. 准确度应符合下列规定。

Ⅰ. 在 0～0.5m 测量范围内绝对误差不应大于±0.25cm；在 0～10m 测量范围内绝对误差不应大于±3cm。

Ⅱ. 回差应小于绝对误差。

Ⅲ．重复性误差应小于绝对误差的50％。

Ⅳ．再现性误差应小于1.5倍的绝对误差，试验周期为2天。

Ⅴ．24h输出漂移误差不应大于绝对误差。

Ⅵ．0～40 ℃环境温度下温度漂移误差不应大于绝对误差。

Ⅶ．最大允许计时误差每月应小于±2min。

d. 水下传感器应采用耐压、耐腐蚀的材料做外壳。

e. 水下装置防水密封程度应在1.5倍测量范围条件下保压1h不漏水、不变形。

③压力式水位计测试应符合上述超声波水位计安装调试完成后进行现场测试的规定。

3)薄壁堰流量计。

①薄壁堰流量计可采用矩形缺口、三角形缺口及异形缺口堰既可用于管道和渠道小流量测量，也可用于河流、人工河渠大流量测量。

②三角形缺口薄壁堰的流量测量范围应为0.00009～1.8m^3/s，矩形缺口薄壁堰的流量测量范围应为0.0014～49m^3/s。

③应选用单一堰形达到整个流量变幅测量要求，当单一堰形应用条件受到限制时，可采用复合堰、组合堰或并列堰形式进行流量测量。

④薄壁堰的堰板顶部厚度应为1～2mm，堰顶向下游的倾斜面与堰顶的夹角不应小于45°，堰口宜用耐腐蚀的金属制作，应平整光滑。

⑤薄壁堰流量计的安装应符合下列规定。

a. 堰口的垂直平分线应与上游顺直渠槽中心线、堰板中垂线重合，堰板应平整坚固且垂直于渠槽底。

b. 堰顶上游渠槽顺直段长度不应小于10倍的水面宽度，使水流呈缓流状态。

c. 薄壁堰应垂直安装在顺直的，槽壁光滑、底面水平的矩形渠槽内。

d. 堰顶高程应大于堰体下游渠槽可能出现的最高水位0.1m，薄壁堰出流不得受到尾水的影响。

e. 当上游坡度较陡有可能发生水跃或上游有跌水发生时，水跃、跌水处至堰顶的距离不应小于设计最大测量水头值的30倍，并应设置消除设施。

f. 固定式薄壁堰流量计应采取防盗、防损坏措施。

⑥薄壁堰流量计水位观测断面应位于堰板上游的3～4倍最大测量水头值处。

⑦堰流量计水头测量可采用超声波、压力式、浮力式等水位传感器进行观测，应符合超声波水位计技术参数及要求、压力式水位计技术参数及要求的规定。

⑧超声波水位计、压力式水位计的测试应符合上述超声波水位计安装调试完成后现场测试的规定。

⑨堰流量计流量计算公式或经验关系式应经实验室率定后使用。

⑩堰流量计使用期间应进行养护，渠槽底淤积或堰顶粘有漂浮物时，应及时清理；漂浮物较多时，可在上游设置拦污栅。

4)槽流量计。

①槽流量计可采用长喉道槽和短喉道槽形式，短喉道槽可采用巴歇尔槽；槽流量计可用于管道、渠道和河流。

②长喉道槽应在自由流条件下应用；短喉道槽应在稳定流或缓变流条件下应用，可用于自由流和淹没流。

③槽流量计的测量范围应符合下列规定。

a. 长喉道槽的测量范围应为 0.07～40.0m^3/s；

b. 小型巴歇尔槽的喉道宽应为 0.025～0.228m，测量范围应为 0.00009～0.251m^3/s；

c. 标准型巴歇尔槽的喉道宽应为 0.25～2.40m，测流范围应为 0.0003～4.0m^3/s；

d. 大型巴歇尔槽的喉道宽应为 3.05～15.24m，测流范围应为 0.16～93.04m^3/s。

④巴歇尔槽的结构应符合下列规定。

a. 进口收缩段底面应严格水平，两侧边墙应与底面垂直且与纵轴线成 1∶5 的比值对称收缩。喉道段两侧边墙应互相平行，宽度尺寸准确。应预防超出设计标准的洪水漫溢，进口收缩段边墙高度应增设 0.35～0.50m 超高。

b. 大型巴歇尔槽可用混凝土建造，粗糙度应小于 0.017；小型巴歇尔槽可用塑料或玻璃钢材料建造。

⑤巴歇尔槽的安装应符合下列规定。

a. 巴歇尔槽中心线应与上游渠槽中心线重合；

b. 巴歇尔槽上游顺直的渠槽长度不应小于 5 倍的渠槽宽度，应使水流呈缓流状态；

c. 巴歇尔槽进口和出口段应加以防护，上游护底长宜为设计最大测量水头值的 4 倍，下游护底长宜为设计最大测量水头值的 6～8 倍；

d. 自由出流条件下，下游应有不小于 0.2m 的跌水，且应设置消能装置；

e. 巴歇尔槽施工的允许偏差：喉道宽度允许相对偏差为宽度的 0.2%，最大偏差值不应大于 0.01m。喉道的水平长度允许相对偏差为水平长度的 0.1%。槽高的相对误差应小于设计高度的 1.0%，最大误差不应大于 0.02m。

⑥槽流量计水头测量应符合下列规定。

a. 在自由流状态下，水位观测位置应在喉道上游，且距离喉道长度应为收缩段边墙长度的 2/3；

b. 在淹没状态下，应同时观测喉道上游水头和喉道下游边界断面处水头。

⑦槽流量计水头测量可采用超声波、压力式、浮力式等水位传感器进行观测，应符合上述超声波水位计技术参数及要求、压力式水位计技术参数及要求的规定。

⑧超声波水位计、压力式水位计的测试应符合上述超声波水位计安装调试后现场测试的规定。

⑨槽流量计流量计算公式或经验关系式应经实验室率定后使用。

5)多普勒超声波流量计。

①多普勒超声波流量计既可用于测量非满管流及有压流的管道流量,也可测量渠道和河流流量。

②多普勒超声波流量计工作环境条件应符合下列规定。

a. 工作环境温度应为−5～55 ℃;

b. 工作环境相对湿度不应大于 95%;

c. 工作环境大气压力应为 86～108kPa;

d. 传感器不得被沉积物覆盖。

③多普勒超声波流量计的技术参数应符合下列规定。

a. 流速测量范围宜为−3～3m/s,测量误差不应大于 2.5%;

b. 水位测量性能应符合上述超声波水位计技术参数及要求的规定;

c. 流量测量绝对误差不应大于 5%,重复性误差不应大于 1.8%;

d. 水中固体悬浮物浓度不应小于 60mg/L。

④多普勒超声波流量计的安装应符合下列规定。

a. 水位和流速传感器应安装于管道、渠道底部中心处,可适当增加安装高度以避免底部沉积物覆盖传感器,安装偏移量及水位传感器、流速传感器可测量的最小水位应在流量计算时予以考虑。

b. 传感器上游水流应呈缓流状态,应安装在管道末端上游 3～4 倍管径的位置。

⑤多普勒超声波流量计安装调试完成后,应进行现场测试,并符合下列规定。

a. 实际测试条件下,应在流速变化的完整过程,取流速比测点不少于 3 个,分别记录每个比测点的标准流速值和被测试流量计的流速测量输出值,计算差值,取绝对值最大者;

b. 流速应与水位同步测试;

c. 标准流速值应采用率定过的便携式参比流速仪进行测量;

d. 流速测试准确度应符合上述槽流量计相关的规定;

e. 水位测试方法和准确度应符合上述超声波水位计的规定。

⑥多普勒超声波流量计的运行维护应符合上述超声波水位计维护的规定。

(4)水质监测

1)水质在线监测系统。

①水质在线监测指标可包括 pH 值、水温、溶解氧、电导率、浊度、氨氮、高锰酸钾指数、总有机碳、总氮、总磷、生化需氧量等,水质在线监测指标的种类和频次应符合上述监测方案中的规定。

②水质在线监测系统验收至少应具备下列条件。

a. 应完成仪器性能测试和实验室比对,技术指标应满足国家相关技术规范要求;

b. 应完成水质在线监测系统的通信测试,数据应上传至数据平台;

c. 管网及设施在线水质监测设备应至少经过 3 场降雨的试运行，且运行正常。

③水质在线监测仪器性能测试和校准应符合下列规定。

a. 应至少每半年进行一次准确度、精密度、检出限、标准曲线和加标回收率的测试；

b. 应至少每半年进行一次零点漂移和量程漂移测试；

c. 更新检测器后，应进行一次标准曲线和精密度测试；

d. 更新仪器后，应对检出限、精密度、准确度、零点漂移、量程漂移、标准曲线、加标回收率、实际水样比对等仪器性能指标进行测试；

e. 应至少每月进行一次仪器测试、校准，应分别采用接近和超过实际水样浓度两种标准样品进行测试，每种样品至少测定 2 次，相对误差不应大于标准值的±10%。

④水质在线监测系统的运行维护应符合下列规定。

a. 应在雨季或汛期前、雨季或汛期后、暴雨前、暴雨后及开展降雨监测前进行日常例行检查维护，检查各单元是否工作正常。

b. 每年应在雨季或汛期前、雨季或汛期后进行定期保养检修，仪器中的光源、电极、蠕动泵、传感器等关键零部件更换后，应对仪器重新进行校准和检查。

c. 设备出现故障时应进行检查和维修，及时排除故障。故障检修完成后，根据检修内容和更换部件情况，对仪器进行校准，对普通易损件的维修至少进行标液校准，对关键部件的维修应进行标准曲线和精密度检查。

2)水质自动采样器。

①应根据监测对象、采样方法选择以下类型的水质自动采样器。

a. 根据采样是否连续，选择连续自动采样器或非连续自动采样器。

b. 根据是否具有流量计量功能，选择带流量计量功能的自动采样器和不带流量计量功能的自动采样器。

c. 根据是否分瓶采样，选择分瓶自动采样器和混合自动采样器。

d. 根据是否用于固定源的在线水质采样，选择在线式采样器和便携式采样器。

②水质自动采样器的主要功能应符合下列规定。

a. 应具有设定、校对和显示时间功能，应包括年、月、日、时、分；

b. 断电后，水质自动采样器应能恢复掉电前的工作状态，所设定的参数不应改变；

c. 水质自动采样器不具有流量计量功能时，应配备与流量计连接的接口，实现流量等比例采样；

d. 水质自动采样器应具备通信接口，具备远程启动、远程设置功能；

e. 采样模式应至少具有定时、时间比例、流量比例、液位比例、远程控制采样模式；

f. 水质自动采样器应具有保存采样记录、故障信息和样品保存温度超标报警信息等功能，并能够输出存储的信息；

g. 水质自动采样器应具备空气反吹、自动清洗功能；

h. 水质自动采样器应具备自动终止采样功能，当样品达到预设次数时，自动终止采样，以避免样品溢出；

i. 水质自动采样器应具备自动排空功能；

j. 采样头宜设有 10～20 目的过滤网，防止漂浮物堵塞采样管路。

③水质自动采样器的主要技术参数及要求应符合下列规定。

a. 采样量相对误差不应大于±10%；

b. 等比例采样量相对误差不应大于±15%；

c. 采样间隔时间 1h 的计时误差不应大于 0.1%，采样总时长 12h 的计时误差不应大于 30s；

d. 在线式采样器机箱内温度控制误差应为±2 ℃；

e. 采样垂直高度不应小于 5m；

f. 水平采样距离不应小于 50m；

g. 管路系统气密性不应大于－0.05 MPa；

h. 采样瓶应由惰性材料制成，易清洗，容量不应小于 500mL；

i. 水质自动采样器的最小采样量应小于 10mL，最小采样间隔时间应小于 30min。

④水质自动采样器投入使用前应进行性能测试，并符合下列规定。

a. 采样量误差可采用下列测试方法：在水质自动采样器操作说明书所示测试条件下，采样量设置为 200mL，执行自动采样，采样结束后，取出采样瓶，量取实际采样量，计算量取值与设置值的相对误差。

b. 等比例采样量误差可采用下列测试方法：在水质自动采样器操作说明书所示测试条件下，安装调试好流量计，并将自动采样器按操作说明书连接好；每排放 0.4m^3 废水采样 200mL；调节流量使排放速率在 2m^3/h 左右，启动水质自动采样器；等排放流量累计至 4m^3 且水质自动采样器完成该次采样时，量取水质自动采样器采样量总和与计算采样量 2000mL 的相对误差。

c. 性能测试应符合上述水质自动采样器的主要技术参数及要求规定的性能参数要求。

⑤水质自动采样器应在雨季或汛期前、中、后各进行一次现场校验。

⑥水质自动采样器的运行维护应符合上述水质在线监测仪器性能测试和校准的规定。

2.5 监测指标

海绵城市是指通过城市规划、建设的管控，从“源头减排、过程控制、系统治理”着手，综合采用“渗、滞、蓄、净、用、排”等技术措施，统筹协调水量与水质、生态与安全、分布与集中、绿色与灰色、景观与功能、岸上与岸下、地上与地下等关系，有效控制城市降雨径流，最大限度地减少城市开发建设行为对原有自然水文特征和水生态环境造成的破坏，使城市能够像“海绵”一样，在适应环境变化、抵御自然灾害等方面具有良好的“弹性”，实现自然积存、自然渗透、自然净化的城市发展方式，有利于达到修复城市的多重目标。

海绵城市监测是围绕城市内水循环系统各环节各要素展开，以综合评价海绵城市工程建设成效、分析规划目标、核心控制目标与实际成效间的差距为目标，指导下一步优化工作方向。根据中华人民共和国住房和城乡建设部《海绵城市建设绩效评价与考核办法（试行）》、《海绵城市建设评价标准》（GB/T 51345—2018），常规海绵城市监测指标主要包括气象监测指标、水文监测指标、水质监测指标。

2.5.1　气象监测指标

气象监测的核心目标是提供气象要素现状及变化趋势的数据，预测气象变化，顺利解决当前主要气象问题，为气象管理服务。

气象监测的内容主要包括风速、风向、土壤温度、土壤水分、土壤电导率、土壤 pH 值、空气温度、空气湿度、噪声、二氧化碳、大气压力、光照、雨雪状态、紫外线、总辐射、一氧化碳、臭氧、二氧化氮、二氧化硫、硫化氢、氧气、$PM_{2.5}$、PM_{10}、负氧离子、氨气、TVOC（室内有机气态物质）、雨量、土壤氮磷钾等 28 种气象要素。海绵城市涉及监测指标主要包括风速和风向、空气温湿度、降雨、水面蒸发等。

2.5.1.1　气象监测指标意义

气象观测信息和数据是开展天气预警预报、气候预测预估及各类气象服务、科学研究的基础，是推动气象科学发展的原动力。综合气象观测系统是现代气象业务体系的重要组成部分，是提升公共气象服务能力和提高气象预报预测准确率的重要基础。其作用主要表现在以下 6 个方面。

（1）在防灾减灾方面

我国是世界上气象灾害最为严重的国家之一，灾害种类多，分布地域广，发生频率高，造成损失重。为了有效防御和减轻所造成的损失，提高应对突发公共事件应急的气象保障能力，迫切需要实现对气象灾害的综合、立体、连续观测，提高对气象灾害的监测能力。

（2）在应对气候变化方面

气候和气候变化导致人类生存条件的变化，这不仅是科学问题，更是世界各国政府共同关注的政治问题、经济问题和外交问题。为了深化对气候变化事实和规律的科学认识，推进气候变化综合影响评估工作，减少或消除有关气候变化的不确定性，增强对全球气候变化和极端气候事件的监测能力，提高对气候变化的定量描述和预估水平，制定适应和减缓气候变化的对策及措施，需要开展代表性好、精度高、长期稳定运行的基准气候监测，并对气候系统多圈层（大气圈、水圈、冰雪圈、岩石圈和生物圈）及其相互作用进行长期连续观测。

（3）在提高气象预报预测准确率和精细化水平方面

提高预报预测准确率和精细化水平是气象预报预测业务的核心。为了建立满足公共气象服务需求的各类气象预报预测业务系统，提高预报预测准确率和精细化水平，提供均一性更好、时间序列更长的观测资料，需要建立时空布局精细、合理的观测站网，以获取陆地气象服务区、天气气候敏感区和关键区及海洋地区的高精度、高准确度、及时、稳定、可靠的观测数据，提高综合气象观测系统能力。

(4)在国民经济各行业建设方面

我国正处在全面建设更高水平小康社会的重要历史时期。经济越发展，气象条件对各行业特别是天气气候敏感行业的影响越大，气象服务在国民经济各行业发展中的作用越来越重要，地位越来越突出，要求越来越高。农业、交通、航空、航天、水利、环境、电信、电力和能源等行业对各类专业气象观测的需求日益增强。

(5)在履行国际义务方面

多年来，我国的综合气象观测系统参与观测数据的国际交换，为全球气象预报服务业务作出了重要贡献，成为全球观测系统不可或缺的重要组成部分。近年来，由包括世界气象组织在内的多个国际组织和国家发起实施了许多地球观测计划，旨在将现有及新建的各类观测系统集成一体，相互协调，共享观测数据和信息，以提高观测系统的效益。我国作为参与国承担了相应的责任和义务，这也对我国的综合气象观测系统建设提出了新要求。

(6)在大气科学方面

气象观测是大气科学发展的基础。由于大气现象及其物理过程的变化较快，影响因子复杂，因此除大气本身各种尺度运动之间的相互作用以外，太阳、海洋和地表状况等都影响着大气的运动。虽然在一定简化条件下，对大气运动做了不少模拟研究、大气运动模型实验，但是组织局地或全球的气象观测网，获取完整准确的观测资料，仍是大气科学理论研究的主要途径。历史上的锋面、气旋、气团和大气长波等重大理论的建立，都是在气象观测提供新资料的基础上实现的。因此，不断引进其他科学领域的新技术成果，以增强气象观测能力，是发展大气科学的重要手段。

2.5.1.2 风速和风向

风是空气运动产生的气流，由许多在时空上随机变化的小尺度脉动叠加在大尺度规则气流上的一种三维矢量。

地面气象观测中测量的风是二维矢量(水平运动)，用风向和风速表示。

风向是指风的来向，最多风向是指在规定时间段内出现频数最多的风向。人工观测，风向用十六方位法；自动观测，风向以度(°)为单位。

风速是指单位时间内空气移动的水平距离。风速以米/秒(m/s)为单位，取 1 位小数。最大风速是指在某个时段内出现的最大 10min 平均风速值。极大风速(阵风)是指某个时段内出现的最大瞬时风速值。瞬时风速是指 3s 的平均风速。

风的平均量是指在规定时间段的平均值，有 3s、1min、2min 和 10min 的平均值。

人工观测时，测量平均风速和最多风向。配有自记仪器的要做风向、风速的连续记录并进行整理。

自动观测时，测量平均风速、平均风向、最大风速、极大风速。

测量风的仪器主要有 EL 型电接风向风速计、EN 型系列测风数据处理仪、海岛自动测风站、轻便风向风速表、单翼风向传感器和风杯风速传感器等。

2.5.1.3　空气温湿度

空气温度（简称"气温"，下同）是表示空气冷热程度的物理量。空气湿度（简称"湿度"，下同）是表示空气中的水汽含量和潮湿程度的物理量。地面气象观测中测定的是离地面 1.50m 高度处的气温和湿度。

气温：定时气温，日最高、日最低气温。配有温度计的气象站应做气温的连续记录。以摄氏度（℃）为单位，取 1 位小数。

湿度：水汽压（e）是空气中水汽部分作用在单位面积上的压力；以百帕（hPa）为单位，取 1 位小数。相对湿度（U）是空气中实际水汽压与当时气温下的饱和水汽压比值；以百分数（%）表示，取整数。露点温度（T_d）是空气在水汽含量和气压不变的条件下，降低气温达到饱和时的温度；以摄氏度（℃）为单位，取 1 位小数。

配有湿度计的气象站应做相对湿度的连续记录，并挑选日最小值。

测量气温和湿度的仪器主要有干球温度表、湿球温度表、最高温度表、最低温度表、毛发湿度表、通风干湿表、温度计和湿度计、铂电阻温度传感器和湿敏电容湿度传感器。

2.5.1.4　降雨

降水是指从天空降落到地面上的液态或固态（经融化后）的水。其中降雨特指以雨水的形式降落到地面的天气现象，是海绵城市建设的主要降水影响因素。降雨观测包括降雨量和降雨强度的观测。降雨量是指某一时段内的未经蒸发、渗透、流失的降雨在水平面上积累的深度，以毫米（mm）为单位，取 1 位小数。降雨强度是指单位时间的降雨量，通常测定 5min、10min 和 1h 内的最大降雨量。海绵城市常用测量降雨的仪器有雨量器、翻斗式雨量计、虹吸式雨量计和容栅式雨量传感器等。降雨监测指标的监测是开展天气预报预警、气候预测预估、防汛排涝预警机制的重要基础。

降雨是水文循环的基本要素之一，也是区域自然地理特征的重要表征要素，是海绵城市建设的最重要表征参数。它是地表水和地下水的来源之一，既与人类的生活、生产关系密切，又与区域自然生态紧密关联。降水是区域洪涝灾害的直接因素，是水文预报的重要依据。在人类活动的许多方面需要掌握降雨资料，研究降雨空间与时间变化规律。如农业生产、防汛抗旱等都要及时了解降雨情况，并通过降雨资料分析旱涝规律情势；在水文预报方案编制和水文分析研究中也需要降雨资料。

降雨量（强度或累积量）监测频率为至少每 5min 有一个雨量监测数据，宜精确到 1min。监测布点原则为考虑雨量空间分布不均的特点，在示范区每 5 km^2 内需布设一个雨量监测站点。

2.5.1.5 水面蒸发

水面蒸发量(近似用E601型蒸发器观测值代替)是表征一个地区蒸发能力的参数。陆面蒸发量是指当地降水量中通过陆面表面土壤蒸发和植物散发以及水体蒸发而消耗的总水量,这部分水量也是当地降水形成的土壤水补给通量。

水面蒸发是水循环过程中的一个重要环节,是水文学研究中的一个重要课题。它是水库、湖泊等水体水量损失的主要部分,也是研究陆面蒸发的基本参证资料。在水资源评价、水文模型确定、水利水电工程和用水量较大的工矿企业规划设计和管理中都需要水面蒸发资料。随着国民经济的不断发展,水资源的开发、利用急剧增长,供需矛盾日益尖锐,这就要求更精确地进行水资源的评价。水面蒸发观测工作,就是为了探索水体的水面蒸发及蒸发能力在不同地区和时间上的变化规律,以满足国民经济各部门的需要,为水资源评价和科学研究提供可靠的依据。

气象站测定的蒸发量是水面(含结冰时)蒸发量,是指在一定口径的蒸发器中,一定时间间隔内因蒸发而失去的水层深度,以毫米(mm)为单位,取1位小数。

蒸发是水由液态转变为气态的过程,也是海洋与陆地上的水返回大气的唯一途径。由于蒸发需要一定的热量,因此蒸发不仅是水的交换过程,还是热量的交换过程,是水和热量的综合反映。

根据生活中蒸发的物理机制,蒸发因蒸发面的不同,可分为水面蒸发、土壤蒸发和植物散发等。其中土壤蒸发和植物散发合称为陆面蒸发,流域(区域)上各部分蒸发和散发的总和称为流域(区域)总蒸发。不同类型的蒸发,其蒸发机制存在一定的差异,现分述如下:

水面蒸发是在充分供水条件下的蒸发。从分子运动论的观点来看,水面蒸发是发生在水体与大气之间界面上的分子交换现象,包括水分子自水面逸出,由液态变为气态,以及水面上的水汽分子返回液面,由气态变为液态。通常蒸发量E是指从蒸发面跃出的水量和返回蒸发面的水量差值,称为有效蒸发量。从能态理论观点来看,在液态水和水汽两相共存的系统中,每个水分子都具有一定的动能,能逸出水面的首先是动能大的分子,而温度是物质分子运动平均动能的反映,所以温度愈高,自水面逸出的水分子愈多。跃入空气中的分子能量大,蒸发面上水分子的平均动能变小,水体温度因而降低。单位质量的水,从液态变为气态时所吸收的热量称为蒸发潜热,以L表示,其值与蒸发面温度T有以下关系:

$$L = 2491 - 2.1777T \tag{2-1}$$

反之,水汽分子因本身受冷或受到水面分子的吸引作用而重回水面,发生凝结。在凝结时水分子要释放热量,在相同温度下,凝结潜热与蒸发潜热相等。所以说蒸发过程既是水分子交换过程,也是能量的交换过程。

影响水面蒸发的因素复杂多样,蒸发现象的先决条件是蒸发面存在水,通常将蒸发面的供水条件区分为充分供水和不充分供水两种。

一般将水面蒸发及含水量达到田间持水量以上的土壤蒸发均视为充分供水条件下的蒸

发，而将土壤含水量小于田间持水量情况下的蒸发称为不充分供水条件下的蒸发。

通常，将处在特定的气象环境中具有充分供水条件的可能达到的最大蒸发量称为蒸发能力，又称潜在蒸发量或最大可能蒸发量。对于水面蒸发而言，自始至终处于充分供水条件下，因此可以将相同气象条件下的自由水面蒸发视为区域（流域）的蒸发能力。

在充分供水条件下，蒸发面与大气之间的显热交换与内部的热交换都很小，可以忽略不计，因而辐射平衡的净收入完全消耗于蒸发，则蒸发能力可按式(2-2)确定：

$$E_p = \frac{R \times \Delta t}{L} \tag{2-2}$$

式中，E_p——蒸发能力；

R——辐射平衡值；

Δt——时段长；

L——蒸发潜热。

但必须指出，实际情况下的蒸发可能等于蒸发能力，也可能小于蒸发能力。此外，对于某个特定的蒸发面而言，其蒸发能力并不是常数，而是随着太阳辐射、温度、水汽压差以及风速等条件的变化而变化。

动力学因素影响蒸发的动力学因素主要有如下 3 个方面。

1)水汽分子的垂向扩散。蒸发面上空的水汽分子，在垂向分布上极不均匀。愈近水面层，水汽含量就愈大，因而存在着水汽含量垂向梯度和水汽压梯度。于是水汽分子有沿着梯度方向运行扩散的趋势。垂向梯度愈显著，蒸发面上水汽的扩散作用亦愈强烈。

2)大气垂向对流运动。垂向对流是由蒸发面和空中的温差所引起，运动的结果是把近蒸发面的水汽不断地送入空中，使近蒸发面的水汽含量变小，饱和差扩大，从而加速蒸发面的蒸发。

3)大气中的水平运动和湍流扩散。在近地层中的气流既有规则的水平运动，也有不规则的湍流运动（涡流）。运动的结果不仅影响水汽的水平和垂向交换过程、蒸发面上的水汽分布，还影响温度和饱和差，进而影响蒸发面的蒸发速度。

热力学因素从热力学观点来看，蒸发是蒸发面与大气之间发生的热量交换过程。蒸发过程中如果没有热量供给，那么蒸发面的温度以及饱和水汽压就会逐步降低，蒸发也随之减缓甚至停止。由此可知，蒸发速度在很大限度上取决于蒸发面的热量变化。影响蒸发面热量变化的主要因素如下：

1)太阳辐射是水面、土壤、植物体热量的主要来源。太阳辐射强烈，蒸发面的温度就升高，饱和水汽压增大，饱和差也扩大，蒸发速度就大；反之，蒸发速度就小。由于太阳辐射随纬度而变化，并有强烈的季节变化和昼夜变化，因此各种蒸发面的蒸发也呈现强烈的时空变化特性。

2)对于植物散发来说，太阳辐射和温度的高低还可以通过影响植物体的生理过程而间接影响其散发。当温度低于 1.5℃时，植物几乎停止生长，散发量极少；当温度高于 1.5℃

时，散发随温度升高而递增。但当温度高于 40℃时，叶面的气孔失去调节能力，气孔全部敞开，散发量大增，一旦耗水量过多，植物将枯萎。

3)平流时的热量交换主要指大气中冷暖气团运行过程中发生的与下垫面之间的热量交换。这种交换过程具有强度大、持续时间较短、对蒸发的影响较大的特点。

4)此外，热力学因素的影响往往还与蒸发体自身的特性有关。以水体为例，水体的含盐度、浑浊度以及水深的不同，就会导致水体的比热、热容量的差异，因而在同样的太阳辐射强度下，其热量变化和蒸发速度也不同。如矿化度大于 10g/L，透明度小于 1m，浓度为 1.10～1.12g/L 的污水，其蒸发量仅为淡水蒸发量的 75％。

蒸发直接体现热量交换与水量交换过程的联系。

1)水分化汽。水体内部水分子处在连续运动状态，其速度各不相同。若水面的一些分子得到的动能大于其他水分子对它的吸引力，就逸出水面。水温越高，水分子运动越快。由于水汽分子的不规则运动，因此有一部分水汽分子会回到水中，产生凝结。实测的蒸发量指从水面逸出的水分子数量与返回水中的水分子数量之差。

2)水汽扩散。有 3 种形式：①由水汽压差而引起的水汽分子从水汽压高处向水汽压低处输送，称分子扩散；②由温差而引起的下层暖湿空气上升和上层冷干空气的下沉，称对流扩散；③由于刮风，水分子随风吹离，称紊动扩散。

总之，影响水面蒸发的因素有水汽压差、风速、气温和水质等。水汽压差指水面温度的饱和水汽压与水面上空一定高度的实际水汽压之差。它反映着水汽浓度梯度，根据扩散理论所提供的概念，蒸发率与水汽压差成正比。风速的大小决定着紊动扩散的强弱；一般认为，风速愈大，水面蒸发率愈高。气温主要控制空气湿度，间接影响水面蒸发。按照道尔顿定律，如风速和相对湿度不变，温度升高 10°C，蒸发量增加 1 倍。水中含有盐分会增加分子的吸力，减少蒸发。在同一环境下，海水的蒸发量比淡水少 2％～3％。

2.5.2 水文监测指标

水文监测是海绵城市建设的重要组成部分，通过雨量、水位及流量等数据的实时采集和径流系数的计算，为海绵城市建设提供完善的专业分析和预测预报服务，为海绵城市建设方案的制定、绩效评价与考核提供科学依据。

2.5.2.1 水位

水位是指水体的自由水面高出基面以上的高程，水位高低直接反映水量储备能力。表达水位所用的基面通常有绝对基面和测站基面(假设基面)两种。我国采用的绝对基面大多为黄海基面，即以黄海口某一海滨地点的特征海平面为零点；为保持资料的连续性，设站时间较久远的站点仍沿用吴淞基面。为使各站的水位便于比较，在“水文年鉴”中均注明了黄海基面与吴淞基面的换算关系。如长沙水位站，所使用的基面为吴淞基面，将其换算为黄海基面起算水位，则黄海基面以上水位＝现观测水位(吴淞基面)－2.280m。

测站基面是水文测站专用的一种固定基面，一般以略低于历年最低水位或河床最低点作为零点来计算水位高程。为便于比较各站水位，在刊布水文资料时，均注明该基面与绝对基面的关系。

水位可直接用于水文情报预报，为防汛抗旱、灌溉、排涝、航运及水利工程的建设、运用和管理所必需。长期积累的水位资料是水利水电、桥梁、航道、港口、城市给排水等工程建设规划设计的基本依据；在水文测验中，常用连续观测的水位记录，通过水位流量关系推求流量及变化过程。利用水位还可推求水面比降和江河湖库的蓄水量等。在进行流量、泥沙、水温、水情观测的同时还需要观测水位。

2.5.2.2 流量

流量是单位时间内通过河、渠或管道等某一断面的水流体积，单位为 m^3/s。流量是天然河流、人工河渠、水库、湖泊等径流过程的瞬时特征，是推算河段上下游、湖库水体入、出水量以及水情变化趋势的依据。流量过程是区域(流域)下垫面对降水调节或河段对上游径流过程调节后的综合响应结果。天然河流的流量可直接反映汛情，受工程影响水域的入、出流量是推算水体汛情的基础。简单地说，流量是特定断面径流计算的依据，而区域径流是水文循环的又一核心要素，也是区域自然地理特征的重要表征要素。在进行流域水资源评价、防洪规划、水能资源等规划，以及航运、桥梁等涉水项目建设时都要应用流量资料作为依据。防汛抗旱和水利工程的管理运用，要积累江河、湖库流量资料，分析径流与降水等相关水文要素的相关关系和径流要素时空变化规律，来进行水文预报和水量计算，有效增强防汛抗旱的预见性和水利工程调度的科学性。

2.5.2.3 土壤墒情

土壤墒情(用土壤含水量表示)与植物生长状态关系密切，既是农业、牧业、茶业、林业干旱程度的衡量监测指标，也是旱情监测与发布的依据。同时土壤墒情与降水、蒸发、地表径流和地下水位关系密切，是推算前期影响土壤蓄水进而建立旱情预报模型的基础。

开展土壤墒情监测工作，就是为了探索土壤含水量在不同地区、不同土壤质地和时间上的变化规律。配合土壤墒情监测辅助观测植物生长状态，是掌握特定土体不同植物不同生长时期土壤水分存储量的依据。

土壤含水量补给的主要来源是降水量和灌溉水量，它消耗于陆面蒸发(包括土壤蒸发和植物蒸发)及深层渗透。土壤墒情年内变化规律主要决定于气候、土壤、地质因素和人类活动。不同类型土壤含水量有很大差别，而不同作物在不同生长期对水分的需求又有很大的差异。

2.5.3 水质监测指标

城市发展对水生态环境造成了剧烈的影响，主要在于城市生产、生活排污量激增带来的水质恶化。城市化过程中地面硬化面积增加，地面径流流速增大，侵蚀冲刷作用明显，植被覆盖减少，对污染物的拦截和消减以及土壤的束缚作用降低，使水体泥沙沉淀物和污染物增加;城市活动导致污染物增多,生产、生活排污和降水期间建筑垃圾、汽车尾气、大气沉降等各种污染源形成大量非点源污染,进一步加重水质恶化。

大部分海绵城市技术措施通过设施对其所服务汇水区域雨水径流体积的削减,以及设施在停留过程中对径流污染物沉淀、吸附、过滤,从而实现对水质净化。

海绵城市径流雨水水质监测是分析下垫面径流污染特征、评估海绵城市污染物控制效果、研究排水管道污染物迁移规律、分析受纳水体水质污染成因的科学手段[34]。利用各项水质监测数据,可计算设施对所在汇水区的单场降雨径流污染控制量和污染负荷。通过长期运行监测数据,可得到设施对径流污染物的控制总量。

2.5.3.1 悬浮性颗粒物

悬浮性颗粒物是城市雨水径流中的重要成分,来源包括空气中的沉积物、车辆零件的磨损等。其测定方法一般有光学式浊度计和比浊法两种,光学式浊度计一般分透明光式和散射光式两大类。

水中的固体污染物主要以悬浮状态、胶体状态和溶解状态的形态存在于水体中。悬浮状态的固体污染物通常称为悬浮物,是指杂质、泥沙类的无机物、动植物体腐败而产生的有机质和浮游生物、固体悬浮物,会造成水体外观恶化、浑浊度升高,改变水的颜色。悬浮物沉积于河底淤积河道,会危害底栖生物的繁殖,影响渔业生产;沉积于灌溉的农田,则会堵塞土壤毛细管,影响通透性,造成土壤板结,不利于农作物的生长。

2.5.3.2 化学需氧量

化学需氧量是指水体中易被强氧化剂氧化的还原性物质所消耗的氧化剂的量,结果折成氧的量,以 mg/L 为单位。化学需氧量是表征水体中还原性物质的综合性监测指标。除特殊水样以外,还原性物质主要是有机物,组成有机化合物的碳、氮、硫、磷等元素往往处于较低的化合价态。

化学需氧量高意味着水中含有大量的还原性物质,其中主要为有机污染物,而这些有机物污染的来源可能是农药、化工产品、有机肥料等。如果不及时进行处理,许多有机污染物可在江底被底泥吸附而沉积下来,在若干年内会对水生生物造成持久的毒害。

化学需氧量是在一定的条件下,采用一定的强氧化剂处理水样时所消耗的氧化剂量,反映了水中受物质污染的程度。根据水质监测仪器检测出的化学需氧量数值,水质可分为五大类。其中Ⅰ类和Ⅱ类化学需氧量≤15mg/L,基本上能达到饮用水标准;Ⅲ～Ⅴ类水不能作为饮用水,Ⅲ类化学需氧量≤20mg/L、Ⅳ类化学需氧量≤30mg/L;Ⅴ类化学需氧量≤40mg/L,属于污染水质。化学需氧量数值越高,污染越严重。

在污水处理过程中,有机物有上百种,对这些有机物进行逐一分析,既耗时间,又耗药品。经过研究发现,污水中的有机物有两个共性:一是它们都由碳、氢元素组成,二是绝大多数的有机物能够被化学氧化或被微生物氧化,它们的碳和氢分别与氧形成无毒无害的二氧化碳和水。污水中的有机物不论是在化学氧化过程中,还是在生物氧化过程中,都要消耗氧，废水中的有机物愈多，则消耗的氧量也愈多，二者成正比。于是，污水用化学药剂氧化所消耗的氧量被称为化学需氧量。

污水中的有机物，有的可以被生物氧化降解（如葡萄糖和乙醇），有的只能部分被生物氧化降解（如甲醇），还有一部分有机物不能被生物氧化降解，并且还有一定的毒性（某些表面活性剂）。这样，可以把污水中的有机物分成可生化降解的有机物和不可生化降解的有机物两个部分。

在自然界的循环中，有机化合物在生物降解过程中不断消耗水中的溶解氧而造成氧的损失，从而破坏水环境和生物群落的生态平衡，并带来不良影响，从而确定了化学需氧量在水环境监测中的重要性。

在自然界的循环中，水中的还原性物质，特别是有机化合物在生物氧化降解过程中消耗溶解氧而造成水体氧的缺损，从而破坏环境和生物群落的生态平衡，引起水质恶化，甚至发生溶解氧消耗殆尽，厌氧菌滋生，造成水体变黑发臭。这种水质会造成除微生物以外几乎所有生物的死亡，不仅危害水体的生物（如鱼类），而且还可经过食物链的富集，最后进入人体，引起慢性中毒。

因此，化学需氧量既是衡量水质污染程度的一个重要监测指标，几乎所有的水质监测都要测化学需氧量，也是不可缺少的水质监测模块。

水中的还原性物质有各种有机物、亚硝酸盐、硫化物、亚铁盐等，但主要为有机物。因此，化学需氧量又往往作为衡量水中有机物含量多少的监测指标。

水样的化学需氧量可由加入氧化剂的种类及浓度、反应溶液的酸度、反应温度和时间以及催化剂的有无而获得不同的结果。因此，化学需氧量是一个条件性监测指标，必须严格按照操作步骤进行。

我国规定用重铬酸钾法测量水中化学需氧量，国外也有用高锰酸钾、臭氧、羟基做氧化剂的方法体系，如果使用必须与重铬酸钾做对照实验，得出相应的相关系数，以重铬酸钾法结论上报检测数据。

水质中化学需氧量的测定标准有《水质化学需氧量的测定重铬酸盐法》（HJ 828—2017）和《水质化学需氧量的测定快速消解分光光度法》（HJ/T 399—2007）。

2.5.3.3　氨氮

氨氮是指以氨或铵离子形式存在的化合氮，即水中以游离氨（NH_3）和铵离子（NH_4^+）形式存在的氮。水温升高时，NH_3 的比率增大，NH_3 和 NH_4^+ 在水溶液中相互转化，它们是性质不同的两种物质。NH_3 对鱼类和其他水生生物是有毒害的，而 NH_4^+ 则无毒，NH_3 即使浓度很低也会抑制鱼类的生长。对地面水，常要求测定非离子氨。两者的组成比决定于水的 pH 值和温度，当 pH 值偏高时，游离氨的比例较高，反之，则氨离子的比例较高。

氨氮是水体中的营养素，可导致水体富营养化现象产生，是水体中的主要耗氧污染物，对鱼类及某些水生生物有毒害。研究表明，溶解氧和氨氮在不同水温条件下变化趋势一致，在相近温度条件下溶解氧浓度和氨氮浓度变化趋势成反比，通过曝气让河道水质溶解氧浓度升高，相应氨氮浓度会降低，水质质量就会得到保证。因此，氨氮浓度的变化趋势在一定程度上可以反映出水体中溶解氧浓度，进而可以辅助综合评估水体环境的健康程度。

氨氮废水的主要来源包括城市污水、工业废水和畜禽废水，不同来源的废水其成分和浓度差异也较大。

（1）氨氮监测意义

1）氨氮对人的危害。

水中的氨氮可以在一定条件下转化成亚硝酸盐，如果长期饮用，水中的亚硝酸盐将和蛋白质结合形成亚硝胺，这是一种强致癌物质，对人体健康极为不利。长期饮用硝态氮（NO）含量超过 10mg/L 的水，会发生高铁血红蛋白病，若血液中高铁血红蛋白含量达到 70mg/L，人就会发生窒息。水中的亚硝态氮（NO_2^--N）和胺作用会生成亚硝胺，而亚硝胺是“三致”物质。铵态氮（NH_4^+-N）和氯反应会生成氯胺，氯胺的消毒作用比自由氯小，因此当有铵态氮存在时，水处理厂将需要更大的加氯量，从而增加处理成本。

近年来，含氨氮废水随意排放造成的人畜饮水困难甚至中毒事件时有发生，长江、淮河、钱塘江、沱江等流域都有过相关报道，相应地区曾出现过诸如蓝藻污染导致数百万居民饮水困难，以及相关水域受到了“牵连”等重大事件，因此去除废水中的氨氮已成为环境工作者研究的热点之一。

2）氨氮对生态环境的危害。

氨氮是水体中的主要耗氧污染物，对鱼类及某些水生生物有毒害。NH_4^+-N 的氧化会造成水体中溶解氧浓度降低，导致水体发黑发臭，水质下降，对水生动植物的生存造成影响。在有利的环境条件下，废水中所含的有机氮将会转化成 NH_4^+-N，NH_4^+-N 是还原性最强的无机氮形态，会进一步转化成 NO_2^--N 和 NO_3^--N。根据生化反应计量关系，1gNH_4^+-N 氧化成 NO_2^--N 需要消耗氧气 3.43g，氧化成 NO_3^--N 需要消耗氧气 4.57g。

同时氨氮是水体中的营养素，氮的存在致使光合微生物（大多数为藻类）的数量增加，即水体发生富营养化现象，造成滤池堵塞，从而使滤池运转周期缩短，增加水处理的费用；妨碍水上运动；藻类代谢的最终产物可产生有颜色和气味的化合物；某些藻类产生的毒素导致家畜损伤，鱼类死亡；藻类的腐烂，使水体中出现氧亏现象。NH_3 和 NH_4^+ 组成比决定于水的 pH 值和温度，当 pH 值与温度偏高时，NH_3 的比例较高，反之则 NH_4^+ 的比例较高。

3）氨氮对水生生物的危害。

氨氮中毒有急性和慢性之分。慢性氨氮危害为：摄食降低，生长减慢，组织损伤，降低氧在组织间的输送，氨氮过高会损坏鱼、蚌的鳃，氨氮高于 0.5mg/L 时会引起水生生物无法进食和呼吸，直至死亡。急性氨氮中毒危害为：水生生物表现为亢奋，在水中丧失平衡、抽搐，严重者甚至死亡。为保护淡水水生物，水中非离子氨的浓度应低于 0.02mg/L。

当氨溶于水时，一部分氨与水反应，生成铵离子，另一部分形成水合氨，也称非离子氨。

非离子氨是引起水生生物毒害的主要因子，而氨离子相对无毒。根据《地面水环境质量标准》(GB 3838—2002)，Ⅲ类地面水非离子氨的浓度≤0.02mg/L。

(2)氨氮的来源

1)城市生活污水。

水中氨氮的来源主要为生活污水中含氮有机物在微生物作用下的分解产物，还有农作物生长过程以及氮肥的使用也会产生氨氮，并随着污水排入城市的污水处理厂或者直接排入水体。

2)氨和亚硝酸盐可以互相转化。

水中的氨在氧的作用下可以生成亚硝酸盐，并进一步形成硝酸盐。同时水中的亚硝酸盐也可以在厌氧条件下受微生物作用转化为氨。

3)某些工业废水(如焦化废水和合成氨化肥厂废水等)。

化肥厂、发电厂、水泥厂等化工厂向环境中排放含氨的气体、粉尘和烟雾，另外，随着人民生活水平的不断提高，私家车也越来越多，大量的自用轿车和各种型号的货车等交通工具也向空气排放一定量含氨的汽车尾气。这些气体中的氨溶于水，形成氨氮，污染水体。氨氮是总氮的组成之一，同种废水中，总氮浓度要比氨氮浓度高。

氮元素和磷元素是引起水体富营养化的主要元素，在缓流水体中(如湖泊、水库等)，如果氨氮浓度很高，有可能导致水体富营养化，这样会引起藻类及其他浮游生物迅速繁殖，水体溶解氧量下降，水质恶化，鱼类及其他生物大量死亡，严重影响水体、水生生物，最终影响到人类。所以说，对氨氮的实时监测是十分重要和有必要的。

2.5.3.4 总氮

总氮是水中各种形态无机氮(NO_3^-、NO_2^- 和 NH_4^+ 等)和有机氮(蛋白质、氨基酸和有机胺等)的总量，总氮以每升水含氮毫克数计算。常被用来表示水体受营养物质污染的程度。

水中的总氮含量是衡量水质的重要监测指标之一，其测定有助于评价水体被污染和自净状况。当地表水中氮、磷物质超标时，微生物大量繁殖，浮游生物生长旺盛，出现富营养化状态。有文献提出，目前在富营养化控制上，国外通常将总氮浓度超过0.3mg/L、总磷浓度超过0.02mg/L作为富营养化的分界线。

无机氮中的氨氮是水体中的营养素，可导致水体富营养化现象产生，是水体中的主要耗氧污染物，对鱼类及某些水生生物有毒害。相关部门很早就注意到氨氮的危害性，中国环境规划院副院长吴舜泽曾撰文表示："氨氮作为主要超标污染物在七大水系中出现频率非常高，氨氮污染是全国性的污染问题。"[35]国家"十二五"规划建议中，氨氮已成为继化学需氧量后的全国主要水污染物排放的约束性监测指标。

但是，在一般的污水好氧处理工艺中，只是将氨氮转化成硝酸盐氮排放，但含量并未降低，无法减轻水体富营养化等环境问题，因此并未达到无害化处理效果。只有通过下一步反硝化处理，将残余硝态氮通过生化反应生成无害的氮气(N_2)，从水中逸出，才能最终实现氨氮的无害处理。从上述总氮的原理可以看出，除污水中总氮需在有氧及缺氧两种工艺条件下，由 3 种菌接力才可完成。硝化菌在菌群中所占比例很小，一般仅为 5%，且繁殖周期长，对环境要求高，这就决定了处理无机氨的步骤多、时间长、限制因素多，必然造成处理池容积大、投资大。

不仅如此，处理费用高也是无机氮的处理难点之一。代秀兰等认为，从耗氧量上来看，处理无机氮理论上需耗氧量与去除化学需氧量相比要高 4～5 倍，耗电自然也高 4～5 倍；另一项费用为药剂费，因硝化反应会产生酸度，必须加碱中和。另外，因硝化反应后水中有机物已分解完，如要进行反硝化反应，则需再补加有机物，以利于生化反应，国外大多添加甲醇，如硝态氮为 2.5～3.0kg，需加甲醇 1kg。

许多研究人员对提高城市污水处理中生物脱氮效率进行了研究，研究结果表明，由于反应不同，条件不同，消耗也不同，因此处理氨氮难，处理到无害化、降低总氮则更难。

与氨氮相比，水体中硝酸盐氮和亚硝酸盐氮含量超标，同样会使水环境质量恶化，还对人类及动、植物造成严重危害。饮用水中的 NO_3^- 和 NO_2^- 的含量过高，能引起变性血色素症，变性血色素会破坏红细胞的载氧能力，引起人体严重缺氧而导致死亡。同时，饮用 NO_3^- 和 NO_2^- 的含量过高的水，可使肝癌、食管癌、胃癌的发病率增高，因为 NO_3^- 和 NO_2^- 在自然条件下有可能转化为强致癌的亚硝酸胺。水体中的亚硝酸氮超过 1mg/L 时，就会使水生生物的血液结合氧的能力降低；超过 3mg/L 时，可在 24 到 96 小时内使金鱼、鳊鱼死亡。因此，总氮是反映污水治理程度的一个重要监测指标。

污水中总氮包括有机氮和氨氮及硝酸盐，但城市污水中的氮到达污水处理厂时以氨氮为主。通常生物脱氮包括硝化和反硝化两个过程。

根据对污水处理厂普通 A/O(Anoxic-Oxic)工艺的出水总氮预测分析，在污水处理厂的曝气池中，在好氧环境下，原水生化需氧量被化能异养菌氧化，氨态氮则被化能自养菌（硝化细菌）氧化成硝态氮或亚硝态氮，完成硝化过程。因为化能异养菌效率较高，而化能自养菌效率较低，所以硝化过程需要较长的污泥龄才能完全发挥硝化作用。硝化过程产生的硝态氮或亚硝态氮仍是总氮的组成部分，对总氮的去除没有影响，但硝酸盐或亚硝酸盐具有较强的氧化能力，在缺氧环境下，当环境中溶解氧较低时，某些细菌能以硝酸盐或亚硝酸盐代替溶解氧作为氧供体，以进水中的生化需氧量作为碳源和能量进行生命活动，将硝酸盐氮还原成氮气，从水中释放出来，实现氮最终排出系统，完成反硝化过程。该过程最终的结果是，硝酸盐或亚硝酸盐供体中的氧原子作为碳源的氧化剂，硝态氮或亚硝态氮则还原成游离氮（反硝化）。正是由于硝化细菌和反硝化细菌的共同作用，总氮的去除才成为可能。

2.5.3.5 总磷

总磷是指水体中各种形态磷的总量，是反映水体受污染程度和湖库水体富营养化程度的重要监测指标之一。水体中含磷量的增加，使水体中的浮游生物和藻类大量繁殖而消耗水中的溶解氧，从而加速湖库水体的富营养化，因此准确地测定水体中的总磷含量是非常重要的。目前,国内外检测水中总磷的方法很多,其中主要有消解过程的电炉或电热板消解法、压力锅加热消解法、微波消解法和紫外光氧化消解法,测定过程的钼酸铵分光光度法、氯化亚锡还原钼蓝法,孔雀绿—磷钼杂多酸法以及罗丹明荧光分光光度法等。《水质总磷的测定 钼酸铵分光光度法》(GB 11893—1989)中所采用的方法是过硫酸钾氧化—钼酸铵分光光度法,环境监测人员应全面掌握这种分析方法,本书将对这种分析方法的有关问题进行探讨。

总磷为控制水体富营养化的主要监测指标,以水中可被强氧化物质氧化转变成磷酸盐的各种形态磷的总量计。磷是植物生长必不可少的营养元素,但是如果水中的磷超过临界浓度,就会刺激水生植物的生长,发生藻华,造成水体的富营养化。

磷是从若干不同途径进入水体,如排放含磷化合物的废水、农田的地表径流,以及畜牧场等。近年来,含磷洗涤剂和其他日用含磷物质的使用也增加了磷的排放量。粪便、洗涤剂、肥料中含有较多的磷,污水中存在磷酸盐、聚磷酸盐、聚磷酸等有机磷酸化合物,磷同氮一样也是污水生物处理所必需的元素,磷同时也是引发封闭性水体富营养化污染的元素之一。生活污水主要是城市生活中使用的各种洗涤剂、污水、垃圾、粪便等,多为无毒的无机盐类,生活污水中含氮、磷、硫多,致病细菌多。

在水体中,有机氮和无机氮化物含量增加,消耗溶解氧,使水质恶化。磷类物质过量会造成藻类过度繁殖,使水质透明度降低,甚至水质变坏。因此,总氮、总磷是衡量水质的重要监测指标。总氮和总磷是《地表水环境质量标准》(GB 3838—2002)中的基本项目,是地表水体富营养化的重要监测指标,其标准分析方法分别为《碱性过硫酸钾消解紫外分光光度法》(GB 11894—1989)和《过硫酸钾消解钼酸铵分光光度法》(GB 11893—1989)。

(1)水体中总磷的来源

水体中总磷的主要来源分外源和内源两大类。外源指的是从外界进入水体,内源则指的是水体内部物质如底泥等沉积物释放出来的。外源又可分为点源和非点源两种。点源主要是指污水处理厂尾水及工业废水排放;非点源主要有农业面源、水产养殖源、城市地表径流源等。

天然水和废水中的磷以正磷酸盐、缩合磷酸盐以及与有机体相结合的磷酸盐 3 种形态存在。总磷是水样中各种形态的磷经消解后转变成正磷酸盐后测定的结果。

(2)总磷的危害

污泥浓度高,河中总磷污染物将会富集在库区内,极易引发水体的富营养化,磷也是植物生长所必需的营养物质,但当其含量过高时会使土壤板结,影响作物的生长。国标要求灌溉水中总磷的含量:水作应小于 5.0mg/L,旱作应小于 10mg/L,蔬菜应小于 10mg/L。

2.5.3.6 氧化还原电位

氧化还原电位(ORP)是水中多种氧化物质与还原物质发生氧化还原反应的综合结果。这一监测指标虽然不能作为某种氧化物质与还原物质浓度,但是能帮助我们了解水体的电化学特征，分析水体的性质，是一项综合性监测指标。水体的氧化还原电位必须在现场测定。

早些时候，氧化还原电位主要应用在工业废水的治理中，特别是处理一些金属精加工中产生的废水，后来在市政污水处理厂也逐渐得到了广泛的应用。

污水系统中存在着多种变价离子和溶解氧，即多个氧化还原电对。通过 ORP 在线监测仪表，污水中的氧化还原电位可以在短时间内被检测出来，不需要再通过化验室进行的采样测量，在时间上可以大幅缩短化验流程，提高工作效率。

在污水处理系统中重要的氧化还原反应包括含碳、含氮、含磷等有机污染物的生物降解、有机物的水解和酸化、硝化和反硝化反应、生物厌氧释磷、好氧吸磷等。

(1)污水处理的各个阶段，微生物所需求的氧化还原电位不同

一般好氧微生物在 100mV 以上均可生长，最适为 300～400mV；兼性厌氧微生物在 100mV 以上时进行好氧呼吸，在 100mV 以下时进行无氧呼吸；专性厌氧细菌要求为 −250～−200mV，其中专性厌氧产生甲烷菌要求为 −400～−300mV，最适为 −330mV。

好氧活性污泥法系统中正常的氧化还原环境在 200～600mV。污水生化处理中常见的反应过程所适宜的 ORP 值范围。

(2)作为好氧生物处理、缺氧生物处理及厌氧生物处理中的控制策略

通过监测和管理污水的 ORP，管理人员可人为地控制生物反应发生。通过改变工艺运行的环境条件，如加大曝气量以增加溶解氧浓度、投加氧化性物质等措施以提高氧化还原电位、减小曝气量以降低溶解氧浓度、投加碳源和还原性物质以降低氧化还原电位，从而实现促进或阻止该反应的进行。

因此，管理人员利用 ORP 作为好氧生物处理、缺氧生物处理及厌氧生物处理中的控制参数，可实现更好的处理效果。

好氧生物处理：ORP 与化学需氧量去除硝化具有良好的相关性，通过 ORP 控制好氧曝气量，可避免曝气时间的不足或过量，确保处理出水的水质。

缺氧生物处理：ORP 与反硝化状态的氮浓度在缺氧生物处理过程中存在一定的相关性，可以此作为判断反硝化过程是否结束的一个标准。

相关实践表明，在反硝化脱氮过程中，当 ORP 对时间的导数小于 −5 时，反应较彻底。出水中含有硝态氮，可以防止产生各种有毒有害物质，如硫化氢等。

厌氧生物处理：在厌氧反应过程中，当有还原物质产生时，ORP 值就会降低；当还原物质减少时，ORP 值就会升高，并且在一定时间段里趋于稳定。

总而言之，对于污水处理厂的好氧生物处理，ORP 与化学需氧量、生化需氧量的生物降解，ORP 与硝化反应具有良好的相关性。

(3)控制除磷工艺段的处理效果，提高除磷效果

生物除磷包括两个步骤：①在厌氧环境下磷的释放阶段，发酵菌 ORP 在 −225～

−100mV 的条件下产生脂肪酸，脂肪酸通过聚磷菌吸收，同时释放磷进入水体。②好氧池内聚磷菌开始降解上阶段吸收脂肪酸的同时从 ATP 转化成 ADP 获得能量，这种能量的储存需要从水中吸附过量的磷，吸附磷的反应要求好氧池内的 ORP 为 25～250mV，才能发生生物除磷的存储。

因此，工作人员可通过 ORP 来控制除磷工艺段的处理效果，提高除磷效果。

当工作人员不希望在一个硝化反应过程发生反硝化反应或亚硝酸盐的聚集时，必须保持超过 50mV 的 ORP 值。同理，为防止在下水管道系统中产生恶臭气体（H_2S），管理人员必须保持管道中超过−50mV 的 ORP 值，以防止硫化物的形成和反应。

(4)调节工艺的曝气和曝气强度，节能降耗

除此以外，工作人员还可以利用 ORP 与水中溶解氧的显著相关性，通过 ORP 来调节工艺的曝气时间和曝气强度，在满足生物反应条件的同时，达到节能降耗的目的。

综上所述，ORP 的检测手段简单，设备价格较低，测量精度高，检测数据实时显示。

通过 ORP 在线检测，工作人员可以根据实时反馈的信息，快速掌握污水净化反应过程和水体污染状态信息，从而实现污水处理环节的精细化管理和水环境质量的高效管理。

如上文所述，在废水处理中，发生的氧化还原反应众多，且在各反应器内影响 ORP 的因素也不相同。因此，在污水处理中，工作人员还需根据污水处理厂实际情况，进一步研究水中溶解氧、pH 值 、温度、盐度等因素与 ORP 的相关关系，建立适合不同水体的 ORP 控制参数。

2.5.3.7　溶解氧

溶解氧表示溶解在水中的氧含量，它以每升水中氧气的质量（毫克）表示。在好氧池中，出水口的溶解氧应控制在 2mg/L，如果是纯氧曝气，应在 4mg/L。在缺氧反硝化池中，溶解氧应在 0.5mg/L。在厌氧池中，分子氧基本上不存在，硝态氮最好小于 0.2mg/L。

溶解氧以分子状态存在于水中。溶解氧是重要的水质监测指标之一，也是水体净化的重要因素之一。溶解氧高，有利于对水体中各类污染物的降解，从而使水体得以较快净化；反之，溶解氧低，水体中污染物降解较缓慢。

水中溶解氧含量受到两种作用的影响：一种是使溶解氧下降的耗氧作用，包括好氧有机物降解的耗氧生物呼吸耗氧；另一种是使溶解氧增加的复氧作用，主要有空气中氧的溶解、水生植物的光合作用等。这两种作用的相互消长使水中溶解氧含量呈现出时空变化。

水中溶解氧主要来源于两方面：一方面是在水体中溶解氧小于其溶解度时，大气中的氧溶入水体。在水体和大气之间的界面上经常进行气体交换，水体将二氧化碳排入大气中的氧溶入水体。这与生物的呼吸作用十分相似，是水体中氧的主要来源。另一方面是水生植物通过光合作用向水中放出的氧。但是由于水体中经常发生氧化作用，从而消耗水中的氧，特别是有机质的降解对氧的消耗量很大，因此水体中不断进行着脱氧（溶解氧减少）和复氧（溶解氧增加）的过程。

在自然条件下，水在流动时复氧过程比较迅速，较易补充水中氧的消耗，使水体中溶解氧保持一定的水平。反之，在静水条件下，复氧过程缓慢，水中含氧得不到及时补充，处于嫌气状态。当工业废水和生活污水携带大量有机物进入水体时，水体脱氧严重。这时即使在流动的河水中，复氧过程也弥补不了这样的大幅度脱氧，会出现溶解氧迅速下降，造成鱼类和需氧生物死亡及水质恶化。水体受有机物及还原物质污染，可使溶解氧降低与空气中氧的分压。天然水体中溶解氧的数量除与水体中的生物数量和有机物数量有关外，还与水温和水层有关。在正常情况下，地表水中溶解氧量为 5～10mg/L；在有风浪时，海水中溶解氧可达 14mg/L；在水藻繁生的水体中，光合作用使放氧量增加，也可能使水中的氧达到过饱和状态；在地下水中，一般溶解氧较少，深层水中甚至完全无氧。

水中溶解氧的含量与大气压力、水温及含盐量等因素有关。没有受到污染的水中溶解氧呈饱和状态。清洁地表水溶解氧接近饱和。当有大量藻类繁殖时溶解氧可能过饱和。适量的氧是鱼类和好氧菌生存和繁殖的基本条件。在标准大气压、温度为 0 ℃的淡水中，溶解氧呈饱和状态时的含量为 10mg/L。溶解氧低于 4mg/L 时鱼类就难以生存。如果水中有机物含量较多，其耗氧速度超过氧的补给速度，那么水中溶解氧量将不断减少；当水体受到有机物的污染时，水中溶解氧量甚至可接近于零，这时有机物在缺氧条件下分解就会出现发酵现象，使水质严重恶化。水被有机物污染后，好氧菌作用使其氧化消耗掉溶解氧。如果得不到空气中氧的及时补充，那么水的溶解氧就减少，最终导致水体变质。所以把溶解氧作为水质污染程度的一项监测指标，溶解氧越少，表明污染程度越严重。

2.5.3.8 透明度

透明度是指水样的清澈程度，洁净的水是透明的。透明度与浊度相反，水中悬浮物和胶体颗粒物越多，其透明度就越低。测定透明度的方法有铅字法、塞氏盘法、十字法等。

2.5.3.9 其他指标

在海绵城市监测体系中，非重要监测指标可根据实际情况增加监测项目。

(1)色度

饮用水的色度大于 15°时多数人即可察觉，大于 30°时人会感到厌恶。标准中规定饮用水的色度不应超过 15°。

(2)浑浊度

浑浊度为水样光学性质的一种表达语，用以表示水的清澈和浑浊程度，是衡量水质良好程度的最重要监测指标之一，也是考核水处理设备净化效率和监测评价水处理技术状态的重要依据。浑浊度的降低就意味着水体中的有机物、细菌、病毒等微生物含量减少，这不仅可以提高消毒杀菌效果，而且可以降低卤化有机物的生成量。

(3)臭和味

水臭的产生主要是因为有机物的存在，可能是生物活性增加或工业污染所致。公共供水正常臭味的改变可能是原水水质改变或水处理不充分的信号。

(4)肉眼可见物

肉眼可见物主要是指水中存在的、能用肉眼观察到的颗粒或其他悬浮物质。

(5)余氯

余氯是指水经加氯消毒,接触一定时间后,余留在水中的氯量。在水中具有持续的杀菌能力,可防止供水管道的自身污染,保证供水水质。

(6)细菌总数

水中含有的细菌,来源于空气、土壤、污水、垃圾和动植物的尸体。水中细菌的种类是多种多样的,其中包括病原菌。我国规定饮用水的标准为 1mL 水中的细菌总数不超过 100 个。

(7)总大肠菌群

总大肠菌群是一个粪便污染的监测指标,从中检出的情况可以表示水中是否有粪便污染及其污染程度。在净化过程中,水经过消毒处理后,其总大肠菌群指数达到饮用水标准的要求,说明其他病原体原菌基本被杀灭。

第3章　海绵城市监测的技术和要点

本章按照《海绵城市建设效果监测技术指南》、《海绵城市建设评价标准》(GB/T 51345—2018)等要求，同步考虑实际数据采集和模型系统的构建要求，遵循科学规范、因地制宜、经济高效、边界清晰等原则，对海绵城市监测的技术和要点进行讨论[36,37]，同时针对径流雨水监测存在监测点位布置和采样方法不合理、水质监测指标不明确、采样时间及频次不确定等问题，分析总结了径流雨水监测现状及相关标准，提出适用于设施、排水管网、受纳水体的监测位置、监测指标、采样时间频次等监测要点和建议。

3.1　源头典型海绵设施监测

3.1.1　监测总体思路

城市绿地是实现海绵城市“自然积存、自然渗透、自然净化”目标的重要“海绵体”。海绵城市建设中真正体现海绵城市功能的低影响开发与绿色雨水基础设施主要落实在绿地空间，典型的设施有生物滞留设施、植草沟(生态沟渠)、海绵型公园绿地等。

3.1.1.1　生物滞留设施

(1)监测内容

监测下凹绿地、雨水花园和生物滞留带在内的生物滞留设施出水流量、悬浮物浓度，观测设施的进水流量、进水通道水质曲线、溢流流量、溢流水质曲线、底部出流流量、底部出流水质曲线，评估检验设施相关监测指标的控制效果情况，为优化研究设施设计提供基础参数。

(2)监测方法

这类设施控制的径流包括通过自身调蓄、蒸发、下渗回补地下水的雨水径流，以及通过设施土壤、填料等过滤净化后由底部盲管收集的径流。在每一场降雨过程中，该设施服务地块排入设施的雨水径流可通过雨量、径流系数等数据计算分析而得，总外排流量、悬浮物浓度可通过对设施溢流口出水总管流量、径流悬浮物浓度监测数据得到，从而计算出典型设施对所服务汇水区的单场降雨控制量和污染浓度削减效果。

3.1.1.2 植草沟

(1)监测内容

植草沟主要包含植被的地表沟渠,可收集、输送和排放径流雨水,并具有一定的雨水净化作用,可用于衔接其他各单项设施、雨水管渠系统和超标雨水径流排放系统。重点监测植草沟出水流量、悬浮物浓度和滞留时间,观测设施的出水流量、水质曲线和出流时间、评估检验设施相关监测指标的控制效果情况,可为优化研究设施设计提供基础参数。

(2)监测方法

通过划分设施服务地块排入设施的雨水径流,在植草沟输送雨水径流的出水口处安装流量计、悬浮物监测仪,对场地经植草沟滞留、净化后的总外排径流获取流量、悬浮物浓度和出流时间监测数据,从而计算并评估典型设施对所服务汇水区的单场降雨峰值滞留效果、削峰效果和污染浓度削减效果。

3.1.1.3 海绵型公园绿地

(1)监测内容

公园在海绵城市内的功能,一是承担本区域的汇水径流,满足较高的径流总量控制率;二是收集承接周边的外排雨水,并结合区域防涝,成为区域雨水滞蓄空间。主要监测指标有年径流总量控制率、年径流悬浮物污染去除率及雨水资源回用率,监测结果应能反映公园汇水面积内不同降雨事件的出水口径流量、水质状况。

(2)监测方法

通过监测法、监测与模型结合法两种方式,对年径流总量控制率进行考核。通过在排入市政管网处的排出口或关键管网节点处安装在线流量计,可得流量监测数据。当地降雨量低于规定的年径流总量控制率对应的设计降雨量时,排出口不得出现雨水外排现象。同时通过在相同位置装入的悬浮物监测仪,进行悬浮物浓度监测,计算分析年径流悬浮物污染去除率。其中,监测法监测示范项目的所有排水口的相应监测指标;监测与模型结合法先对示范项目的 1 或 2 处排水口进行监测,再通过模型的率定、计算分析,得出相关监测指标。

3.1.2 在线监测设备技术参数要求

按照海绵城市监测方案及需求,在线监测设备主要包括多普勒超声波流量计、悬浮物监测仪、水位计、遥测终端机等,仪表信号通过无线网络进入计算机系统。

3.1.2.1 总体要求

为满足在线监测设备安装环境要求,所有在线监测设备应满足以下要求。

1)测量仪表的防护等级要求:水下或有可能在水下的部分防护等级为 IP68,水上部分的防护等级为 IP65。

2)在供电不方便的地方,仪表优先采用电池供电,避免现场因供电问题带来的不便。

3)对所有仪表配备安装支架及附件,以便于在井下或排水系统中安装。

4)对所有仪表配备无线通信设备,以便于在现场进行安装及数据传输。

3.1.2.2 多普勒超声波流量计

多普勒超声波流量计采用多普勒原理,整机由多普勒流速仪探头、压力式水位计、水温传感器、控制主机构成。

在管道中使用时只选用一个声道进行测量,在自然湖泊中使用时选择多个声道进行测量,在测量流速的同时判断相应的流向信息。

特殊情况下可将水位与流速进行独立测量,或将压力式水位计和超声波或雷达水位计结合起来。压力式水位计用于测量大体的水深,超声波或雷达水位计用于测量具体的水深,两个水位计的差值在一定的范围内,才能确认该次测量是较准确的。水温传感器用于测量水的温度,补偿声音在水中的速度。多普勒流量计技术参数见表 3-1。多普勒超声波流量计安装方式见图 3-1、图 3-2。

表 3-1　　多普勒流量计技术参数

序号	名称	技术参数要求
1	流速	流速范围:±0.02~±5m/s;测量分辨率:1mm/s;精度:1.0%
2	水位	水深测量(压力水位计):0~7m;分辨率:1mm;精度:±1cm
3	温度	温度测量范围:0~60℃;分辨率:0.1℃
4	流量	流量范围:0.001~1000m^3/s;分辨率:0.0001m^3/s;精度:测量流量的±3%
5	电源	直流 10~14V 或者交流 220V
6	输出信号	RS485(Modbus)
7	存储容量	2M(可扩展)
8	防护等级	IP68(探头)
9	工作温度	0~60℃
10	储存温度	−20~60℃

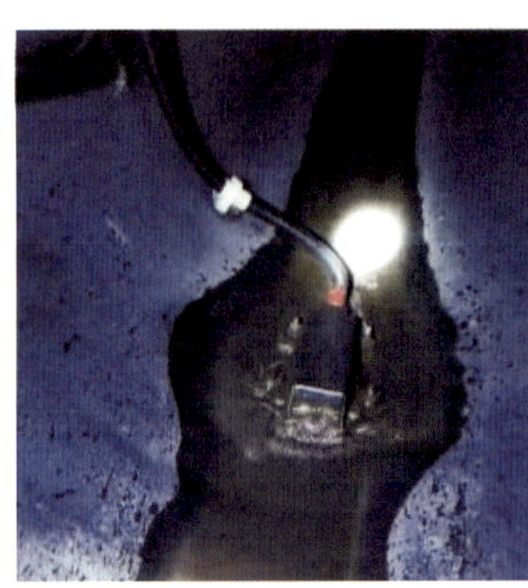

图 3-1　管道式安装方式

图 3-2 明渠式安装方式

3.1.2.3 悬浮物监测仪

悬浮物监测仪设备应用于排水口、管网及河道的悬浮物监测，测量信息可本地储存和无线发送，具备报警和云端管理功能。水质悬浮物分析仪技术参数见表 3-2。

表 3-2 水质悬浮物分析仪技术参数

序号	名称	技术参数要求
1	测量范围	浊度：0～4000NTU；悬浮固体浓度：0～50g/L
2	测量精度	浊度小于测量值的 10%；悬浮固体浓度小于测量值的 10%(取决于污泥的同质性)
3	分辨率	浊度：0.001NTU；悬浮固体浓度：1mg/L
4	光源	860±30nm 红外 LED
5	校准	通过配套的上位机软件进行多点标定
6	信号输出	RS485(Modbus)或 4～20mA
7	供电	5.5～9.0V
8	使用温度	0～50℃
9	存储温度	－10～60℃
10	传感器材质	304 不锈钢
11	防护等级	IP68

3.1.2.4 雷达式水位计

雷达式水位计是利用雷达测距原理，专为水利测量而设计的一种当前最为先进的经济型在线检测系统，测量精度和稳定性极高。雷达式水位计的特点如下：

1）雷达式水位计具有测量精度高、速度快、不受环境因素影响等特点，可适用于各种不同条件下复杂环境的水位精密测量。

2）全封闭结构，无任何机械部件，能适应各类恶劣环境，设备基本免维护。

3）系统提供 RS485 数据输出接口，兼容当前主流 RTU 设备。

4)安装简便,结构紧凑,设计合理,可实现垂直或倾斜测量方式。

5)雷达式水位计安装无需建设静水井等土建工程,只需将水位计测量部分利用支架或水工建筑固定即可,安装简单方便,综合成本低。雷达式水位计安装方式见图 3-3,其技术参数见表 3-3。

图 3-3　雷达式水位计安装方式

表 3-3　雷达式水位计技术参数

序号	名称	技术参数要求
1	量程	0.15～30m
2	精度	±1cm
3	分辨率	1mm
4	供电	直流 9～24V
5	功耗	1.5W
6	防护等级	IP68
7	信号输出	RS485
8	存储温度	−30～65℃
9	工作温度	−20～60℃
10	波束角	7°

3.1.2.5 压力式水位计

压力式水位计可应用于河流水系、内涝监测及地下水的水位测量，几乎不受环境因素影响，可适用于各种不同复杂环境条件下的水位精密测量。安装简单方便，综合成本低。压力式水位计技术参数见表 3-4。

表 3-4 压力式水位计技术参数

序号	名称	技术参数要求
1	量程	10m、20m、40m、80m
2	精度	0.05%F.S.(0～50℃)
3	分辨率	1mm
4	供电	直流 5～24V
5	静态功耗	5～10μA
6	信号输出	RS485(Modbus-RTU)或 4～20mA
7	温补范围	0～50℃
8	储存温度	－30～65℃(无凝露)
9	工作温度	－10～70℃
10	温度测量精度	±0.2℃
11	温度测量分辨率	0.02℃
12	防护等级	IP68

3.1.2.6 遥测终端机

遥测终端机应符合《水文自动测报系统设备遥测终端机》(SL 180—2015)和《水文监测数据通信规约》(SL 651—2014)的要求。

一体化设计，集成 DTU(Data Transfer Unit)通信模块，支持 2G、3G、4G；支持外置 DTU 或北斗通信模块，覆盖范围广；接口丰富，标准易用，支持常用以及定制的传感器；大容量数据存储空间，内置存储可存储 20 年数据；远程管理功能，可以远程升级以及配置、重启等，方便易用。遥测终端机技术参数见表 3-5。

表 3-5 遥测终端机技术参数

序号	名称	技术参数要求
1	供电范围	直流 6～26V
2	待机电流	＜0.9mA(12V)
3	工作电流	＜9mA(12V)
4	工作温度	－30～60℃(无结冰)
5	工作湿度	＜95%RH(无凝露)
6	存储温度	－40～80℃

3.1.3 在线监测设备安装工况设计

3.1.3.1 多普勒超声波流量计安装

(1)整体安装要求

1)地下部分安装要求。

①探头安装应完全水平于管底,同时保证与水流方向平行一致,探头前端(没有信号线的一端)逆水流方向并与水流方向成180°夹角,并且探头前端不得有任何阻挡物干扰水流流态,信号线(一体式时为通信电缆)从探头的下游引出。

②探头上的超声波收发装置应避免硬物撞击或划伤,在不使用时应用软套保护,当其上面附着异物时应用清水冲洗或软布轻擦;底部的压力传感器位于网状透水孔内,不得用硬物去接触,在仪器脱离水面不用时也应加以保护,在透水孔周围附着异物时应小心除去。

③通信电缆线由于里面含有通气管,不能弯折过度,防止其折断。

④通信电缆线里面的通气管与探头里面的电路板相通,不能进水,安装时应使通气管末端开口朝下,防止潮气结水后沿管壁流入探头电路处。

⑤通信电缆线由探头引出水面时,外套采用聚氯乙烯管保护,沿途固定或沿支架的管路走线,使其避免直接受水力冲击而产生拉力。特别是水草较多的渠道,当电缆线上挂草时会产生很大的拉力,有可能将电缆线拉断。

⑥安装箱涵时,流量计安装在箱涵侧壁,离淤泥高1～2cm的地方。

⑦安装圆管时,流量计安装在圆管底部避开淤泥的地方,与竖直方向保持10°以内的夹角。

⑧安装流量计时,先装底板,再将流量计安装在底板上。

⑨流量计安装完成后,需将底部淤泥清理干净。

⑩多普勒超声波流量计安装在明渠底部合适位置,并高出底部1cm左右。

⑪多普勒超声波流量计需在明渠底部选择一个水流平缓区域段,流量计安装在此区域段内,并且流量计前端平缓区域的长度约为宽度的10倍,后端平缓区域的长度约为宽度的5倍。

⑫走线需要破土开槽,电缆需要用镀锌钢管保护后回填。

⑬镀锌钢管一般预埋设于地下约30cm处,亦可根据现场情况设定深度值。

⑭多普勒超声波流量计的线缆须紧贴斜坡铺设,不得破皮、缺口等。

⑮杆体与明渠的距离应根据现场实际情况而定。

⑯安装杆体时,必须保证太阳能板朝南,并且太阳能支架与横梁成45°夹角。

⑰安装立杆地笼时,需先挖出1m×1m×1m的土坑,地笼居中放置,用水泥砂浆、碎石浇灌,保证地脚螺栓高出安装面10cm以上,安装面高出地面1.5cm左右,浇灌完成后,需静置7天。地下部分安装见图3-4至图3-7。

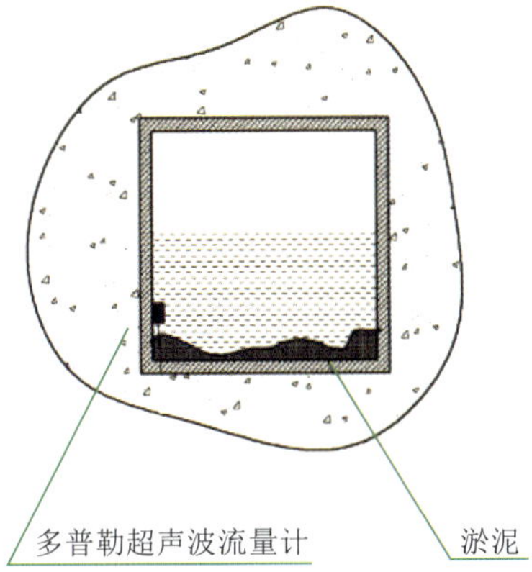

图 3-4 箱涵流量安装截面图

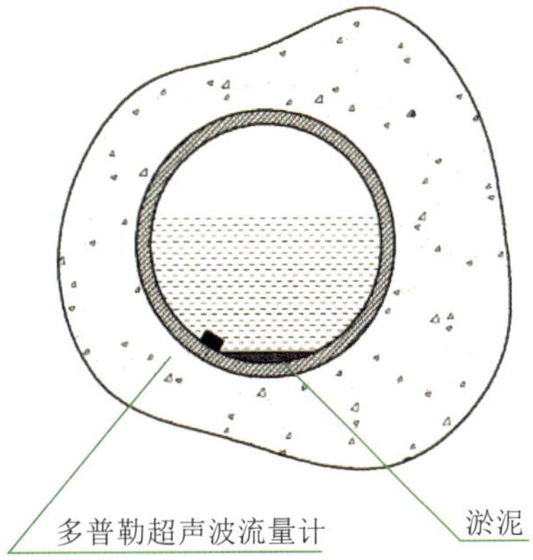

图 3-5 圆管流量安装截面图

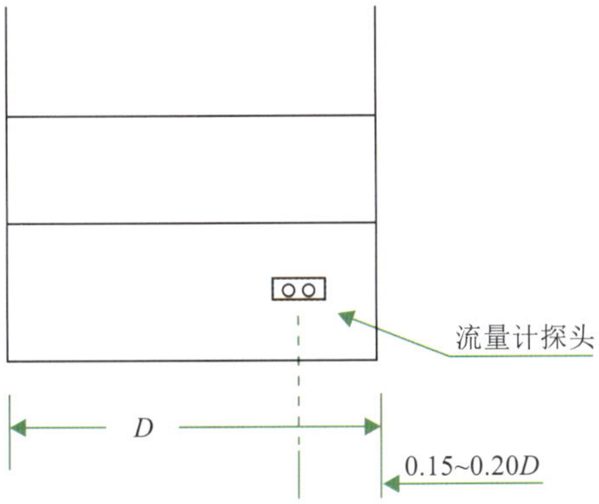

图 3-6 探头在矩形断面的安装方式

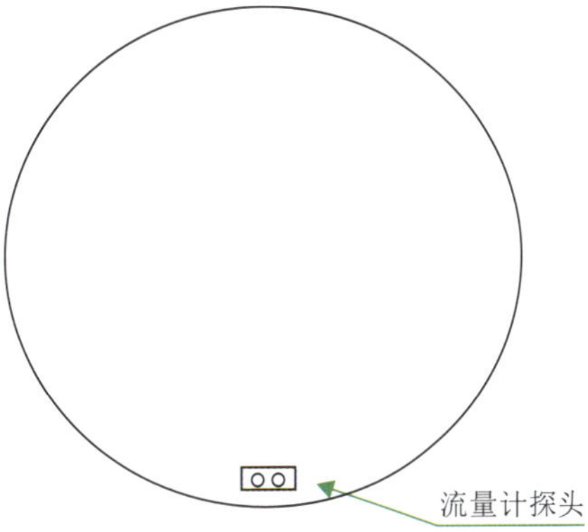

图 3-7 探头在圆形断面的安装方式

2)地上部分立杆安装要求。

①立杆整体高 3.5m，避雷针 1.5m，太阳能电池板距地面 3m 且与水平成 45°夹角，向阳。

②地笼为 0.21m×0.21m×0.60m，地笼上表面高出地面 15cm，地笼应在布线完成后再施工，施工时先回填 0.2m 的混凝土，放入钢架后，再填满。

③考虑到竖井一般在马路中间，立杆的施工选址应尽量靠近马路，具体数据以实际施工现场为准。

④布线时，应破开路面，线缆穿过 DN25 的镀锌钢管后埋入地面，再将马路恢复还原，注意布线过程中不能损伤线缆表皮。

⑤井内布线时，应尽量贴紧井壁，保持直线布置。

(2)施工示意图

多普勒超声波流量计安装剖面图见图 3-8 和图 3-9。

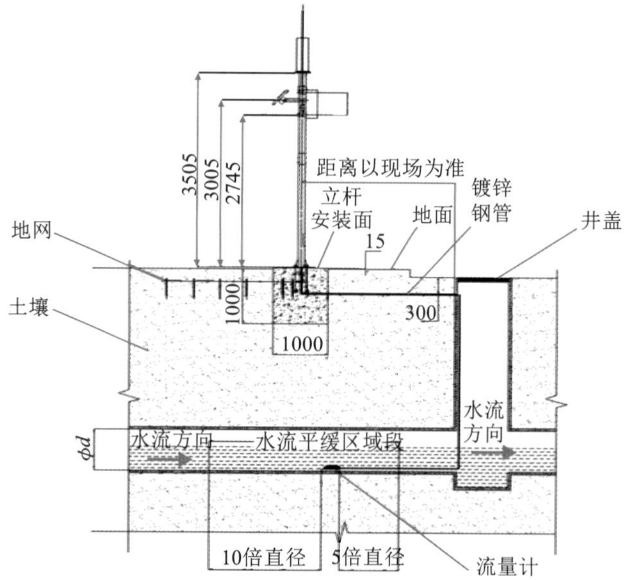

图 3-8　多普勒超声波流量计安装剖面图

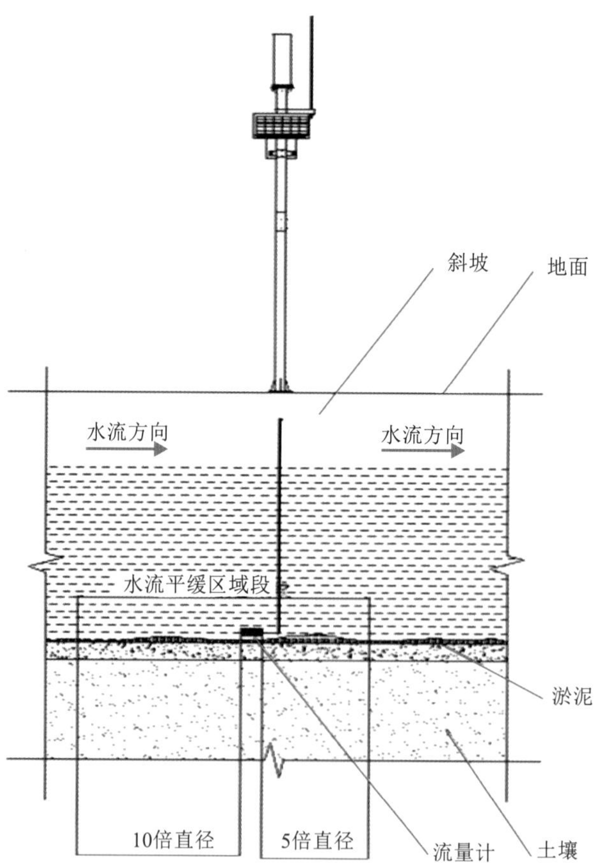

图 3-9　多普勒超声波流量计安装剖面图

3.1.3.2　悬浮物监测仪安装

(1)悬浮物监测仪的现场安装要求

1)主机需置于监测点附近,传感器需置于水中中下段位置,不可贴底,防止掩埋以及底部带来的测量误差。

2)悬浮物监测仪采用90°散射法测量技术,对测量位置和传感器的安装有一定的要求。此外,传感器采用特殊的光学和电学滤波技术,可以有效地避免环境光对测量的影响。

3)最好采用45°倾角的方式进行安装。

4)沿倾角方向与池壁最少保持10cm的距离。

5)尽量避免测量溶液中有大的气泡。

6)确保测量端面和水流方向相反,以保证气泡无法停留在测量端面上,不对测量结果造成影响。

(2)施工示意图

在线悬浮物监测仪安装剖面图见图3-10。

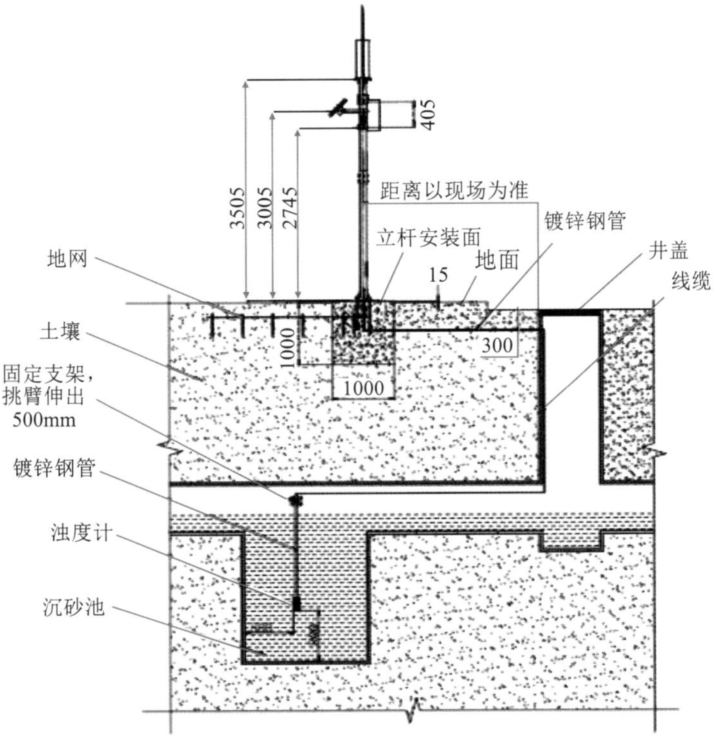

图3-10　在线悬浮物监测仪安装剖面图(单位:mm)

3.1.3.3 雷达式水位计安装

(1)整体安装要求

1)雷达水位计安装在立杆内部。

2)杆体为标杆立杆,杆体与明渠的距离应根据现场实际情况而定。

3)安装杆体时,必须保证太阳能板朝南,并且太阳能支架与横梁成45°夹角。

4)安装立杆地笼时,需先挖出1m×1m×1m的土坑,地笼居中放置,用水泥砂浆、碎石浇灌,保证地脚螺栓高出安装面10cm以上,安装面高出地面1.5cm左右,浇灌完成后,需静置7天。

5)用软布擦拭设备,如果必要可蘸一些纯酒精,以免损坏仪器上的塑料部分。

6)在施工中必须做好安全防护、环境保护、噪声和粉尘控制、文明施工等,施工过程中应确保工地现场的安全。

7)施工时应注意不妨碍正常交通。

8)立杆整体高3.5m,避雷针1.5m,摄像头装于顶部,对准雷达水位计方向,太阳能电池板距地面3.5m且与水平成45°夹角,向阳。

9)地笼为0.21m×0.21m×0.60m,地笼上表面高出地面15cm,地笼应在布线完成后再施工,施工时,先回填0.2m的混凝土,放入钢架后,再填满。

10)立杆施工选址时,应尽量靠近低洼处,具体数据以实际施工现场为准。

11)布线时,应破开路面,气管穿过DN25的镀锌钢管后埋入地面,再将路面恢复还原,注意布线过程中不能损伤线缆表皮。

(2)施工示意图

雷达式水位计安装剖面图见图3-11。

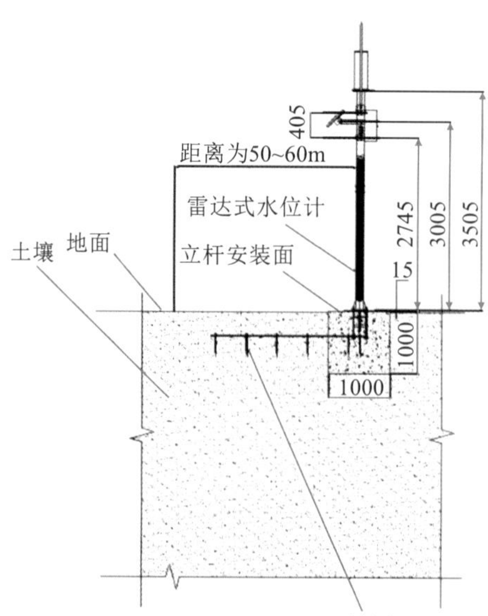

图3-11 雷达式水位计安装剖面图(其他单位:mm)

3.1.3.4 压力式水位计安装

(1)整体安装要求

1)压力式水位计安装在竖管底部合适位置。

2)走线需要破土开槽,电缆需要用镀锌钢管保护后回填。

3)镀锌钢管一般预埋设于地下 30cm 左右,亦可根据现场情况设定深度值。

4)压力式水位计的线缆需要紧贴管壁铺设,不得破皮、缺口等。

5)杆体为标准立杆,杆体与井盖的位置距离应根据现场实际情况而定。

6)安装杆体时,必须保证太阳能板朝南,并且太阳能支架与横梁成 45°夹角。

7)安装立杆地笼时,需先挖出 1m×1m×1m 的土坑,地笼居中放置,用水泥砂浆、碎石浇灌,保证地脚螺栓高出安装面 10cm 以上,安装面高出地面 1.5cm 左右,浇灌完成后,静置 7 天。

(2)施工示意图

压力式水位计安装剖面图见图 3-12。

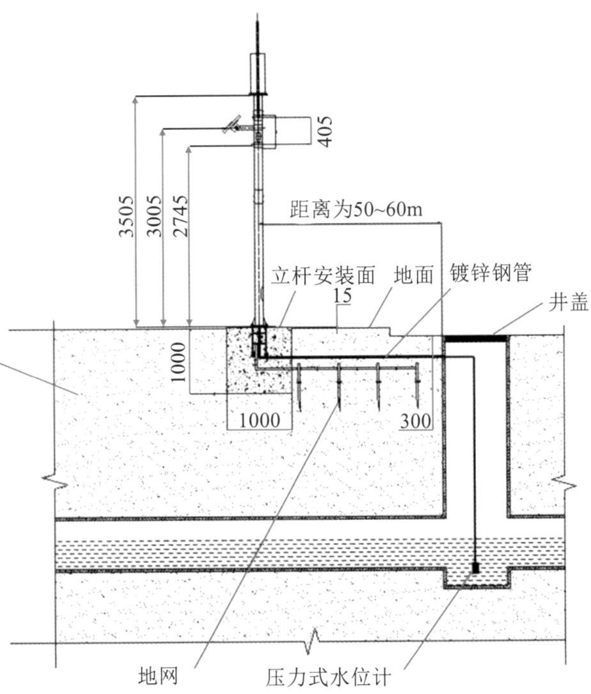

图 3-12 压力式水位计施工示意图(其他单位:mm)

3.1.3.5 供电系统性能

1)太阳能电池板:带保护装置,功率不低于 40W。

2)连续工作时间:≥30 天,具有充放电管理功能,在有日照时,太阳能电池供给设备用电，同时给蓄电池充电，在没有日照时，由蓄电池给设备供电。

3）电源：需配备锂电池，标称容量为38Ah。

3.1.3.6 防雷要求

1）野外设备顶部设置避雷针，避雷针直径应大于12mm。

2）材料为镀锌圆钢制作，高度大于0.5m。

3）避雷针引下线为直径16mm多股铜线与柱基基础钢筋可靠连接。

4）接地装置完成后，要用电阻表测定电阻是否符合要求，电阻值不得大于10Ω。

5）水平接地板可用厚度不小于4mm，宽25～40mm的角钢制作。

6）接地板埋入地下的最高点，埋设深度不小于500mm。

7）各种机械设备的防雷引下线可利用该设备的金属结构件，但应保证电气连接。

3.2 过程监测

3.2.1 监测总体思路

海绵城市建设是践行习近平生态文明思想重要和优选的方案，能有效减轻雨水径流带来的污染，减少雨洪给市政管道带来的排洪压力，进而促进城市水环境的提升，提高城市水安全格局，助力城市水生态系统的可持续发展。

海绵城市建设的核心内容便是把“水”当作主线，侧重于在规划和建设城市中所面临的一系列问题，如由河湖水系和湿地坑塘所引发的严重水域萎缩、内涝和面源污染加剧的问题等，以此来实现对水良性循环的维护和城市水生态安全的保护，有效实现城市的最终目标——绿色生态发展。因此，在建设海绵城市的过程中强化对河湖水系健康的维持非常有必要。

河湖水系是城市海绵体得以完整构成的重要框架结构，在很大程度上可以将各个系统串联起来，以此促进海绵城市的完整形成，如城市小区、道路、绿地、建筑等。

河湖水系是城市雨洪水径流得以实现囤蓄、排放以及循环利用的主要路径与场所，在此基础上实现了地表水的汇流和地下径流的循环利用，其本身具备吐纳快速和调蓄容量非常大的特点，是海绵城市各项基本功能得以实现的重要条件，如渗透、滞留、储蓄、净化、循环利用以及排放等。

科学保护、修复和开发利用河湖水系，在一定程度上是城市水安全问题得以有效解决的重要途径，建设海绵城市的基础便是确保城市河湖水系的完整健康、水流畅通、生态多样性以及水质良好，同时也是海绵城市建设的重要保障和目标。

3.2.1.1 海绵城市建设中水循环

在海绵城市的建设中，水的主要来源为降雨，而海绵城市的目的是控制雨水径流，实现自然积存、自然渗透和自然净化；降落到地面的水有以下几个去向：渗入土壤；无法及时下渗的水，形成地表径流，进入河道、湖泊、湿地等。

源头控制系统是雨水径流进入城市水循环系统后的第一道处理系统，也是海绵城市建设的核心内容。城市水体的水质改善应以污染源控制为根本，充分考虑目标水体的自净能力，不同水体的自净能力差异巨大；针对不同水体的自净能力差异进行目标值的设定，能够较为经济、合理地完成污染源控制方案及优化海绵设施工程配置。完善源头控制系统将有效削减入河的城市面源污染物，同时实现水体受纳污染负荷的总量和浓度控制，并起到延缓径流时间、减少中小降雨条件下径流水量的功能，对城市水环境系统、水生态系统均有提升改善的作用。

源头控制的主要措施是在居住小区、公共建筑、道路、广场、公园绿地等场所进行海绵城市建设，控制一定的降雨深度。在源头端对雨水径流控制，合理利用场地竖向，让雨水径流在通过各类海绵设施的过程中，进行下渗、净化、存蓄等来降低径流的悬浮物，并减少径流峰值。对城市规划公园绿地，采用雨水花园概念，通过收集来自地表、道路以及大多数屋顶的雨水，并明确每一处汇水区域的汇水量，在提出预处理、衔接溢流等相关保障的基础上，进行土壤改良、地形控制、平面布局等多种措施，将更多的海绵设施与雨水公园绿地规划设计融合，尽可能多地让周边的雨水汇入雨水花园的绿地建设中去，不断满足"海绵城市"的建设要求。对已建成区，根据小区实际问题，如积水、绿地景观品质不高、缺少停车空间等，因地制宜地开展海绵城市改造；在设施选择方面，应本着"灰绿结合、问题优先"的理念，完成灰色基础设施改造和绿色海绵设施的建设；对新区应实施目标导向规划管控，以海绵设施为基础设计规划方案，采用海绵城市建设理念进行低影响开发设施的建设，以有效地达到目标径流总流控制率。

3.2.1.2　海绵城市水循环的整个过程监测

1)水的来源是降雨，可以通过雨量站或者气象站来监测降雨量。

2)地表没有下渗的水，会形成地表径流。通过设计让径流的水汇集到开放式水渠或者雨水管道，最终流入河流或者市政的雨水管道。通过监测水渠或者雨水管道中的流量，来监测径流量。

3)进入湖泊、湿地、河道的水。湖泊和湿地通过监测水位，来计算水的留存量；河道可以通过测水位和流速，来计算河道的流量，从而计算从河道里流走的水量。

4)渗入土壤中的水是海绵城市水循环过程监测的关键部分，可通过对土层结构的改造，来增加渗透能力，让更多的水渗入土壤。这部分水可以通过土壤水分传感器或者蒸渗的方式来监测。

5)土壤、湿地、湖泊等水，通过蒸发、植物的利用而被消耗掉。可以通过监测植物的蒸腾量，监测蒸发量、土壤水分来监测水分的消耗。

6)水质的监测。整个海绵城市都是围绕水来建设的，所以有必要监测水质的状况。河道、湖泊等有积水的地方，既可以通过水质探头实时监测水质情况，也可以通过水采样，进行实验室的水质分析。土壤中的水，通过土壤溶液采样的办法，采集水样，带到实验室进行分析。

理想状态下陆地水平衡公式如下：

单位面积降雨量＝单位面积地表径流量＋单位面积下渗水量＋其他(截留、蒸发等)；

蒸发量＝土壤中水分减少量＋植物消耗量＋其他。

3.2.1.3 监测种类

(1)降雨监测

雨量监测站：自记录雨量监测站。

(2)地表径流监测

方案一：监测开放式水渠的流量，通过监测水位和流速计算流量。

方案二：监测雨水管道流量，通过监测水位和流速计算流量。

1)气象站(通过气象数据计算日蒸发量)。

2)土壤墒情监测(土壤水质、水分、盐度测量)。

3)水质在线监测(pH 值电导率、溶解率、浊度、温度等)。

3.2.1.4 监测设备

“智慧海绵城市”监测评价系统由传感层、传输层、平台层以及展示层 4 部分组成。传感层主要包括流量传感器、水位传感器、雨量传感器、水质分析仪、土壤墒情传感器、空气温湿度传感器、下渗率传感器和视频采集摄像机等，主要功能是实时在线采集流量、水位、雨量、土壤墒情、渗透率、空气温湿度、水质以及视频等信息。传输层由专用 RTU 和电信公网组成，主要功能是实时读取和处理各类传感器数据并将数据传输到平台层。

3.2.2 在线监测设备技术要求

按照海绵城市监测方案及需求，仪表主要包括多普勒超声波流量计、在线悬浮物检测仪、液位计、遥测终端机等，仪表信号通过无线网络进入计算机系统。

3.2.2.1 总体要求

为满足在线监测设备安装环境要求，所有在线监测设备应满足以下要求：

1)测量仪表的防护等级要求：水下或有可能在水下的部分防护等级为 IP68，水上部分的防护等级为 IP65。

2)在供电不方便的地方，仪表优先采用电池供电，避免现场供电带来的不便。

3)所有仪表应配备安装支架及附件，便于在井下或排水系统中安装。

4)所有仪表应配备无线中继器,便于在现场进行安装及数据传输。

3.2.2.2　雨量站

雨量站一般由一名工作人员负责观测。其观测内容包括记录降雨的起止时间,日分界或若干次定时观测,记录降水物情况,如冰雹、雪等。负责填制降雨量记录表和月报表,定期向上级单位报告。负责报汛的雨量站,遇有降雨除定时报告日降雨量以外,根据降雨强度随时报告雨情和灾情。雨量站的配置密度最好每 50～100km^2 有一座[38]。

一般雨量站配置观读式雨量器、自记雨量计。报汛重点雨量站还配备自动发报的翻斗式雨量计。雨量计应经气象部门检验合格。除普通雨量计以外,翻斗式自记雨量计也采用较多。雨量应在每天定时观测,在暴雨天气要每小时观测一次,测量读数精度应当取 0.1mm。

自记雨量计可以测得降雨量的连续过程,根据选用的记录长度可连续记录 10～30 天的雨量。有些地方设置了无人雨量站,雨量计所测得的数值每隔一定时间用无线装置发送到管理中心。在一些偏僻地区可以采用太阳能电源。自记雨量计中采用较多的是翻斗式,由承水器承接的雨水进入翻斗,降雨量达到 0.5mm 或 1mm 时翻斗就自动翻倒一次,这时安装在室内的电子计数器就记录一次。有的雨量计在承水器下设承水筒,筒满后由溢流嘴一滴一滴地溢出,溢出水滴每落到接水槽内就被光电计数器记下,溢出水滴数与降雨量成比例,降雨量越大,溢出水滴数也越多,因此可以明确地记录到降雨的变化和强度。自记雨量计不能直接用来测量降雨过程[39]。

3.2.2.3　地表径流监测

液位计是物位仪表的一种,是测量液位的仪表。在容器中液体介质的高低叫作液位。液位计的类型有音叉振动式、磁浮式、压力式、超声波、声呐波、磁翻板、雷达等。

该设备可应用于河流水系、内涝监测及地下水的液位测量,不受环境因素影响,适用于各种不同复杂环境条件下的水位精密测量。安装简单方便,综合成本低,在每分钟测量一次的情况下使用寿命长达 5 年。非接触测量,不受介质影响,测量信息可本地储存和无线发送,具备预警和云端管理功能,不受液位状态的限制,无盲区,可远程设置,同时实现液位在线长期稳定监测与积水及溢流预警预报。

3.2.2.4　水质在线监测

水质悬浮物监测仪设备应用于排水口、管网及河道的悬浮物监测,测量信息可本地储存和无线发送,具备预警和云端管理功能。

测定水中悬浮物的方法很多,目前常采用的方法是悬浮物测定仪。顾名思义,悬浮物测定仪是为测量市政污水或工业废水处理过程中悬浮物浓度而设计的在线分析仪表。水中的悬浮物是颗粒直径在 1μm 以上的颗粒,通过肉眼是可以看见的。这些微粒悬浮物主要是由泥沙、黏土、原生动物、藻类、细菌、病毒以及高分子有机物等组成,常常悬浮在水流之中,这些悬浮颗粒物质可使水产生浑浊的现象。

该监测仪具有测量过程简单、测量时间短、测量结果准确等特点；适用于各种企事业单位、科研机构、高校等对水中悬浮物的检测、监测、试验等。

悬浮物测定仪由变送器和传感器组成，传感器可以方便地安装在池内、排水管、压力管道或自然水体中，测定仪能自动补偿因污染而引起的干扰。变送器和传感器之间的双向数字通信可防止信号衰减，并允许传感器与变送器之间的距离较远。传感器带有空气清洗功能，能根据预先设置的时间自动定时清洗，从而大幅降低仪器维护的工作量。

无论是评估活性污泥和整个生物处理过程、分析净化处理后排放的废水，还是检测不同阶段的污泥浓度，都能给出连续、准确的测量结果。该测定仪的红外光以污泥和悬浮物中透射和散射的衰减与液体中的悬浮物浓度有关为基础。传感器上发射器发送的红外光在传输过程中被测物的吸收、反射和散射后，只有一小部分光线能照射到检测器上，透射光的透射率与被测污水的浓度有一定关系，因此通过测量透射光的透射率就可以计算出污水的浓度。

采用四光束技术利用两个发射器和两个检测器，每个发射器发送的光线经过透射后照射到两个检测器上，这样就产生一系列的光路，得到一个数据矩阵；然后通过分析这些数据信号，悬浮物测定仪即可得到介质中悬浮物的准确浓度，并能有效消除干扰，补偿因污染产生的偏差，使仪器能在较恶劣的环境中工作。

3.2.2.5 土壤墒情

墒是指土壤适宜植物生长发育的湿度。墒情是指土壤湿度的情况。土壤湿度是土壤的干湿程度，即土壤的实际含水量，可用土壤含水量占烘干土重的百分数表示，土壤含水量相当于田间持水量的百分比或饱和水量的百分比等，用相对含水量表示。

土壤水分传感器又称土壤湿度传感器，由不锈钢探针和防水探头构成，可长期埋设于土壤和堤坝内使用，对表层和深层土壤进行墒情的定点监测和在线测量，与数据采集器配合使用，可作为水分定点监测或移动测量的工具(农田墒情检测仪)。适用于节水灌溉、温室大棚花卉蔬菜种植、草地牧场、土壤速测、污水处理及颗粒物含水量等测量。

3.3 末端及受纳水体监测

3.3.1 监测总体思路

受纳水体是指接纳排放废水、污水、尾水或其他类型排水的水体(包括河流、湖泊、海洋、水库、沼泽等)。由于废水、污水、尾水包含有害污染物质，对受纳水体的水质和生态系统产生潜在的不利影响。因此，在确定废水、污水、尾水的受纳水体时，必须进行环境影响评价，认真分析排放的水量水质对受纳水体可能的不利影响，采取必要的补偿措施，以保障受纳水体满足水(环境)功能区划标准。

3.3.1.1　河道水系

(1)监测内容

在河道关键控制断面进行流量、水位在线监测，并辅以合理的人工水质采样化验，作为海绵城市河道水系水环境质量考核的基础依据，并通过上下游的水位监测，进行降雨过程中河道水位变化规律的监测及预警预报。

(2)监测方法

根据《地表水环境质量标准》(GB 3838—2002)和《地表水和污水监测技术规范》(HJ/T 91—2002)监测地表水中基本监测指标，即 pH 值、水温、溶解氧、高锰酸钾指数、固体总悬浮物、化学需氧量、生化需氧量、总氮、总磷、氨氮、电导率等。

3.3.1.2　地下水

(1)监测内容

通过对地下水基准值/当前值的水位监测、水质检测，分析建设前地下水水质以及部分海绵城市项目运营后地下水水质年平均水位同比下降(枯水期、丰水期)幅度，获取年平均地下水潜水位、全年的平均地下水潜水位、水质等数据。

(2)监测方法

结合《地下水环境监测技术规范》(HJ 164—2020)和《地下水环境监测建井技术指南》，以均匀性分布原则，以每 5～7km^2 布设一个地下水固定测井，开展实时在线液位监测和人工采样化验分析的方式进行。

3.3.2　在线监测设备技术参数要求

3.3.2.1　总体要求

为满足在线监测设备安装环境要求，所有在线监测设备应满足以下要求。

1)测量仪表的防护等级要求：水下或有可能在水下的部分防护等级为 IP68，水上部分的防护等级为 IP65。

2)在供电不方便的地方，仪表优先采用电池供电，避免现场因供电问题带来的不便。

3)对所有仪表配备安装支架及附件，以便于在井下或排水系统中安装。

4)对所有仪表配备无线通信设备，以便于在现场进行安装及数据传输。

3.3.2.2　多参数水质在线监测系统

多参数水质在线监测系统以多种水质传感器为核心，能同时进行水温、酸碱度、电导率、溶解氧、浊度、化学需氧量、氨氮、总磷、总氮等参数的测量，是集在线控制、自动取水、实时监测以及智能分析监测数据等功能于一体的自动监测系统。该系统能满足地表水、地下水、水污染源水质在线监测的要求，具有成本低、操作简便、易于维护的特点，及时准确地对目标水域的多种参数精确可靠地进行测量并将数据上传到远程服务器。

多参数水质在线监测系统特点：

1)结构紧凑，占地面积小，选址灵活，施工方便。

2)全自动抽水、排水，无需人工干预。

3)一体化设计，集成度高，预装完备。

4)具有反冲洗功能，能定期冲洗，防止管路中藻类滋生。

5)具有异常报警、故障报警等功能。

6)具有远程显示、控制功能、远程查看数据、更改测试周期等功能。

7)具备智能温控系统，保障设备稳定运行，化学试剂能恒温保存。能适应各种天气环境。

8)系统维护方便、简单，维护频率为一个月一次。

9)内置15寸触摸屏，能够实时显示测量数据。

多参数水质在线监测系统技术参数见表3-6。多参数水质在线监测系统安装方式见图3-13。

表3-6　　多参数水质在线监测系统技术参数

参数	测量原理	范围	测量精度
浊度	光学法	浊度：0～4000NTU； 悬浮固体浓度：0～50g/L	浊度小于测量值的10%； 悬浮固体浓度小于测量值的10%
酸碱度	玻璃电极法	0～14	±0.1
溶解氧	荧光法	0～20mg/L	±2%
氧化还原电位	电极法	−1500～1500mV	<20mV
电导率	电极法	10～100000μs/cm 1～200000μs/cm	<0.5%
叶绿素a	荧光法	0～400.0μg/L	±3%
氨氮	离子选择法	0.2～1000mg/L	±10%或0.2mg/L
温度 （氨氮中集成）	热敏电阻法	0～80℃	±0.3℃
化学需氧量 传感器	光学法	0～300mg/L	±10%F.S.
化学需氧量	重铬酸钾法 （可定制高锰酸盐指数）	0～1000mg/L	±8%F.S.
总磷	钼酸铵分光光度法	0.05～10mg/L	±5%
总氮	碱性过硫酸钾 消解—紫外分光光度法	0～50mg/L	不超过±8%

图 3-13　多参数水质在线监测系统安装方式

3.3.2.3　雷达式水位计

雷达传感器以波束的形式发射电磁波信号，发射波在被测物料表面产生反射，反射回来的回波信号被探测器接收。发射及反射波束中的每一点都采用超声采样的方法进行采集。雷达水位计计算出电磁波信号在空气传播中往返的时间，然后转换为水位。

雷达水位计特点：

1）波束小，能量集中，抗干扰能力强；

2）低功耗设计，电池供电时，工作电流小于 5mA；

3）盲区小，不受安装距离限制；

4）全量程保证高精度；

5）非接触测量，不受介质影响；

6）科学的设计理念和设计方法，使测量值稳定、真实、可靠；

7）三防处理，强度高、抗腐蚀。

雷达式水位计技术参数见表 3-7。雷达式水位计安装方式见图 3-14。

表 3-7　雷达式水位计技术参数

序号	名称	技术参数要求
1	量程	0.15～30m
2	精度	±1cm
3	分辨率	1mm
4	供电	直流 9～24V

续表

序号	名称	技术参数要求
5	功耗	1.5W
6	防护等级	IP68
7	信号输出	RS485
8	存储温度	−30～65℃
9	工作温度	−20～60℃
10	波束角	7°

图 3-14 雷达式水位计安装方式

3.3.2.4 压力式水位计

采用硅电容压力传感器，经过微处理器的差值运算和非线性修正及温度补偿，消除了大气压变化的影响，从而实现水位压力的高精度测量，温度测量和储存。

全不锈钢一体式结构设计，100%的防水设计可长期水下使用，水压传感器、气压传感器、电池和电路等密封于不锈钢壳体内固定于井口，方便数据读取下载。22mm 国际标准尺寸，可安装于深井和其他应用现场，对地下水、河流、湖区、储水池等长期监测和地质灾害测报综合利用。

压力式水位计技术参数见表 3-8。压力式水位计安装方式见图 3-15。

表 3-8 压力式水位计技术参数

序号	名称	技术参数要求
1	量程	10m、20m、40m、80m
2	精度	0.05%或 0～50℃ F.S.

续表

序号	名称	技术参数要求
3	分辨率	1mm
4	供电	直流 5～24V
5	静态功耗	5～10μA
6	信号输出	RS485(Modbus-RTU)或 4～20mA
7	温补范围	0～50℃
8	储存温度	－30～65℃(无凝露)
9	工作温度	－10～70℃
8	温度测量精度	±0.2℃
9	温度测量分辨率	0.02℃
10	防护等级	IP68

图 3-15　压力式水位计安装方式

3.3.2.5　多普勒超声波流量计

多普勒超声波流量计采用多普勒原理，整机由多普勒流速仪探头、压力式水位计、水温传感器、控制主机构成。

在管道中使用时只选用一个声道进行测量，在自然湖泊中使用时选择多个声道进行测量，在测量流速的同时判断相应的流向信息。

特殊情况下可将水位与流速进行独立测量，或将压力式水位计和超声波或雷达水位计结合起来，压力式水位计用于测量大体的水深，超声波或雷达水位计用于测量具体的水深，两个液位计的差值在一定的范围内，才认为该次测量是正确的。水温传感器用于测量水的温度，补偿声音在水中的声速。普勒超声波流量计技术参数见表3-9。

表3-9　　多普勒超声波流量计技术参数

序号	名称	技术参数要求
1	流速	流速范围：±0.02～±5m/s；测量分辨率：1mm/s；精度：1.0%
2	水位	水深测量(压力水位计)：0～7m；分辨率：1mm；精度：±1cm
3	温度	温度测量范围：0～60℃；分辨率：0.1℃
4	流量	流量范围：0.001～1000m^3/s；分辨率：0.0001m^3/s；精度：测量流量的±3%
5	电源	直流10～14V或交流220V
6	输出信号	RS485(Modbus)
7	存储容量	2M(可扩展)
8	防护等级	IP68(探头)
9	工作温度	0～60℃
10	储存温度	－20～60℃

3.3.2.6　遥测终端机

遥测终端机应符合《水文自动测报系统设备遥测终端机》(SL 180—2015)和《水文监测数据通信规约》(SL 651—2014)要求。

一体化设计，集成DTU通信模块，支持2G、3G、4G网络；支持外置DTU或北斗通信模块，覆盖范围广；接口丰富、标准易用，支持常用以及定制传感器；大容量数据存储空间，内置存储可存储20年数据；具有远程管理功能，可以远程升级、配置、重启等，方便易用。

遥测终端机技术参数见表3-10。

表3-10　　遥测终端机技术参数

序号	名称	技术参数要求
1	供电范围	直流6～26V
2	待机电流	＜0.9mA(12V)
3	工作电流	＜9mA(12V)
4	工作温度	－30～60℃(无结冰)
5	工作湿度	＜95%RH(无凝露)
6	存储温度	－40～80℃

3.3.3 在线监测设备安装工况设计

3.3.3.1 多参数水质在线监测系统

(1)整体安装要求

温控系统、采样系统、检测系统、控制系统及冲洗系统已经在出厂前安装完成,现场需固定柜体、安装空压机及供电系统、连接取水单元外部管路,安装完成后对系统进行运行调试,确保系统平稳运行。

(2)基础施工

基础需按《电气装置安装工程接地装置施工及验收规范》(GB 50169—2016)做接地处理。基坑大小为 1.5m×1.5m×0.3m,使用素混凝土;基础表面应平整,其水平度允许偏差为 2mm/m;水质柜安装效果应与周围环境相切合。多参数水质在线监测系统安装示意图见图 3-16。

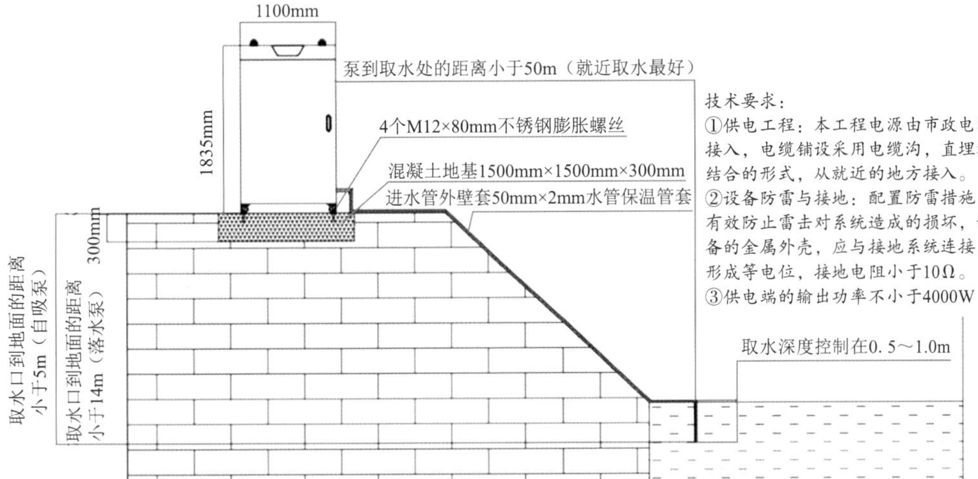

图 3-16 多参数水质在线监测系统安装示意图

(3)柜体安装要求

1)设备的运输、吊装,柜体平面摆放示意图见图 3-17。

①设备水平运输时,一定要小心谨慎,严防出现颠簸、倾翻现象。设备不得横放、倒置等,防止发生伤人、损伤设备的现象。

②柜体吊装时需用一台吊车,一般可用 5～10 吨级的吊车配合施工。

③柜体顶部设计有吊环孔位,方便固定吊带,吊装时,固定吊带至少须有一根穿过机柜底部,供吊装时当备用保险使用。

④设备吊装时,应由专业起重工负责,采取合理稳妥的吊运技术措施,注意防止碰撞。

⑤施工环境特别好的开阔地,也可以使用叉车进行卸车和运送到安装位置。

2)柜体固定,柜体安装固定示意图见图 3-18。

①用 4 个 M12×80mm 的膨胀螺丝将柜体固定板固定在土建基础及柜体上。

②膨胀螺丝左右中心距为 1030mm,前后中心距为 214mm,定位尺寸需准确。

③依次把柜体底部挡板固定在柜体上,分别用 16 个 M3×8mm 沉头螺丝,在把所有螺丝拧上对应位置后,再把螺丝拧紧。

④在室内安装时:将底部 4 个万向轮降低到下限位即可。

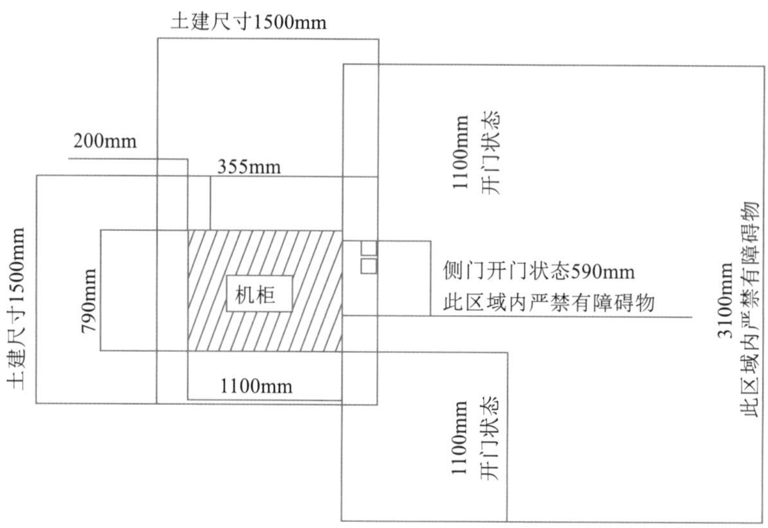

图 3-17　柜体平面摆放示意图

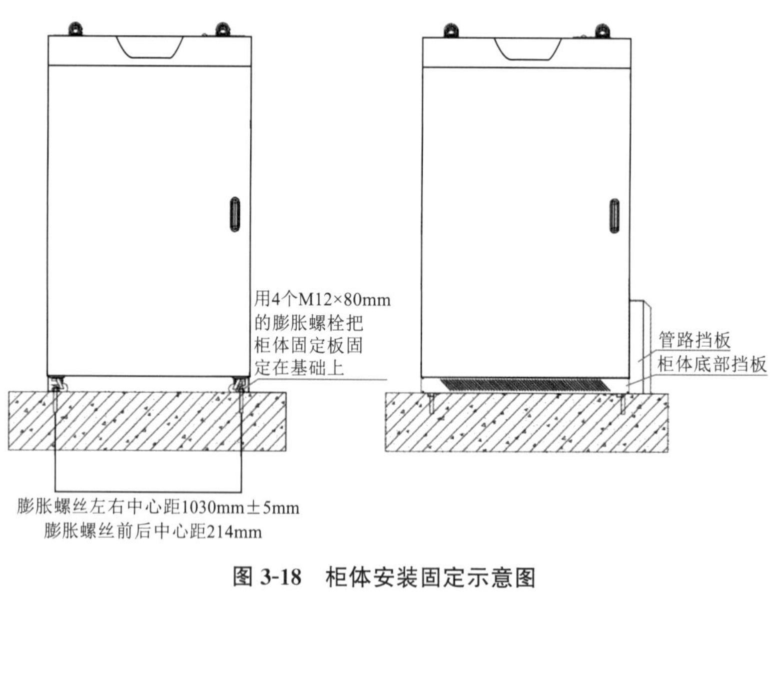

图 3-18　柜体安装固定示意图

3.3.3.2 雷达式水位计安装

(1)整体安装要求

1)雷达水位计安装在立杆内部。

2)杆体为标杆立杆，杆体离明渠的位置距离根据现场实际情况而定。

3)安装杆体时，必须保证太阳能板朝南，并且太阳能支架与横梁成45°夹角。

4)安装立杆地笼时，需先挖出1m×1m×1m的土坑，地笼居中放置，用水泥砂浆、碎石浇灌，保证地脚螺栓高出安装面10cm以上，安装面高出地面1.5cm左右，浇灌完成后，需静置7天。

5)用软布擦拭设备，如果必要，可蘸一些纯酒精，以免损坏仪器上的塑料部分。

6)在施工中必须做好安全防护、环境保护、噪声和粉尘控制、文明施工等，施工过程中应确保工地现场的安全。

7)施工时应注意不妨碍正常交通。

8)立杆整体高3.5m，避雷针1.5m，摄像头装于顶部，对准雷达水位计方向，太阳能电池板距地面3.5m且与水平成45°，向阳。

9)地笼为0.21m×0.21m×0.6m，地笼上表面高出地面15cm，地笼应在布线完成后再施工，施工时，先回填0.2m的混凝土，放入钢架后，再填满。

10)立杆施工选址时，应尽量靠近低洼处，具体数据以实际施工现场为准。

11)布线时，应破开路面，气管穿过DN25的镀锌钢管后埋入地面，再将路面恢复还原，注意布线过程中不能损伤线缆表皮。

(2)施工示意图(图3-19)

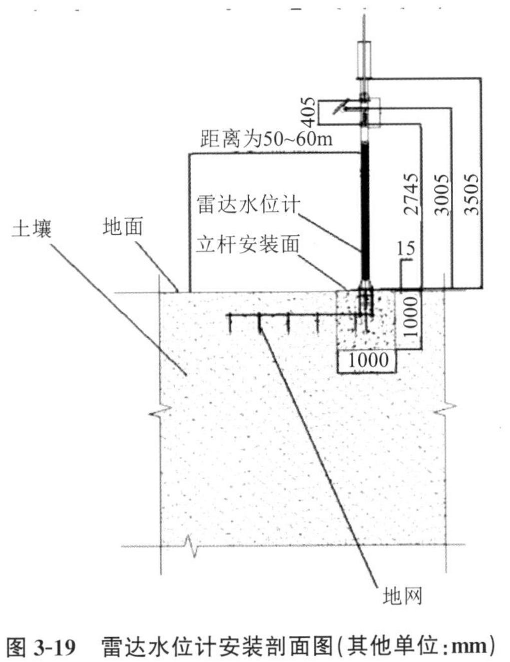

图3-19 雷达水位计安装剖面图(其他单位:mm)

3.3.3.3 压力式水位计安装

(1)整体安装要求

1)压力式水位计安装在竖管底部合适位置。

2)走线需要破土开槽,电缆需用镀锌钢管保护后回填。

3)镀锌钢管一般预埋设于地下约 30cm,亦可根据现场情况设定深度值。

4)压力式水位计的线缆需紧贴管壁铺设,不得破皮、缺口等。

5)杆体为标准立杆,杆体离井盖的位置距离根据现场实际情况而定。

6)安装杆体时,必须保证太阳能板朝南,并且太阳能支架与横梁成 45°夹角。

7)安装立杆地笼时,需先挖出 1m×1m×1m 的土坑,地笼居中放置,用水泥砂浆、碎石浇灌,保证地脚螺栓高出安装面 10cm 以上,安装面高出地面 1.5cm 左右,浇灌完成后,静置 7 天。

(2)施工示意图(图 3-20)

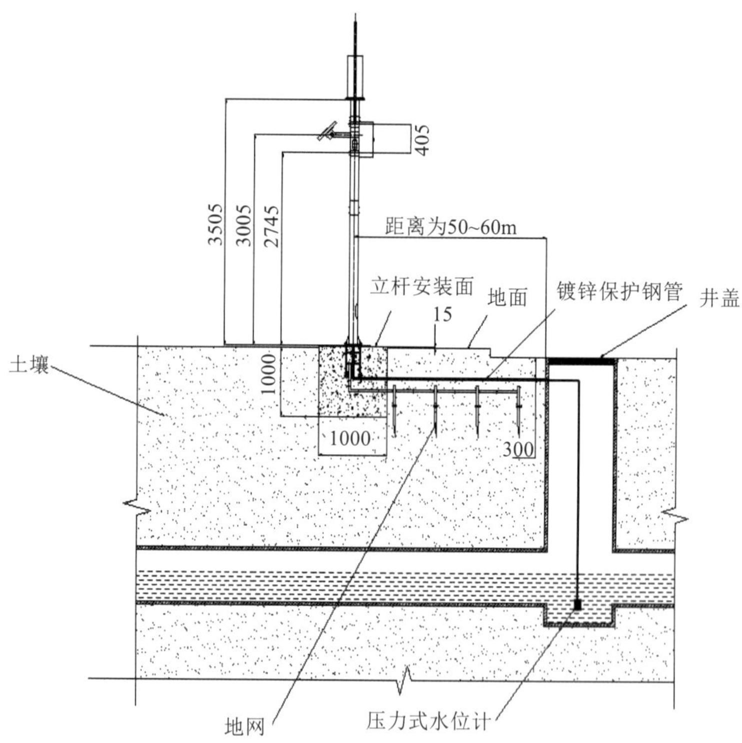

图 3-20 压力式水位计施工示意图(其他单位:mm)

3.3.3.4 多普勒超声波流量计安装

(1)整体地下部分安装要求

1)探头安装应完全水平于管底,同时保证与水流方向平行一致,探头前端(没有信号线的一端)逆水流方向并与水流方向夹角为 180°,并且探头前端不得有阻挡物干扰水流流态,信号线(一体式时为通信电缆)从探头的下游引出。

2)探头上的超声波收发装置应避免硬物撞击或划伤,在不用时应使用软套保护,当其上面附着异物时应用清水冲洗或软布轻擦;底部的压力传感器位于网状透水孔内,不得用硬物去接触,在仪器脱离水面不用时也应加以保护,在透水孔周围附着异物时应小心除去。

3)通信电缆线因为里面含有通气管,所以不能弯折过度,防止其折断。

4)通信电缆线里面的通气管与探头里面的电路板相通,不能进水,安装时应使通气管末端开口朝下,防止潮气结水后沿管壁流入探头电路处。

5)通信电缆线由探头引出水面时,外套采用聚氯乙烯管保护,沿途固定或沿支架的管路走线,使其避免直接受水力冲击而产生拉力。特别是水草较多的渠道,当电缆线上挂草时会产生很大的拉力,而有可能将电缆线拉断。

6)箱涵安装时,流量计安装在箱涵侧壁,离淤泥 1～2cm 高的地方。

7)安装圆管时,流量计安装在圆管底部避开淤泥的地方,与竖直方向保持 10°以内的夹角。

8)安装流量计时,先装底板,再将流量计安装在底板上。

9)流量计安装完成后,须将底部淤泥清理干净。

10)多普勒流量计安装在明渠底部合适位置,并高出底部约 1cm。

11)多普勒超声波流量计需在明渠底部选择一个水流平缓区域段,流量计安装在此区域段内,并且流量计前端平缓区域的长度约为宽度的 10 倍,后端平缓区域的长度约为宽度的 5 倍。

12)走线需要破土开槽,电缆需用镀锌钢管保护后回填。

13)镀锌钢管一般预埋设于地下 30cm 左右,亦可根据现场情况设定深度值。

14)多普勒超声波流量计的线缆需紧贴斜坡铺设,不得破皮、缺口等。

15)杆体离明渠的位置距离根据现场实际情况而定。

16)安装杆体时,必须保证太阳能板朝南,并且太阳能支架与横梁成 45°夹角。

17)安装立杆地笼时,需先挖出 1m×1m×1m 的土坑,地笼居中放置,用水泥砂浆、碎石浇灌,保证地脚螺栓高出安装面 10cm 以上,安装面高出地面 1.5cm 左右,浇灌完成后,需静置 7 天。

(2)整体地上部分立杆安装要求

1)立杆整体高 3.5m,避雷针 1.5m,太阳能电池板距地面 3m 且与水平成 45°夹角,向阳。

2)地笼为 0.21m×0.21m×0.60m,地笼上表面高出地面 15cm,地笼应在布线完成后再施工,施工时,先回填 0.2m 的混凝土,放入钢架后,再填满。

3)考虑到竖井一般在马路中间,立杆的施工选址,应尽量靠近马路,具体数据以实际施工现场为准。

4)布线时,应破开路面,线缆穿过 DN25 的镀锌钢管后埋入地面,再将马路恢复还原,注意布线过程中不能损伤线缆表皮。

5)井内布线时,应尽量贴紧井壁,保持直线布置。

3.3.3.5 供电系统性能

1)太阳能电池板:带保护装置,功率不低于 40W。

2)连续工作时间:≥30 天,具有充放电管理功能,在有日照时,太阳能电池供给设备用电,同时给蓄电池充电,在没有日照时,由蓄电池给设备供电。

3)电源:需配备锂电池,标称容量为 38Ah。

3.3.3.6 防雷要求

1)野外设备顶部设置避雷针,避雷针直径应大于 12mm。

2)材料为镀锌圆钢制作,高度大于 0.5m。

3)避雷针引下线为直径 $16mm^2$ 多股铜线与柱基基础钢筋可靠连接。

4)接地装置完成后,要用电阻表测定电阻是否符合要求,电阻值不得大于 10Ω。

5)水平接地板可用厚度不小于 4mm,宽 25～40mm 的角钢制作。

6)接地板埋入地下的最高点,埋设深度不小于 500mm。

7)各种机械设备的防雷引下线可利用该设备的金属结构件,但应保证电气连接。

第4章　监测指标采集方法和设备

监测评价与考核工作对关键监测指标的量化要求使传统的静态图纸和计算结果已经无法满足当前需求，实时可靠的在线监测技术成为新的有效考核方式。长期连续的监测指标也是模型率定的重要数据基础，不仅能够反映指标变化趋势，同时还可以不断率定模型，使模型能够在率定过程中无限接近实际情况，进而提高对监测评价与考核海绵城市绩效的支撑力度。

不同的监测指标具有不同的边界要求，需要选择不同的采集方法以提高监测指标的质量，充分发挥数据的最大利用价值。本章主要针对海绵城市监测对象及内容，结合现阶段行业较成熟的监测技术，总结海绵城市监测所涉及的监测内容、监测方法频率及监测设备选型等技术与方案。

4.1　气象监测方法和设备

4.1.1　太阳总辐射传感器

4.1.1.1　概述

太阳总辐射传感器是一种重要的地面气象观测仪器，可以广泛应用于太阳能利用、气象、农业、建筑材料老化及大气污染等部门的太阳辐射能量的测量。

根据不同的应用场景，现今常用的太阳总辐射传感器有光电式太阳总辐射传感器和热电式太阳总辐射传感器。

4.1.1.2　光电式太阳总辐射传感器

(1)光电式太阳总辐射传感器原理

光电式太阳总辐射传感器采用光电原理，首先把被测量的变化转换成光信号的变化，然后借助光电元件进一步将光信号转换成电信号。此种传感器一般由光源、光学电路和光电元件3部分组成，能够通过光电转换实时准确检测外界太阳总辐射的数值。

(2)光电式太阳总辐射传感器的优缺点

1)光电式太阳总辐射传感器的优点。

①响应时间短。光的传播速度非常快,基于光速传播的光电传感器响应时间非常短,而且光电传感器的电路都是由电子零件构成的,因此不包含任何机械性的工作时间。

②分辨率高。光电传感器能通过高级设计技术使投光光束集中在小光点,或通过构成特殊的受光光学系统来实现高分辨率。

③便于调整。光电传感器在投射可视光的类型中,投光光束是眼睛可见的,便于对传感器位置进行调整。

2)光电式太阳总辐射传感器的缺点。

①环境适应性差,用激光光源可以改善一点点,但是很有限。

②不在密封环境下使用就很容易被污染,从而失效。

4.1.1.3 热电式太阳总辐射传感器

(1)热电式太阳总辐射传感器原理

热电式太阳总辐射传感器采用热电原理,可用来测量光谱范围在 0.3～3.0μm 的太阳辐射。热电效应是由两种不同材料的导体(或半导体)组成的一个闭合回路,当两接点温度不同时,在该回路中产生电动势的现象。由热电效应产生的电动势包括接触电动势和温差电动势。接触电动势是由于两种不同导体的自由电子密度不同而在接触处形成的电动势,其数值取决于两种不同导体的材料特性和接触点的温度。温差电动势是同一导体的两端因其温度不同而产生的一种电动势,其产生的机理为高温端的电子能量比低温端的电子能量大,从高温端跑到低温端的电子数比从低温端跑到高温端的多,结果高温端因失去电子而带正电,低温端因获得多余的电子而带负电,在导体两端便形成温差电动势。

热电式太阳总辐射传感器的感应元件采用绕线电镀式热电堆,感应面为吸收率高的黑色涂层,利用辐射的热效应,吸收太阳辐射并转化为温差电动势,具有温度补偿功能,能够较为准确地测量太阳辐射量。

(2)热电式太阳总辐射传感器的优缺点

1)热电式太阳总辐射传感器的优点。

①测量容易。信号输出较大,易于测量。

②响应速度快。所用器件延伸性好,响应快。

③成本较低。由于制作工艺比较成熟,因此传感器成本被控制在一个比较低的范围内。

2)热电式太阳能总辐射传感器的缺点。

①易受干扰。传感器的灵敏度比较低,而且外界的环境很容易对传感器数据产生干扰。

②不适用于测量微小的数据变化。传感器非常容易被前置放大器温漂所影响,因此热电式传感器不适用于测量微小的数据变化。

4.1.2　空气温湿度传感器

4.1.2.1　概述

(1)空气温度

空气温度表示空气冷热程度的物理量,简称气温。气象上常用的气温,是指离地面 1.5m 高度上百叶箱中干球温度表所测的空气温度。单位为摄氏度(℃)。

(2)空气湿度

空气湿度表示空气中的水汽含量和潮湿程度的物理量,简称湿度。地面湿度是指离地面 1.5m 高度上百叶箱中的干湿球温度表和湿度计等仪器所测定的空气湿度。单位为%RH。

自动监测温湿度的传感器主要有铂电阻温度传感器、湿敏电容湿度传感器、通风干湿表传感器。

4.1.2.2　铂电阻传感器

(1)铂电阻传感器原理

采用铂制成热敏电阻,通过欧姆定理,测量出当前铂电阻的阻值,换算成实际温湿度。铂电阻作为温度测量传感器,根据导线数目不同,分为两线式、三线式、四线式。

(2)铂电阻传感器的优缺点

1)铂电阻传感器的优点。

①电阻率高,敏锐度高,线性度好;

②响应快,测温规模宽,价格低廉。

2)铂电阻传感器的缺点。

体积偏大,热惯性大。

4.1.2.3　湿敏电容湿度传感器

(1)湿敏电容湿度传感器原理

湿敏电容湿度传感器由湿敏电容和转换电路两部分组成。湿敏电容由玻璃底衬、下电极、湿敏材料、上电极 4 部分组成。两个下电极与湿敏材料,上电极构成的两个电容成串联连接。湿敏材料是一种高分子聚合物,介电常数随着环境的相对湿度变化而变化。当环境湿度发生变化时,湿敏元件的电容量随之发生改变,即当相对湿度增大时,湿敏电容量随之增大,反之减小。传感器的转换电路把湿敏电容变化量转换成电压量变化,对应于相对湿度 0～100%RH 的变化,传感器的输出呈 0～1V 的线性变化。

(2)湿敏电容湿度传感器的优缺点

1)湿敏电容湿度传感器的优点。

响应速度快、体积小、线性度好,比较稳定。

2)湿敏电容湿度传感器的缺点。

①长期使用会有漂移；

②部分电容式湿敏器件在40℃以上温度有失效风险；

③抗腐蚀能力欠缺，对环境的洁净度要求高，且存在静电失效现象风险。

4.1.2.4 通风干湿表传感器

(1)通风干湿表传感器原理

通风干湿表传感器的测湿原理和百叶箱干湿表相同，其感应部件为两支型号完全一样的温度表，一支为干球，另一支为湿球，湿球的感应球部包着纱布，观测时需湿润湿球纱布。通风器采用机械装置对干湿球温度表的感应球部进行强制通风，保证感应球部周围的通风速度稳定在2.5m/s。干湿球温度表的感应球部装在双重金属护管内，护管通过三通管和中央圆管与通风器相通。仪器附件有湿润纱布用的吸储水橡皮囊、挡风罩等。由于通风干湿表表面镀有反射性能很好的镍或铬，同时温度表感应球部位又处于能防止热传导的双重护管中，因此通风干湿表可以在太阳光下进行观测，是野外观测的常用仪器，但由于有金属机械部分，因此不能在雨天使用，以免生锈。

(2)通风干湿表传感器的优缺点

1)通风干湿表传感器的优点。

①测量精度高，抗干扰能力强；

②采用通风干湿球测量相对湿度，避免了风速对湿度测量的影响。

2)通风干湿表传感器的缺点。

①响应速度慢，测量完数据后，需要等待其适应环境后才可以进行计数；

②使用需要的外部条件要求高，如要求保持通风器的匀速通风；

③对环境的洁净度要求高，如湿球纱布应保持洁白。

4.1.3 气压传感器

4.1.3.1 概述

气压是作用在单位面积上的大气压力，即在数值上等于单位面积上向上延伸到大气上界的垂直空气柱所受到的重力。

气压传感器主要用来测量气体的压强大小，能感受到被测量的信息，并能将监测感受到的信息，按照一定规律变换成为电信号或者其他所需形式的信号输出。

自动监测气压的传感器主要有振筒式气压传感器、膜盒式电容气压传感器、硅压阻式气压传感器和陶瓷电容气压传感器。

4.1.3.2 振筒式气压传感器

(1)振筒式气压传感器原理

振筒式气压传感器利用振动筒的固有振动频率来测量压力。振动筒可以等效成一个二阶强迫振荡系统，筒内气体压力的变化引起了筒的形状变化，从而改变了筒的振动频率。通过该频率的变化，可达到测量压力的目的。

(2)振筒式气压传感器的优缺点

1)振筒式气压传感器的优点。

①重复性和迟滞低；

②不容易受老化影响，因为振动筒没有活动部件，没有连接点，不存在永久变形和疲劳损坏，所以老化引起的时漂很小；

③长期稳定性好。

2)振筒式气压传感器的缺点。

①对环境洁净度有要求，大气中的污染物粘在振筒内部，会引起质量效应，使固有频率漂移；

②温度误差，因为振筒固有频率会有温度漂移，所以需要把温度作为参数进行修正。

4.1.3.3 膜盒式电容气压传感器

(1)膜盒式电容气压传感器原理

膜盒式电容气压传感器的感应元件为真空膜盒，当大气压力产生变化时，使真空膜盒的弹性膜片产生形变而引起其电容量的改变。通过测量电容量来测量气压。

(2)膜盒式电容气压传感器的优缺点

1)膜盒式电容气压传感器的优点。

①精度高，测量范围大；

②响应特性好，测量应变的灵敏度和精度高，性能稳定可靠；

③价格便宜，工艺成熟。

2)膜盒式电容气压传感器的缺点。

需要定期检查气压传感器静压气孔口是否畅通，清理灰尘。

4.1.3.4 硅压阻式气压传感器

(1)硅压阻式气压传感器原理

硅压阻式气压传感器由被测介质的压力直接作用在传感器的不锈钢膜片上，使膜片产生与介质压力成正比的微位移，从而使传感器的电桥电阻值发生变化，利用电子线路检测这一变化，并转换输出一个对应于这一个压力的标准电压信号。

(2)硅压阻式气压传感器的优缺点

1)硅压阻式气压传感器的优点。

①响应速度快,迟滞低,重复性好;

②价格便宜,精度高,测量范围宽,不容易受环境湿度的影响。

2)硅压阻式气压传感器的缺点。

存在温漂和离散性非线性问题,需要进行温度补偿。

4.1.3.5 陶瓷电容气压传感器

(1)陶瓷电容气压传感器原理

陶瓷电容气压传感器由抗腐蚀的陶瓷压力传感器组成,气压直接作用在陶瓷膜片的前表面,使膜片产生微小的形变,厚膜电阻印刷在陶瓷膜片的背面,连接成一个惠斯通电桥,由于压敏电阻的压阻效应,使电桥产生一个与气压成正比的高度线性、与激励电压成正比的电压信号。

(2)陶瓷电容气压传感器的优缺点

1)陶瓷电容气压传感器的优点。

①卓越的抗腐蚀,抗磨损性能;

②抗冲击和振动,高精度和高稳定性;

③比较宽的工作温度范围,体积小巧。

2)陶瓷电容气压传感器的缺点。

①存在温漂问题,需要进行温度补偿;

②价格偏高。

4.1.4 雨量计

4.1.4.1 概述

雨量是在一定时段内,降落到水平面上(无渗漏、蒸发、流失等)的雨水深度,用雨量计测定。单位为 mm。

自动监测雨量的传感器主要有翻斗式雨量计、超声波雨量计、光学雨量计和压电式雨量计。

4.1.4.2 翻斗式雨量计

(1)翻斗式雨量计原理

翻斗式雨量计的工作原理为:雨水由最上端的承雨口进入承水器,落入引水漏斗,经漏斗口流入翻斗,当积水量达到一定高度(如 0.1mm)时,翻斗失去平衡翻倒,将水倒出。随着降雨持续,将使翻斗左右翻转,接触开关将翻斗翻转次数变成电信号,送到记录器,在累积计数器和自记钟上读出降雨资料,如此往复即可将降雨过程测量下来。

(2)翻斗式雨量计的优缺点

1)翻斗式雨量计的优点。

①结构简单、牢固可靠,易于维修;

②脉冲量输出省电;

③价格便宜,工艺成熟。

2)翻斗式雨量计的缺点。

存在计量误差的原因是计量翻斗倾角偏大和计量翻斗和上翻斗的转动频率,优化工艺和设计可以减小误差。

4.1.4.3 超声波雨量计

(1)超声波雨量计原理

超声波雨量计的工作原理为:基于标准量具型超声波测距的原理、测量并存储每次雨量筒里的液位值,通过换算得出降雨量。

(2)超声波雨量计的优缺点

1)超声波雨量计的优点。

①整个雨量计无机械传动部件,延长了雨量计寿命;

②实现了大量程、高精度、抗恶劣环境的要求。

2)超声波雨量计的缺点。

功耗较大。

4.1.4.4 光学雨量计

(1)光学雨量计原理

光学雨量计的工作原理为:基于光电检测原理,当雨滴穿越采样空间时,雨滴会遮挡激光,接收传感器接收到的光信号和由光信号转变的电信号(如电压或电流)就会改变,当雨滴穿过采样空间后,接收传感器的电信号又恢复雨滴进入采样空间之前的状态。在雨滴穿越采样空间时,对接收传感器的电信号进行处理,就可以得到雨滴穿越采样空间的时间。

(2)光学雨量计的优缺点

1)光学雨量计的优点。

①精度高。光学测量,测量准确。

②灵敏度高。使用了电子光学和一系列微电子滤波、放大、检波技术,这种原理较常规机械式雨量计具有灵敏度优势。

③免维护。完全密闭结构,无机械部件,无磨损,不易落叶遮挡。

④安装简便。体积小,重量轻,红外光学雨量计为非机械非接触测量,无水平安装要求,安装简单。

2)光学雨量计的缺点。

①价格偏高；

②功耗较大；

③稳定性较低；

④需要定期清理光学探头，运维费用高。

4.1.4.5 压电式雨量计

(1)压电式雨量计原理

压电式雨量计的工作原理为：采用冲击测量原理对单个雨滴重量进行测算，进而计算降雨量。雨滴在降落过程中受到雨滴重量和空气阻力的作用，到达地面时速度为恒定速度，根据 $P=mv$，测量冲击即可求出雨滴重量，进而得到持续降雨量。

(2)压电式雨量计的优缺点

1)压电式雨量计的优点。

①量程更大；

②自清理、人工现场免维护；

③安装简单快速。

2)压电式雨量计的缺点。

存在温漂问题，需要进行温度补偿。

4.2 水文监测方法和设备

4.2.1 常见的水文监测设备

常见的水文监测设备主要包括水位计、流量计、雨量计等。

4.2.2 常见的水位计及应用情况

目前，市面上常见的水位计种类有浮子式水位计、光纤水位计、跟踪式水位计、压力式(气泡式)水位计、声波式水位计、雷达式水位计、激光式水位计、电子水尺等，每种水位计的原理和优缺点以及应用场景均不相同具体情况如下。

4.2.2.1 浮子式水位计

应用浮子跟踪水位升降，用机械的方式直接转动记录，也就是说，其原理是由浮子感应水位的升降。其中有用机械方式直接使浮子传动记录结构的普通水位计，有把浮子提供的转角量转换成增量电脉冲或二进制编码脉冲作远距离传输的电传、数传水位计，还有用微型浮子和许多干簧管组成的数字传感水位计等，应用较广的是机械式水位计。应用浮子式水位计需有测井设备，只适合于岸坡稳定、河床冲淤很小的低含沙量河段使用[40]。

浮子式水位计使用浮子感知测量水位的变化，工作状态下，浮子平衡锤与悬索连接牢固，悬索悬挂在水位轮的"V"形槽中。平衡锤起拉紧悬索和平衡作用，调整浮子的配重可以使浮子工作于正常吃水线上。在水位不变的情况下，浮子与平衡锤两边的力是平衡的。当水位上升时，浮子产生向上浮力，使平衡锤拉动悬索带动水位轮作顺时针方向旋转，水位编码器的显示读数增加；水位下降时，则浮子下沉，并拉动悬索带动水位轮逆时针方向旋转，水位编码器的显示器读数减小。

浮子式水位计原理简单，使用稳定可靠，在水利水电行业得到广泛应用。但浮子式水位计易受水位大幅波动影响，产生转轮与测绳打滑现象，从而影响水位数据的准确性；同时水位计自身结构设计缺陷也会导致一定的测量误差[41]。同时由于浮子水位计安装时必须建立静水井或者能起到静水井功能的保护管，因此一般用于水库、河流、湖泊等水文行业，在海绵城市中暂无应用方案。

4.2.2.2　光纤水位计

光纤水位计包括水位计传感器部分和控制电路终端部分。水位计传感器部分采用光路耦合调节设备与光缆连接用于传递承载水位信息的光信号，主要完成光信号的收发以及对水位数据的采集，将采集到的水位值由光纤发送到控制器。控制电路终端部分采用激光调制技术，发送不同功能的调制激光信号，通过调制、对比与检测，获得水位的准确信息。

光纤水位计响应时间短，传感器的电路都由电子零件构成，所以不包含机械性工作时间；探头部分无源设计有本质安全性，具有无惧雷电击毁等优点。但是由于探头部分为光学器件对水雾高度敏感，在凝露的情况下容易引起数据测量错误等缺点，因此一般用于油库、水电站等对安全具有高度要求的区域，在海绵城市中尚无应用案例。

4.2.2.3　跟踪式水位计

跟踪式水位计又称接触式水位计，利用重锤上的电测针接触水面发出电信号，使电机正转或逆转，随时跟踪水面点的位置，从而测定水位。一般在较陡岸坡上架设铁管，悬锤和悬索在管道中升降，驱动记录或讯号装置。铁管进水口须有沉沙和静水设施。

跟踪式水位计的传感部分分为两根不锈钢探针，长针接地，短针接触水面。探针间的水电阻作为测量电桥的一臂。在平衡状态时，电桥无信号输出；当水面上升(或下降)时，水电阻减少(或增加)，电桥失去平衡，其输出信号经放大后驱动可逆电机。电机的旋转通过齿轮、丝杆等带动探针上升(或下降)，使之重新处于平衡状态，实现水面的自动跟踪。探针的升降通过机械传动与编码盘相连。编码盘输出的 11 位循环二进码，经变换后由数字显示器或电脑显示探针的位置，即水位计读数。水位计的输出方式除采用编码盘外，还可采用精密电位器，或用线位移光栅编码器等。

跟踪式水位计准确度高，精度达到 0.1mm，稳定性好，适用于恒定流和非恒定流(如潮汐)试验中的水位测量和清洁液位测量。但是跟踪式水位计必须是接触式测量，介质直接接触，密封要求要严格，不能测量黏性介质，安装受限，具有较高的安装、维护要求。为了解决水温水质变化对测量精度的影响，其传感方式还有电容式、振动针式和探测式等。

4.2.2.4　压力式(气泡式)水位计

压力式水位计的工作原理是根据测得的水压力来推算水位。其特点是不需要建静水测井，可以将传感器固定在河底，用引压管消除大气压力，从而直接测得水位。压力式水位计有两类。一类为气泡式水位计，在引压管中不断输气，用自动调节的压力天平将水压力转换成机械转角量，从而带动记录结构。另一类为电测型，应用固态压阻器件做传感器，可直接将水压力转变成电压模量或频率量输出，用导线传输至岸上进行处理和记录[42]。

气泡式水位计从工作原理上分为恒流式和非恒流式两类，其主要区别在于对气体压强和静水压强平衡的处理方式不同。恒流式装有的自动调压恒流装置内含有一个微动气泵，自动适应静水压力的变化，长期控制管口慢慢均匀地放出气泡，可以近似认为气体压强始终与静水压强动态平衡。非恒流式内含的气泵平时不工作，要测量时启动气泵，使气体压强超过吹气管口的静水压强，吹气管冒出大量气体，然后气泵停止工作，吹气管口的出气很快停止，此时管内压强等于静水压强，仪器快速自动测出此时压强。因此，恒流式和非恒流式的不同点又可认为是其内部气泵工作时间不同。

压力式水位计长期放在水底，半导体硅片长期被水压变形产生疲劳，由此产生时飘。气泡式水位计将半导体硅片放在水上，测试时再加压，平时处在无压或微压状态，因此时飘很小。温度对压力水位计的影响主要靠温度补偿的方法来解决。国外定期将水位计在实验台上通过率定，找出补偿曲线，供采集水位时修正。国内往往是定时将压水水位与水尺水位相比较来完成率定。前者可以保证传感器的线性度，从根本上保证水位采集精度，后者只是在个别水位点上校正，但是传感器的线性度没有得到改善。

压力式水位计的优点安装简便，不需要建造水位井，精度符合规范要求，在海绵城市中使用较为普遍，有较好的使用效果，在使用过程中应及时清除泥沙堵塞，避免因泥沙堵塞影响精度，同时压力式水位计在时飘、温飘使用时要定时率定；气泡式水位计受泥沙堵塞影响小，时漂温漂不大，但主机需要加装气泵一般体积较大，一般应用于对设备体积要求较小的环境中，海绵城市中使用较为罕见。

4.2.2.5　声波式水位计

声波式水位计是反射式水位计的一种，应用声波遇不同介面反射的原理来测定水位。分为气介式和水介式两类。气介式以空气为声波的传播介质，换能器置于水面上方，由水面反射声波，根据回波时间可计算并显示出水位[43]。仪器不接触水体，完全摆脱水中泥沙、流速冲击和水草等不利因素的影响。水介式是将换能器安装在河底，向水面发射声波。声波在水介质中传播速度高，距离大，不需要建测井。两种水位计均可用电缆传输至室内显示或储存记录。

声波式水位计无机械传动部件不容易损坏，免维护，寿命长。管段式小管径测量经济又方便，测量精度高。但是降雨期间，水中流速过快产生浪花会影响测量精度，同时温度和空气湿度、气压、气流、不同的气体介质等因素均会对声波传播速度有所影响，从而降低测量精度。

4.2.2.6 雷达式水位计

雷达式水位计采用发射—反射—接收的工作模式，其天线发射的电磁波经被测对象表面反射后，再被天线接收。电磁波为固定速度的粒子波，通过测量雷达波从发射到接收的时间计算出水面到雷达天线的距离后，再根据雷达天线的高程可以计算出水面的高程。

雷达式水位计无机械磨损。测量为非接触式测量，不受水体的密度、浓度等物理特性的影响，不易被洪水冲毁，使用寿命长，易维护。测量时发出的电磁波能够穿过真空，不需要传输媒介，抗干扰能力强，不受温度、风、水蒸气、水雾、雨水等影响。抗腐蚀能力强，能适应腐蚀性很强的环境。无需建水位井，适应各种地理环境，对水流无影响，安装维护更便捷[44]。但是雷达式水位计对粗糙反射面回波吸收效果较差，故在季节性干旱或长期无水的环境中测量应在底部设置平滑反射面。

4.2.2.7 激光式水位计

激光式水位计采样方式为非接触式，通过接收探头发射出的激光经浮子反射后又被探头接收，激光式水位计计算出激光往返的时间，然后转换为水位，光速和往返时间乘积的一半，就是探头到浮子之间的距离。

光以速度 c 在空气中传播，在探头与浮子之间往返一次所需时间为 t，则探头到浮子的距离 L 可用下式表示：

$$L=\frac{c\times t}{2} \tag{4.2-1}$$

式中，L——探头到浮子的距离；

c——光速；

t——激光往返探头与浮子之间一次所需的时间。

因安装高度(激光探头到 0 参考点的距离)S 已知，则水位 $Z=S-L$。

激光式水位计较雷达水位计发射角更小，受环境影响小，精度高性能稳定，但是由于激光能够穿透水面，因此在水面需要一个浮子作为反射面，安装时需要保护管作为浮子的导管，安装比雷达水位计麻烦。激光式水位计一般用于城市内涝积水点监测。

4.2.2.8 电子水尺

电子水尺是一种数字式的传感器，其利用水的微弱导电性原理，采用高质量的处理器芯片作为控制器，通过测量电极的水位以获取数据。

电子水尺具备较高的精度及抗干扰能力，所以误差一般不会受环境因素影响，只取决于电极间距，具备可长期连续自动监测水位的能力。因其电子水尺一般采用不锈钢防护外壳，与传统方式相比，具备更高的可靠性，同时具有防腐、防冻、耐热、耐老化的优势，不受大气温度、压力、湿度、含沙量、冰冻等外界因素的影响，即使是恶劣天气也可以安全可靠地实时传输有效数据[45]。

电子水尺采样精度与设备长度无关，不同长度的水尺测量精度保持不变，均为 1cm。具有防腐、防冻、耐热、耐老化的特点，可在泥浆、污液和腐蚀性液体、冰冻等各种恶劣的环境中使用。

夏季多暴雨，由强降雨引发的道路低洼处、下穿式立交桥和隧道产生大量积水的现象时有发生，电子水尺可应用于各立交桥桥洞、各路面街道、隧道等区域测量实时测量水位信息，以便交通管理部门为群众提供出行指南。安装时不需要建测井，既可以垂直安装，也可以倾斜贴壁安装适用于城市环境中。

4.2.3 常见的流量计及应用情况

目前，市面上主要的流量计有容积式流量计、叶轮式流量计、差压式流量计、超声波流量计、流体振荡式流量计、质量流量计、明渠流量计、雷达流量计以及水文常用的转子式流速仪等，其中超声波流量计、明渠流量计、雷达流量计和转子式流速仪一般用于水文测量。

4.2.3.1 超声波流量计

超声波流量计是通过检测流体流动对超声束（或超声脉冲）的作用以测量流量的仪表。根据对信号检测的原理，不同超声波流量计可分为传播速度差法（直接时差法、时差法、相位差法和频差法）超声波流量计、波束偏移法超声波流量计、多普勒法超声波流量计、互相关法超声波流量计、空间滤法超声波流量计及噪声法超声波流量计等。国内常见的一般为时差法和多普勒法。

时差法超声波流量计是基于时间差法进行流速测量的，声波在流体中沿同一声道顺向和逆向传播产生的时间差与流体流速之间成线性关系，所以可以根据超声波这一特性来测量流体流速，并通过测得的流速、管道管径、声道距离等参数计算出流量。时差法超声波流量计对介质没有严格的要求，受到温度、压力等变化的影响小，具有较高的测量精度。同时测量范围宽，使用寿命长，安装和维护方便，但时差法超声波流量计的声道必须全部在同一介质中，一般用于满管的给水测量。近年一些研究机构在天然河道中采用时差法进行了一系列的尝试，取得了一定的成果，但与应用还有较远的距离。

多普勒效应是奥地利物理学家克里斯·约翰·多普勒于 1842 年首先提出的理论。其主要内容是当声源和观测者之间有相对运动时。观测者接收到的频率和声源发出的频率是不同的，该频率的差值与相对运动的速度成正比[46]。在多普勒超声波流量测量方法中，超声波发射器为固定声源，随流体一起运动的固体颗粒起到与声源有相对运动的“观察者”的作用，当然它仅仅是把入射到固体颗粒上的超声波反射回接收据.发射声波与接收声波之间的频率差，就是由流体中固体颗粒运动而产生的声波多普勒频移。由于这个频率差与流体流速成正比，因此测量频率差可以求得流速，进而可以得到流体的流量，适用于杂质含量较多的脏水和浆体，如城市污水、污泥等的测量。多普勒法超声波流量计因为具有测流反应速度快、不干扰流场、安装便利等优点，被广泛应用于海洋探测和船舰、导航领域[47]。近年来在内陆河流、农业灌溉沟渠和城市排水管道等小型应用场景也有应用，并取得了良好的经济效益。

4.2.3.2　明渠流量计

明渠流量计是一种使用广泛的流量计量仪器，主要应用在污水流量计量环节中[48,49]。流量计的液位计应与计量槽配合使用，超声波探头安装在计量槽的上方，计量槽把明渠内水流量的大小换算成液位的高低，流量计测量并记录计量槽内的水位，根据对应的水位流量关系计算出流量[50]。明渠流量计根据堰槽类型一般分为三角堰、巴歇尔槽和矩形堰，根据不同的流量范围可以选用不同的流量计。明渠流量计可测量非满管、污水排放渠道流量，以及天然河道和小溪等小型应用场景的流量。测量不受流场影响精度高，传感器可在恶劣的现场和污水水质下长期工作[51]。但是明渠流量计对水头损失有一定的要求，不能用于接近平坦地面安装。巴歇尔槽结构复杂，制造精度高，价格较贵，安装施工不便，且安装要求较高，一般适用于小流量测量。

4.2.3.3　雷达流量计

雷达流量计以面积—流速法为基础，采用非接触式雷达波，利用多普勒效应原理来监测水体流速。测速探头斜向下发出一束雷达波，雷达波到达水体表面后反射，由于多普勒效应发出的雷达波和接收到的雷达波会产生多普勒频移，因此多普勒频移正比于流速。通过测量多普勒频移即可测量水体表面速度，再经修正、率定后估算出断面平均流速。利用雷达水位计测量水位，结合预先测量好设备安装处的河道断面图，自动推算出过流面积，最终计算得到瞬时流量[52]。

雷达流量计抗干扰能力强，不受温度、湿度及风力影响，非接触测量，无机械磨损，测量与水质无关，不受浮冰等漂浮物影响，成本低，安装维护简单，寿命长。但是雷达流量计盲区较高，在实际应用中发现低于 0.5m/s 的流速测量效果较差，特别是水面平静的情况下基本无法测量出准确流速，一般适用于流速较大的渠道或河流等环境。

4.2.3.4　转子式流速仪

转子式流速仪是水文行业常用的流量测量器具，广泛应用于江河、水库、湖泊、渠道等环境。转子式流速仪以机械式为主，分为旋桨式和旋杯式。转子式流速仪是根据水流对流速仪转子的动量传递而进行工作的。当水流流速仪转子时，水流的支线运动能量对转子产生转矩，此转矩克服转子的惯量、轴承等内摩阻，以及水流与转子之间相对运动引起的流体阻力，从而使流速仪转子转动。在一定流速范围内，转子的转速与水流速度成比较稳定的近似线性关系，通过计量转子的转速可计算出水流速度。

转子式流速仪测量精度高、稳定性好，但是由于机械转动容易受水中异物影响，因此无法实现流量在线测量。

4.2.4　常见的雨量计及应用情况

雨量计是一种气象学家和水文学家用来测量一段时间内某地区的降雨量的仪器（降雪

量的测量则需要使用雪量计)。雨量计由承水器(漏斗)、储水筒(外筒)、储水瓶组成,并配有与其口径成比例的专用量杯。大部分的雨量计都是以毫米作为测量单位,有时候测量结果也会以英寸或厘米作为单位。雨量计的读数可以用手工读出(简易雨量计)或者使用自动读数(自动雨量计),而观测的频率则可以根据采集单位的要求而变化。大多数情况下收集的雨水在观测后就不再保留,但也有少数气象站会保留作为污染程度或其他测试的样本。

雨量计的种类很多,常见的有虹吸式雨量计、称重式雨量计、翻斗式雨量计等。

4.2.4.1 虹吸式雨量计

虹吸式雨量计能连续记录液体降雨量和降雨时数,从降雨记录上还可以了解降雨强度。可用来测定降雨强度和降雨起止时间,适用于气象台(站)、水文站、农业、林业等有关单位。

虹吸式雨量计构造由承雨器、虹吸、自记和外壳 4 个部分组成。承雨器使用铸铜件,筒身使用镀锌铁板锡焊成型。在承雨器下有浮子室,室内装浮子并与上面的自记笔尖相连。雨水流入筒内,浮子随之上升,同时带动浮子杆上的自记笔上抬,在转动钟筒的自记纸上绘出一条随时间变化的降雨量上升曲线。当浮子室内的水位达到虹吸管的顶部时,虹吸管便将浮子室内的雨水在短时间内迅速排出而完成一次虹吸。虹吸一次,雨量为 10mm。如果降雨现象持续,则又重复上述过程。最后可以看出一次降雨过程的强度变化、起止时间,并算出降雨量。

虹吸式雨量计不需要人守候性能可靠,测量数据准确,可记录全天的降雨过程。但缺点是浮子室内一般只能积存 10mm 的雨量,到达 10mm 雨量时要排空存水,排空时的降雨也会造成误差,且虹吸管容易发生故障,需要经常进行检定。

4.2.4.2 称重式雨量计

称重式雨量计可以连续记录接雨杯上的以及存储在其内的降水质量,本设备可以记录降雨以外的其他降水方式。记录方式可以用机械发条装置或平衡锤系统,将全部降水质量如数记录下来,并能够记录雪、冰雹及雨雪混合降水。用以连续测量记录降水量、降水历时和降水强度。适用于气象台(站)、水文站、环保、防汛排涝以及农、林等有关部门用来测量降水量。

称重式雨量计是利用电子秤称出容器内收集的降雨质量,然后换算为降水量。一般电子秤可以分辨 0.1g 的质量,气象业务上使用的只要能分辨 0.1mm 降雨的质量即可,因此采用称重式雨量传感器可以达到很高的精度[53]。

称重法可测量液态、固态以及固液混合状态的雨量,可靠、无需维护、成本低,可精确采集雨量数据。但是有固体干扰的可能,需要人为清理称重过程中受蒸发作用的影响。

4.2.4.3 翻斗式雨量计

翻斗式雨量计是机械双稳态称重结构,在工作过程中,由雨量计最上层的承雨口接收降雨,左右两个翻斗室轮流位于漏斗下方承接雨水。当雨水大于量度时,则翻斗翻转,漏斗位于另一个翻斗室下方承接雨水,以此往复计量雨量。翻斗式雨量计一般由感应器及信号记录器组成,感应器由承水器、上翻斗、计量翻斗、计数翻斗、干簧开关等组成,记录器由计数器、录笔、自记钟、控制线路板、信号输出端子等组成。一次翻斗倾倒,都使开关接通电路,向记录器输送一个脉冲信号,记录器控制自记笔将雨量记录下来,如此往复即可将降雨过程测量下来。仪器的翻斗上装有两个恒磁钢,干簧管支架上装有 2 个干簧管,仪器输出信号与翻斗翻转次数有确定的比例关系。

翻斗式雨量计性能稳定,工作可靠。抗干扰能力强是目前水文最常用的一种雨量计,但是雨量计实际翻转过程中,漏斗依然会进水,在翻转过程中造成测量误差。对于要求精度高的环境不太适用。

4.3　水质监测方法和设备

4.3.1　概述

pH 值、温度、溶解氧、浊度、电导率、氧化还原电位、化学需氧量、氨氮、总磷、总氮等监测指标是海绵城市常用的一般水质监测指标,实际还应根据具体情况进行增减,《地表水环境质量标准》(GB 3838—2002)规定的地表水环境质量标准基本项目还指定了高锰酸盐指数、五日生化需氧量、铜、锌、氟化物、硒、砷、汞、镉、铬、铅、氰化物、挥发酚、石油类、阴离子表面活性剂、硫化物、粪大肠杆菌等项目。

4.3.2　采样方法

4.3.2.1　现场测量

总体而言,水质指标能在现场实时测定的应尽量在现场测定以得到最准确的结果,尤其是温度、pH 值、色度、浊度、电导率、溶解氧等具备现场测定条件的应尽量在现场测定。

4.3.2.2　自动采样器

自动采样是指水质自动采样器按预定设置的采样模式,自动采集水样,直至定量注入采样瓶,最后将多余或滞留的水样排走及清洗管路的全过程。根据采样是否连续,分为连续自动采样器和非连续自动采样器;根据是否具有流量计量功能,分为带流量计量功能的自动采样器和不带流量计量功能的自动采样器;根据是否具有分瓶采样功能,分为分瓶自动采样器和混合自动采样器;根据是否能用于固定源的在线水质采样,分为在线式采样器和便携式采样器。

水质自动采样器一般由控制单元、采水单元、水样分配单元、采样瓶、恒温单元等组成。控制单元是控制完成采样的单元,具有设置、显示、控制信号输出、信号采集和数据存储等功能。采水单元是将水样采集至水质自动采样器的单元，一般由泵、管路和采样头组成。采样头宜设 10～20 目的过滤网，防止漂浮物堵塞采样管路。水样分配单元是将水样导入指定采样瓶的单元，要求水样分配单元保证导入准确，不发生外溢。采样瓶用于存放水样，由惰性材料制成，易清洗，容量应在 500mL 以上。恒温单元则是具有独立控温、低温冷藏水样的单元。

4.3.2.3 人工采样

正确采集和保存样品对于水质监测结果精确性而言非常重要。采集样品的装置和容器一定要非常干净，以防前一个样品残留。要根据待测参数分析操作规定来保存样品。

(1)采集水样

使用一个干净的容器。取样前，先用被采集的样品冲洗容器几次。把每个样品采集的位置和操作程序记录下来。取地表水时尽量在水域中央附近采集样品，至少要距离岸或池边缘几十厘米，并采集水面以下的水样。

1)容器的类型。

常用的容器包括聚丙烯和聚乙烯、石英或四氟乙烯、玻璃瓶等；当分析某些不稳定指标时，样品应储存在琥珀色或褐色等深色玻璃容器中。使用前，要用酸彻底清洗样品容器。

2)清洗。

首先，无磷洗涤剂清洗玻璃器皿或塑料器具，然后用自来水充分冲洗，洗去洗涤剂，再以 1+1 盐酸溶液或 1+1 硝酸溶液冲洗，最后用去离子水充分清洗后晾干。

3)样品的分割。

采集来的样品可能用于实验室内部或实验室之间的各项研究、确认或保留多余的样品作为参考，或进行稳定性研究，就需要将样品分割到不同的容器中。

分割时应注意先采集大量的样品到一个容器中，再分割到比较小的容器里，不要从水源处直接将样品装入较小的容器；在分割之前充分地混合包含微粒或固体的样品，以使每份都是均一的；使用相同类型的容器分装每份样品；用相同的方法保存所有的等份；当测试氨氮和总氮时，将样品充满容器并小心地盖上盖子，不要在容器中留下任何的顶部空间或空气。

(2)样品的保存

所采集的水样能立即在现场分析最佳。因为在样品采集之后，样品中进行的化学和生物反应仍在进行，使进行分析时的样品已不再是采样时的样品，为了使这种变化降到最低程度，应尽可能快地分析样品，这样可以减少误差并减少工作量。当样品不能立即分析时，一定要合理保存样品。保存方法包括 pH 值控制、化学添加剂、冷藏等。

表 4-1 是保存样品的一般要求。由于天然水和废水的性质复杂，在分析之前，需要检验按照下述方法处理过的每种类型样品的稳定性。

表 4-1 样品的保存方法

序号	测试项目/参数	采样容器	保存方法及保存用量	可保存时间	最少采样量/mL	备注
1	重铬酸钾指数	玻璃瓶	H_2SO_4，pH 值≤2	2d	500	
		PE	−20℃冷冻	1min	100	保存时间最长 6min
2	总磷	玻璃瓶或 PE	H_2SO_4，HCl 酸化至 pH 值≤2	24h	250	
		PE	−20℃冷冻	1min	250	
3	总氮	玻璃瓶或 PE	加 H_2SO_4，pH 值为 1～2	7d	250	
		PE	−20℃冷冻	1min	500	
4	氨氮	玻璃瓶或 PE	加 H_2SO_4，pH 值≤2	24h	250	

注：对待加入硫酸保存的总磷、总氮、氨氮水样，一定在加样测试前使用 0.1mol/L 氢氧化钠溶液将水样的 pH 值调回至 6～9。

4.3.3 指标的检测方法和在线监测设备

4.3.3.1 浊度

（1）浊度的定义和单位

浊度是与光密切相关的概念，国际标准 ISO 7027 中定义浊度为：液体中不溶性物质导致的透光度降低。

浊度的单位因不同的检测标准而不同。常见的单位有：ppm、度、FAU、FTU、NTU 等。其中 1000mL 水中含有 1mg 福尔马肼聚合物，称为 1FTU。而 NTU 是基于散射原理的浊度仪器使用单位，被称为散射浊度单位。

上述单位之间存在一定换算关系，其中 1NTU＝1FAU＝1FTU＝1NTU。我国现行的《生活饮用水标准》(GB 5749—2006)以及《生活饮用水标准检验方法》(GB 5750—2006)均采用福尔马肼标准，以 NTU 为浊度单位。

（2）浊度测量原理

目前浊度检测有多种方法，按入射光源的类型和发光状态可分为单射光检测法、复合光检测法；按检测光路结构可分为透射光式浊度测量法、散射光式浊度测量法、透射光—散射光比较测量法等。

1）透射光式浊度测量法。

从光源（发光二极管）发出的光束射入水样，水样中的浊度物质会使光的强度衰减，此光穿过待测液体并被光敏晶体管接收转换，得到的电信号驱动仪器的后置电路，指示出液体的浑浊程度。光强的衰减程度与水样的浊度之间的关系可用式(4.3-1)表示：

$$I = I_0 e^{-kdl} \tag{4.3-1}$$

式中，I——透射光发光强度，cd；

I_0——入射光发光强度，cd；

k——比例常数；

d——浊度，NTU；

l——水样透过深度，mm。

透射光式浊度测量法测量浊度方法比较简便，其原理见图 4-1。

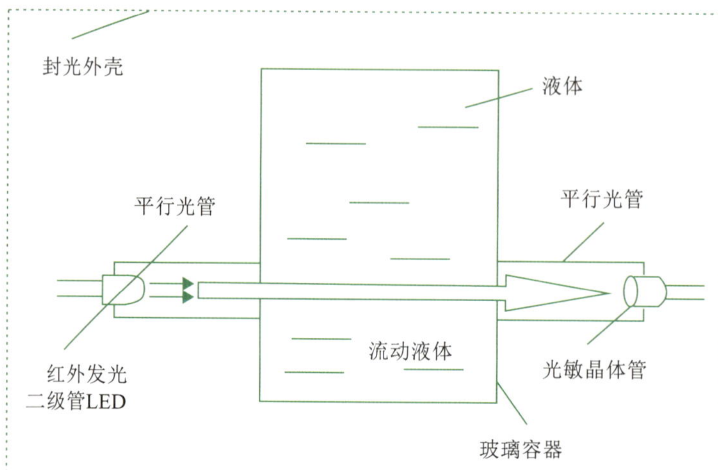

图 4-1　透射光式浊度测量法原理图

2)散射光式浊度测量法。

光束射入水样时，水样中浊度物质使光产生散射，通过测量与入射光垂直方向的散射光强度，即可测出水样中的浊度，与入射光成 90°的散射光强度符合雷莱公式：

$$I = \frac{kNV^2}{\lambda^4} I_0 \tag{4.3-2}$$

式中，I——散射光强度，cd；

K——系数；

N——单位容积的微粒数，N_A；

V——微粒体积，L/mol；

λ——入射光波长，nm；

I_0——入射光强度，cd。

在一定条件下，系数与单位容积微粒的总数成正比，即与浊度成正比：

$$I = K'TI_0 \tag{4.3-3}$$

式中，K'——另一个系数；

T——水浊度，NTU。

在入射光强度不变的情况下，散射光强度与浊度成正比，浊度测量转化为散射光强度的测量。

光源与光电接收器件集成在密封的探头中，使得入射光经过水中颗粒的散射，被与其成 90°的光电接收器件接收后，即可测出水样的浊度，其原理见图 4-2。

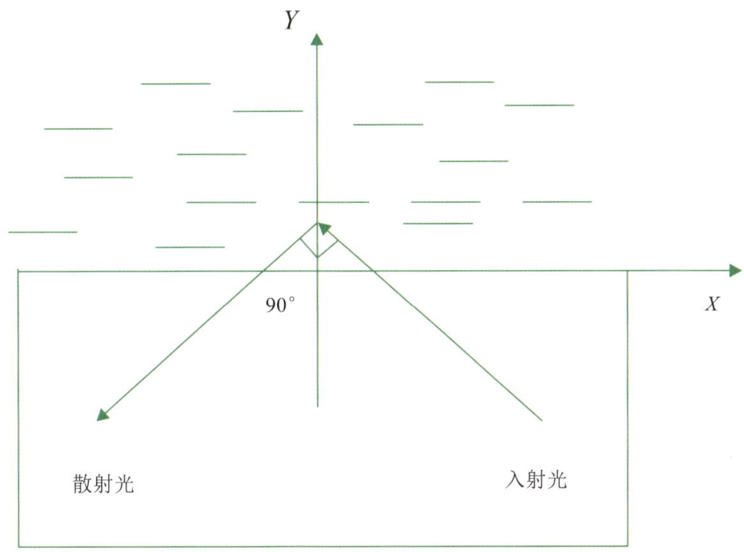

图 4-2　散射光式浊度测量法原理

3)透射光—散射光比较测量法。

当光源发出的发光强度为 I_0 的光通过水样时，由于水样中悬浮固体和杂质的吸收和散射作用，因此穿过水样的透射光发光强度减弱到 I_T，发光强度的减弱符合朗伯-比尔定律，公式如下：

$$I_T = I_0 \exp(-\tau L) \tag{4.3-4}$$

式中，I_T——透射光发光强度，cd；

I_0——入射光发光强度，cd；

τ——与发光强度无关的衰减系数；

L——透射光程，mm。

水样颗粒物质与光相互作用时，产生的散射光发光强度及其在空间的分布与微粒直径大小、微粒折射率、入射光发光强度等因素有关。利用瑞利散射原理和米氏散射原理，散射光与入射光的关系式为：

$$I_S = \alpha N I_0 \exp(-\tau l) \tag{4.3-5}$$

式中，I_S——散射光发光强度，cd；

α——与散射函数有关的系数；

N——水样中含有的颗粒个数，与浊度成正比，mol；

l——散射光程，mm。

同时测量投射于水样光束的透射光和散射光强度，再按这两者光强度比值测量其浊度大小：

$$\frac{I_S}{I_T}=\frac{\alpha N I_0 \exp(-\tau l)}{I_0 \exp(-\tau L)}=\alpha N \exp[\tau(l-L)] \tag{4.3-6}$$

由式(4.3-6)可见，α 和 $\tau(l-L)$ 都是被精确固定的，消除由 LED 光源老化以及不稳定对浊度测量的影响，有效地提高了测量准确度。

测量仪器由光源、光电检测设备以及电子放大与计算机数据处理、控制系统等组成。光源发出的光通过测量水样，到达光电检测设备后被接收而转化为电信号，同时测量水样在光照下产生散射，散射光被与入射光线成 90°的另一光电检测器接收并转化为电信号。两个信号经电子放大后输入计算机系统，分别随样品浊度的增加分别减小和增大，计算机将两个信号进行适当的计算得到样品的浊度值并显示在液晶屏上。透射光—散射光比较测量法原理见图 4-3。

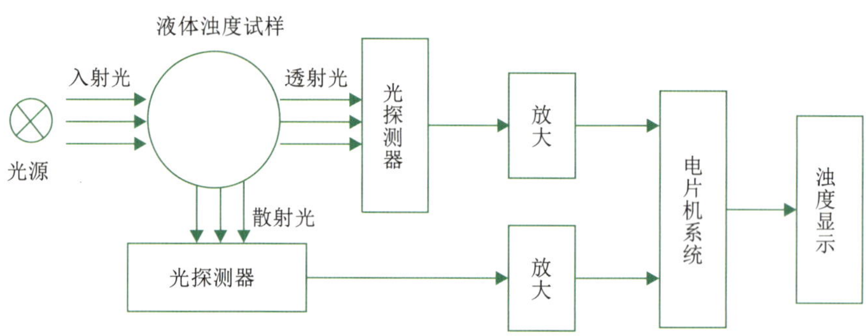

图 4-3　透射光—散射光比较测量法原理

4)三种检测方法的适用性。

透射光式浊度测量法原理简单，但在测量低浊度水样时，由于大部分的光都直接透射了，因此微小的浊度变化引起的透射光变化是相当小的。变化率很小对光电接收和放大器件的分辨力和稳定性要求非常高，所以透射光方法不适合测量低浊度，而水样中浓度较高的杂质和微粒能使透射光信号衰减得更加明显，其适用于测量高浊度水样。

对于低浊度水样，光对微粒的散射作用更加明显，并且在此范围内散射光曲线线性较透射光好，散射光式浊度测量法在低浊度测量时具有较高的准确度和灵敏度。在散射光式浊度测量法中，当液体的浊度超过一定界限时，会发生多次散射现象，使散射光强度迅速下降，这时散射光强度已不能正确反映液体试样的浊度值，因此散射光式浊度测量法主要用于低、中浊度液体。

透射光—散射光比较测量法能同时测量投射于水样光束的透射光和散射光强度，再按两者光强度比值测量其浊度大小，其理论基于朗伯-比尔定律和散射定律，既能消除光源老化对测量准确度的影响，又继承以上两种方法各自的优点，提供一个从小到大连续的浊度测量范围，能有效提高测量的适应性和准确度。

4.3.3.2　pH 值的检测方法

pH 值常用的检测方法是电位测量法，是基于原电池理论测量待测溶液 pH 值的。原电池是借助某些化学反应来产生电流，把化学能转换为电能的一种装置，其内部化学反应的本质是氧化还原反应，它是由两个不同材质的半电池（或电极）和电解质溶液构成的。

采用电位测量法进行检测时，其组成原电池的两个电极分别为测量电极和参比电极，测量电极是对某种特定物质敏感的材料组成，其电极电位随溶液中特定物质的浓度变动而改变，参比电极是由对特定物质迟钝的材料构成，其电极电位在溶液中基本固定不变。而原电池的输出电动势遵循能斯特方程，其输出电动势见式（4.3-7）：

$$E = E_0 + \frac{2.303RT}{nF}\lg\frac{\alpha_{os}}{\alpha_{rs}} \tag{4.3-7}$$

式中，E——原电池电动势；

E_0——参比电极标准电动势；

R——气体常数；

T——被测溶液的绝对温度；

n——得失电子数，即离子化合价，如氢离子化合价为 1；

F——法拉第常数；

α_{os}——氧化态物质的活度；

α_{rs}——还原态物质的活度。

采用 pH 传感器测量水的 pH 值时，pH 传感器的两个电极与水组成原电池，其中测量电极电位会随着水中氢离子浓度的改变而改变，两个参比电极的电极电位不变，因此根据 pH 传感器的输出电压信号的大小，就可以计算出水中的氢离子浓度，即水的 pH 值。

目前，可用于检测溶液 pH 值的传感器有光化学传感器、酶 pH 值传感器、pH 铂电极传感器、pH 复合玻璃电极传感器等类型，其中应用最广泛的是 pH 复合玻璃电极传感器。一般的 pH 复合玻璃电极的参比电极为银-氯化银电极，测量电极为玻璃电极，是一种对氢离子敏感的选择性电极。当采用 pH 复合玻璃电极传感器测量溶液的 pH 值时，其电位测量法示意图见图 4-4，输出电动势见式（4.3-8）。

$$E = E_0 + KT \cdot \Delta\mathrm{pH} = E_0 + KT \cdot (\mathrm{pH}_x - \mathrm{pH}_s) \tag{4.3-8}$$

式中，E——原电池电动势，mV；

E_0——电极标准电动势，mV；

K——能斯特系数；

T——被测溶液的绝对温度；

$\Delta\mathrm{pH}$——复合玻璃电极内外膜的 pH 差；

pH_x——被测溶液的 pH 值；

pH_s——复合玻璃电极内参比溶液的 pH 值。

由于 pH 传感器的内参比溶液的 pH 值是定值，因此由式(4.3-8)可知，在温度一定时，传感器输出的信号与待测溶液的 pH 值成正比例，可以通过测量出的传感器输出电压来确定待测溶液的 pH 值。

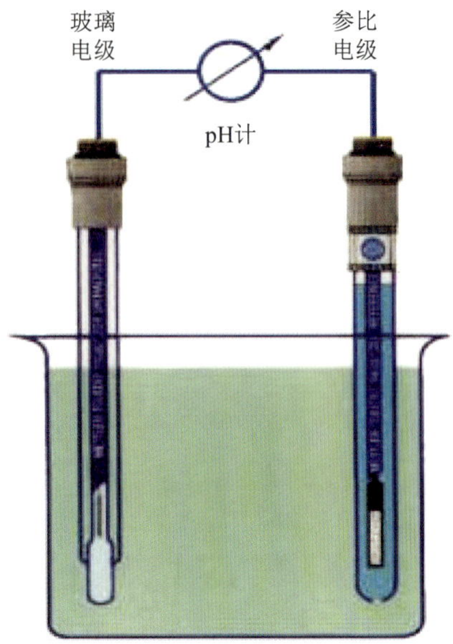

图 4-4 pH 电位测量法示意图

pH 测量的影响因素如下：

1)水样温度对 pH 测量的影响。

采用电位测量法测量水的 pH 值时，由式(4.3-8)可知，其传感器输出电动势大小与溶液的 pH 值成线性关系，但溶液温度也对其输出电动势有一定的影响，因此在对水的 pH 值进行测量时，也需要对其温度进行测量，对 pH 检测结果进行温度补偿。

2)测量电极偏差对 pH 测量的影响。

测量电极由于制造工艺不同，不同的测量电极本身就存在一定的差异，且随着使用、测量电极老化、发生腐蚀，其电极常数也会发生改变，因此在使用时需要对测量电极进行校正，减小检测结果因测量电极造成的误差。

3)pH 传感器高内阻对 pH 测量的影响。

pH 传感器其内阻较高，因此对测量电路的输入阻抗要求也相对较高，经分析可得出，当测量电路的输入阻抗大于 1012Ω 时，pH 传感器内阻对测量结果影响几乎可忽略。

4.3.3.3 溶解氧传感器

现有的溶解氧传感器多种多样，其基本的工作原理都是利用各种器件或仪器测定氧分子在化学、电化学和光化学反应中产生的电学或光学信号，然后将这些信号统一转换为电学信号，再经放大电路处理或模数转换电路，最后将测量结果输出到仪器显示界面，从而实现溶解氧浓度的测量。按照所依据的基本测试原理，现有的溶解氧传感器主要可以分为化学型、电化学型和光学型 3 种。这 3 种不同的溶解氧传感器各有特点，使用时需要考虑具体的检测环境和测试要求加以优选。

4.3.3.4 化学型溶解氧传感器

化学型溶解氧传感器依据碘量法进行溶解氧浓度的测量。碘量法是国际公认的测定水中溶解氧的基准方法，也是我国溶解氧测量的国家标准方法之一(等效于 ISO 5813—1983)。

碘量法测量溶解氧的主要步骤如下：在定量的待测水样中加入适量的氯化锰和碱性碘化钾试剂，两者反应生成的氢氧化锰会被水中氧分子氧化成褐色沉淀，其主要成分为 $MnO(OH)_2$，加 H_2SO_4 酸化后，沉淀溶解。在碘化物存在的情况下，被氧化的锰又被还原为二价，同时析出与溶解氧原子等摩尔数的碘分子。用硫代硫酸钠滴定反应析出的碘，同时，以淀粉指示滴定量，最终实现溶解氧浓度的测定。测试中主要的化学反应过程如下：

$$Mn^{2+} + 2OH^- = Mn(OH)_2 \downarrow$$

$$Mn(OH)_2 + O_2 \rightarrow MnO(OH)_2 \downarrow$$

$$MnO(OH)_2 + 2I^- + 4H^+ = Mn^{2+} + I_2 + H_2O$$

$$I_2 + 2S_2O_3{}^{2-} = 2I^- + 3S_4O_6{}^{2-}$$

由于碘量法是直接建立氧分子与碘之间的当量关系，因此这种检测方法准确度高，并且检测过程不会受温度、气压等环境参数的影响。但该方法缺点也很明显，如滴定操作复杂烦琐，单个样品测试周期长，因此，依据碘量法研制的溶解氧传感器系统虽然测量精确，但是往往结构较复杂，系统体积大，无法实现实时在线监测。

(1)Clark 型溶解氧传感器

Clark 型溶解氧传感器所依据的检测原理是覆膜电极法，该方法是我国规定的溶解氧检测标准方法之一。这种方法使用一种由选择性透气膜覆盖的电化学检测腔进行测量，探头结构通常为一个凹陷的腔体，由选择性透气膜将腔体与外界溶液环境隔离，检测腔内设有工作电极和辅助电极，并由电解液浸没。选择性透气膜可以允许氧分子自由穿越，但会阻断其他分子(如水分子和大分子有机物)或离子。当在工作电极和辅助电极间施加一定的电压时，氧分子在工作电极上被还原，造成透气膜两侧溶解氧存在浓度差，进而使氧分子穿越透气膜进入测试腔，同时，在测量回路中产生正比于穿越透气膜氧分子数目的电流值，最终实现电极外部溶液中溶解氧浓度的测定。图 4-5 为一个典型的 Clark 型溶解氧传感器探头，其中工作电极和辅助电极分别为金电极和银电极。当在两个电极间施加恒定的工作电压时，检测腔内的溶解氧被消耗，进而使外部溶液中的氧分子穿越透气膜并连续扩散到内置电解液中，其中扩散到金电极表面的氧分子继续被还原并产生扩散电流，其大小与扩散到金电极表面的氧分子数目成正比。具体的工作电极(阴极)和辅助电极(阳极)反应过程用化学方程式分别表示为：

$$O_2 + 2H_2O + 4e \rightarrow 4OH^-$$

$$4Ag + 4Cl^- \rightarrow 4AgCl + 4e$$

Clark 型溶解氧传感器结构简单、探头使用寿命较长，能够实现溶解氧的在线监测，可以广泛用于天然水和污水的检测。同时，对于一些色度高的浑浊水样、含铁水样或是能与碘发生反应的水样，由于选择性透气膜能够起到明显的识别和保护作用，此时通常推荐使用此种方法。

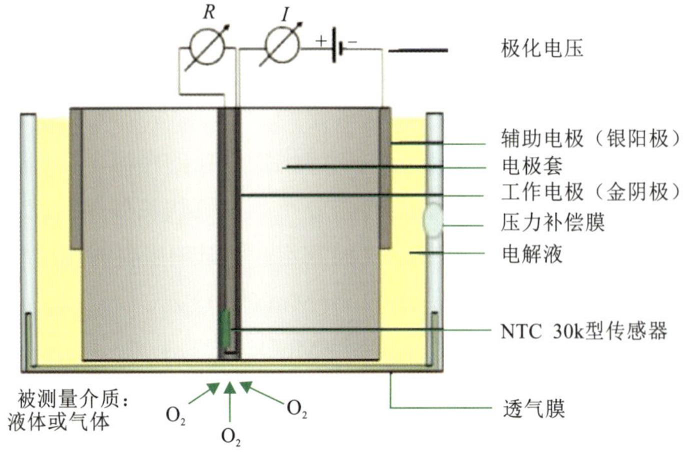

图 4-5 典型的 Clark 型溶解氧传感器探头结构

(2)基于荧光猝灭效应原理的溶解氧传感器

荧光猝灭法基于氧分子对荧光物质的荧光猝灭效应原理。某些荧光物质的原子受激发后，会以发射荧光的形式释放能量并返回基态，而氧分子的存在会干扰荧光激发的过程，因此可以根据敏感界面上产生的荧光强度或荧光寿命来测定水样中氧分子的含量，即氧分子含量越多，荧光寿命越短，对应强度越低。检测过程中荧光物质分子 F 和猝灭分子 Q(氧分子)相互碰撞而引起猝灭的过程，即吸收光子、荧光过程和猝灭过程，可分别表示为：

$$\begin{gathered}\mathrm{F}+h\nu \rightarrow \mathrm{F}^{*} \\ \mathrm{F}^{*} \rightarrow \mathrm{F}+h\nu \\ \mathrm{F}^{*}+\mathrm{Q} \rightarrow \mathrm{F}^{*}+\mathrm{Q}\end{gathered} \tag{4.3-9}$$

式中，F^{*}——处于激发态的荧光物质分子；

$h\nu$——分子吸收的光子能量。

常用的荧光物质包括芘、芘丁酸和荧蒽等多环芳烃化合物。这类荧光物质不会消耗溶解氧，响应速度很快(可低于 50ms)，且较为稳定。此外，为了提高检测灵敏度，钌等金属的络合物也被当作荧光指示剂用于溶解氧的检测。这类金属化合物的荧光强度与溶解氧分压具有浓度对应关系，原子激发态寿命较长，也不会消耗氧分子，自身十分稳定，是理想的荧光敏感指示剂。

由于光纤传感器具有体积小、重量轻、电绝缘性好、安全、抗电磁干扰、灵敏度高和便于利用现有光通信技术组成遥测网络等优点，非常适用于荧光的传输与检测，所以目前所报道的荧光猝灭法溶解氧传感器大多使用光纤传送荧光信号。常见的做法是使用溶胶-凝胶法把钌的络合物覆盖、固定在光纤探头表面，作为荧光指示剂；经氧分子猝灭后的荧光信号通过光纤传送至光电转换器，经信号处理后获取溶解氧浓度值。

基于荧光猝灭原理的溶解氧传感器能够克服碘量法和 Clark 溶氧电极法的不足，具有很强的抗干扰能力及较好的重复性和稳定性，而且可在各种复杂的环境（如外部磁场干扰等）中实现溶解氧的实时在线监测，已成为欧美各国的溶解氧在线监测标准方法。

(3)氧化还原电位

氧化还原电位（ORP）常被用来反映黑臭水体中所有物质表现出来的氧化还原性，当氧化还原电位为正时，说明水质具有氧化性，电位越高说明氧化性越强；当氧化还原电位为负时，说明水质具有还原性，电位越低说明还原性越强。在黑臭水体治理中，ORP 值是一个相当重要的参数，通过 ORP 值来判断治理后河道水质的氧化还原效果。

氧化还原电位的测定原理，指示氧化还原电对 ORP 值的电极常用铂电极（惰性电极），因为其本身不参加氧化还原反应，所以只起传递电子的作用，电极电位等于溶液中 ORP。由于参比电极用氢电极使用不方便，故常用甘汞电极或银-氯化银电极，其相对于标准氢电极的电位可以查表得出。水体的氧化还原电位测量以铂电极为指示电极，银-氯化银电极作参比电极与水样组成原电池，用晶体管毫伏计测定铂电极相对于银-氯化银电极的氧化还原电位，然后再换算成相对于标准氢电极的氧化还原电位。

由 $E_{\text{ind}}=E_{\text{n}}-E_{\text{ref}}$ 可得：

$$E_{\text{n}}=E_{\text{ind}}+E_{\text{ref}} \tag{4.3-10}$$

式中，E_{n}——水样的氧化还原电位；

E_{ind}——测得的氧化还原电位；

E_{ref}——测定温度下银-氯化银电极的电极电位。

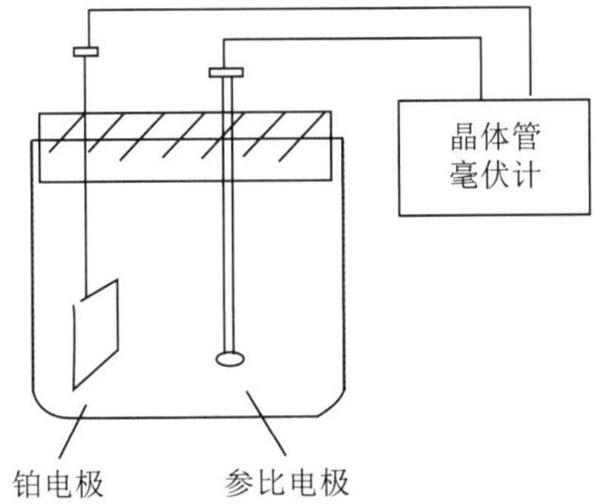

图 4-6　测量装置示意图

4.3.3.5　氨氮

(1)纳氏试剂吸光度法的原理

纳氏试剂吸光度法是测定氨氮浓度最常用也是较权威的方法，其原理是碘化汞和碘化

钾在碱性溶液(纳氏试剂)中与氨反应生成淡红棕色胶态化合物,反应方程式为:

$$2[HgI_4]^{2-}+NH_3+3OH^-=NH_2Hg_2IO\downarrow(\text{红棕色})+7I^-+2H_2O$$

此化合物的颜色在 410～425nm 的波长范围内具有强烈的吸收,该生成物颜色深浅与氨氮浓度成正比,纳氏试剂吸光度法示意图见图 4-7。此方法具有较高的环境适应性,适用于测量地表水、地下水等,是较理想的分析方法,故应用比较广泛。其不足之处在于使用的试剂毒性较大,操作不当会对人体有伤害,测量容易受到水样的色度和浊度的影响,对于此类水质需要做预处理和补偿。

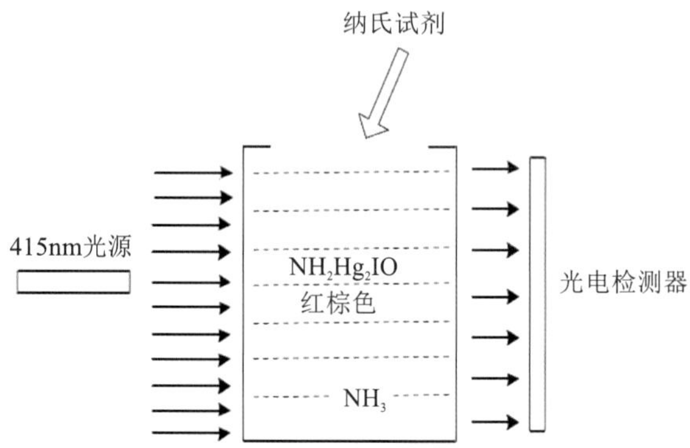

图 4-7　纳氏试剂吸光度法示意图

(2)水杨酸法吸光光度法原理

水杨酸法吸光度法主要利用的是水中的氨氮在碱性环境下,会以铵(NH_4^+)的形式存在,向采样的水中加入次氯酸盐。再加入水杨酸,3 种物质反应生成蓝色化合物——靛酚蓝。靛酚蓝吸光光带长而广,该化合物在 697.5nm 波长光具有最大吸收,可以利用分光光度的方法,计算出氨氮的浓度。水杨酸法吸光光度法示意图见图 4-8。该方法具有步骤简单、灵敏稳定等特点,但对试剂要求较严,准确度不容易把握,人工操作对测量的准确度会有较大影响。仪器维护工作量较大。

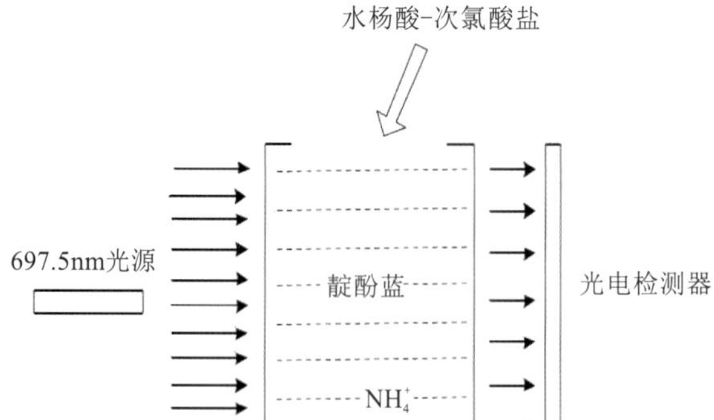

图 4-8　水杨酸法吸光光度法示意图

(3)氨气敏电极法原理

氨气敏电极法原理是水样中的 NH_4^+ 如果在强碱性环境下，如 pH 值在 11～12 时，曝气使 NH_4^+ 转变成 NH_3，生成的 NH_3 由于扩散作用而通过半透膜(水和其他离子不能通过)使 NH_4Cl 电解液膜层内的 $NH_4^+ \rightleftharpoons NH_3 + H^+$ 反应向左移动，氢离子浓度在这个可逆反应条件下发生一定的改变，通过 pH 电极测得氢离子浓度变化。在恒定的离子强度下，测得电动势与水样中的氨氮溶度的对数成一定线性关系，由此可从测得的电位值确定水体中氨氮的含量。

电极法测量具有不受水样的色度和浊度影响，使用试剂少，运行成本小，且通常不需要对水样进行预处理等优点，但该法所用的电极很容易受到水中表面活性剂的污染和干扰，电极的寿命受到很大影响，维护量较大。

此外还有些新的检测方法，如毛细管电泳法、吹脱电导法等，但仅仅限于实验室使用和原理上的验证，并没有进行大量的商业推广和数据支持。还有许多将上述方法进行组合测量的方法，如将滴定法和纳氏试剂吸光度法相结合的方法，但由于测量的条件要求较高，过程复杂，所需的试剂较多，电路的设计也相对复杂，因此没有进行推广使用。

(4)氨离子选择性电极法原理

铵离子选择性电极由工作电极、参比电极、离子选择膜和电解液组成，离子选择性电极法原理见图 4-9。

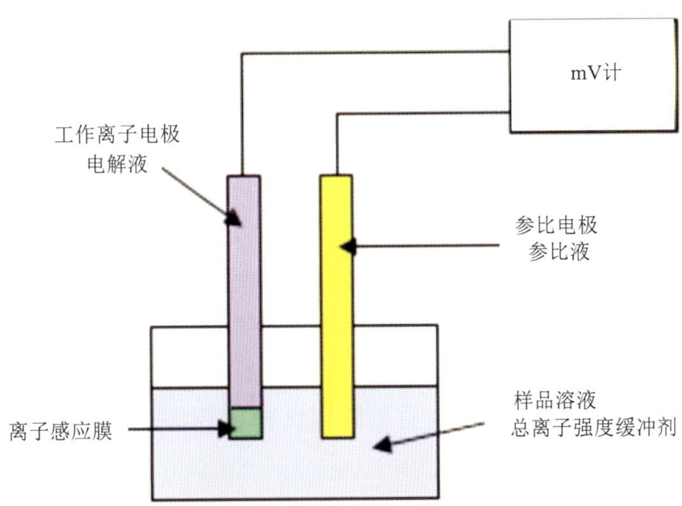

图 4-9　离子选择性电极法原理

只有待测铵离子可以迁移通过离子选择膜，并发生电荷变化，在工作电极上产生电位，参比电极电位恒定不变。氨氮传感器基于能斯特方程，测量工作电极与参比电极之间的电位差并转换成氨氮浓度，基于电位法测量原理，不受色度和浊度的影响。铵离子选择电极前端有离子选择性透过膜，铵离子得以透过膜与电极(pH 电极)和电解液发生电化学反应。为了比较电极发生反应后电势的变化，需要有参比电极，因此使用一根差分 pH 电极作为参比电极。除此以外，钾离子的存在以及温度的变化都会对离子选择电极的测量结果产生影响，因此，还需使用钾离子选择电极测量钾离子浓度、温度电极测量温度，并与铵离子选择电极的测量值进行相互补偿和平衡，才能保证铵离子浓度测量得尽量准确。

4.3.3.6 透明度

透明度计法适用于天然水和轻度污染水，透明度圆盘法（塞氏盘法）适用于地面水的现场测定。

透明度计为长 600±10mm，内径 25±1mm 的无色玻璃筒，刻有 10mm 分度，筒底放一个白色瓷片或白色塑料的标志板。筒与标志板之间放一个胶皮圈，用金属夹固定。距玻璃筒底部 1～2cm 处有一放水侧管。标志板上有黑色的印刷标记（标记高 3.5mm，线宽 0.5mm），或者由仪器提供的测试标记。

使用时将充分混合均匀的水样转移至透明度圆筒，逐渐降低试样高度，直到从上面刚好能清晰地看到印刷和测试标记为止，读取此时的水柱高度。重复进行试验 2～3 次，求出平均值。透明度的结果以水柱高度的厘米数表示，记录精确到 10mm。

透明度盘（赛氏圆盘）由较厚的生青铜制成直径 200mm 的圆盘，在圆盘的一面从中心平分为 4 个部分，以黑白漆相间涂布，正中心开小孔穿一吊绳，下面加一重锤。

使用透明度盘，需在晴天水面平稳时，用吊绳将圆盘放低浸入水中，一直到从上面观察几乎看不见圆盘为止。测量吊绳浸入水中部分的长度，重复数次，求出平均值，即为透明度。记录浸入水中的深度，1m 以内用 cm 表示，结果的记录精确到 10mm；1m 以上深度用 m 表示，结果的记录精确到 0.1m。

4.3.3.7 悬浮物

水质中的悬浮物是指水样通过孔径为 0.45μm 的滤膜，截留在滤膜上并于 103～105℃烘干至恒重的固体物质。在测定时，量取充分混合均匀的试样 100mL 抽吸过滤，使水分全部通过滤膜。再以每次 10mL 蒸馏水连续洗涤 3 次，继续吸滤以除去衡量水分。停止吸滤后，仔细取出载有悬浮物的滤膜放在原恒重的称量瓶里，移入烘箱中于 103～105℃烘干 1h 后移入干燥器，使其冷却到室温，称其重量，反复烘干、冷却、称量，直到两次称量的重量差≤0.4mg 为止。最后用计算出的悬浮物重量除以试样体积即可得到试样中悬浮物的质量浓度。

4.3.3.8 化学需氧量

目前常用的化学需氧量检测方法有两大类：化学检测法和光学紫外吸收法。化学检测法是利用化学反应原理检测化学需氧量浓度，其发展比较成熟，测量结果准确，重复性较好，测量精度较高，但是检测过程比较烦琐。光学紫外吸收法是近几年发展较快的一种检测方法，利用特征有机物在紫外光区 254nm 波长下的吸收程度来表征水体中有机物含量的多少，检测时不需要任何试剂，避免了水体的二次污染，使其更加绿色、环保。下面对常用的化学检测法和光学紫外吸收法做简明扼要的介绍。

(1)化学检测法

我国检测化学需氧量现行的标准方法《水质化学需氧量的测定重铬酸盐法》(GB/T 11914—1989)和《水质高锰酸盐指数的测定》(GB/T 11892—1989)。两者的差别在于测定浓度范围的不同。前者适用于较宽的检测范围 15～1000mg/L,后者的检测浓度较低。显色反应是重铬酸盐法的主要检测原理。将被测样液调整至强酸性环境,用过量的强氧化剂重铬酸钾滴入被测样液,加入硫酸银作为催化剂,加热回流消解,用硫酸汞去除氯离子的干扰,使被测样液中的还原性物质发生氧化还原反应,冷却,加入亚铁灵作为指示剂,将被氧化后的还原性物质用硫酸亚铁铵标准液回滴,滴入剩余的重铬酸钾。被测样液的化学需氧量由消耗重铬酸钾标准溶液的量计算得出。反应方程式如下式:

$$水样氧化：Cr_2O_7^{2-}+14H^{+}+6e \rightarrow 2Cr^{3+}+7H_2O$$

$$滴定：Cr_2O_7^{2-}+14H^{+}+6Fe^{2+} \rightarrow 2Cr^{3+}+7H_2O+6Fe^{3+}$$

国家标准的重铬酸钾氧化法技术较成熟,具有氧化程度高、测量结果准确等优点,测量重复性好。但是其操作需要加热、回流、冷却等过程,操作烦琐,反应所需时间较长,需有大量的水样和试剂消耗,易受氯离子干扰。

常用的改进重铬酸盐分光光度法是根据重铬酸钾与被测水样中的还原性物质发生的氧化还原反应,正六价的铬离子被还原为三价铬离子,利用三价铬离子浓度与六价铬离子浓度在对应波长下的吸光度,得出所对应的化学需氧量浓度。此方法省去了滴定的步骤,十分利于自动化。

(2)光学紫外吸收法

光学紫外吸收法是水体中有机物对光的吸收强度来确定化学需氧量值的方法,是通过检测被测液样对特定波长(一般为紫外光区的 254nm 波长)的吸光程度并根据 Lambert-Beer 定律原理,计算水样化学需氧量浓度。在一定环境下,对于特定的吸收池,水体中的有机物、无机物还原性物质种类及其吸收系数不变,流过吸收池的光程不变。因此,一定条件下的化学需氧量值,可由其对紫外—可见光的吸收度确定。近年来光学紫外吸收法在欧美、日本得到广泛的应用,其测量时间短,无需进行化学处理,避免废液的二次污染。

4.3.3.9　总磷

过硫酸钾作氧化分解剂,将聚磷酸盐和有机膦化物转化为正磷酸盐。在酸性介质中,正磷酸盐与钼酸铵反应,在锑盐存在下生成黄色的磷钼盐锑络合物。抗坏血酸将磷钼盐锑铬合物还原生成蓝色磷钼蓝,于 700nm 最大吸收波长处用分光光度法测定。

4.3.3.10　总氮

在 125℃下,碱性过硫酸钾溶液使水样中含氮化合物的氮转化为硝酸盐,总氮的检测可以采用光学法,利用紫外分光光度计测定波长 220nm 和 275nm 波的吸收情况,推估总氮浓度。分别测定吸光度 $A220$ 和 $A275$，按公式 $A=A220-2A275$ 计算校正吸光度 A，总氮(以 N 计)含量与校正吸光度 A 成正比。

4.3.3.11 自动在线监测

指标温度、pH 值、色度、浊度、电导率、溶解氧等通过光电等传感器检测的指标可以简单集成，实现自动化在线监测，而重铬酸钾指数、高锰酸钾指数、氨氮、总磷、总氮、重金属离子等指标的检测则需要通过化学检测法根据水质的检测原理，通过在线监测仪器自动完成取样、消解、比色、计算、清洗等步骤，实现水体污染指标含量在线准确、稳定的监测。典型水质监测指标的工作原理如下所述，液路原理示意图见图 4-10。

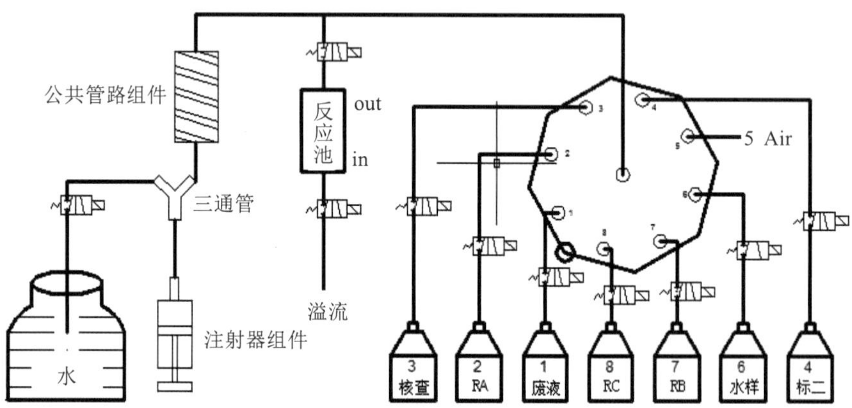

图 4-10 液路原理示意图

完整的水质在线分析仪包括电源组件、预处理组件、精密泵(一般为精密注射泵或蠕动泵)组件、多通阀组件、消解池组件、硬件电路组件、试剂盒组件等，各组件均模块化，易于查找故障原因和修理更换，精密泵采用微量级设计，试剂消耗小，一套试剂至少可使用 30 天。

第 5 章　监测数据采集、管理和应用

数据的监测除了直接用于特定问题分析，还可以作为网络传输的开端，成为组成涉水行业信息化平台的一个底层基础。因此，本章主要讨论第 2～4 章所述，通过监测获取的数据如何进行采集传输和存储，同时结合实际项目案例经验讨论数据可做怎样的应用分析。

5.1　数据采集、传输和存储

5.1.1　数据采集

数据动态监测采集技术作为智慧水务技术库的基础，是指以建立指标科学、实时在线、因地制宜，分层级、分功能、可追溯、可监管的综合一体化监测网络为原则，充分利用监测感知设备，将采集到的各类水务信号解析、转换为可用的信息并储存后，根据不同的业务需求，利用无线传输等技术将相关的水务信号传输到对应部门，再由部门决策人员做出决策。实时的监测指标可根据不同的业务需求进行调整，常规监测指标包括雨量监测、液位监测、流量监测、水质监测、泵站运行工况、(污)水厂运行工况等；监测对象包括水库大坝、泵站、闸站、管网重要节点、水厂、重点排水户、截流井、入河排放口、污水处理厂、河道等。在实时动态监测数据的应用上，应根据区域实际情况，因地制宜地制定布点方案，选定监测指标进行实时在线监测，对各类监测设备的历史监测数据进行同比环比分析、趋势分析等，多方位了解监测数据的变化规律，再与模型结合进行分析评估，科学合理地分析异常情况，并可视化地展示对异常情况的目标标记与异常数据的记录，便于发现问题及时整改，也可为应急事件提供科学调度的数据依据。

数据采集主要通过各种类型的传感器对自然环境信息的获取来实现，由各种传感器以及传感器网关构成，包括水位传感器、流量传感器、水质传感器、气象传感器、摄像头、遥测终端等感知终端。数据采集的作用相当于人的眼耳鼻喉和皮肤等神经末梢，主要实现自然环境的信息采集、捕获和识别，这些信息包括物体本身固有属性、实时状态、环境特征等参数。传感和识别技术是感知物理世界获取信息和实现物体控制的首要环节。

作为摄取信息的关键器件，传感器是现代信息系统和各种装备不可缺少的信息采集手段。数据采集由智能传感节点和接入网关组成，智能节点感知信息(水量、水质、气象、图像等)自行组网传递到上层网关接入点，由网关将收集到的感应信息通过网络层提交到后台处

理。由于水务监测通常处于自然环境中，传感器要长期经受恶劣环境的考验，因此水务行业对传感器技术提出了更高的要求。

数据采集的基础是海量的多种类型的传感器，每个传感器都是一个信息源，传感器将物理世界中的物理量、化学量、生物量转化成可供处理的数字信号。不同类别的传感器所捕获的信息内容和信息格式不同。传感器获得的数据具有实时性，按一定的频率周期地采集环境信息，不断更新数据。识别技术实现对物联网中物体标识和位置信息的获取。例如，安装在设备上的 RFID 标签和用来识别 RFID 信息的扫描仪、感应器属于物联网的感知层。

数据采集能够通过传感器实时、动态地对物理对象的信息进行获取，通过感知挖掘获得自然环境的变化规律与个体间的联系，通过感知水务环境，为城市空间环境信息的应用提供基础。平台提供感知设备的接入接口，通过这些接口，将感知网络中接收到的各种信息（包括雨量监测、水位监测、水质监测、视频监控等）与相关感知设备建立对应关系后，再借助不同种类的接口协议接收数据，接收数据进行对接后传输到相关处理模块。采集系统是物联网技术的核心，也是信息采集的关键部分。在水务作业中，通过各类传感器、RFID 标签和读写器等识别物体采集信息，利用在线远程监测设施设备，实时感知城市受纳水体、管网、设施设备的运行状态后，再通过水务物联网平台将感知数据接入整合并且展示出来。

利用物联网平台对设施设备进行管理，通过远程监控、参数调整以及信息展示等功能可保证信息传递的有效性，同时可实时提供网关和应用状态的监控，为预先处理故障提供支撑。结合 WebGIS 技术进行交互和展示，方便用户直观地获取设备状态信息，有利于设备的维护管理，提高排除、解决故障的效率，有效地节省劳动力。

5.1.2 数据传输

物联网是一种建立在互联网上的泛在网络。物联网技术的核心仍旧是互联网，通过各种有线和无线网络与互联网融合，将物体的信息实时准确地传递出去。在物联网上的传感器定时采集的信息需要通过网络进行传输，由于其数量极其庞大，因此在传输过程中，为了保障数据的正确性和及时性，必须适应各种异构网络和协议。

现有各种通信网针对各自的客户目标而设计，形成了目前多种异构网络并存的局面。水务网络中有多种设备需要接入，因此必须是异构、泛在的。由于物体可能是移动的，因此网络层必须具有移动性，从而实现无缝透明的接入。

网络传输在现有互联网和移动通信网的基础上，由各种私有网络、互联网、有线和无线通信网、网络管理系统等组成，相当于人的神经中枢系统，负责传递和处理感知层获取的信息。网络传输根据数据采集的业务特征优化网络特性，实现数据采集与业务应用之间信息的传递、路由和控制，实现物与物、物与人、人与人之间的直接通信。网络传输包括接入网和核心网。接入网为传感器终端提供网络接入、移动性管理等功能，包括移动互联网、有线网、Wi-Fi、WiMAX 等各种无线接入技术。接入网的异构性使得如何为传感器提供移动性管理以保证异构网络间节点漫游和服务的无缝移动成为研究的重点。核心网是基于接口的统一、高性能、可扩展的网络，支持异构接入以及终端的移动性。核心网将会在很大程度上基于已有的电信网和互联网，网络传输将是信息的数据传输支撑通道。

网络传输采用分层设计方法，按照信息的传输过程将网络的整体功能分解为一个个的功能层，不同机器上的同等功能层之间采用相同的协议，同一机器上的相邻功能层之间通过接口进行信息传递。

1977 年，国际标准化组织为适应网络标准化发展的需求，制定了开放式系统互联通信参考模型(OSI/RM)，从而形成了网络架构的国际标准。OSI/RM 构造的由下到上的 7 层模型分别是物理层、数据链路层、网络层、传输层、会话层、表示层和应用层。

(1)物理层

物理层的主要功能是透明地完成相邻节点之间原始比特流的传输。其中“透明”是指物理层并不需要关心比特代表的具体含义，而要考虑的是如何发送“0”和“1”，以及接收端如何识别。物理层在传输介质基础上作为系统和通信介质的接口，为数据链路层提供服务。

(2)数据链路层

数据链路层负责在两个相邻节点之间的线路上无差错地传送以帧为单位的数据，通过流量控制和差错控制，将原始不可靠的物理层连接变成无差错的数据通道，并解决多用户竞争问题，使之在网络层显现一条可靠的链路。

(3)网络层

网络层是通信子网的最高层，其主要任务是在数据链路层服务的基础上，实现整个通信子网内的连接，并通过网络连接交换网络服务数据单元。网络层主要解决数据传输单元分组在通信子网中的路由选择、拥塞控制和多个网络互联的问题。网络层建立网络连接，为传输层提供服务。

(4)传输层

传输层既是负责数据通信的最高层，又是面向网络通信的低三层(物理层、数据链路层和网络层)和面向信息处理的高三层(会话层、表示层和应用层)之间的中间层，是资源子网和通信子网的桥梁，其主要任务是为两台计算机的通信提供可靠的端到端的数据传输服务。传输层反映并扩展了网络层子系统的服务功能，并通过传输层地址为高层提供传输数据的通信端口，使系统之间高层资源的共享不必考虑数据通信方面的问题。

(5)会话层

会话层利用传输层提供的端到端数据传输服务，具体实施服务请求者与服务提供者之间的通信、组织和同步它们的会话活动，并管理它们的数据交换过程。会话层提供服务通常需要经过建立连接、数据传输和释放连接 3 个阶段。会话层是最薄的一层，常被省略。

(6)表示层

表示层处理的是用户信息的表示问题。端用户(应用进程)之间传送的数据包含语义和语法两个方面。语义是数据的内容及其含义，由应用层负责处理；语法与数据表示形式，如数据的格式、编码和压缩等有关。表示层主要进行应用实体面向交换的信息，如用户数据的结构和在传输时的比特流（或字节流）的表示。这样，即使每个应用系统有各自的信息表示法，但被交换的信息类型和数值仍能用一种共同的方法来描述。

（7）应用层

应用层是直接面向用户的一层，是计算机网络与最终用户之间的界面。在实际应用中，通常把会话层和表示层归入到应用层，使 OSI/RM 成为一个简化的五层模型。

网络传输通过各种近距离通信技术、2G/3G/4G/5G 通信技术、NGN 技术、卫星通信技术、异构网融合技术、自适应网络传输技术等多种通信技术实现感知数据上传。包括蓝牙无线网络技术，该技术属于无线数据与语音通信的开放性全球规范，通过低带宽电波实现点对单/多点的低成本、短距离连接；ZigBee 技术是一种基于 IEEE802.15.4 的低功耗、低传输速率、架构简单的短距离无线通信技术；Wi-Fi 技术是基于美国电子和电气工程师协会 IEEE802.11 网络规范，现阶段主要使用的标准有 IEEE802.11a 和 IEEE802.11b，其主要特性为速度快、可靠性高；WiMAX 技术，即“全球微波互联接入技术”，其属于城域网（MAN）技术，可以为高速数据应用提供更出色的移动性；WAPI（无线局域网鉴别与保密基础结构）是我国自主研发，拥有自主知识产权的无线局域网安全接入技术标准。WAPI 是针对 IEEE802.11 中 WEP 协议安全问题提出的，主要特点是采用基于公钥密码体系的证书机制，真正实现了移动终端（MT）与无线接入点（AP）间双向鉴别。WAPI 同时也是我国无线局域网强制性标准中的安全机制。WLAN 像红外线、蓝牙等协议一样，是无线传输协议的一种；GPRS 技术，即通用无线分组业务是一种基于全球手机系统 GSM 的无线分组交换技术，按照统计复用的方式提供端到端的、广域的无线 IP 连接。

5.1.3 数据存储

企业信息化是企业应用信息技术（包括先进的计算机、通信、互联网和软件等技术和产品），使企业的生产、经营、管理等各个层次、各个环节和各个方面的水平得以提高，可以不断提高企业的决策力和竞争力。企业信息化建设的思路伴随企业现代化改造与市场环境需求日趋完善，不间断的信息化投入使许多企业拥有了一定数量、不同目标的信息系统。受各种各样的原因，企业内部各信息系统之间，以及企业与外部各信息系统之间存在许多不相适应的地方，形成了一个个“信息孤岛”。为了打破信息割据，提高信息系统的运行效率，企业必须对信息系统加以整合。

很多信息系统建成以后都在自己的领域内独立运转，形成了众多的“信息孤岛”。水务相关企业的信息系统建设集中在生产自动化、营业收费和行政管理信息化上。面对一个个相对独立的企业信息分系统，企业信息系统不能有效管理企业零散信息，不能使信息系统间协同工作，不能综合利用企业的数据资源，不能有效组织信息资源，诸如此类的问题，在水务企业信息化建设中屡见不鲜。因此，数据存储首先要解决多个系统的信息互通和信息系统使用效率问题。

5.1.3.1 水务数据中心

水务数据中心不仅要完成基础数据的标准建立、业务数据的交换，而且要完成数据的综合查询、信息分析、信息输出等功能。

(1)基础数据

基础数据供所有系统统一使用。基础数据的新增、修改、删除等工作由具有相应权限的系统来统一进行。

(2)数据交换

数据中心共享平台能满足目前和将来业务发展的需求，它包括数据/应用整合系统和业务流程管理系统，其中数据/应用整合系统将各种应用进行数据整合和信息共享；业务流程系统提供各种业务流程模型的实现和整合，帮助提高整体的工作效率，提高自身的竞争力。数据中心共享平台可以在各个系统之间定时轮询，实时展示数据流程，通过 web services 机制同时集成各系统之间的数据共享。

(3)数据综合查询

数据中心共享平台的数据综合查询系统不仅可以用于数据信息查询，而且可以对查询结果进行数据维护与确认、数据转储，实现单条件查询、多条件查询，以及模糊查询(匹配查询)，并可对查询结果排序。数据综合查询系统建立了灵活的数据备份机制，可以对各种查询条件结果进行备份。

(4)数据类型和用途

按照其类型和用途，现有的与水务有关的数据可分为以下四类：

1)现状数据。

现状数据主要包括水资源现状数据、基础地形数据和一定数量的卫星影像数据。水资源现状数据为对水资源普查成果，包括河道现状、水资源现状、水环境现状和水利工程现状等；基础地形数据为测绘院提供的多比例尺地形图资料；卫星影像数据覆盖了一定区域的所有地理信息。

2)规划数据。

规划数据主要包括水功能区划数据、河道蓝线编制图、水务总体规划报告、行政区域总体规划报告、各区域的相关详细规划数据。

3)项目数据。

项目数据是与项目相关的合同文本、项目管理以及项目成果报告等数据，主要为 Office 文档格式。

4)辅助数据。

辅助数据主要为行业法规以及相关的标准等,如部、局颁发的文件,专业规划的行业批复,相关的行业政策、法规和标准等信息。

5.1.3.2 水务行业内信息化难点

现有规划业务所涉及的数据在格式和来源上表现为多源性的特征,反映出水务行业内信息化标准薄弱的现状。

(1)信息多源

这里的“多源”并非信息采集方面的多源,而是从具体规划业务收集以及水务系统内部所能提供的数据来说的,数据的多样性造成了数据精度不同、坐标及高程系统不统一等问题,同时导致数据量比较大,真正用于规划参考的信息不多。

(2)格式多元

现有数据格式主要为①CAD格式,为常用的图形表达格式,几何要素比较齐全,但属性信息欠缺,主要使用地图图层和注记表达属性,但图层定义五花八门,缺乏统一的规定。②ArcGIS数据格式,主要有 Shape、Coverage 格式,由水资源普查和水功能区划提供。③MapInfo数据格式,将图形和属性一起管理,并内置关系数据库,实现了与数据库的自动连接和双向查询。该格式数据由部分区县的水资源普查资料提供,同时也是部分规划成果表现的通用工具。④JPEG彩像格式,为常用图像存储格式,蓝线划示的扫描图、现场照片等大多数采用此格式。⑤ECW格式,在压缩处理尺寸大、分辨率高、数据量庞大的遥感图像方面具有得天独厚的优势,为卫星图片处理后的格式。⑥其他格式,主要为 office 格式文件、数据库格式文件等。

为了有序地组织多维度、包含复杂业务和空间关系的水务数据,在建设水务数据资源体系的过程中,基于面向对象的思想进行水务数据的组织管理,使系统可以更好地对各种复杂业务和空间关系的查询、统计操作提供支持。水务资源架构的基础是对各种水务对象统计、分类、抽象后形成的水务对象类描述。对象类的组成包含对象的属性、关系及处理对象的方法。受系统复杂度和工作量限制,在资源体系建设的第一阶段,水务对象类的组成只包括对象的属性及关系;面向对象方法具有可构造性,因此处理对象方法的集成工作可以在后续工作中分步实施。

对象的属性类似关系型数据模型的表与字段,可以和现有成熟的关系型数据库管理系统及信息化建设积累下来的海量历史数据实现良好的兼容。在水务对象分类的基础上,具体的水务数据以水务对象类的实例形式,采用数据表的形式在关系数据库中进行存储。对象类与对象之间利用对象类映射表,实现面向对象方法的数据管理与组织水务管理和在应用过程中涉及的各种数据间存在着相关性,这种相关性产生的水务数据关联在数据资源体系建设中尤为重要。传统的基于关系型数据库的数据管理系统,侧重对象具体属性值的存储管理，在关系处理上，简单依赖于数据库系统的检索功能，导致在各种管理、统计应用中，数据系统的支持效率低下。为了加强对业务的支撑，提高复杂的多维数据之间的组织，将不同对象类之间的关系抽象后，形成对象关系类，对象关系类以继承的方式包含在不同的对象中，可以理解为一种特殊的关系属性数据。

在数据资源系统的具体实现过程中，根据实际需要，应将工作重点放在数据之间的业务关系和空间关系上。其中，业务关系是指对象类之间在不同的业务应用，如管理、工程、取水、供水、流入、流出等中发生的各种关系；空间关系是指水务对象实体之间存在的一些具有空间特性的关系，包括距离、方向、拓扑等关系，空间关系是空间数据组织查询分析推理的基础。目前，对空间关系的定义没有统一标准，常采用的空间关系包括相交、相接、重叠、包含、穿越等，不同的系统常根据系统应用的需求自行设定。

5.2 数据处理和分析

5.2.1 海绵城市监测数据处理和分析

海绵城市建设有利于改善城市生态环境质量，提升城市防灾减灾能力，扩大优质生态产品供给，增强群众获得感和幸福感。为科学、有效地进行海绵城市建设效果评估，通过对海绵城市建设区域实际建设情况的总结和参考中华人民共和国住房和城乡建设部相关文件要求的规定，特制定以下海绵城市监测评价指标及方法。海绵监测数据处理和分析的目的及原则如下。

(1)能够全面评价海绵城市建设成果

为评价海绵城市建设对环境状况改善所起的作用，需要对海绵城市建设过程中的各项指标进行科学的监测，全面评价海绵城市建设对城市带来的影响。

(2)能够积累海绵城市技术措施相关技术数据

海绵城市建设技术要求高。在海绵城市建设过程中，对雨水花园、透水铺装、植草浅沟等典型海绵设施进行监测跟踪，积累数据，形成技术规范，以对同类城市提供经验和指导。

(3)能够满足部级海绵城市绩效评价与考核要求

根据住房和城乡建设部印发的《海绵城市建设绩效评价与考核办法(试行)》，建设期结束后，住房和城乡建设部对海绵城市建设绩效评价与考核情况进行抽查，省级住房城乡建设主管部门负责具体实施地区海绵城市建设绩效评价与考核。因此，在海绵城市建设过程中，应做好数据监测及资料收集，以满足各级海绵城市绩效评价与考核要求。

5.2.2 降雨量数据分析

国家气象部门规定的降雨量标准见表 5-1，可用来进行降雨规律分析。

表 5-1　　降雨量划分标准　　(单位:mm)

降雨类型	24h 降雨量	12h 降雨量
小雨	小于 10.0	小于 5.0
中雨	10.0～24.9	5.0～14.9
大雨	25.0～49.9	15.0～29.9
暴雨	50.0～99.9	30.0～69.9
大暴雨	100.0～249.0	70.0～139.9
特大暴雨	250.0 以上	140.0 以上

5.2.2.1　雨量站选取原则

在数据分析过程中,对于建成区范围内部分未安装雨量监测设备的站点(或雨量数据缺失、数据不可用的站点),选取对应雨量站点数据进行分析,原则如下:

1)总排口监测点位。

如果对应排水分区内有雨量站点,那么选取该雨量站点与其监测数据匹配,进行数据分析;如果对应排水分区内无雨量站点,那么选取与该排水分区中心距离最近的雨量站点,与其进行匹配。

2)地块排口监测点位。

选取所处排水分区对应的雨量站点数据,进行匹配。

3)海绵设施。

选取所处地块对应的雨量站点数据,进行匹配。

5.2.2.2　雨量数据选取原则

由于试点区范围较广,各个雨量站管辖范围不一样,结合降雨规律分析,在进行典型场次降雨选择时不能一概而论,需要根据各个雨量站点监测到的实际数据情况来进行选择,选取原则如下:

1)当天日降雨量≥2mm。

2)选取相对独立场次降雨,相对独立的条件为前三天后一天无降雨产生,满足条件则选取该场次降雨进行数据分析。

3)如无相对独立场次降雨,则选取降雨量接近设计降雨量的场次降雨进行分析,并尽量保证场次降雨受前后连续降雨的影响程度最小。

4)如果场次降雨的降雨历时跨越日降雨量的统计时间点(每日 8:00 统计日降水量),如从 4:00 开始产生连续降雨至 12:00 结束,并且该场次降雨符合上述原则,则也可以选取该场次降雨进行分析。

5.2.3　雨水总排放口数据分析

雨水总排放口通过全自动在线设备获取监测数据后,需要根据监测数据进行其海绵城市建设效果评估，评估指标为径流总量控制率和径流污染去除率。

5.2.3.1 径流总量控制率

通过雨水总排口监测的实时流量数据，可计算得到该排口相对应的排水分区的实际径流控制率。径流总量控制率可以细分为单场降雨事件径流总量控制率和年径流总量控制率。

(1)单场降雨事件径流总量控制率(ε)

$$\varepsilon=\left(1-\frac{\sum_{0}^{t}q_{\text{out}}\Delta t}{mH}\right)\times 100\% \tag{5.2-1}$$

式中，q_{out}——出口处的流量，m^3/min；

Δt——监测时间间隔，min；

t——典型降雨事件的持续时间，min；

m——排水分区汇水面积，m^2；

H——降雨量，mm。

(2)年径流总量控制率(ε_y)

$$\varepsilon_y=\left(1-\frac{\sum_{0}^{T}q_{\text{out}}\Delta t}{mH}\right)\times 100\% \tag{5.2-2}$$

式中，q_{out}——出口处的流量，m^3/min；

Δt——监测时间间隔，min；

T——年降雨事件的持续时间，min；

m——排水分区汇水面积，m^2；

H——降雨量，mm。

5.2.3.2 径流污染去除率

对排水或汇水分区可采用模型模拟法和实测计算法进行评价。

(1)模型模拟法

模拟计算排水或汇水分区的雨水年径流总量控制率是否达到规定要求。模型应具有地面产汇流、管道汇流、源头减排设施等模拟功能。模型建模要求具有源头减排设施参数、管网拓扑、下垫面、地形，以及至少近 10 年的步长 1min 或 5min 的连续降雨监测数据。

模型参数的率定与验证，应选择至少 1 个典型的排水或汇水分区，在市政管网某一个总排水口及上游关键的管网节点处设置流量计，与分区内的监测项目同步进行连续自动监测，获取至少 1 年的时间—流量序列监测数据。模型参数率定与验证的纳什(Nash-Sutcliffe)效率系数不得小于 0.5。

(2)实测计算法

实测计算法通过计算源头污染负荷与外排污染负荷来得到径流污染去除率。

1)源头污染负荷。

排水分区和地块项目难以获得径流源头水质,因此需要实测屋顶、道路、绿地等类型的径流水质,计算不同下垫面污染物输出系数,同时借助 GIS 等软件提取不同下垫面面积,计算地块或排水分区上的源头污染负荷。

$$W_{in}=m\times f \tag{5.2-3}$$

式中,W_{in}——源头污染负荷,mg;

m——不同下垫面面积,m^2;

f——不同类型下垫面污染物输出系数,mg/m^2。

2)外排污染负荷。

对于排水分区和地块项目,目前已经在雨水总排放口布设了流量计和悬浮物分析仪,通过实时监测的流量和水质数据,可以计算得到外排污染负荷。

$$W_{out}=\sum\nolimits_0^t q\times c \tag{5.2-4}$$

式中,W_{out}——外排污染负荷,mg;

q——外排口流量,m^3/h;

c——外排口污染物浓度,mg/L;

t——时间,min。

3)径流污染去除率。

径流污染去除率可以细分为单场降雨事件削减率与年污染负荷削减率。

①单场降雨事件削减率(R_E)。

$$R_E=\left(1-\frac{W_{out}}{W_{in}}\right)\times 100\% \tag{5.2-5}$$

②年污染负荷削减率(R_Y)。

$$R_Y=\left(1-\sum\nolimits_1^n\frac{W_{out}}{W_{in}}\right)\times 100\% \tag{5.2-6}$$

式中,n——年有效监测降雨场次。

5.2.4 地块项目数据分析

地块示范项目通过全自动在线设备获取监测数据后,需要根据监测数据进行其海绵城市建设效果评估,评估指标为径流总量控制率和径流污染去除率,相关分析过程如前文所述。

5.2.5 典型海绵设施数据分析

根据试点区典型地块示范项目布置的设施情况,对相应单体设施的效果情况进行监测,主要的海绵设施包括透水铺装、下凹绿地、雨水花园、生物滞留带、高位花坛、植草沟、雨水湿地、雨水蓄水设施。不同单体设施的效果主要通过雨水设施出水口溢流流量、液位和悬浮物浓度的监测结果来体现，主要监测指标有年径流总量控制率、年径流悬浮物污染削减率和雨水资源利用率。

研究人员通过典型海绵设施全方位、全周期地监测，得到水流量、悬浮物水质浓度，评估相关指标的达标情况，为后期设施考核、设施设计提供基础参数，并检验设施相关指标的控制效果。

5.2.6 内涝监测点数据分析

参考住房和城乡建设部发布的《海绵城市建设评价标准(征求意见稿)》的相关要求，制定海绵城市水安全中关于内涝防治的评价方法。

5.2.6.1 路面积水控制评价

采用摄像资料查阅与现场观测相结合的方法进行评价。根据《室外排水设计规范》(GB 50014—2006)的规定，雨水排水设计重现期下，非机动车道、人行道、建筑小区内部道路不得有积水现象。

5.2.6.2 内涝防治评价

采用模型模拟的方法进行评价。模型应具有地面产汇流、管道汇流、地表漫流、河湖水系等模拟功能。模型建模要求具有管网拓扑、下垫面、地形，以及历史积水点的积水监测数据和排水防涝重现期下的雨型数据。

运用相关模型模拟计算积水范围、积水深度、积水时间，根据表5-2进行海绵城市建设试点区的易涝点以及排水防涝能力评估。

表5-2　海绵城市建设试点区内涝风险等级划分

内涝风险等级	城中片区		其他区域	
	积水深度 H/m	积水时间 T/min	积水深度 H/m	积水时间 T/min
低	$0.15<H\leqslant 0.30$	$T>30$	$0.15<H\leqslant 0.30$	$T>60$
中	$0.30<H\leqslant 0.50$	$T>30$	$0.30<H\leqslant 0.50$	$T>60$
高	$H>0.50$	$T>30$	$H>0.50$	$T>60$

第 6 章　海绵城市模型应用

自 2015 年我国大规模开展海绵城市建设以来，众多城市都相继开展海绵城市建设，而如何评估海绵城市建设的成效，2015 年 7 月住房和城乡建设部颁发的《海绵城市建设绩效评价与考核办法（试行）》中明确表明监测、模型重要性。2021—2022 年，我国又相继推出了全域海绵城市示范城市的建设工作，同步发布了一系列政策文件，再一次明确模型在海绵城市规划和效果评估环节的重要性。

在模型搭建和效果评估过程中，如何把控模型建设过程参数，如何保障监测数据的准确性及科学性，如何将监测与模型融合保障模型的准确性，确保评估结果的合理性也是各个城市面临的难点。本章主要结合现阶段模型行业的技术发展和应用领域，借助实际项目案例，对模型在海绵城市建设中的应用进行深入探究。

6.1　海绵城市设计、建设及评价与模型的关系

6.1.1　海绵城市建设内容

广义的海绵城市建设内容涵盖城市的水资源、水安全、水环境、水生态 4 个方面，包含城市低影响开发、雨洪管理及最大日负荷总量（TMDL）分析等，关注城市的水量（入渗、储蓄、地下水补给、防涝）、水质（面源污染、河川及湖泊水体的保护）及水生态（河道保护、河川生物体系修复、滨河带保护）的各种问题。

6.1.2　模型的用途及重要性

海绵城市建设研究使用水文、水动力及水质模型，模拟汇水区降雨—径流过程、地下水流动、河川及湖泊水体水动力及各种污染物的传输移动。这些水动力及水质模拟，无法仅采用一个模型来达成，要以 4 个模型（HSPF、SWMM、HEC-RAS 及 EFDC）耦合来进行上游汇水区至下游水体水文、水动力及水质的模拟。

每个模型必须经过参数率定及验证过程，模型输出结果需与监测的水文、水力、水质数据比对，到达某一种吻合程度以上，模型才能正确地代表实际情况。之后，可以利用模型进行预测、评价、规则、设计等用途[54]，辅助海绵城市建设的各项工作。

6.1.3 模型分类

水环境模型可根据不同的标准进行分类(图 6-1)。如按水文、水动力、水质、水生态等问题分析对象来分类,有些模型可以同时执行水文、水质模拟(如 HSPF、SWMM),有些模型可以执行水动力、水质模拟(如 EFDC、HEC-RAS),而有些模型只能执行水质模拟(如 WASP)。

模型也可依空间尺度而分类,如低影响开发设施模型(包括 HydroCAD、MIDS calculator 等)、小区地块模型(如 SWMM)、汇水区模型(如 SWMM、HSPF)、城市或流域尺度模型,包括数个汇水区、流入河川或湖泊等承受水体。单一模型无法执行整个大区域的水动力、水质模拟,必须有 HSPF、SWMM、EFDC 或 HEC-RAS 的耦合。

模型也可按复杂程度分为经验模型、观念模型、物理机理模型,也可分为稳流模型、非稳流模型,或分为确定性模型、随机模型。

模型经过检定、验证,确认其正确性后,可以用于海绵城市建设规划、设计、建设、管理、维养及抢险等用途(图 6-1)。若能结合优化方法(如遗传算法)或人工智能方法(如类神经网络法),则对规划、实时控制(RTC)将更有帮助,也能发挥模型的最大用处[55,56]。

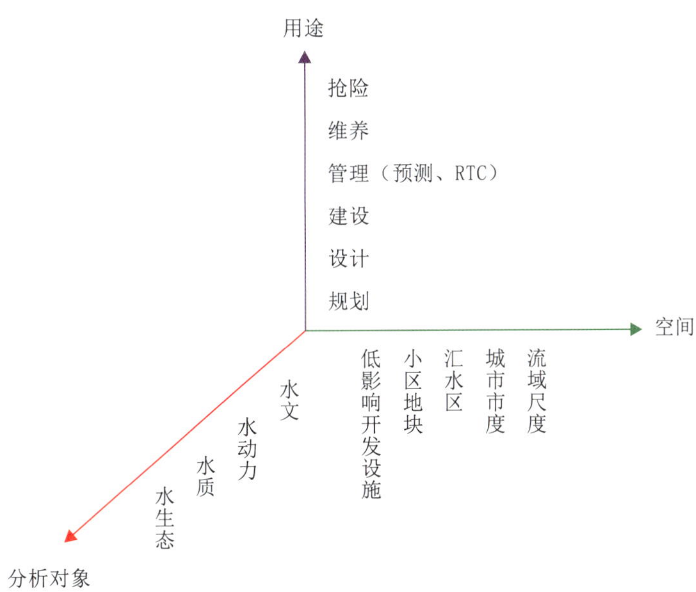

图 6-1　水环境模型的分类

6.1.4 水文、水力及水质模型的种类

水文、水力及水质模型可以分为以下 3 个种类。

(1)经验模型

经验模型又叫作黑盒子模型。通常建立在资料的基础上,如一些统计模型、时间序列模型属于此类模型，近年来常见的人工类神经网络模型也是此类模型。

(2)观念模型

观念模型又叫作灰盒子模型，以观念性方法建立汇水区的降雨、入渗、蒸发、径流等现象的关系。观念模型中的参数或系数有区域性，往往需由量测资料配合决定参数值。汇水区的线性水库模型属于观念模型。

(3)物理机制模型

物理机制模型能详细模拟水文过程，是比较理想的水文模型。许多复杂的模型，如SWMM、SWAT、HSPF都是属于此类模型。

水文模型也可以分为集合型及分布型两类[57]。集合型模型视汇水区为一个水文系统，推求其平均特性。假设降雨在整个汇水区空间上均匀分布，所求得的径流(出流)量也是代表汇水区的平均值。许多实用及简单方法，如单位过程线法、TR-55 模型属于此类模型。而分布型模型将汇水区分为许多块汇水区，详细计算各地点的漫地流、渠道流及其他各水文现象，一般以物理机理模型来运算。著名的分布型模型有 SWMM、SWAT、HSPF 等。

另外水文模型也可细分为单场降雨模型及连续模拟模型。对于前者来说，大多数工程师应用于水文设计，针对某一场设计降雨事件计算径流量。单场降雨模型比连续模拟模型简单，所需的输入资料也较少。而连续模拟模型必须考虑不降雨期间的水文状况(如土壤水分、地下水流)的功能，且输入资料(包括降水量、水文参数等)较多，电脑运算时间较长，有时无法满足。SWMM 可进行单场降雨模拟及连续模拟，TR-55 或 SCS 曲线法为单场降雨模型[58]。

连续模拟模型有许多单场降雨模型无法反映的情形。连续模拟模型可反映降雨事件之前的土壤水分、地下水状况，而单场降雨模型则无此功能[有的单场降雨模型有简单的考虑方式，代表不同的降雨前的土壤水分状况(AMC)，如 SCS 曲线法]。

若以模型结果来设计雨洪调节设施，如削减洪峰的干式滞洪池或兼具水质处理的湿式滞留池，连续模拟模型的结果较准确。

6.2 模型的发展概况

广义的海绵城市建设的规划与设计包含了城市水文、水力、水质(面源污染及受纳水体的水质)的模拟与分析[59]。

6.2.1 水文模型

6.2.1.1 水文工程中心-水文模拟系统(HEC-HMS)

HEC-HMS 是降雨—径流模型，由美国陆军工程师团的水文工程中心所发展，其前身为 HEC-1 模型。HEC-HMS 的功能主要是计算汇水区的水文流量历线，属于水文物理机理模型，其输出结果可用于 HEC-RAS（河川水力、水质模型）的计算。

6.2.1.2 技术版本 20 模型（TR-20）

TR-20 是指一单场降雨模型，TR-20 由美国土壤保持局（现为自然资源保育局）于 1964 年开发而来，适用于较大的汇水区，目前已改进为 Win TR-20 3.10 版。

6.2.1.3 技术版本 55 模型（TR-55）

TR-55 也是美国土壤保持局（现为自然资源保育局）于 1905 年开发的，用于小汇水区（小于 25km^2）水文模拟。1988 年改进为 Win TR-55。Win TR-55 为单场降雨模拟模型，可用于都市式农业汇水区。

6.2.2 水力模型

6.2.2.1 水文工程中心-河道分析系统（HEC-RAS）

HEC-RAS 是由美国陆军工程师团水文工程中心所开发的河川水力模型，用于一维稳定流态及一维、二维非稳定流态，最新的版本既可以进行输砂/移动河床的计算，也可以进行水文、水质的模拟。HEC-HMS 的水文、流量输入资料可由 HEC-RAS 提供。

6.2.2.2 水计算机辅助设计（HydroCAD）

HydroCAD 可用于都市水文、水力模拟，通常用于单场降雨的降雨—径流计算，也可模拟调蓄设施的水量、水质。此模型由 HydroCAD 软件公司所发展，使用者需要付费购买。

6.2.2.3 环境流体动力模型（EFDC）

EFDC 可进行多维的水力动力、沉渣污染物、富营养化（藻类）的模拟。此模型原先由弗吉尼亚州海洋科学研究所发展，目前由美国 Tetra Tech. Inc 负责维护，由美国环保局支援。

6.2.2.4 迈克河道模型（MIKE HYDRO River）

MIKE HYDRO River 为丹麦 DHI 改良 MIKE Ⅱ模型的新模型，可进行一维河川的水量、水质模拟，且有预测、水文、输砂的模拟功能。但它是一个付费的商业用模型。

6.2.3 水质模拟模型（WASP）

WASP 是由美国环保局发展的水质模型，可进行各种水体（一维、二维、三维）的水质，包括生化需氧量、溶解氧、藻类（富营养化）、底泥水质、重金属的计算模型。目前 WASP 已改进至 WASP8 的新版本。但 WASP 没有计算水动力学（流量、扩散系数）的功能，往往与其他的水文水动力模型结合，如 EFDC。

6.2.4 面源污染模型

6.2.4.1 视窗版负荷源管理模型（WinSLAMM）

WinSLAMM 是 John Voorhees 及 Robert Pitt 替美国地质调查所（USGS）所发展的面

源污染模型。此模型根据户外观测数据而建立，考虑了草沟、湿式调蓄池、透水铺装、过滤带、存水设施、水利设施、雨水花园/生物过滤池、扫街。WinSLAMM 适用于小汇水区的颗粒性污染物冲刷模拟。

6.2.4.2 土壤和水评价工具(SWAT)

SWAT 是一种物理机理模型，可预测土地使用及管理对水量、水质、泥沙的影响，可用于大型复杂的汇水区，进行长期模拟。此模型由美国农业部农业研究局草地、水土研究实验室开发。

6.2.4.3 较优点源和面源评估工具/水文模拟程序—程序编译器(BASINS/HSPF)

BASINS 与 HSPF 可以进行汇水区的面源污染及 TMDL 计算。这些程式由美国环保局支援。HSPF 是由是 Stanford Watershed Model 演进而来，是一个物理机理的降雨—径流汇水区模型。

6.2.4.4 广义流域加载模型(GWLF)

GWLF 是一个中等复杂程度的面源污染简化模型，是由康奈尔大学 Haith 及 Shoemaker 于 1987 年开发，可增加径流、泥沙量及营养源负荷量模块，还可与 BASINS 结合。目前版本由宾州州立大学改进，称为 MapShed(mapshed. psu. edu)。

6.2.4.5 雨水管理模型(SWMM)

SWMM 是由美国环保局发展的都市水文、水质模型，可以模拟单场降雨或连续式的降雨—径流过程及下水道水力输送。SWMM 的污染物模拟是择取污染累积及雨水冲洗过程。另外 SWMM 可考虑一些低影响开发设施，如透水铺装、雨水花园、绿色屋顶、街道种植箱、雨水罐、入渗沟及植草沟。

6.2.4.6 低影响开发优化模型

城市雨水处理与分析一体化系统(SUSTAIN)是由美国环保局开发，该系统结合了 ArcGIS、EPA 的 SWMM(第五版)及 HSPF 的泥沙运移模块。

以上模型的各种功能的比较见表 6-1、表 6-2，可根据需要，选取适合的模型，应用于实际海绵城市建设的规划、设计。

表 6-1　　模型的类型

模型	降雨—径流计算功能	水文模型	水力模型	水文及水力模型	水质模型
A. 水文模型					
HEC-HMS		√			
TR-20		√			
TR-55	√	√			

续表

模型	降雨—径流计算功能	水文模型	水力模型	水文及水力模型	水质模型
B. 水力模型					
HEC-RAS			√		√
HydroCAD		√	√		
EFDC			√		√
MIKE HYPRO River			√		√
C. 水质模型					
WASP					√
D. 面源污染模型					
WinSLAMM					√
SWAT		√			√
BASINS/HSPF		√			√
GWLF(MapShed)					√
E. SWMM 相关的模型					
EPA SWMM				√	√
PCSWMM				√	√
InfoSWMM				√	√
MIKE URBAN				√	√
XPSWMM				√	√
F. 低影响开发优化模型					
SUSTAIN		√		√	

表 6-2　　雨洪管理及水质模型的比较

模型	输入资料难度	模拟类型	公开性	非稳态流	水质模拟	有 BMP 功能	总磷	总悬浮固体	水体积	附注
A. 水文模型										
HEC-HMS	中	E 或 C	Y			None	N	N		
TR-20	中	E	Y			None	N	N		
TR-55	低	E	Y			None				新版为 Win TR-55

续表

模型	输入资料难度	模拟类型	公开性	非稳态流	水质模拟	有BMP功能	总磷	总悬浮固体	水体积	附注
B. 水力模型										
HEC-RAS	中	E或C	Y	Y	Y	None	Y	N		
Hydro CAD	中	E	N			Y	Y	Y	N	
EFDC	高	C	Y	Y	Y	None	Y	Y		
MIKE HYPRO River	中	C	N	Y	Y	None	Y	Y		旧版为MIKE Ⅱ
C. 水质模型										
WASP	高	E或C	Y	Y	Y	None	Y	Y		
D. 面源污染模型										
Win SLAMM	中	E或C	N		Y(BMP及负荷量)	Y	Y	Y	Y	
SWAT	中/高	E或C	Y	Y	Y(负荷量)	Y	Y	Y	Y	以郊区为主
BASINS/HSPF	高	E或C	Y	Y	Y	Y	Y	Y	Y	或Win HSPF版
GWLF(mapshed)	中	E	Y		Y(负荷量)	Y	Y	Y	Y	
E. SWMM相关的模型										
EPA SWMM	中/高	E或C	Y	Y	Y	Y	Y	Y	Y	
PC-SWMM	中/高	E或C	N	Y	Y	Y	Y	Y	Y	可进行二维淹水模型
Info SWMM	中/高	E或C	N	Y	Y	Y	Y	Y	Y	
MIKE URBAN	中/高	E或C	N	Y	Y	Y	Y	Y	Y	
XPSWMM	中/高	E或C	N	Y	Y	Y	Y	Y	Y	
F. 低影响开发优化模型										
SUSTAIN	中	E或C	Y			Y	Y	Y	Y	

注：①“E”＝单场降雨模拟，“C”＝连续模拟。

②“Y”＝是，“N”＝否，“None”＝没有。

6.3 应用模型的构建过程

6.3.1 本底分析

6.3.1.1 数据需求

以目标水体为出发点，从水域、陆域和空域各层面进行与污染相关的数据收集。污染主要分成点源污染和面源污染，其中，点源污染是指以点状排放的污染来源，包括污水处理厂、工厂、电厂、集中式养殖场等排水户；面源污染是大范围以面状排放至水体的污染，包括城市径流、农田径流、大气沉降、水体底泥释放等。另外，与污染变化相关的各类基础数据也需同步收集（表 6-3）。

表 6-3 数据需求项目情况

属性	需求项目		属性	需求项目	
水域	底泥状况	※	陆域	土地利用/下垫面状况	※
	水文状况	※		市政/排水户排水系统状况	※
	水质状况	※		地形/地质状况	※
	水体地形/断面	※		产业/人口	
	上下游边界	▲		发展规划	
	运行/操作规则	▲	空域	降水	※
	水功能状况（水质目标）	※		气象	▲
	集水范围	※		大气污染状况	▲

注：※为关键数据，▲为次要数据。

以上数据需求，可分两种类型：一是自然观测数据，如水文、水质、降雨、气象等，以近 5～10 年连续记录为主，需要明确数据来源，以及各测站的位置等信息。二是社会类数据，如土地利用、管网、产业、人口、操作规则等，需要明确数据的来源与记录，优先采用最近时间数据。资料需求详细说明见表 6-4。

表 6-4 资料需求详细说明

属性	类型	项目	内容	要求
水域	基础数据	分布	位置、路径、流向、上下游边界、汇水范围	符合现场
		地形	河道断面、水底地形	最新测量值，地形 5m×5m 精度； 断面至少 50m 1 个，变化处增加，水工构筑物前后各增加 2 个，每 2～3m 1 个

续表

属性	类型	项目	内容	要求
水域	基础数据	水工构筑物	闸、堰、坝、泵、涵洞、桥墩等横向或侧向构筑物的位置、尺寸、高程、能力	符合现场
		规划目标	水功能规划、水质目标、防洪防涝标准、最低容许量、最大容许量、正常设计量	最新规划值
	水文资料	水位	上下游边界、水体中段、水体变化处、支流汇流处	近5～10年小时记录
		流量	上下游边界、水体中段、水体变化处、支流汇流处	近5～10年小时记录
	水质资料	水质	上下游边界、水体中段、排口与支流汇流处、污染事件记录	近5年日记录
		底泥	底泥需氧量、底泥释放量、底泥污染物、底泥特征、底泥厚度	最新测量值，至少5个点以上
	运行资料	日常操作	各水工构筑物或设施的操作规则	实际操作值
		洪涝操作	各水工构筑物或设施的操作规则	实际操作值
陆域	基础数据	地形特性	地形高程、土壤性质	最新测量值
		土地状况	土地利用种类和分布，或下垫面种类和分布	最新测量值； 规划值
	排水数据	市政排水	雨水、合流、污水管网和泵站、调蓄池等海绵设施系统的分布、高程、尺寸、能力、操作规则、排水量、排水浓度	最新测量值，近5年10分钟记录
		排水户	性质、排口位置、排水量、排水浓度	最新测量值，近5年日记录
		取水户	取水位置、取水量	最新测量值，近5年日记录
	社经资料	产业人口	人口数、户数、产业形态	最新普查数据
		发展规划	城市总体规划、土地规划	未来规划值
空域	气象资料	气象	气温、风向风速、日照、气压、辐射量、云覆量、蒸发量等	近5～10年日记录
	降水资料	降雨	降雨量	近5～10年小时记录
		降雪	降雪量、积雪深度	近5～10年小时记录
	污染资料	大气污染	空气质量和浓度	近5年日记录

6.3.1.2　基本分析

(1)气象分析

水体水质变化与气象有一定关系，气象虽然不是绝对影响因子，但是掌握气象的大概趋势是必要的。考虑气候变化，以近 5～10 年长期观测数据为主，分析各项气象因子的季节性变化趋势。气象分析说明见表 6-5。气象分析以月平均分析为主，若数据不足，则可以用季平均代替。

表 6-5　　气象分析说明

气象因子	分析内容
气温	月平均/季平均
气压	月平均/季平均
风向、风速	月平均/季平均
蒸发量	月平均/季平均
日照	月平均/季平均
辐射量	月平均/季平均
云覆量	月平均/季平均

(2)降雨分析

降雨量是面源污染入水体的重要因子，需明确降雨量和降雨量分布形态。考虑气候变化，以近 5～10 年长期观测数据为主要分析对象。

降雨量需分析月平均量，亦需进行降雨频率分析。频率分析采用年最大法(极限值法)，统计历年日最大降雨量，分析各重现期的降雨量。重现期包括 1 年一遇、2 年一遇、3 年一遇、5 年一遇、10 年一遇、20 年一遇、30 年一遇、50 年一遇和 100 年一遇等。降雨量分布形态指日降雨量概率分析，日降雨量概率分析是将日降雨量进行排序并统计每种雨量的出现次数，再计算各雨量的出现概率并进行累积。通过日降雨量概率分析可掌握降雨形态，了解当地出现概率较大的常规降雨量。

(3)汇水范围分析

利用地形、管网系统分布等信息，分析目标水体中各排口和汇流口的汇水范围。若排口或汇流口上游地表开发强度低，则以地形作为汇水范围分析的主要参考条件；若上游地表开发强度高或管网覆盖率高，将以管网系统为主要参考条件，地形和地表构筑物为辅；若管网系统为合流制，还需考虑污水的收水范围。

(4)土地类型分析

土地类型特性直接影响地表产流量，产流量的大小决定了污染物的产出量。土地类型可分为土地利用性质类型和下垫面类型，选择哪种类型进行分析需根据数据获取的难易性决定，二者均可作为分析的基础数据。土地利用性质依据《土地利用现状分类》[60]分为 12 个一级类和 73 个二级类，较为复杂，建议以表 6-6 中的 8 种类别为主。土地利用可依据住建单位的现状土地利用图进行统计和分析。

表 6-6　　土地利用性质分类表

序号	土地类型
1	农地
2	住宅用地
3	绿地
4	交通运输用地
5	商服用地
6	水域
7	工矿仓储用地
8	裸露地

下垫面类型通常需要根据卫星图或航拍图进行影像空间解译，解译分类可参照表 6-7 中的 7 种类别。

表 6-7　　下垫面分类

序号	下垫面类型
1	农地
2	铺面硬地
3	绿地
4	水域
5	道路
6	裸露地
7	建筑用地

建议采用面向对象的方式进行影像解译：对影像进行分割形成影像对象，分析对象与周围环境之间的联系等因素，基于对象的特征或特征组合（如颜色、大小、形状、光谱、阴影、纹理、空间位置等），利用知识决策分类法来完成信息的提取，具体解译流程见图 6-2。考虑遥感影像的清晰度、地物景观复杂等因素对结果的影响，可根据地形图、卫星图等材料对解译结果进行人工修正，以提高解译结果的准确性。土地类型分析需对每一个排口或汇流口的汇水范围进行分析，以汇水范围为单元统计各类别土地利用类型的面积和占比情况。

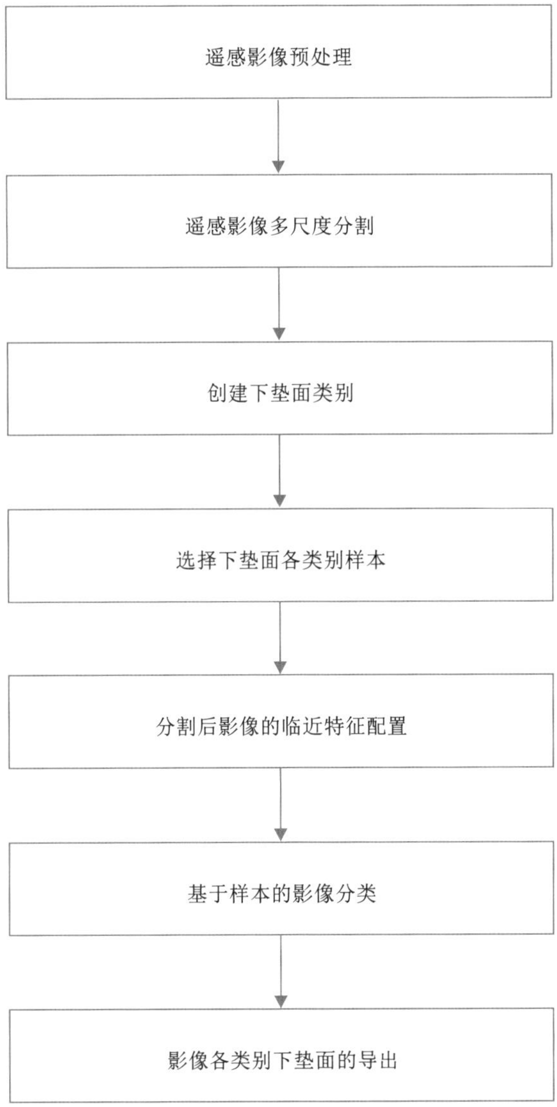

图 6-2　遥感影像面向分类法解译流程

6.3.2　水环境容量分析

6.3.2.1　模型建立

模型是指依据所研究自然现象的变化规律提出必要且合理的假设，然后运用数学理论构建简化后的数学结构对该现象进行定量化的描述，并模拟其演算机制，从而更深刻地了解所研究的对象。模型可分为机理模型和统计模型，机理模型主要分为水文模型、水质模型及水动力模型，统计模型则主要为一般线性模型和混合模型。

模型需综合考虑目标流域属性特征（如面积、用途、主要用地类型、地理条件、经济状况等）、资料的完整度、管理目标、成本效益等因素。此外还需考虑环境的复杂性，如含有多种土地利用和水体功能(如城区、郊区、自然河道、人工运河、湖库、河口、海湾等),通常这种情况需要多种类型的模型联合运用。模型构建流程见图 6-3。

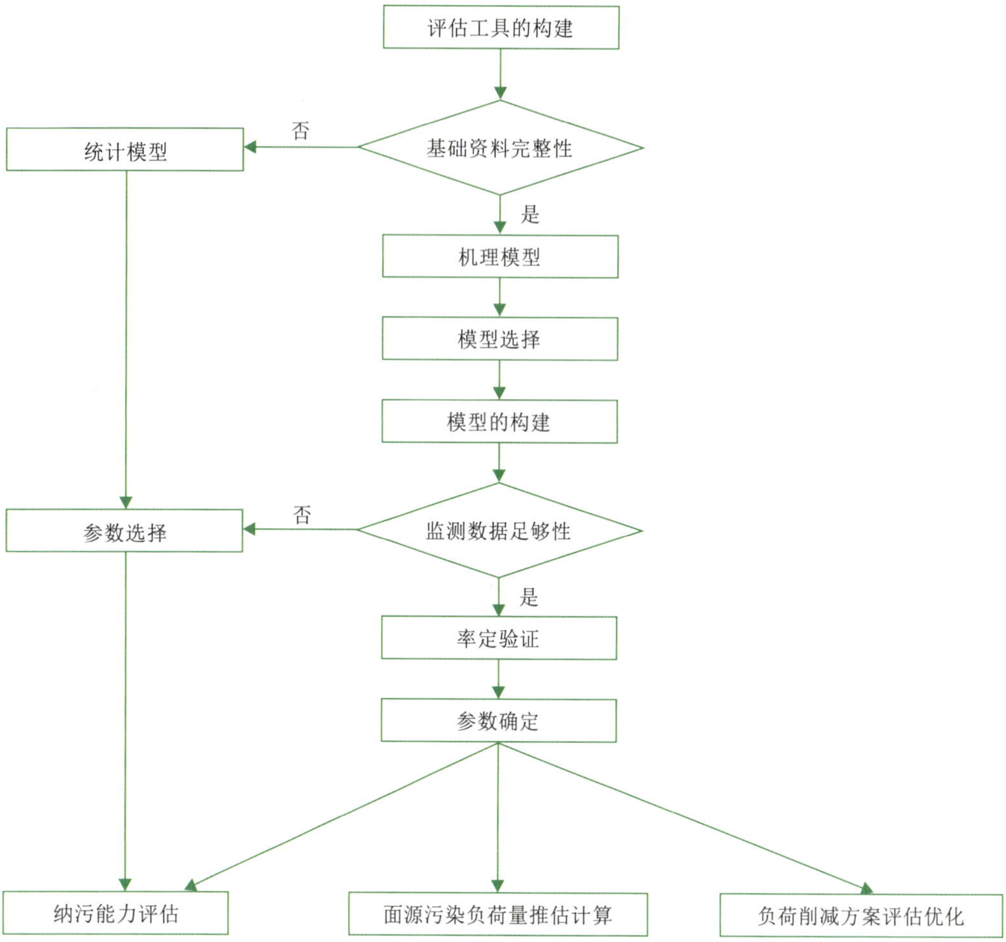

图 6-3　模型构建流程

6.3.2.2　应用模型的工作路线制定

应用模型的工作路线制定见图 6-4。第一步是边界设定,即设定上游和下游边界的水量和水质,水量以水文设计条件设定,水质以上游和下游实际状况设定。第二步是本底设定,即目标水体应达到的水质标准。先将边界条件和本底条件带入模型后进行测算,然后在点源和面源的排口下游处设定污染量输入,测算出能刚好满足目标水体的水质标准,此污染量即为最大容许负荷量。污染量的设定根据排口数量和分布情况来设定,若排口与排口或支流汇流口相距较远(大于 100m),将各排口或支流汇流口下游处作为污染源和输入污染量。若各排口分布密集,则在密集排口的下游处作为污染源输入设定,具体示意图见图 6-4,工作路线见图 6-5。污染量的输入根据各排口现况排放量与所有排口排放总量的比例关系而定。

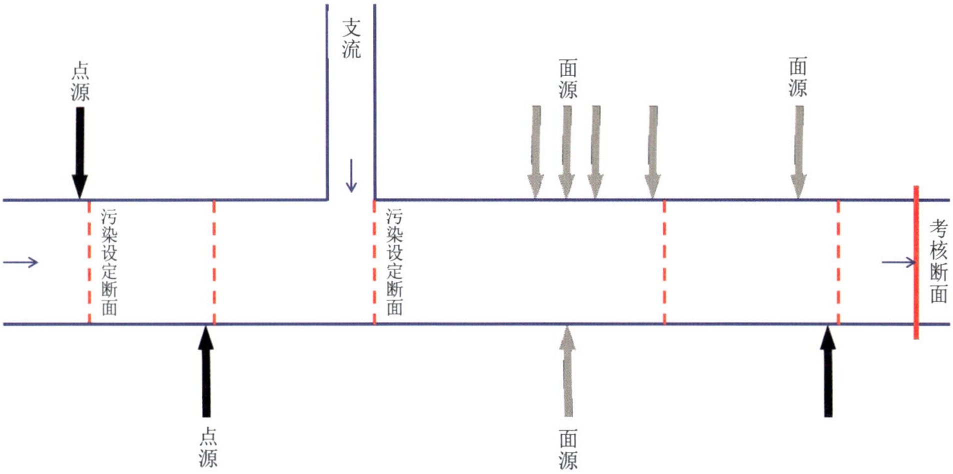

图 6-4　污染设定示意图

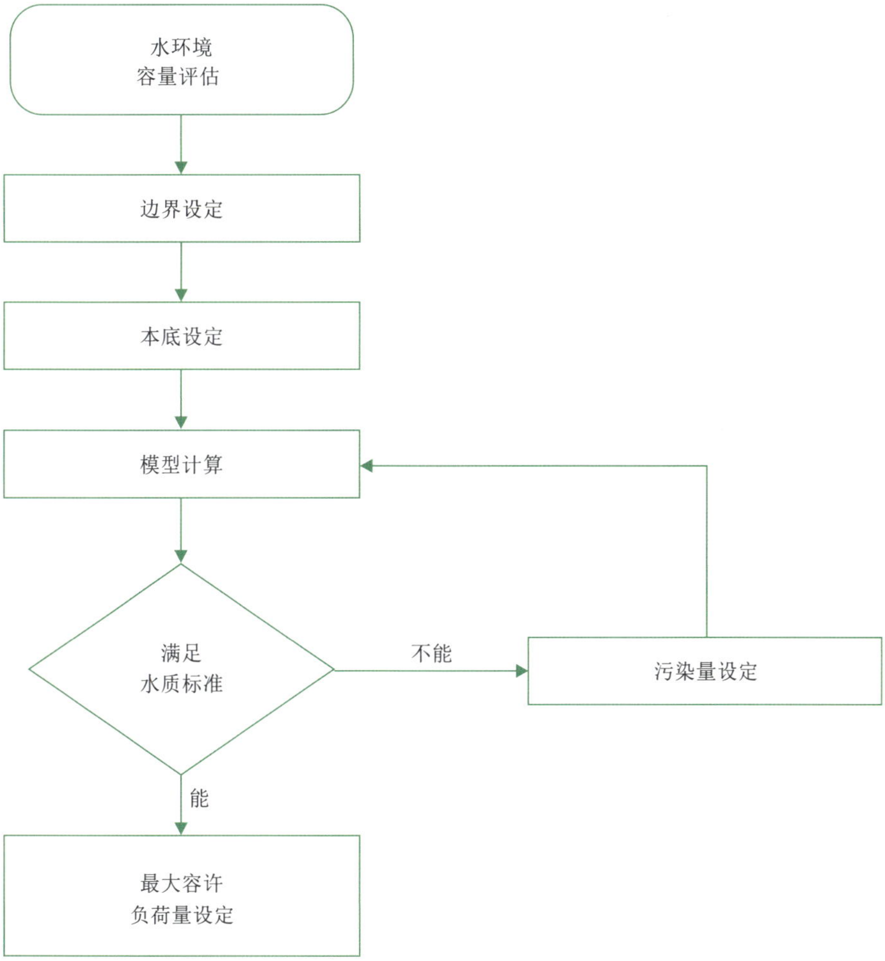

图 6-5　应用模型的工作路线

6.4 海绵城市模型应用实例

本书海绵城市模型应用实例以镇江市海绵城市建设模型构建、分析与评价作如下说明。

6.4.1 SWMM 构建

图 6-6 为 SWMM 模型在前期项目与本期项目模拟范围比较，本期项目主要纳入运粮河北侧流域、御桥港流域、四明河流域、团结河流域与玉带河流域，模型范围合计扩增 60.7 km^2，总计 89.5 km^2，模型范围内含排水系统及合流制系统，共划分 1478 个汇水分区，模型中管网构建依据业主提供排水相关资料为基础，保留各主要道路干管并进行适度简化，模型中共计 9673 个检查井、管道长约 449.3 km。同时依据模拟范围泵站分布与泵站操作规则，在模型中具体呈现，共计 17 处泵站。

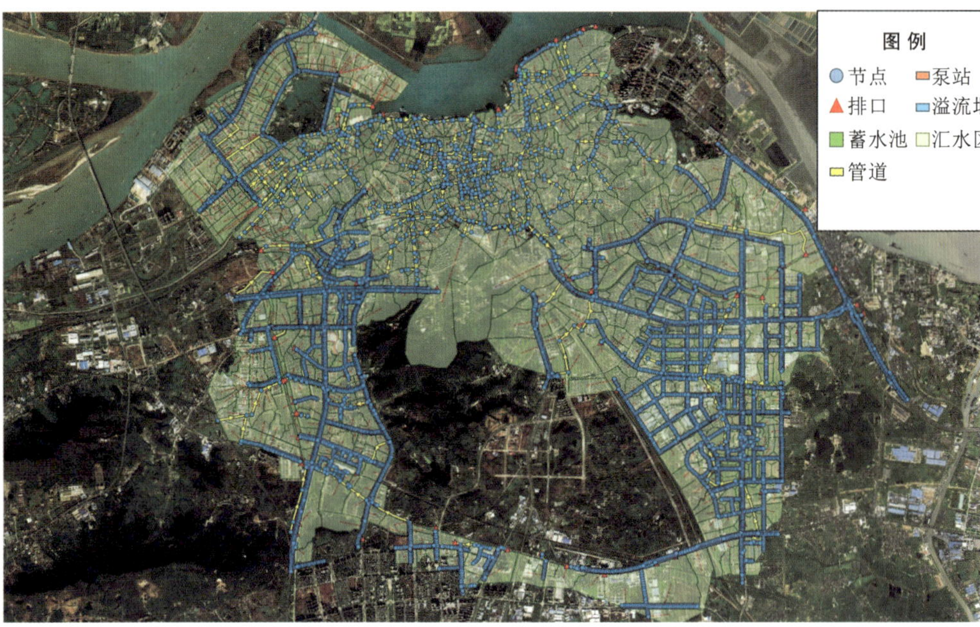

图 6-6 SWMM 模型平面图

6.4.2 项目背景

海绵城市建设是落实生态文明的重要举措，是实现修复城市水生态、改善城市水环境、提高城市水安全等多重目标的有效手段。根据习近平总书记关于海绵城市建设的重要指示批示精神、《国务院关于加强城市基础设施建设的意见》[61]、《国务院办公厅关于做好城市排水防涝设施建设工作的通知》[62]等国家法规政策要求，镇江市成功申报成为第一批试点城市，积极开展编制了《镇江海绵城市试点区系统性顶层设计方案》[63,64]，根据汇水范围及地形将镇江市 29.28km^2 划分为 11 个汇水分区(图 6-7)，其中汇水分区包括源头专项达标工程、排水防涝专项达标工程、水环境质量提升工程、综合达标工程等，具体思路框架见图 6-8。

为持续跟踪掌握海绵城市建设效果，持续进行数据监测、模型率定和验证工作，以 2019 年全年为周期对海绵城市在面源污染控制方面的实施效果进行评估，具体工作内容如下。

1）镇江市主要建成区在内 176km^2 市域面积的 TMDL 模型体系的建立、耦合和优化，模型构建范围见图 6-9。

图 6-7　镇江市海绵城市试点区及汇水分区分布

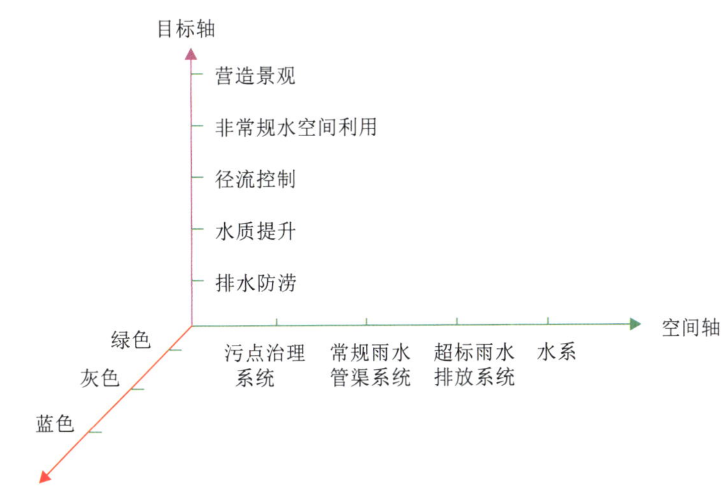

图 6-8　镇江市海绵城市试点思路框架

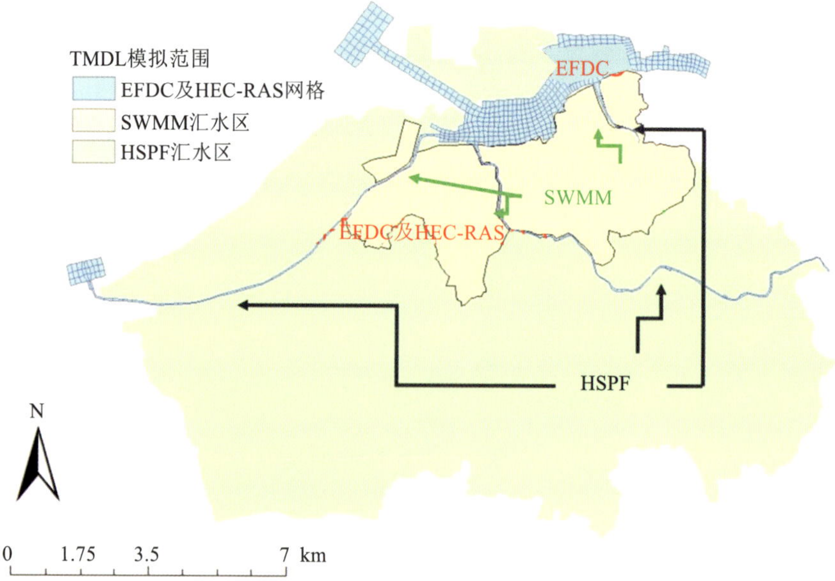

图 6-9 模型构建范围

2)试点区范围内海绵城市建设绩效评估。

具体工作内容为镇江市金山湖流域 TMDL 深化:以镇江市海绵城市建设第二年监测数据为依据,完成建成区水量水质模型率定及验证(SWMM)、非建成区水量水质模型率定及验证(HSPF)、河道水量模型率定及验证(HEC-RAS)、河湖水质模型率定及验证(WASP+EFDC),并完成上述各类别模型的耦合,对海绵城市建成效果进行评估。

评估深度要求为对 176km² 范围内城市建成区域进行内涝模拟和专题分析;以 EFDC 为主,进行地表面源污染负荷和水体水质状况分析,并根据合作方提供各污染削减单元(水环境治理河道上游汇水区)的技术经济对比,确定各污染单元的削减难易程度,通过模拟确定各单元污染削减率。

作为总体项目的成果,重点突出以 TMDL 模型体系为基础,分析海绵城市建设对城市污染负荷的控制效果,内容共包含模型构建、模型耦合、镇江市金山湖流域面源污染控制效果评估、镇江市金山湖流域水环境改善效果评估、水质达标分析、内涝改善分析六大部分。

6.4.3 模型构建

模型构建分为基础数据收集整理和模型构建两部分,模型构建技术路线见图 6-10。其中基础数据收集整理中需要调查了解试点区域的社会经济和生态环境概况,包括人口分布、工农业生产、交通运输等,并收集研究试点区域的水系自然地理特征及区域蒸发量、降雨量、降雨时空分布、径流量、河道水量、水位、流速等连续多年水文资料(表 6-8),并进行频率分析,求得各水文条件下的降雨量、流量、水位值。

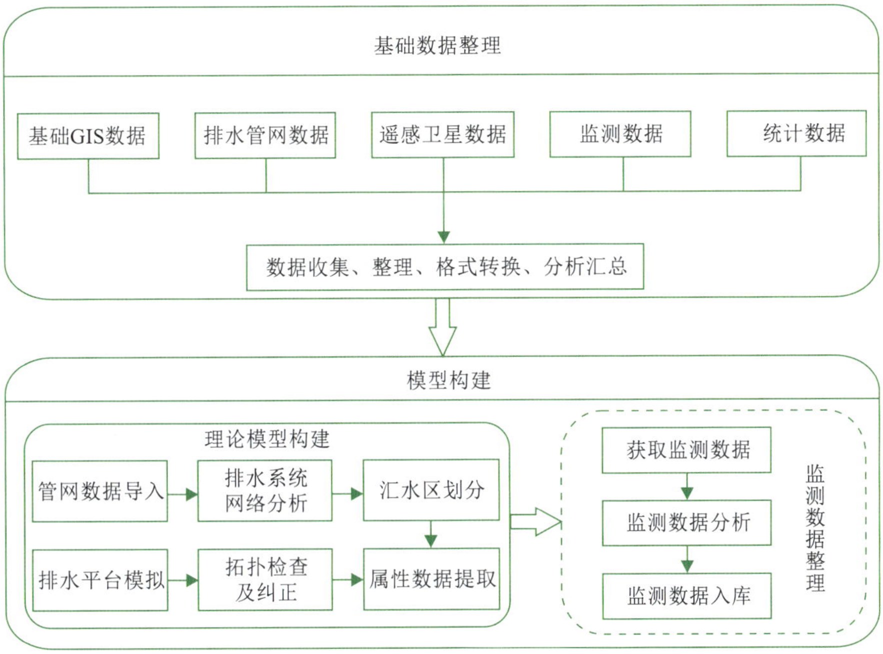

图 6-10　模型构建技术路线

表 6-8　模型构建资料需求

模型资料	水文模型（城市/流域）	面源污染模型	水力模型（管网/二维）	水力模型（河道/二维）	水质模型	说明
气象	○	○			●	蒸发量、气压、风速、辐射量等
降雨	●	●				历年降雨记录、暴雨强度公式、雨型等
地形			●			地形高程
汇水区	●	●				面积、透水率、土壤性质、集流时间等
下垫面	○	●				种类、面积、EMC 等
管网			●			位置、井高程、管径、泵、闸等设施相关数据、上下游水力数据等
河道				●	●	位置、断面、桥、堰、闸等构造物相关数据、上下游水力数据等
湖体				●	●	位置、湖底地形、泵、闸等构造物相关数据、上下游水力数据等

6. 4. 3. 1　HSPF 构建

HSPF 拥有连续模拟水量、水质、土壤冲蚀及泥沙运移量的功能，可以根据汇水区的透水率及土地利用方式，以降雨、温度、日光强度、土地使用形态、土壤特性及农业耕作方式等为输入模式的基本数据，来仿真水量在地表、地下土层及地下水随时间变化情形及非点源污染量和河川水质，适用于水资源规划、设计与管理。因为 HSPF 的仿真功能十分完备，所以模式在使用时，需要事先搜集详细的汇水区资料，经过谨慎地率定及验证，得到正确的模式参数之后，才可将此模式应用于研究区域，仿真结果才会与实际状况相符或类似并具有一定可靠度。

为了能确定所构建 HSPF 模型是否能精确地描述汇水区水文水质情况，模型应用流程首先需将项目的问题定义，收集现有的资料对问题分析及拟定目标，评估项目成本及构建模型所需的时间；再来确认汇水区及河道划分方式，可能使用的 HSPF 模块及模式架构，研讨出模型方案；接着将初始储蓄、面源污染物、点源污染物、大气沉降、河川水质传输、河底物质释出、大气气体入侵等参数及序列数据编辑至 HSPF 模型内；之后针对不同情境设定分析及评价 HSPF 模型输出结果。故构建一个有效的 HSPF 模型需要 3 个阶段：在第 1 阶段进行数据前处理，即数据收集、模式输入项准备及参数评估；在第 2 阶段进行模式测试，即率定、验证及测试；在第 3 个阶段进行情境分析。HSPF 模型构建过程见图 6-11。

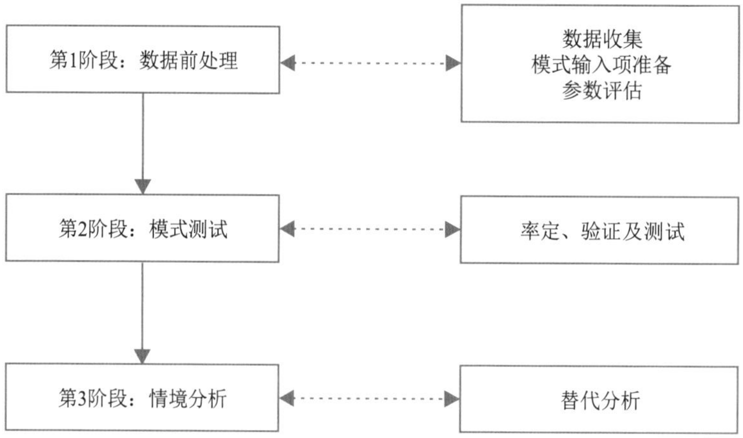

图 6-11　HSPF 模型构建过程

因此对 HSPF 模型用户而言，当构建新的 HSPF 模型时，影响模型率定过程比重分别为问题定义约 5%、研讨模型方案约 10%、HSPF 操作约 10%、编辑输入数据约 30%、参数评估约 15%、模型率定验证约 30%，其中编辑输入数据及模型率定验证对构建 HSPF 模型影响最大。

图 6-12 展示了 HSPF 前期项目与本期项目模拟范围的比较，本次主要增加了焦山北滩处，南部扩充到以山脊线为边界，模拟范围由 110.52km^2 增加至 149.00km^2（前期 SWMM 模拟范围为 53.80km^2），共划分为 113 个次汇水区，1 个汇水区对应 1 条河道。河道坡度根据镇江市国土局提供的 DEM 数据截取高程来计算，河道几何参数，如河道的断面大小、形状、坡度分别根据 2017 年量测河道断面数据计算，并由曼宁公式计算出 FTABLE 数据，即各河道的流量、水位间关系及体积。

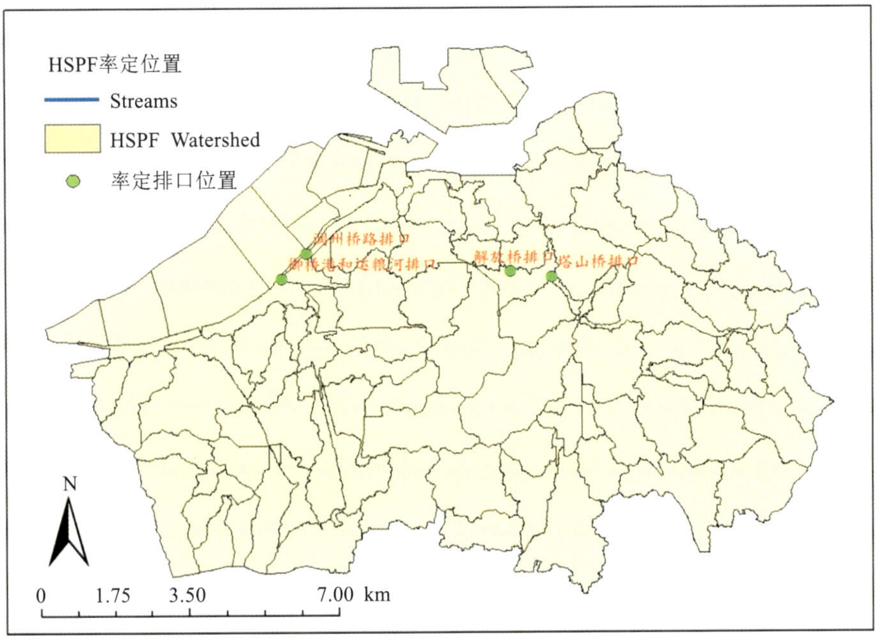

图 6-12　HSPF 模型模拟范围

6.4.3.2　排水系统拓扑结构搭建

利用收集整理的排水管网系统及河道水系的 GIS 数据，构建排水管网的拓扑关系及空间数据，并根据测绘资料录入长度、管径、起点、终点位置及高程等属性数据，作合理而必要的简化，删除雨水箅子及管径、管长较小的管段，提高模型软件运算效率，降低流量演算误差。

通过模型的上下游分析及断面识别功能，检查并修正管网系统拓扑关系。检查出的问题一般包括下面几类：

1)孤立管段：部分管段与管网系统无连接，需核查下游有无节点关联，若无，则删除。

2)参数缺失：数据库中部分管道及检查井的尺寸及高程数据存在缺失，有条件的，进行补勘；无条件或暂时无法补测的，进行一定的简化处理。

3)连接管缺乏：管段与管段之间受数据库录入等因素造成的连接管缺失，需根据上下游关系补充。

4)管道反向：管道 GIS 数据库中管道与实际流向相反，可通过上下游分析进行查询并修改。

5)管道逆坡：排水管道参数受施工质量、测量误差等影响，不可避免会产生管道逆坡，排除实际存在的逆坡，需纠正因数据录入等产生的管道逆坡。

6)无附属设施连接关系：由于 GIS 数据库针对井—管网结构仅能提供常规检查，因此需在基础管网结构明确后，构建并完善调蓄池、泵组、溢流堰、排口、孔口等附属设施与基础管网系统的连接关系。

6.4.3.3 汇水区划分与参数识别

(1)汇水区划分方法

考虑模拟区域水文参数的空间差异性,需将研究区域划分为若干汇水区,汇水区作为管网系统输入量,汇水区的合理划分直接影响最终降雨径流表现,通常汇水区划分有如下两种方法:

1)根据 DEM 流域划分。

根据地形高程点生产 DEM,通过 DEM 的 GIS 水文分析,设置一定尺度要求,划分具有分水岭边界的汇水区。该法适用于未开发自然流域划分。

2)根据管道走向划分。

了解管网走向及其街道建筑服务范围,进行手工划分。该法适用于管网系统状况良好的城市区域,工作量较大。

由于模拟区域通常可能存在建成区和远城区同时存在、区域管网完善程度不一及地形高程数据尺度精度不一等情况,实际汇水区划分会由上述两种方法组合应用,以保证子汇水区划分在当前掌握的资料的基础上尽可能科学合理。

由于镇江市海绵城市系统模型模拟区域存在上述空间差异及不确定性,因此采用了上述两种方法组合划分汇水区。

(2)下垫面解析

下垫面是影响水量平衡及水文过程的地表各类覆盖物的综合体。本模拟通过卫星影像图、建设地块地形图及现场勘察,进行建设地块下垫面监督分类,利用对象的光谱特征、颜色特征、纹理特征等,建立适当的提取规则,局部修正及下垫面提取,提取结果包括屋面、绿地、水面、道路、非车行硬地 5 种土地覆盖类别。

(3)参数识别

利用下垫面解析及 GIS 表面分析,通过 GIS 空间统计及叠加分析提取子汇水区面积、流长、坡度、不透水面积百分比、土地利用等属性数据。

镇江市金山湖流域系统模型构建的排水系统主要附属设施为泵站、溢流堰。通过现场踏勘、档案室泵站施工图纸查阅,获取泵站的基本尺寸、运行参数,如泵站尺寸、水泵工作曲线、启停泵水位、雨污泵池混流状况、溢流堰堰顶标高、宽度等基础资料。模型中涉及泵站的基本信息见表 6-9。

本次模型率定验证主要以 2019 年的水量水质监测数据为依据,考虑到 2019 年镇江市建成区内的海绵城市相关建设已有相当规模,这些工程内容也应该在模型中予以呈现。本期模型构建共汇整海绵城市源头设施约 23.04hm^2,其中雨水花园约 8.46hm^2、透水铺装约 12.33hm^2、绿色屋顶 1.76hm^2 以及 165 个雨水桶(面积折合为 0.49hm^2)。模型中源头设施分布见图 6-13,过程和末端项目信息见表 6-10。

表 6-9 雨污水泵站基本信息

<table>
<tr><th>泵站名称</th><th>功能</th><th>水泵类型</th><th>单台流量/(L/s)</th><th>数量/台</th><th>扬程/m</th><th>电机功率/kW</th><th>合计流量/(m³/s)</th></tr>
<tr><td rowspan="8">头摆渡</td><td rowspan="2">污水</td><td rowspan="2">潜污泵</td><td>313</td><td>2</td><td>7</td><td>37</td><td rowspan="2">0.93</td></tr>
<tr><td>305</td><td>1</td><td>7</td><td>37</td></tr>
<tr><td rowspan="3">雨水</td><td rowspan="3">轴流泵</td><td>1903</td><td>3</td><td>7</td><td>200</td><td rowspan="3">9.59</td></tr>
<tr><td>2330</td><td>1</td><td>7</td><td>280</td></tr>
<tr><td>1556</td><td>1</td><td>7</td><td>180</td></tr>
<tr><td rowspan="3">污水</td><td rowspan="3">潜污泵</td><td>310</td><td>3</td><td>10</td><td>45</td><td rowspan="3">1.13</td></tr>
<tr><td>100</td><td>2</td><td>10</td><td>16</td></tr>
<tr><td>1200</td><td>2</td><td>5.5</td><td>110</td></tr>
<tr><td>新河桥</td><td>雨水</td><td>轴流泵</td><td>630</td><td>2</td><td>5.5</td><td>55</td><td>3.66</td></tr>
<tr><td rowspan="2">平政桥</td><td>污水</td><td>潜污泵</td><td>310</td><td>4</td><td>11</td><td>45</td><td>1.24</td></tr>
<tr><td>雨水</td><td>潜水泵</td><td>1110</td><td>2</td><td>10</td><td>150</td><td>2.22</td></tr>
<tr><td rowspan="2">解放路</td><td>污水</td><td>潜污泵</td><td>400</td><td>4</td><td>10.5</td><td>55</td><td>10.50</td></tr>
<tr><td>雨水</td><td>潜水泵</td><td>1850</td><td>2</td><td>9</td><td>280</td><td>3.70</td></tr>
<tr><td rowspan="5">江滨</td><td rowspan="3">污水</td><td>卧式泵</td><td>740</td><td>1</td><td>16</td><td>160</td><td rowspan="3">3.52</td></tr>
<tr><td rowspan="2">立式泵</td><td>750</td><td>2</td><td>16</td><td>160</td></tr>
<tr><td>640</td><td>2</td><td>13.5</td><td>132</td></tr>
<tr><td rowspan="2">雨水</td><td rowspan="2">轴流泵</td><td>1500</td><td>4</td><td>6</td><td>160</td><td rowspan="2">8.20</td></tr>
<tr><td>1100</td><td>2</td><td>6</td><td>110</td></tr>
<tr><td rowspan="2">桃园</td><td>污水</td><td>潜污泵</td><td>50</td><td>3</td><td>6.5</td><td>7.5</td><td>0.15</td></tr>
<tr><td>雨水</td><td>轴流泵</td><td>600</td><td>4</td><td>6.3</td><td>55</td><td>2.40</td></tr>
<tr><td rowspan="2">江南</td><td>污水</td><td>潜污泵</td><td>40</td><td>2</td><td>10</td><td>7.5</td><td>0.08</td></tr>
<tr><td>雨水</td><td>轴流泵</td><td>550</td><td>2</td><td>7</td><td>75</td><td>1.10</td></tr>
<tr><td>迎江路</td><td>雨水</td><td>潜水泵</td><td>920</td><td>4</td><td>8</td><td>107</td><td>3.68</td></tr>
<tr><td>南水桥</td><td>污水</td><td>潜污泵</td><td>330</td><td>6</td><td>18</td><td>80</td><td>1.98</td></tr>
<tr><td>排水管理处</td><td>污水</td><td>潜污泵</td><td>56</td><td>3</td><td>3</td><td>12.5</td><td>0.168</td></tr>
<tr><td rowspan="5">焦南</td><td rowspan="2">雨水</td><td rowspan="2">轴流泵</td><td>1730</td><td>2</td><td>5.5</td><td>185</td><td rowspan="2">6.00</td></tr>
<tr><td>1270</td><td>2</td><td>5.5</td><td>110</td></tr>
<tr><td rowspan="3">污水</td><td rowspan="3">潜污泵</td><td>200</td><td>3</td><td>8</td><td>30</td><td rowspan="3">0.90</td></tr>
<tr><td>100</td><td>1</td><td>8</td><td>16</td></tr>
<tr><td>100</td><td>2</td><td>10</td><td>18.5</td></tr>
</table>

图 6-13 SWMM 模型汇水区源头设施分布

表 6-10 过程及末端项目基本信息

片区	项目类别	工程名称	规模	数量
头摆渡	过程	航运新村管道	DN1000～1500	1120m
	过程	行知路管道	DN1200	660m
	过程	太平路管道	DN1200	490m
	过程	航运路管道	DN3000	850m
	过程	头摆渡泵站	$10m^3/s$ 扩至 $15m^3/s$	
	过程	朱方路管道(桃西路以东)	顶管 DN1800～2200	900m
	过程	朱方路管道(桃西路以东)	顶管 DN1500～2000	640m
	过程	桃西路合流箱涵	埋深及坡度加大	560m
黎明河	过程	铁路线北侧管道	顶管 DN2000～2200	1120m
	过程	铁路线北侧管道	DN2000～2500	1120m
运粮河	过程	中山北路长江路路口	DN600	90m
	过程	新河桥	DN1000	190m
	过程	桃园新村	DN1000～2000	480m
	过程	运粮河下游西侧	DN1600	550m
	过程	桃园泵站	$2.4m^3/s$ 扩至 $10m^3/s$	
	过程	新河桥泵站	$3.66m^3/s$ 扩至 $5.66m^3/s$	

续表

片区	项目类别	工程名称	规模	数量
古运河	过程	迎江路东侧	方涵 1.5m×1.2m 改为 2.5m×1.0m	240m
	过程	迎江路西侧	DN400～800	570m
	过程	电力路(新马路—中华路)	DN3000	580m
解放路	过程	会莲庵街	DN1000	530m
	过程	(电力路)中华路—长江路	DN3000	750m
绿竹巷	过程	梦溪路雨水管道	DN1800～2200	1600m
江滨	过程	征润州路雨水管道	DN2800	740m
	过程	尚德路雨水管道	DN2000	680m
	过程	实验小学东侧道路雨水管道	DN1000	240m
	末端	海绵公园泵站	Q=8.0m^3/s	1 座
虹桥港	过程	东吴路	DN1200	420m
	过程	江滨路	DN600 扩至 DN1000	560m
	过程	小米山路	DN2800	950m
	过程	老山路	3.5m×1.5m	450m
	末端	虹桥港泵站	6.0m^3/s 扩至 12m^3/s	1 座
	末端	边检站调蓄池	2200m^3	1 座
	末端	焦山路调蓄池	10000m^3	1 座
内涝治理项目	内涝	新建御桥村雨水泵站	规模 5m^3/s,有效分担头摆渡汇水区涝水	
	内涝	江南新村积水改造工程	扩建江南泵站,规模 3m^3/s	
	内涝	学府路易涝工程	管网改造	
	内涝	南苑新村	管网改造	

6.4.3.4 HEC-RAS 构建

运粮河、古运河和虹桥港沿用前期的 HEC-RAS 一维水动力模型,金山湖和长江部分则是利用 HEC-RAS 二维水动力模块构建。

金山湖水动力模型构建以引航道闸和焦南闸为边界,两闸向外延伸 500m 作为长江部分,即二维水动力模块将有引航道闸长江侧一块、金山湖一块、焦南闸长江侧一块。整体水系 HEC-RAS 模型结构见图 6-14。金山湖二维水动力模型需要金山湖湖底地形图(图 6-15),以此建置二维结构网格,网格大小为 20m×20m,共 15680 个。

另外,二维水动力模块是利用 HEC-RAS 中二维连接功能(图 6-16),根据引航道闸和焦南闸堰或门的实际布置进行设定。引航道闸共 9 扇闸门,焦南闸共 3 扇闸门。

由于 HEC-RAS 模型中,3 条河是一维模块,金山湖是二维模块,这一维和二维模块必须进行耦合。HEC-RAS 耦合方式是将 3 条河的河道中心线与二维区域相触,在模型工具中,即自动产生一维与二维运算的接口。

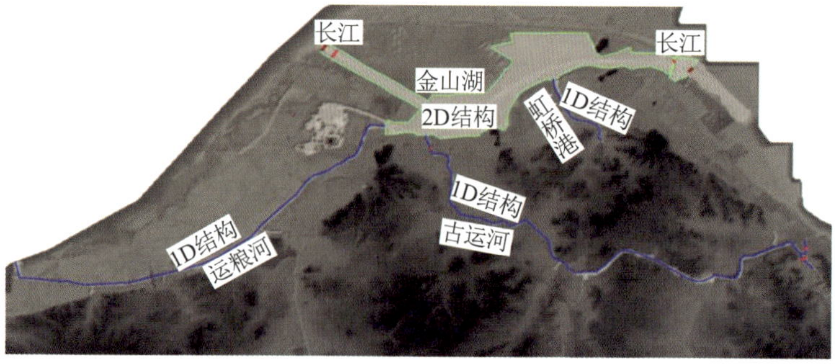

图 6-14　金山湖水系 HEC-RAS 模型结构示意图

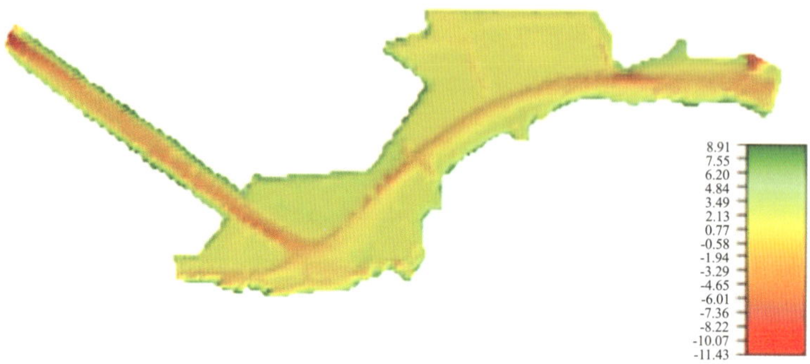

图 6-15　金山湖湖底地形图

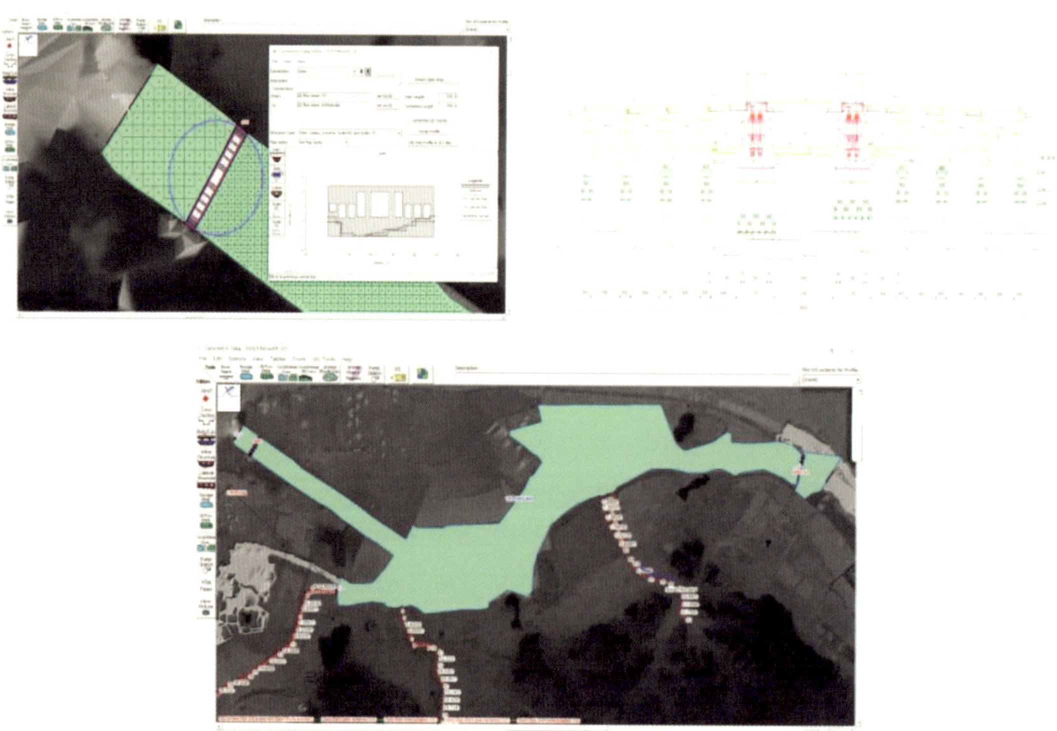

图 6-16　HEC-RAS 二维水动力区块构建示意图

河道的入流除了包括从流域支流来水，以及流域地表径流直接流入、城市雨水和排入污水之外，河道的水在闸门运行时还与闸门外的水体有交换，有可能存在水体倒灌的现象，因此在模拟城市内涝时，还要估算由陆域来的径流和通过河道倒灌入管道的水量。

镇江市的建成区内雨水管网和生活污水管网是合流制，当雨量小时，雨水和污水都被输送到污水处理厂处理，雨水径流并不进入水体；当雨量大到超出输送能力时，有部分雨污混流进入水体，因此还需要掌握模拟范围内混接点的污水量。镇江市海绵城市试点区内主城区存在大量合流制管道，当降雨超过污水系统截流能力时，便通过泵站或河道溢流口将超量雨污水排入金山湖水系，同时征润州污水处理厂也承担部分降雨径流的控制。排水管网系统构建时已完成征润州污水处理厂服务范围内污水及合流管道录入，充分考虑原生污水对系统模型的影响。

为保证征润州污水处理厂服务范围内污水量分配的合理性，划分了 214 个污水量计算单元，通过供水运营单位提供各单元用水量。根据现行《室外排水设计规范》(GB 50014)中提及居民生活污水定额和综合生活污水定额计算方法，乘以 80%的产污系数，得到各单元污水产生量，再分配至各计算单元的污水管网。根据监测数据分析统计得到污水量日变化规律，制定系统模型中旱流污水日变化曲线，结合各污水流量，完成污水量的时空分配。

闸门运行时，湖水与外界的交换是通过闸门运行的规则，湖内的水位和湖外各水体(包括长江)的水位来决定的。根据镇江市防洪规划，市区河道水位超过 7.0m，市区主要排洪河道泄洪速度缓慢或有漫溢现象，出现河水倒灌。因此，在新的金山湖水系控制运行方案中，要求结合城市防洪规划的实施，在丹徒闸建设 70m^3/s 的泵站，同时在七摆渡闸新建 40m^3/s 的泵站，可以满足城市排水控制标准，即古运河四明河口水位降至 7.0m 以下、御桥港口水位降至 7.5m 以下、金山湖水位降至 7.0m 以下。

本项目内涝模拟分析采用城市排水系统末端控制水位为 7.0m(吴淞高程)或 5.1m(黄海高程)。金山湖水位通常控制在 3.8～4.2m，常水位取 3.8m(黄海高程)。引航道闸和焦南闸排涝运行规则见表 6-11，运粮河闸和七摆渡闸排涝运行规则见表 6-12，京口闸、丹徒闸和丹徒南闸排涝运行规则见表 6-13。

表 6-11　　引航道闸和焦南闸排涝运行规则

主控制情景	分控制情景	引航道闸	焦南闸	功能	备注
金山湖水位≤长江水位	金山湖水位≤6.8m	关闸	关闸	关闸拦洪	
	金山湖水位≥6.8m	关闸开泵	关闸	关闸拦洪，开泵排涝	
金山湖水位≥长江水位	预报本地强降雨	开闸	开闸	预降水位	但不能≤5m
	持续降雨，金山湖水位上涨	开闸	开闸	排涝	降至 5m 或平闸外水位时关闸

表 6-12 运粮河闸和七摆渡闸排涝运行规则

主控制情景	分控制情景	运粮河闸	七摆渡闸	功能	备注
长江水位≤七摆渡闸内水位	预报本地强降雨		开闸	预降水位	但运粮河闸西侧水位不能≤5m
	持续降雨，七摆渡闸内水位上涨		开闸	排涝	
长江水位≥七摆渡闸内水位	长江洪水		关闸	关闸拦洪	
	持续降雨，七摆渡闸内水位上涨		关闸开泵	关闸拦洪，开泵排涝	
	运粮河闸西侧水位≥7.6m，且仍有强降雨或汇流	开闸		向金山湖分洪	

表 6-13 京口闸、丹徒闸和丹徒南闸排涝运行规则

主控制情景	分控制情景	京口闸	丹徒闸	丹徒南闸	功能	备注
丹徒闸内水位≥长江水位	预报本地强降雨		开闸		预降古运河水位	但四明河口水位≥5.5m
	降雨汇流过程中		开闸		排涝	
	四明河口水位≥6.8m		开闸	开闸	分洪排涝	
丹徒闸内水位≤长江水位	长江洪水		关闸	关闸	关闸拦洪	
	降雨汇流过程中		关闸	关闸	排涝	
	四明河口水位≥7.2m	开闸			向金山湖分洪	

6.4.3.5 WASP 模型构建

依照古运河大断面桩号，将古运河划分为 31 个水质网格，选用的断面桩号以及网格划分见图 6-17、图 6-18。并依照 HEC-RAS 所得出动态水理条件，核算各网格所需的流量、流速、水力深度、过水断面、水体积等必要水理参数。

水理与水质联合仿真的高维动态模型通常需要经连续方程以及纳维-斯托克斯方程演算后，作为水质模型所需的水动力条件，进行质量平衡方程的演算，得出一致性的水理条件与水质项目分布。但当遇到闸门启闭、泵站操作、阻水的堰坝时，可能会因质量、动量或能量的不连续，而无法进行全河道完整演算。因此，将可精确演算水理不连续条件的 HEC-RAS 与 WASP 进行模型耦合，在给定合理水动力条件下，实现自然环境或人工操控所导致的极端条件下的水质模拟与分析。

经 HEC-RAS 演算后的水理结果，需通过档案与格式转换，提供给 WASP 进行后续水质模拟，模型耦合应用数值见表 6-14。

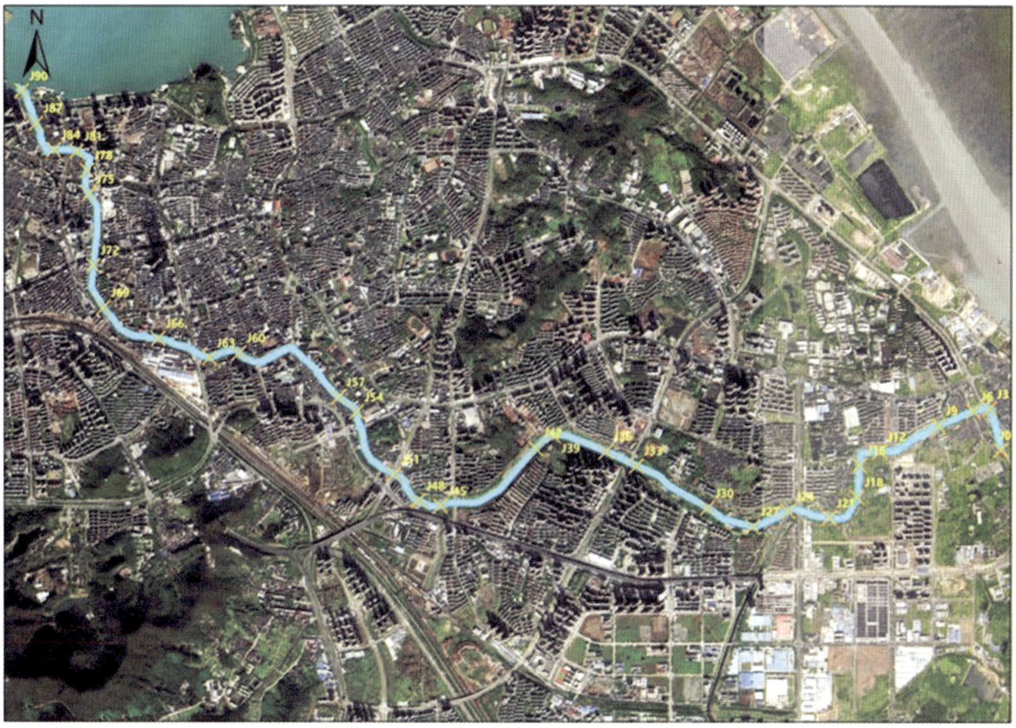

图 6-17 古运河断面桩号

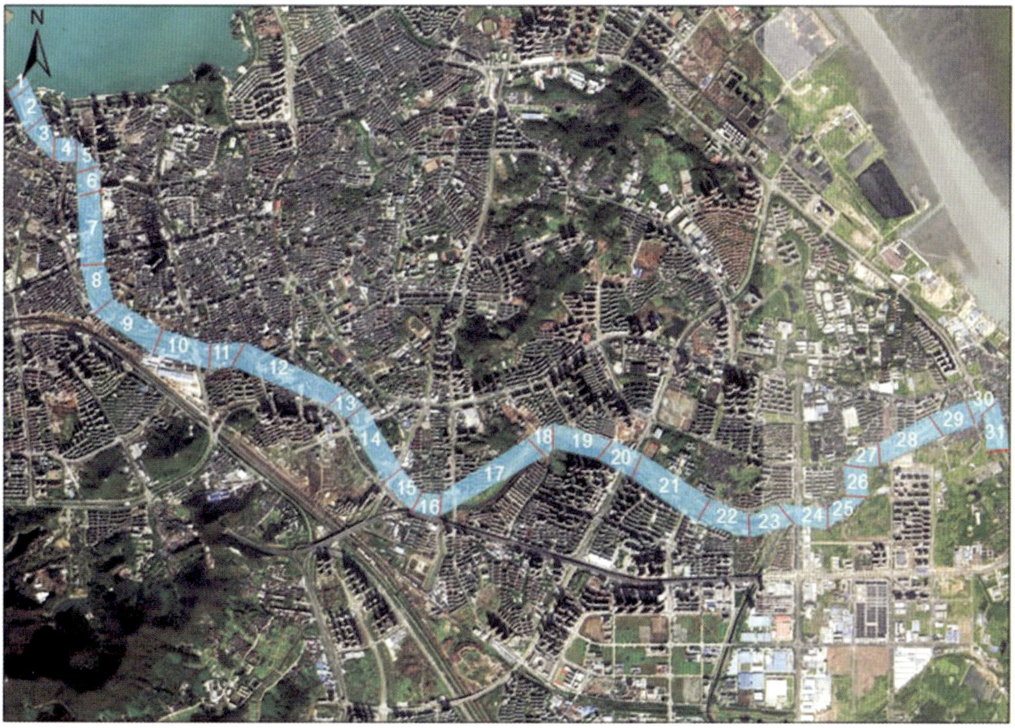

图 6-18 古运河网格划分

表 6-14　　模型耦合应用数值

编号	项目	古运河应用值或方式	备注
1	网格数	31	
2	对流数	32	
3	水理读入频率	每 3600s 读入一次	
4	演算起始时间	2017 年 7 月 1 日 00:00:00	
5	演算终止时间	2017 年 8 月 1 日 00:00:00	
6	流量/(m^3/s)	依对流位置给定，每次读入 32 个流量数值，“+”表示上游流往下游，“－”表示下游流往上游	与对流数相对应给定
7	水体积/m^3、水力深度/m、流速/(m/s)	依网格划分位置给定，每次读入 31 组数值（水体积、水力深度、流速），流速“+”表示上游流往下游，“－”表示下游流往上游	与网格数相对应给定

目前动态水理模型（HEC-RAS）已成功与 WASP 模型相耦合，可进行全局动态水质分析，已完成动态水质模型的基本架构，模型可针对极端或不连续的动力条件，稳定收敛并完成演算，具有良好的稳定性与强健性。后续项目执行将汇整 HSPF 与 SWMM 演算成果，并参照各排口实际调查结果，给定点源与非点源污染负荷，完成模型率定验证以及情境分析。

6.4.3.6　EFDC 模型构建

金山湖 EFDC 模型的模拟区域在前期项目中包括了金山湖、运粮河、虹桥港和古运河，以及部分长江河段作为开边界网格。在本期项目中，模拟区域又加入了玉带河、御桥河和团结河 3 条支流。3 条支流的网格分别生成以后跟原先的网格合并，形成新的模型网格（图 6-19）。

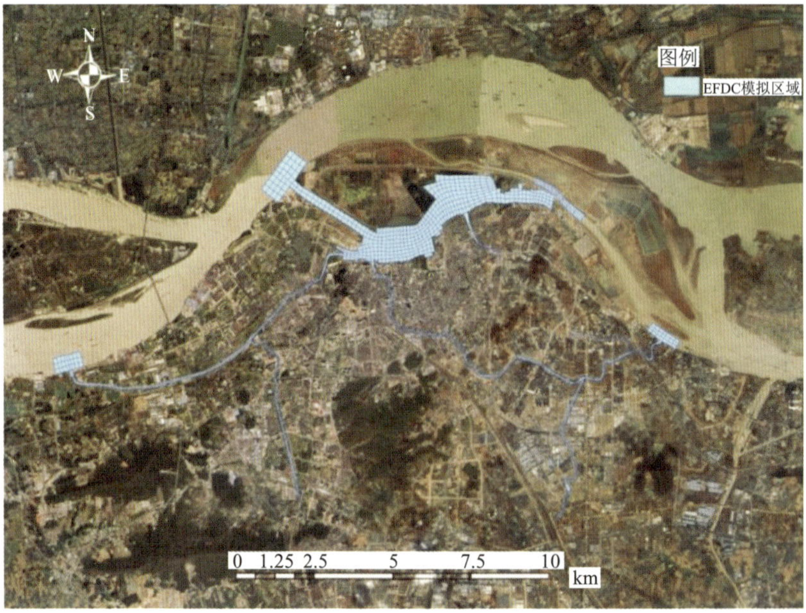

图 6-19　金山湖 EFDC 模型模拟范围及网格

HSPF 模型用于模拟并提供非建成区的 2019 年产流产污作为 EFDC 的输入。SWMM 模型用于模拟并提供建成区的 2019 年产流产污作为 EFDC 的输入。图 6-20 显示的为 SWMM 模型、HSPF 模型和 EFDC 模型的模拟范围。

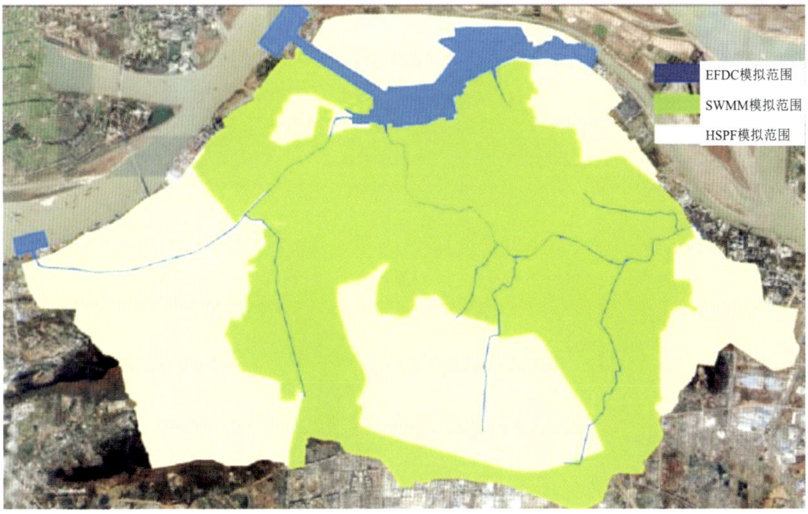

图 6-20 SWMM、HSPF 和 EFDC 模型的模拟范围

跟前期项目模拟 2017 年状况时类似，HSPF 和 SWMM 模型模拟的结果，包括流量和水质，都要对应到相应的 EFDC 网格。HSPF 的输出分为两类，一类是河道输出，代表的是真实的支流，另一类是在 EFDC 网格周围的直接汇水区域，这些区域的径流直接进入 EFDC 的网格。图 6-21 显示的是 HSPF 与 EFDC 耦合关系。

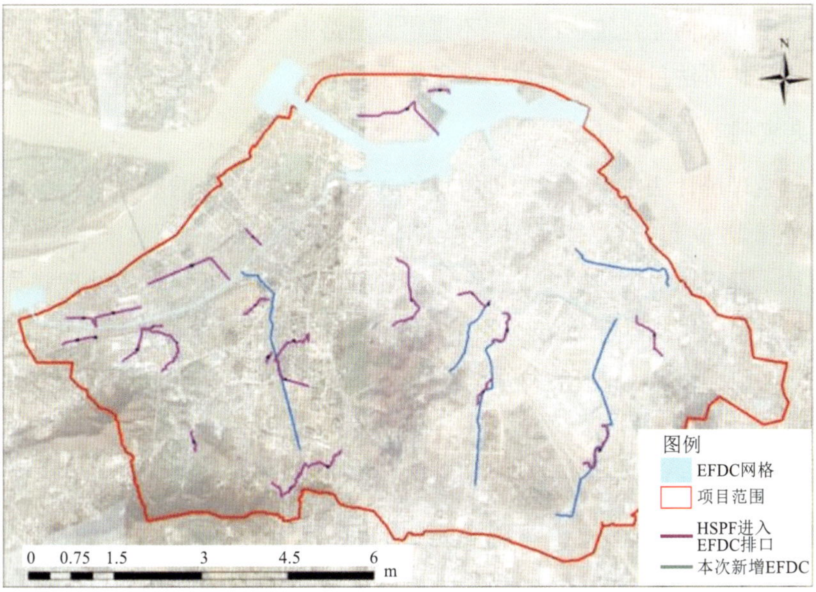

图 6-21 HSPF 与 EFDC 耦合关系

跟 HSPF 的结果相似，SWMM 的模拟结果也输出成时间序列。SWMM 的模拟结果以 3 种不同的方式进入水体，包括直接从汇水区的地表排入河中、排口以及堰和管道的方式输出。SWMM 的排口位置和 EFDC 网格的对应关系见图 6-22。

图 6-22　SWMM 排口位置和 EFDC 网格的对应关系

6.4.3.7　内涝模型构建

城市内涝能力的评价应该从源头控制设施、排水管渠及综合防治设施综合考虑。设计标准是居民住宅和工商业建筑物的底层不进水及道路中一条车道的积水深度不超过 15cm。城市内涝灾害评估方法目前主要有以下 3 种方法：

(1)历史灾情数理统计法

历史灾情数理统计法主要利用数理统计的方法，对历史灾害的数据进行统计分析，找出灾害发展的规律，建立起灾害发生概率及影响因素的统计模型，进而对未来灾害造成的可能损失进行预估。基于历史灾情数理统计的方法计算简单，不需要详尽的地理背景数据，但是目前因为城市内涝灾害的观测数据较少且灾情数据很难获取，所以在应用上具有一定的局限性。

(2)指标体系法

指标体系法的主要思路是根据灾害系统的特点，研究者凭借经验选取一定的指标体系，然后通过一系列数学方法对原始指标进行处理，最后得到区域灾害风险的过程。因为大尺度风险评估精度要求不高，所以指标体系风险评估在大尺度风险评估中应用广泛，而基于小尺度的研究受其自身的精度局限性的影响，指标体系法在小尺度风险评估中应用较少。

(3)水文水力学模型与仿真模拟法

水文水力学模型与仿真模拟法通过设置不同频率暴雨情景过程,利用流域产汇流模型以及洪水演进模型的数值模拟计算,推求不同情景下暴雨可能引起的城市内涝的淹没范围、淹没水深以及淹没历时。模型的核心是研究降水(主要是极端降雨,但也可以做雪、霰、雹等其他降雨型态分析)作用于城市下垫面后,城市雨水径流在空间上的垂直分布、分配过程以及水平运动状态。在模型开发方面,欧美发达国家科研机构和公司开发的水文水动力模型比较成熟,在城市内涝灾害情景分析中应用广泛。国内对城市暴雨内涝模型研究相对国外起步较晚,但是也取得了一定的成果。

为提供内涝风险评估的时空精细化描述,本书采用了水文水力学模型与仿真模拟法。在众多的城市排水模型中,以美国环保局于 20 世纪 70 年代开发并持续改进的 SWMM 模型应用最为广泛,但 SWMM 模型为一维水文水动力模型,无法计算水量在地面的淹没范围及淹没深度,针对内涝模拟需求,国内外各水文水力研究单位开发了基于二维的内涝模拟软件,目前应用比较广泛的有 DHI 的 MIKE FLOOD、CHI 的 PCSWMM、Wallingford 的 Infoworks 以及 Delft 的 SOBEK 等商用软件。

根据上述需求,并结合镇江市的情况,在本工作中常规管网排放系统选用的模型为 SWMM,内涝风险评估模型选择 PCSWMM。PCSWMM 内涝评估的技术路线见图 6-23。

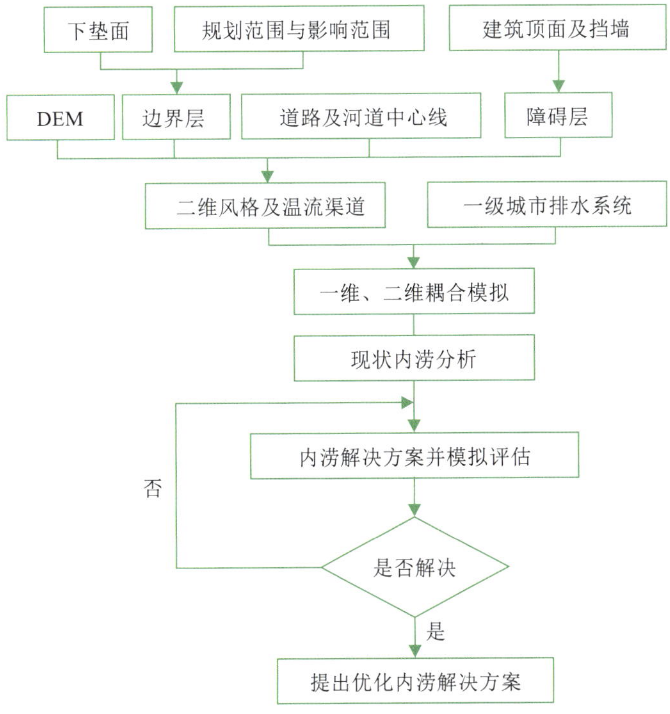

图 6-23 PCSWMM 内涝评估的技术路线

PCSWMM 是加拿大计算水力研究所(Computational Hydraulics International,CHI)

基于 EPA-SWMM 改进的模型，于 2017 年更新至 7.1 版。PCSWMM 是一种分布式模型，可以模拟动态的降水—径流过程。其径流模块部分综合处理各子流域所发生的降水、径流和污染负荷。其汇流模块部分则通过河网、管网、渠道、蓄水和处理设施、水泵、调节闸等进行水量传输计算。该模型可以跟踪模拟不同时间步长任意时刻每个子流域所产生径流的水质和水量，以及每个管道和河道中水的流量、水深及水质等情况(图 6-24)。

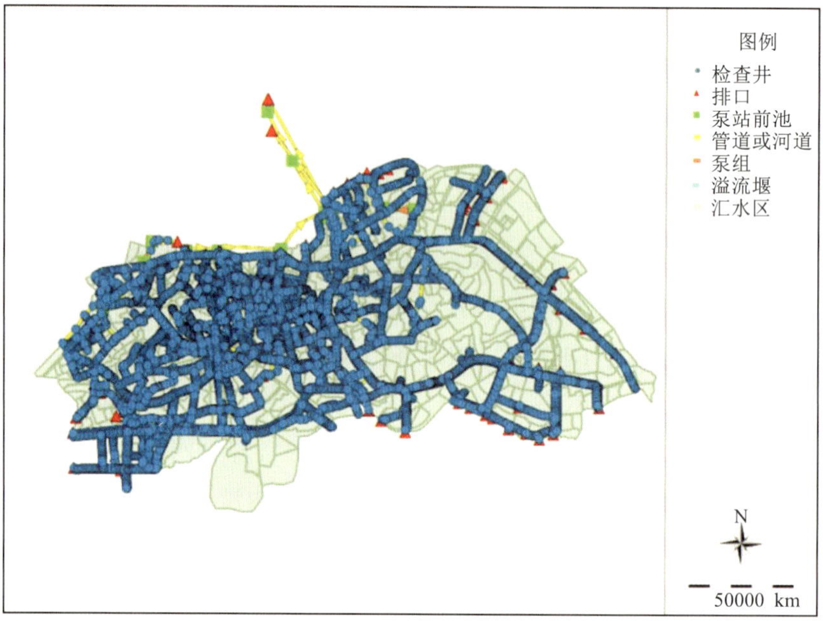

图 6-24　PCSWMM 界面

PCSWMM 产流模块可以综合考虑下垫面覆盖、土壤类型、径流路径和管网路由对地表产流的影响，将研究区域划分为若干个不规则的汇水区，并将这些不规则子汇水区概化成具有统一坡度、宽度及雨水出口的可用非线性水库模拟的矩形地表。在非线性水库模型中，降雨经过蒸发、洼蓄及下渗后形成径流。PCSWMM 提供了格林-安姆特法、曲线数法以及霍顿法 3 种下渗模式。本书采用 Horton 模式模拟产流中的入渗过程。汇流模块包括地表汇流和管道汇流两个过程；地表汇流综合非线性水库方程和曼宁公式，联立求解；管网汇流采用一维圣维南方程组进行管网流量、水位演算，模型有 3 种演算方法待选：稳流、运动波和动力波。本书采用能够模拟有压流及回水等更为复杂的水流运动的动力波进行流量演算。低影响开发模块可设置适合方案的设施结构层参数，并将低影响开发设施添加至子汇水区内，表现为面积百分比，或者可为某项低影响开发设施重新分配独立的汇水区，通过改变汇水区产流路径、滞留降雨量，实现径流控制。

内涝模型是以一维陆域地表模型为基础，利用现况下垫面资料、土地使用规划资料、数值地形资料、管网普查资料与规划管网平面等资料，构建镇江市中心城区内涝评估模型。模型平面图见图 6-25，总面积 47.67km²，共分为 3773 块汇水区，所汇入管道总长约 254.21km。为模拟海绵城市建设后内涝变化情形，模型中也整合了海绵城市建设至今的源头、过程及末端相关设施。

考虑建成区存在大量的建筑物及水工构筑物，将影响地表径流的物理结构，从而阻碍地表径流的流动，因此本书在构建二维内涝模型时特别添加了障碍物图层（图 6-26）。

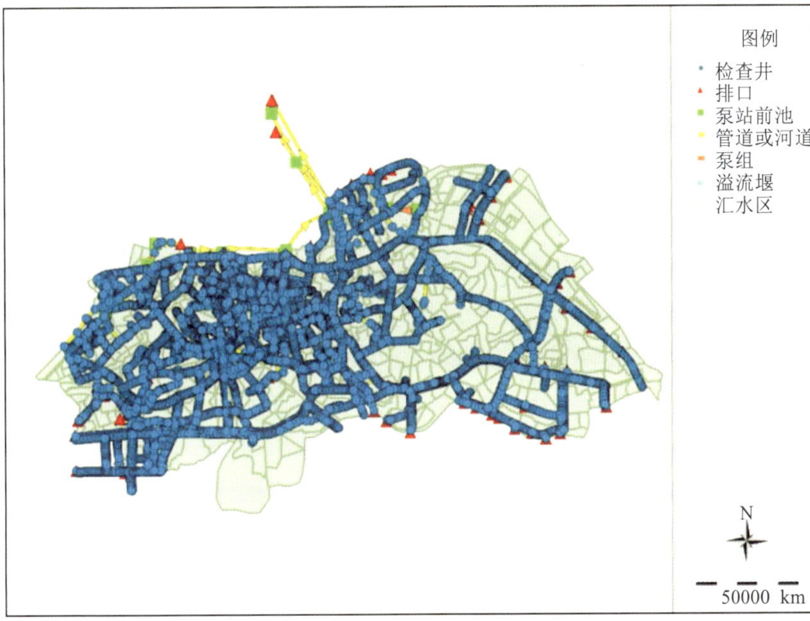

图 6-25　镇江市中心城区内涝模型平面图

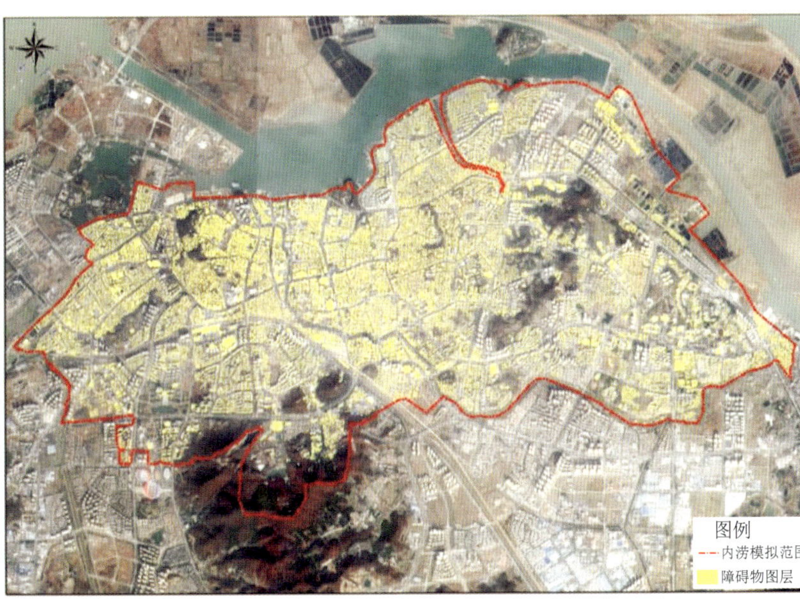

图 6-26　二维内涝模型障碍物图层

二维内涝模型是以土地利用类型中的屋面为障碍物图层，内涝模拟范围内障碍图层总面积 9.66km²，添加障碍物图层后，模型在生成二维网格时，将自动切除障碍物图层覆盖的区域，即障碍物图层覆盖的区域将不参与二维内涝的演算。模型所生成的二维网格见图 6-27。

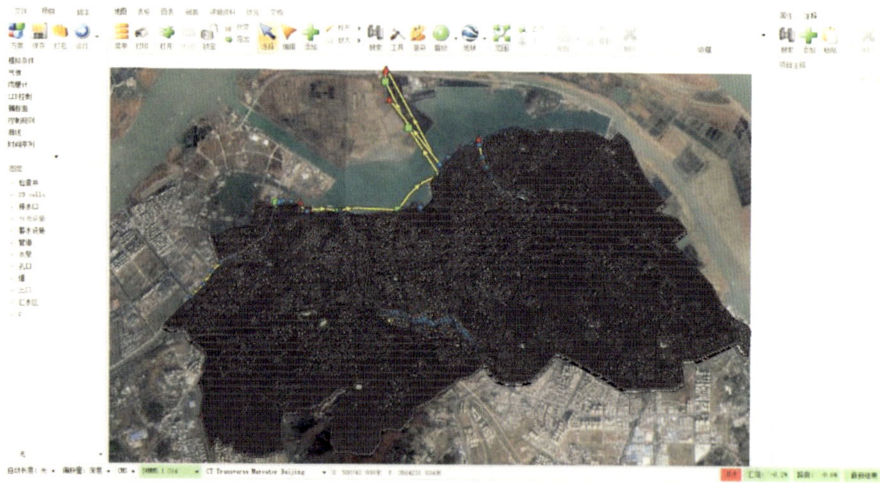

图 6-27　二维网格

6.4.4　模型耦合

整体模型架构流程见图 6-28，HSPF 及 SWMM 接受了大气降雨和下垫面状况的输入数据，经由模拟产出径流及面源水质等数据，以汇入 HEC-RAS 及 EFDC 的流量、水位为侧入流条件，模拟金山湖水系流量、水位数据，并且更进一步使用 EFDC 和 WASP 模拟金山湖水系的水质数据。HSPF 及 SWMM 接受了大气降雨输入数据，将模拟产出径流及面源水质等数据作为 HEC-RAS 或 EFDC 模型的入流边界条件，进一步计算三河（运粮河、古运河、虹桥港）及金山湖的流量、水位及水质。另外将 HEC-RAS 水动力结果作为 WASP 模型支持，计算模拟出水系水质模拟。

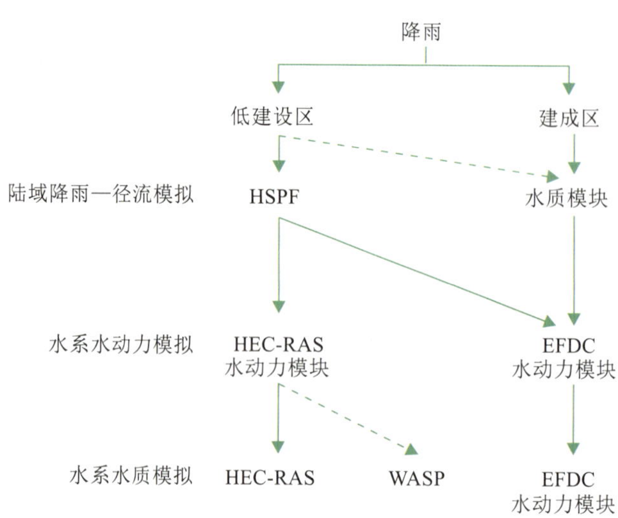

图 6-28　架构流程

有关镇江市金山湖流域水环境工程方案基于 TMDL 模型体系率定验证、评估报告内容使用 HSPF、HEC-RAS、SWMM、EFDC、WASP 等 5 种模型，各模型在金山湖流域模拟范围及界面。HSPF 模拟范围为金山湖流域郊区地带，并将郊区支流模拟结果汇入三河模型；SWMM 模拟范围为金山湖流域建成区地带，并将建成区管网模拟结果汇入三河模型；HEC-RAS 则接受 HSPF 及 SWMM 的模拟结果，模拟金山湖流域运粮河、古运河、虹桥港，反映三河模拟水质及水力的用途；EFDC 则接受 HSPF 及 SWMM 的模拟结果，模拟金山湖流域运粮河、古运河、虹桥港及金山湖，执行三河及金山湖的水动力及水质模拟；WASP 则接受 HEC-RAS 的水动力模拟结果，模拟山湖流域运粮河、古运河、虹桥港水质。图 6-29 展示了各模型构建目的。模型构建的主要目的是评估镇江市金山湖流域三河一湖整体流域的污染物总量，同时在制定各管制方案时协助计算流域污染物削减量，以评估方案实际成效。其中 HSPF 为模拟郊区，未来方案在规划评估时，可配置低影响开发、BMP 设施、源头管理措施、水土保持方案，评估径流控制成效及面源污染削减成效。SWMM 模拟建成区，未来方案在规划评估时，可配置低影响开发、改善管网、改善 CSO、末端设施、大口径等措施，评估径流控制成效、面源污染削减成效及内涝防治成效。HEC-RAS 及 WASP 模拟运粮河、古运河及虹桥港，未来方案在规划评估时，可配置优化闸站操作、改善堤坝、改善水质措施，评估防洪成效及河流水质变化。EFDC 模拟运粮河、古运河、虹桥港及金山湖，未来方案规划评估时，可优化换水操作、湖体疏浚，评估湖体防洪成效及湖体水质变化。

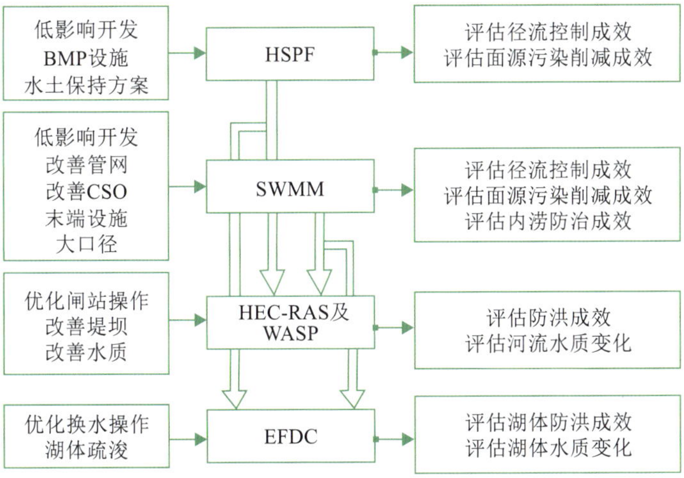

图 6-29 水环境模型构建目的与相对应的改善措施

6.4.5 镇江市金山湖流域面源污染控制效果评估

镇江市三河一湖的模拟面积为 193km²，除了在一期的基础上增加 57km² 以外，模型还添加了一系列的海绵设施及末端改造工程等，以有效削减城市面源污染。本期面源污染负荷的统计分析是以汇水区模型 SWMM 模拟结果为基准，模拟时间范围为 2019 年全年，镇江市 2019 年降雨量为 582.9mm，小于 2017 年降雨量，模拟的污染物指标为五日生化需氧量、化学需氧量、氨氮、总磷和总悬浮固体量。

根据 SWMM 模拟结果，以各排口的受纳水体统计各污染指标的负荷，统计结果见表 6-15。由表可知，在 2019 年降雨条件下，模拟范围内金山湖流域的五日生化需氧量总负荷为 2207.99t/a，化学需氧量总负荷为 3879.40t/a，氨氮总负荷为 286.65t/a，总磷总负荷为 40.81t/a，总悬浮固体量总负荷为 3118.39t/a。

表 6-15　海绵城市建设后各水体污染负荷统计　（单位：t/a）

水系	水体	五日生化需氧量	化学需氧量	氨氮	总磷	总悬浮固体量
古运河	古运河	370.62	675.75	57.47	8.19	534.85
	四明河	239.93	427.00	25.31	4.07	339.29
	团结河	234.23	464.37	15.67	2.26	280.12
	玉带河	167.88	307.87	34.02	3.02	186.55
	周家河	24.42	43.53	0.84	0.18	30.49
运粮河	运粮河	80.13	161.57	2.36	0.65	103.51
	光明河	42.62	43.86	0.79	0.35	81.64
	御桥港	251.64	320.60	4.96	2.16	386.49
虹桥港	虹桥港	366.49	744.05	90.52	11.80	538.83
一夜河	一夜河	47.41	47.88	0.82	0.45	78.47
金山湖	金山湖	164.56	312.51	35.69	4.99	252.28
水库	水库	125.03	187.09	15.86	1.66	161.02
长江	长江	93.04	143.32	2.34	1.02	144.85
总计		2207.99	3879.40	286.65	40.81	3118.39

对三河一湖的负荷占比进行分析，不同污染物占比见图 6-30 至图 6-34（注：由于四舍五入，部分占比总和可能不等于 100%，下同），综合来看，古运河的污染负荷最大，其中五日生化需氧量负荷占比为 46.97%，化学需氧量负荷占比为 49.45%，氨氮占比为 46.51，总磷、总悬浮固体量负荷占比分别为 43.44%、43.97%，古运河的汇水区域范围较大，因此排放的污染物也较多。其次为运粮河和虹桥港，运粮河五日生化需氧量及总悬浮固体量负荷的占比分别为 16.96%和 18.33%，虹桥港化学需氧量、氨氮及总磷负荷的占比分别为 19.18%、31.58%和 28.91%。此外，虹桥港所排放的营养盐量较多。

本期下河取样获得污染物总量统计结果见表 6-16。由表可知，雨水排口下河污染比例较高，其中五日生化需氧量为 1366.601t/a，化学需氧量为 2237.334t/a，氨氮为 220.625t/a，总磷为 28.965t/a，总悬浮固体量为 1892.014t/a，各负荷占比分别为 60.53%、60.25%、76.97%、70.97%、60.67%，各负荷占比见图 6-35 至图 6-39。

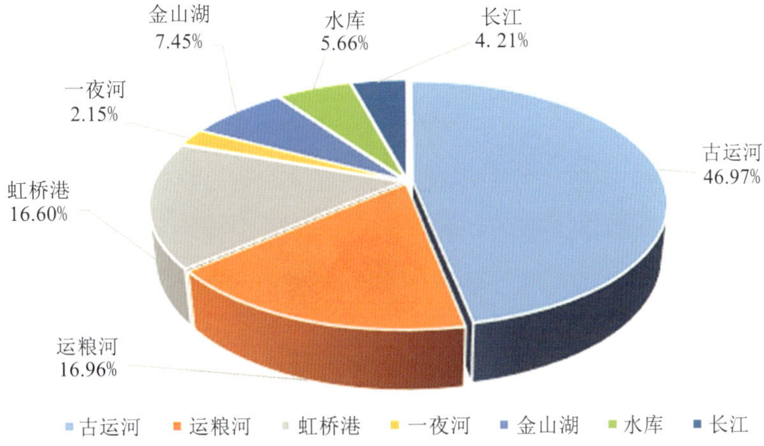

图 6-30 金山湖流域各河湖五日生化需氧量负荷占比

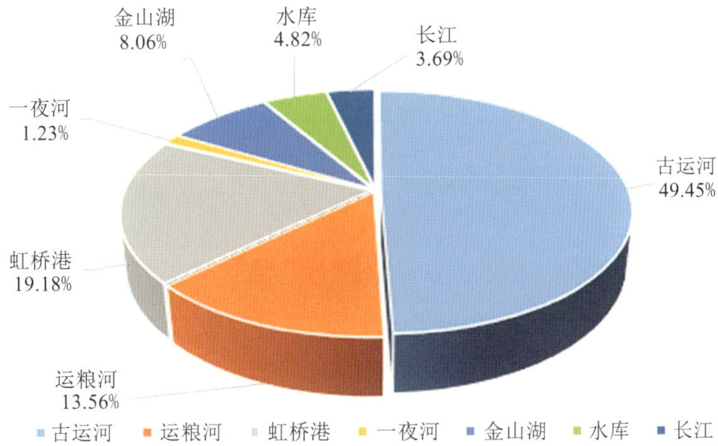

图 6-31 金山湖流域各河湖化学需氧量负荷占比

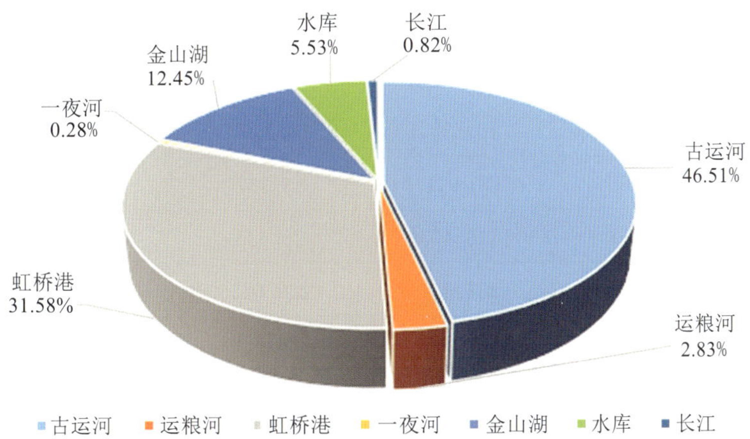

图 6-32 金山湖流域各河湖氨氮负荷占比

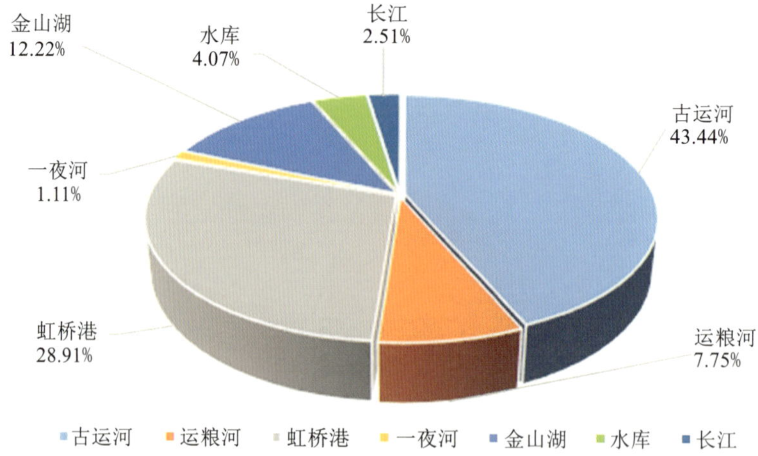

图 6-33 金山湖流域各河湖总磷负荷占比

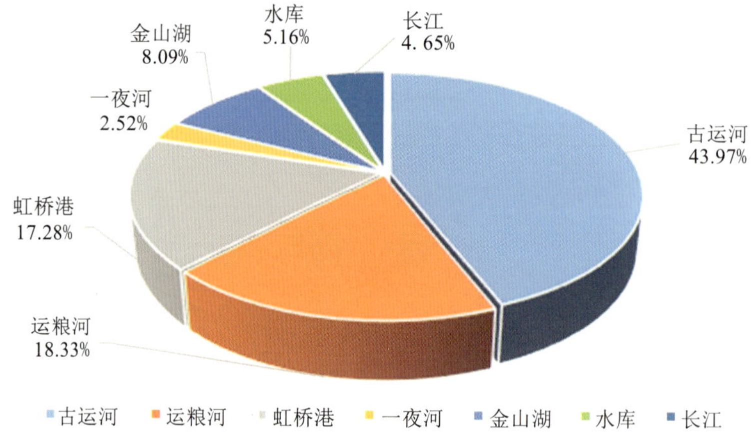

图 6-34 金山湖流域各河湖总悬浮固体量负荷占比

表 6-16 本期下河取样获得污染物总量统计结果 (单位:t/a)

排口类型	五日生化需氧量	化学需氧量	氨氮	总磷	总悬浮固体量
泵站排口	13.788	10.682	0.245	0.148	24.021
溢流口	195.260	390.911	45.157	5.978	300.172
面源	662.341	1140.473	20.625	5.719	902.182
雨水排口	1336.601	2337.334	220.625	28.965	1892.014
总计	2207.990	3879.400	286.650	40.810	3118.390

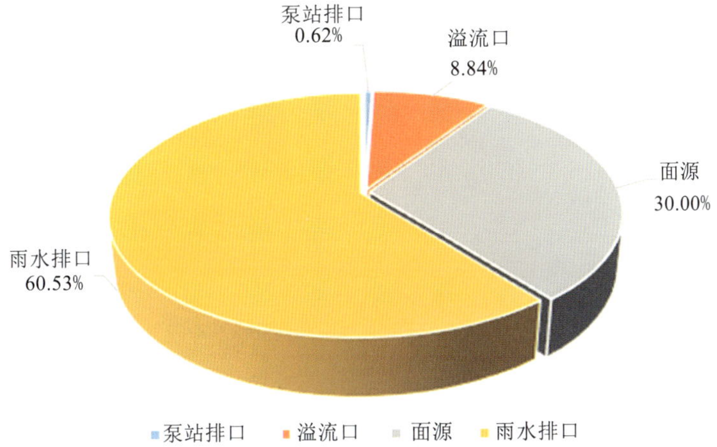

图 6-35 各类型排口五日生化需氧量负荷占比

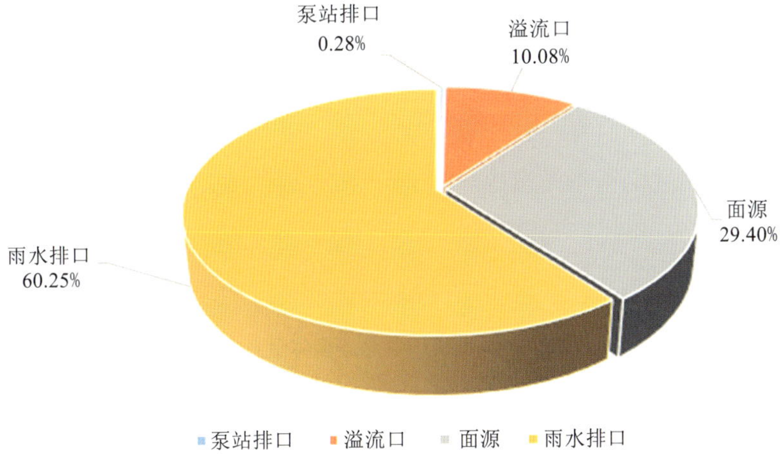

图 6-36 各类型排口化学需氧量负荷占比

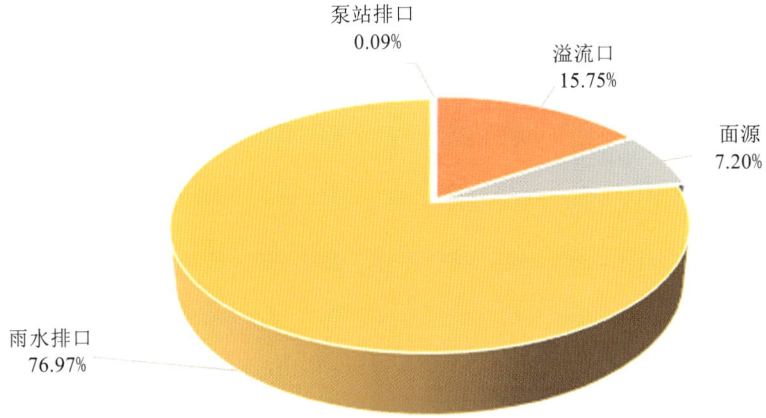

图 6-37 各类型排口氨氮负荷占比

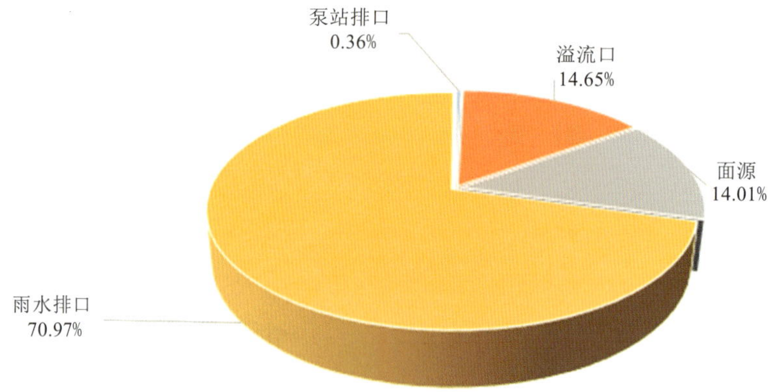

图 6-38　各类型排口总磷负荷占比

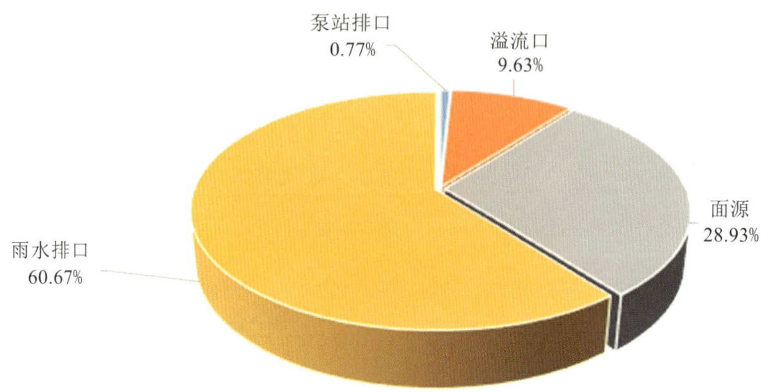

图 6-39　各类型排口总悬浮固体量负荷占比

分别计算三河一湖的排口污染负荷，筛选出受纳水体污染负荷最多的排口，各个排口负荷统计结果见表 6-17。

表 6-17　主要排口下河取样获得污染负荷统计结果　（单位：t/a）

流域	排口类型	排口编号	五日生化需氧量	化学需氧量	氨氮	总磷	总悬浮固体量
运粮河	面源	YuQiaoGang-NPS（御桥港）	200.66	282.38	4.23	1.64	297.59
	雨水排口	Y75740（润清路）	32.34	72.96	1.04	0.26	40.37
	面源	YunLiangRiver-NPS（运粮河）	26.95	69.18	0.93	0.18	27.93
	雨水排口	Y280255（戴家门桥）	17.89	16.76	0.29	0.17	30.19
	雨水排口	Y70645（团山桥）	17.27	12.55	0.24	0.17	30.32
	汇总		295.12	453.81	6.73	2.42	426.41

续表

流域	排口类型	排口编号	五日生化需氧量	化学需氧量	氨氮	总磷	总悬浮固体量
古运河	溢流口	Y25482（黎明沟）	175.01	348.86	42.65	5.61	259.82
	雨水排口	Y280297（学府路）	145.40	281.04	33.58	2.78	151.16
	面源	SiMingRiver-NPS（四明河）	102.57	201.75	2.78	0.76	127.07
	雨水排口	Y57219（金谷路）	83.64	173.09	21.64	2.79	122.64
	面源	TuanjieRiver-NPS（团结河）	55.09	182.88	2.27	0.25	35.69
	面源	ZhouJiaRiver-NPS（周家河）	26.72	65.86	0.91	0.19	29.96
	汇总		588.43	1253.48	103.82	12.39	726.34
虹桥港	雨水排口	Y35993（禹山路）	137.68	299.2	38.19	4.84	198.89
	雨水排口	Y170075（小米山路）	123.45	264.78	32.57	4.16	178.07
	雨水排口	Y898（华润路）	78.16	157.2	19.29	2.53	115.72
	汇总		339.29	721.19	90.05	27.15	1407.30
金山湖	雨水排口	H284089（北固湾广场）	130.32	277.30	35.02	4.48	189.58
	雨水排口	Y21768（滨水路）	0.07	0.05	0	0	0.11
	汇总		130.38	277.35	35.03	4.48	189.70
总计			1013.93	1984.65	145.58	31.82	1626.95

注：由于百分位后的小数四舍五入，部分汇总结果与各分项之和略有出入。下同。

对运粮河进行排口分析可知，污染负荷较大的排口总共有 5 个，其中 2 个为面源排口，分别为御桥港片区和运粮河管网未覆盖片区，另外 3 个排口分别为润清路雨水排口、戴家门桥雨水排口及团山桥雨水排口，其中御桥港面源排口的污染负荷最大，五日生化需氧量负荷为 200.66t/a，化学需氧量负荷为 282.38t/a，氨氮负荷为 4.23t/a，总磷负荷为 1.64t/a，总悬浮固体量负荷为 297.59t/a，运粮河重点排口位置分布见图 6-40。以上 5 个排口所排放的五日生化需氧量、化学需氧量、氨氮、总磷及总悬浮固体量总负荷分别占运粮河各指标总负荷的 78.83%、86.27%、82.97%、76.63%及 74.59%。

对古运河进行排口分析可知，污染负荷较大的排口总共有 6 个，其中 3 个为古运河支流，即团结河、四明河和周家河汇入口，另外 3 个排口分别为黎明沟溢流口、学府路雨水排口及金谷路雨水排口，其中黎明沟溢流口的污染负荷最大，五日生化需氧量负荷为 175.01t/a，化学需氧量负荷为 348.86t/a，氨氮负荷为 42.65t/a，总磷负荷为 5.61t/a，总悬浮固体量负荷为 259.82t/a，古运河重点排口位置分布见图 6-41。以上 6 个排口所排放的五日生化需氧量、化学需氧量、氨氮、总磷及总悬浮固体量总负荷分别占古运河各指标总负荷量的 56.74%、65.34%、77.88%、68.87%及 52.97%。

虹桥港污染负荷较大的排口总共有 3 个，分别为禹山路雨水排口、小米山路雨水排口和华润路雨水排口，其中禹山路雨水排口污染负荷最大，五日生化需氧量负荷为 137.68t/a，化学需氧量负荷为 299.20t/a，氨氮负荷为 38.19t/a，总磷负荷为 4.84t/a，总悬浮固体量负荷为 198.89t/a，虹桥港重点排口位置分布见图 6-42。以上 3 个排口的五日生化需氧量、化学需氧量、氨氮、总磷及总悬浮固体量总负荷分别占运粮河各指标总负荷的 92.58%、96.93%、99.48%、97.75%及 91.43%。

金山湖污染负荷较大的排口共有 2 个，分别为滨水路雨水排口和北固湾广场雨水排口，金山湖的负荷来源主要为北固湾广场雨水排口，该排口的五日生化需氧量负荷为 130.32t/a，化学需氧量负荷为 277.30t/a，氨氮负荷为 35.02t/a，总磷负荷为 4.48t/a，总悬浮固体量负荷为 189.58t/a，金山湖主要排口位置分布见图 6-43。以上 2 个排口所排放的化学需氧量、氨氮及总磷总负荷分别占金山湖总负荷的 79.23%、88.75%、98.14%、89.88%及 75.19%。

图 6-40　运粮河重点排口位置分布

图 6-41　古运河重点排口位置分布

图 6-42　虹桥港重点排口位置分布

图 6-43 金山湖主要排口位置分布

6.4.6 镇江市金山湖流域水环境改善效果评估

由于 2017 年模型水质模拟结果中，仅有溶解氧指标较为吻合实际情况，因此以下仅对溶解氧指标进行 2017 年(海绵城市建设前)和 2019 年(海绵城市建设后)两期比较分析。

根据模型模拟结果，计算出的运粮河 2017 年和 2019 年两期溶解氧达标比例见图 6-44。可以看出，御桥港与运粮河交叉口和润州路桥(下游侧)断面 2017 年达标比例低一些，其余断面均为 100%达标。2019 年各断面均 100%达标。

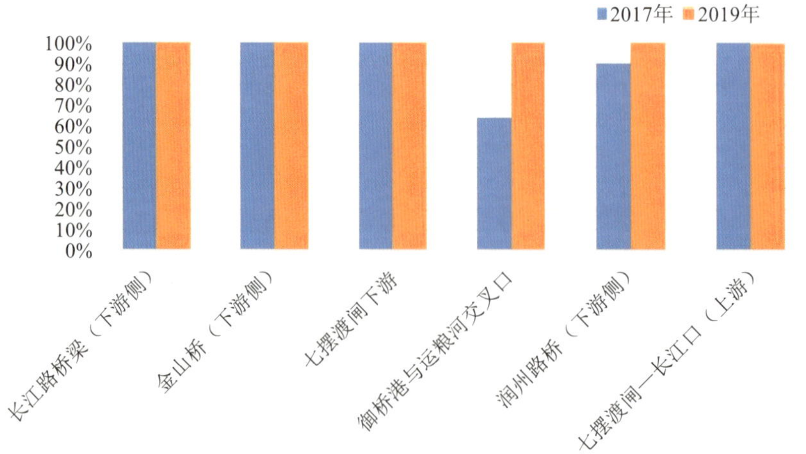

图 6-44 海绵城市建设前后运粮河溶解氧达标比例比较

根据模型模拟结果，计算出的古运河 2017 年和 2019 年两期溶解氧达标比例见图 6-45。可以看出，各断面 2017 年达标比例较高，都在 85%以上，2019 年各断面基本 100%达标。

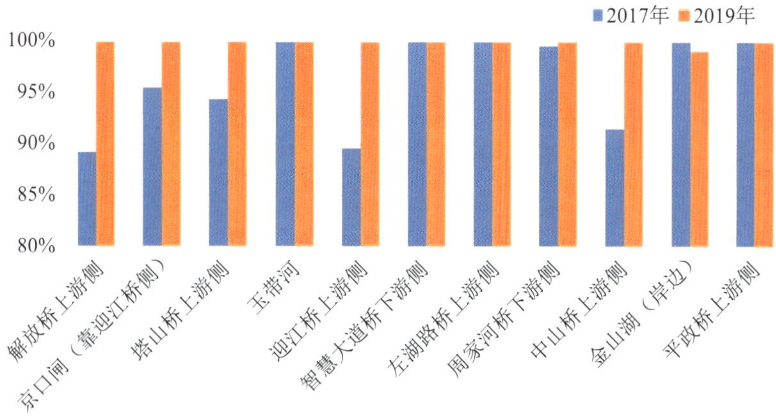

图 6-45　海绵城市建设前后古运河溶解氧达标比例

根据图 6-46 至图 6-49 显示的 WASP 模型模拟结果，古运河各断面溶解氧达标比例在海绵城市建设前后均在 70%～90%，海绵城市建设后溶解氧达标率没有明显提升。生物需氧量达标比例在海绵建设后有大幅度提高。氨氮和总磷达标率在海绵城市建设前后均接近 100%。

根据模型模拟结果，计算出的虹桥港 2017 年和 2019 年两期溶解氧达标比例见图 6-50。2017 年虹桥港闸外侧（下游）和小八子饭庄（小桥）断面达标比例较低，均低于 50%，其余断面达标比例均在 80%以上。2019 年虹桥港闸内侧（上游）、九里街桥上游、小八子饭庄（小桥）断面达标比例在 90%以上，虹桥港闸外侧（下游）、聆江桥上游侧断面均 100%达标。

根据模型模拟结果，计算出的金山湖 2017 年和 2019 年两期溶解氧达标比例见图 6-51。由图 6-51 中可知，金山湖各断面在 2017 年和 2019 年均 100%达标。

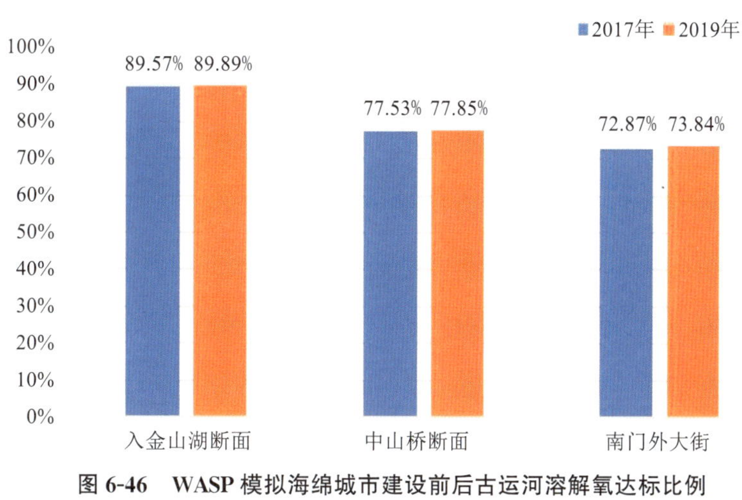

图 6-46　WASP 模拟海绵城市建设前后古运河溶解氧达标比例

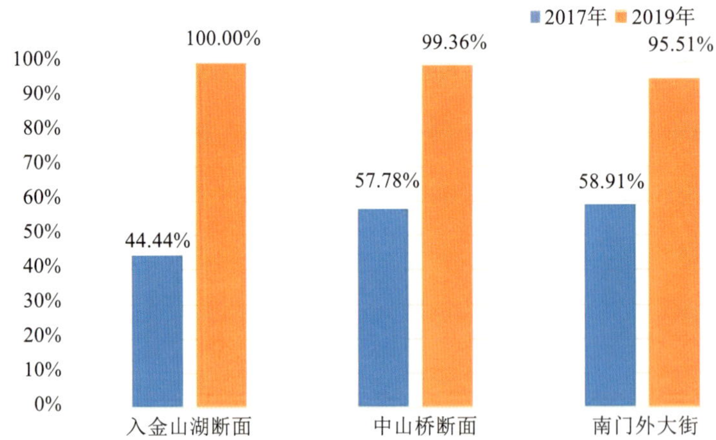

图 6-47 WASP 模拟海绵城市建设前后古运河生物需氧量达标比例

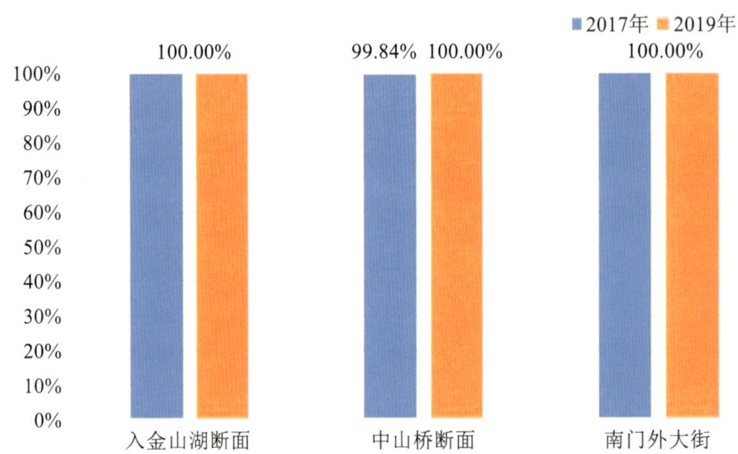

图 6-48 WASP 模拟海绵城市建设前后古运河氨氮达标比例

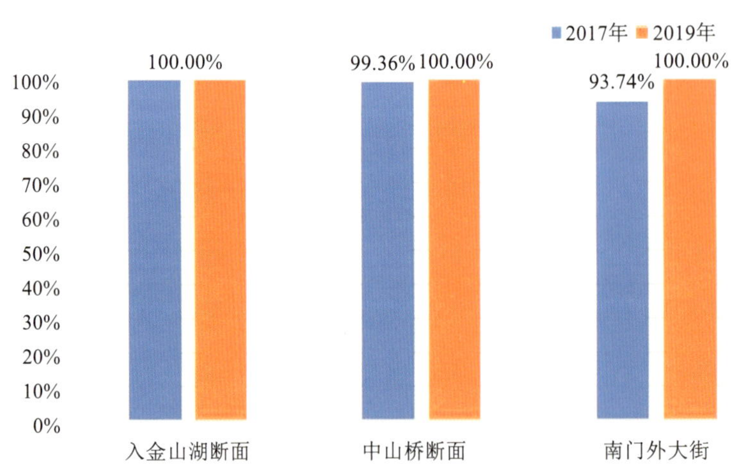

图 6-49 WASP 模拟海绵城市建设前后古运河总磷达标比例

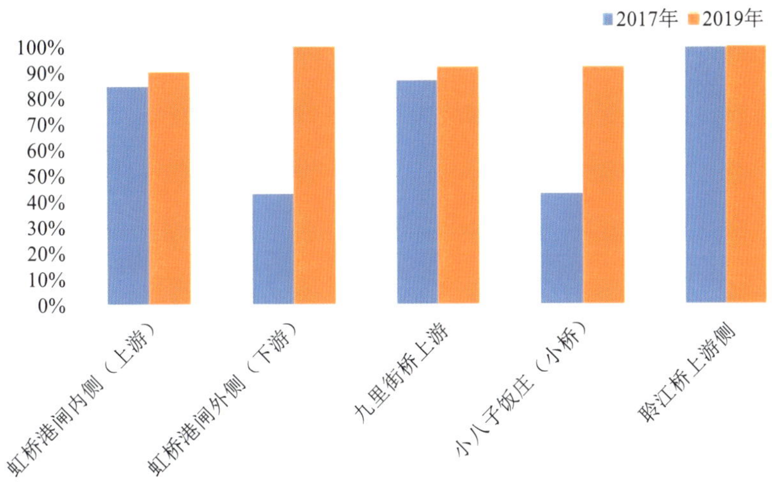

图 6-50　海绵城市建设前后虹桥港溶解氧达标比例

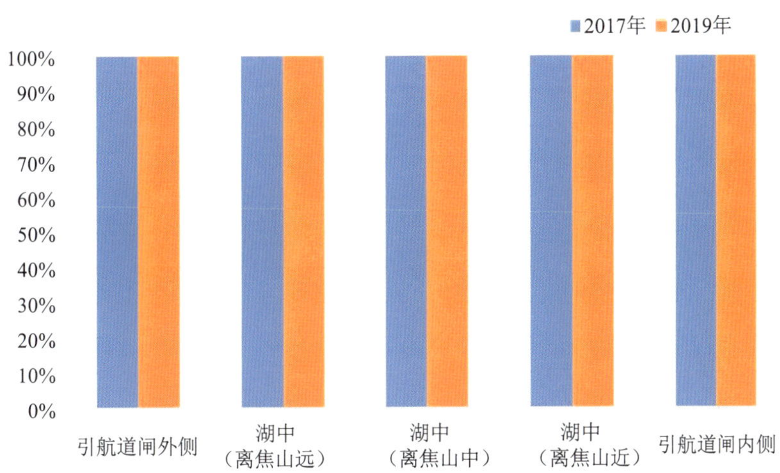

图 6-51　海绵城市建设前后金山湖溶解氧达标比例

6.4.7　水质达标分析

根据三河一湖水质目标，通过模型体系进行模拟，评估河湖各污染指标日平均浓度95%，达标允许5%的偏差情况下的入河湖污染削减需求量及比例见表6-18。表6-18中所示现状负荷是指海绵城市建设后的下河湖污染负荷日均总量，其中运粮河氨氮和总磷不需要再进行削减，化学需氧量还需削减35.56%，日污染负荷才能达到水质目标。古运河各指标达标情况均较差，其中化学需氧量需削减80.17%，氨氮需削减75.35%，总磷需削减85.44%。金山湖各指标达标均已达标，无需额外削减。虹桥港各指标达标情况最差，其中化学需氧量还需削减87.04%，氨氮还需削减99.03%，总磷还需削减99.07%。

总体而言，金山湖及运粮河达标情况较好，古运河和虹桥港较差，在下一步工作中需要重点进行污染削减管控。

表 6-18　　三河一湖水质达标各指标削减百分比

流域	化学需氧量			氨氮			总磷		
	现状负荷/(kg/d)	目标负荷/(kg/d)	削减比/%	现状负荷/(kg/d)	目标负荷/(kg/d)	削减比/%	现状负荷/(kg/d)	目标负荷/(kg/d)	削减比/%
运粮河	834.34	537.62	35.56	12.73	94.28	—	5.32	7.71	—
古运河	5500.35	1090.49	80.17	393.45	96.98	75.35	50.98	7.42	85.44
金山湖	96.10	485.34	—	1.80	37.13	—	1.38	2.21	—
虹桥港	2038.49	264.27	87.04	248.00	2.40	99.03	32.32	0.30	99.07

6.4.8 内涝改善分析

图 6-52 为镇江中心城区 24h30 年一遇降雨情境下内涝模拟结果，表 6-19 为最大积水深度面积统计结果。以最大深度积水深度超过 0.15m 进行统计，内涝面积为 229.84hm^2，其中积水深度区间(单位：m)(0.15，0.4)、[0.4，0.6)、[0.6，1.0]和大于 1.0 的面积分别为 161.85hm^2、39.79hm^2、20.76hm^2 和 7.45hm^2。以积水深度超过 0.15m 且积水时间大于 30min 进行统计，模拟范围内的总内涝面积为 83.63hm^2，模拟的内涝点位分布见图 6-53。

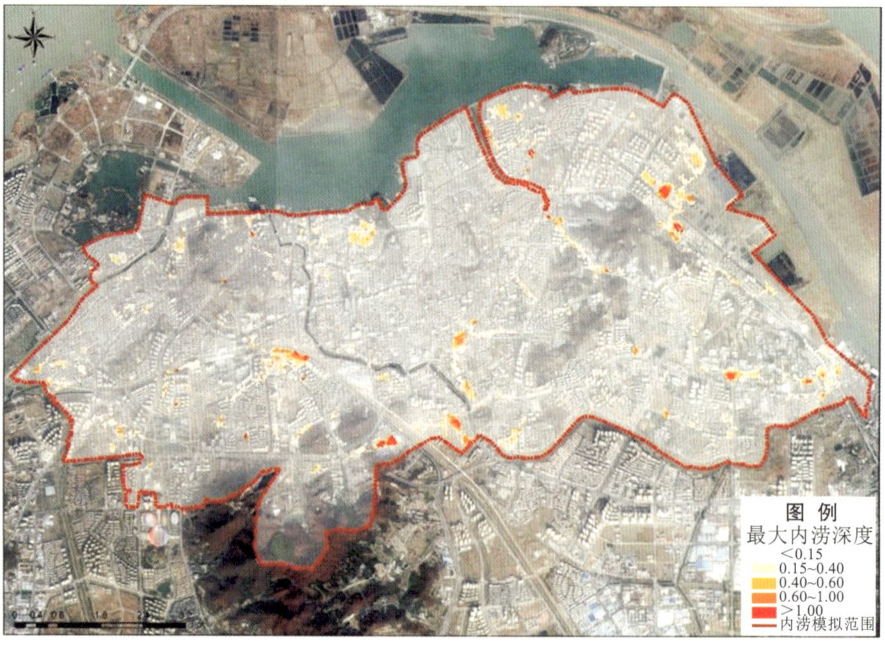

图 6-52　30 年一遇降雨最大积水深度分布

表 6-19　　30 年一遇降雨内涝面积统计

最大积水深度/m	(0.15,0.40)	[0.4,0.6)	[0.6,1.0]	大于 1
内涝面积/hm^2	161.85	39.79	20.76	7.45

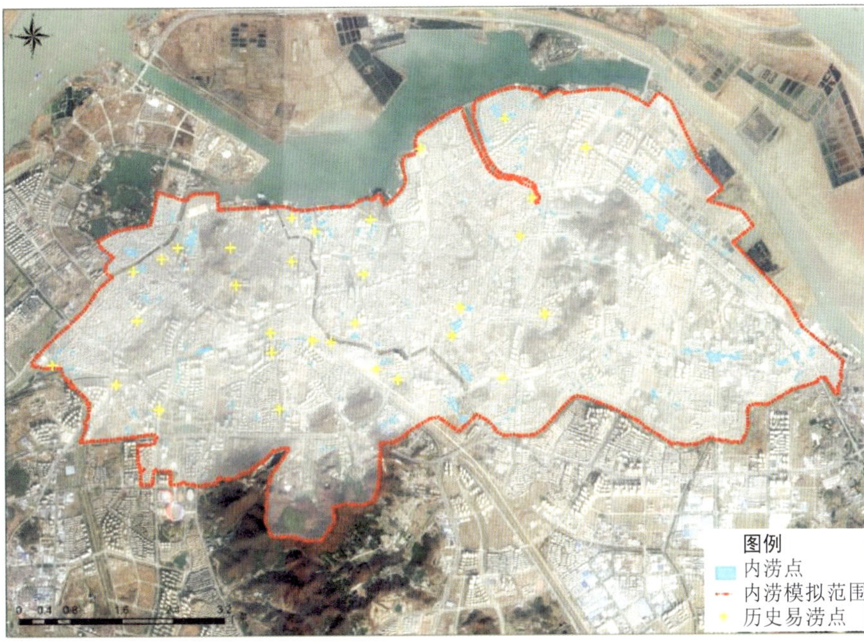

图 6-53 30 年一遇降雨内涝点位分布

在 30 年一遇降雨情境下，京口路段有较大面积的积水超过 0.15m，但这些路段排水能力较好，基本在 30min 内完成退水。由图 6-53 可知，随着降雨重现期的增大，最大积水深度的区域面积随之增加，区域内积水在地形因素的作用下，向地势较低的中下部流动，使得中下部裸地和部分绿地区域积水范围逐渐漫延到周边，使得积水超过 30min 的区域范围增大。在 30 年一遇降雨情境下，运粮河区域的桃园新村、琴园小学、润房・润康城，虹桥港区域的江山名洲积水都较为严重(图 6-54、图 6-55)。

图 6-54 运粮河上游段区域内涝点

图 6-55 江山名洲内涝点

第 7 章　海绵城市效果评价

海绵城市建设绩效评价是对海绵城市建设项目的生态效益、社会效益、经济效益以及其改善城市内涝的效果、促进城市可持续发展等方面的绩效进行综合评价。海绵城市建设绩效评价的目的是以评价过程来促进建设、以评价结果来监督管理、以评价反馈来指导发展，对新建海绵城市的规划设计，以及老旧城区的海绵化改造，都具有理论意义和实际指导意义。海绵城市建设面临环境的不确定性、投资的不可逆性和决策的复杂性，绩效评价的引入有助于改善海绵城市建设面临的诸多挑战和发展压力。合理的绩效评价能为海绵城市建设提供技术层面的参考标准，维持城市的健康高效运转和技术水平的稳步提升；能为海绵城市建设提供直观的投资建议，保障建设投资的平稳有序和资源投入的回报反馈；能为海绵城市建设提供政策和决策支持，建立开放公正的发展环境和便捷稳定的发展通道。随着海绵城市的推广，建设绩效评价不仅是政府关心的要点，而且是市场、学术界和公众关注的焦点，科学合理的绩效评价方案能进一步推动海绵城市的广泛发展和海绵城市建设的高效实施。

7.1　海绵设施的效果评价

在降雨过程中，对雨水花园、下凹绿地、植草沟、透水铺装和道路生物滞留设施进行人工采集水样和检测，可观测典型海绵设施污染物削减效果，通过对海绵设施进出水口污染排放量进行对比，来计算典型海绵设施对径流污染的削减效果。因此，对典型海绵设施开展监测，便于探究海绵设施实际运行效果，为海绵城市建设提供设施经验参数。

7.1.1　评价对象

7.1.1.1　生物滞留设施

生物滞留设施是指在地势较低的区域，通过土壤的过滤和植物的根部吸附、吸收，以及微生物系统等作用去除雨水径流中污染物的人工设施。生物滞留设施的典型构造和监测点位布置示意图见图 7-1，需要分别在入水口、排水管底部的出流口和出水口处设置监测点位，进行流量测量，并对水质进行悬浮物监测。

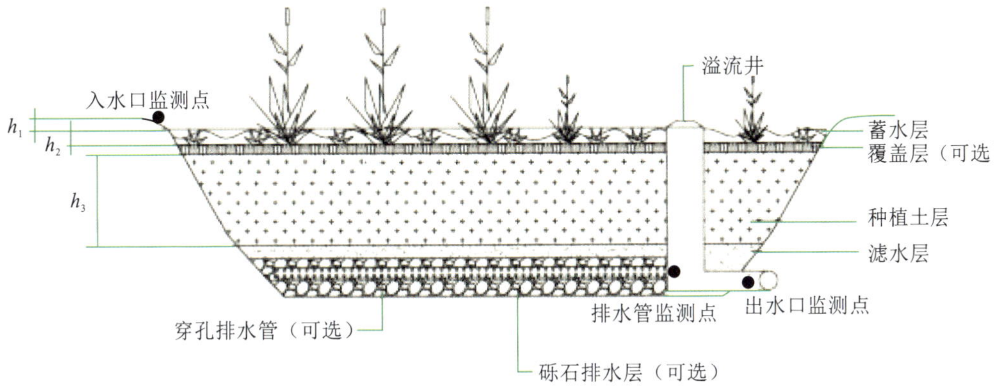

图 7-1　生物滞流设施结构与监测点位布置示意图

7.1.1.2　下沉式绿地

下沉式绿地是指狭义的下沉式绿地，一般低于周边铺砌地面或道路 100～200mm。下沉式绿地监测点位布置示意图见图 7-2。

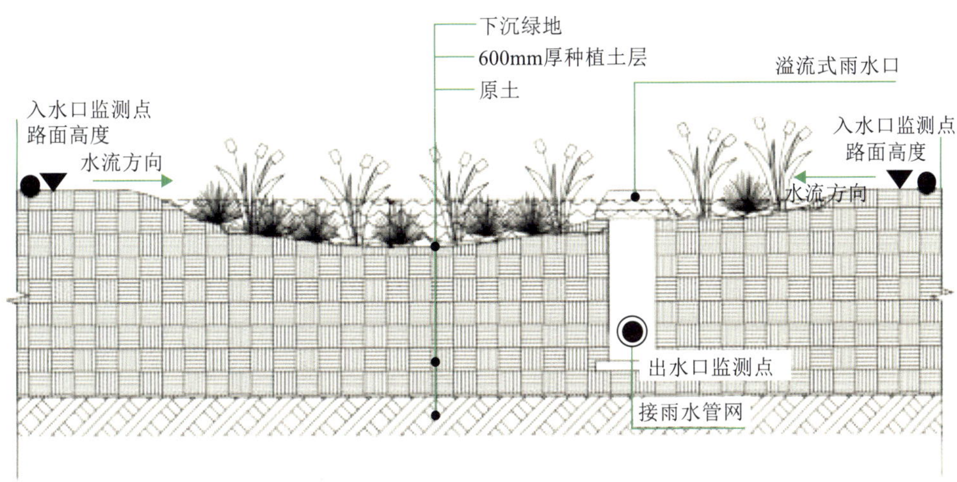

图 7-2　下沉式绿地监测点位布置示意图

7.1.1.3　植草沟

植草沟是指种有植被的地表沟渠，可收集、输送、渗透和排放径流雨水，并具有一定的雨水净化作用，可局部替代雨水管渠，包括传输型植草沟、渗透型植草沟等。

植草沟的典型构造和监测点位布置示意图见图 7-3 至图 7-5，需要分别在入流口、出流口(排水管出口)处设置监测点位，进行流量测量，并对水质进行悬浮物检测。

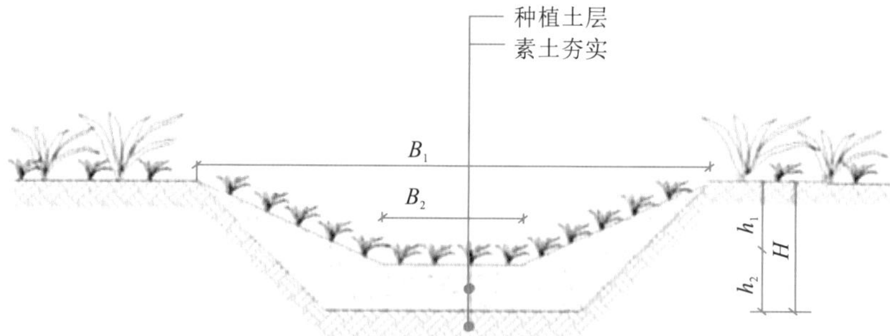

图 7-3　传输型植草沟示意图

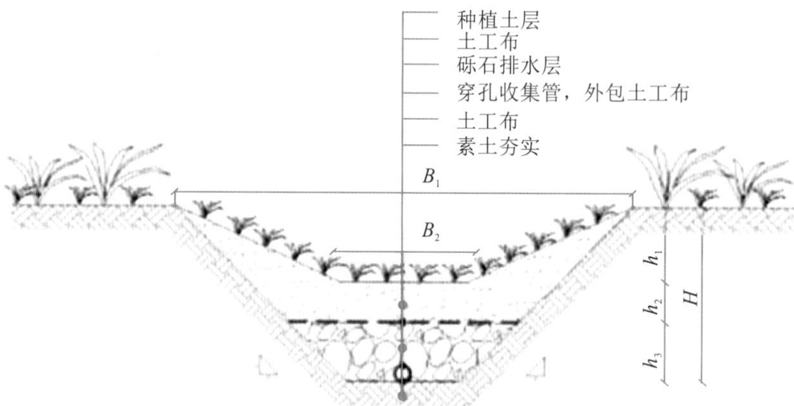

图 7-4　渗透型植草沟示意图

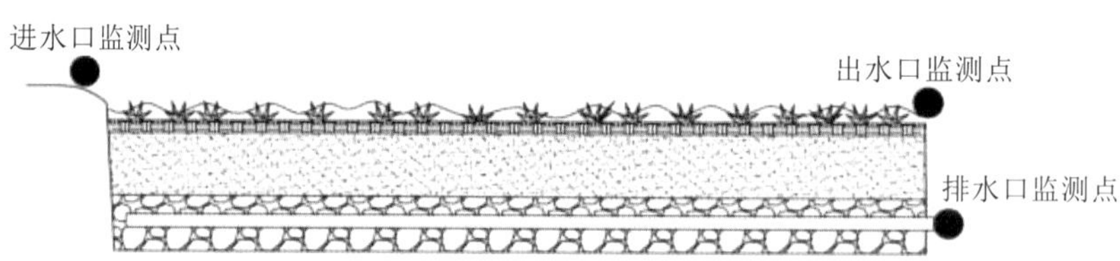

图 7-5　植草沟监测点位布置示意图

7.1.1.4　透水铺装

透水铺装是指在保持原有使用功能的前提下，提高雨水下渗能力，减小下垫面径流系数的雨水控制措施。透水铺装包括材质透水铺装和构造透水铺装两大类。材质透水铺装按照面层材料不同可分为透水砖铺装、透水水泥混凝土铺装和透水沥青混凝土铺装。

透水铺装的典型构造见图 7-6。透水铺装结构应符合现行《透水砖路面技术规程》(CJJ/T 188)、《透水沥青路面技术规程》(CJJ/T 190)和《透水水泥混凝土路面技术规程》(CJJ/T 135)的规定，每半年需要测试已建成透水铺装的下渗性能(包括透水材料的饱和渗透系数和空隙率)。

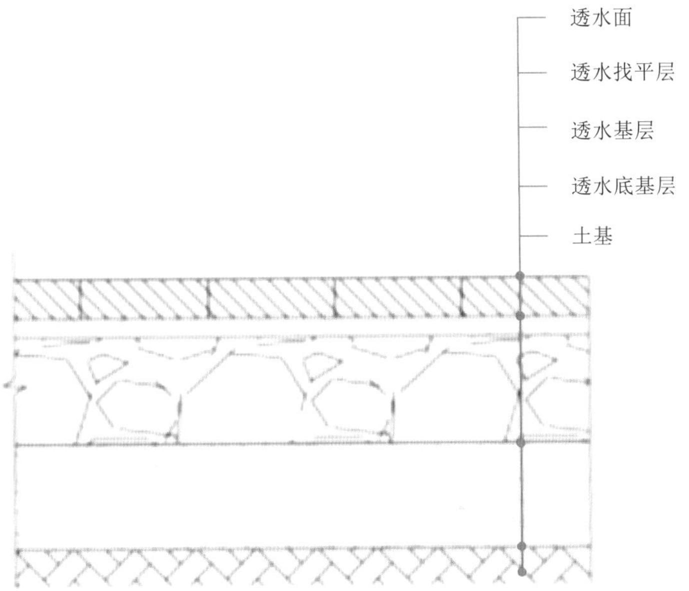

图 7-6　透水铺装结构示意图

7.1.2　评价指标体系

以《海绵城市建设绩效评价与考核指标办法(试行)》和《海绵城市建设评价标准》为监测考核评估的核心，结合海绵城市建设试点区实际情况，制定以下各项监测考核评估体系内容。

构建递阶层次结构是采用层次分析法计算评价指标权重的基础。海绵城市建设效果评价递阶层次结构可依据第 2 章中介绍的评价体系直接构建。递阶层次结构按照属性和支配关系分为 3 层，最高为目标层(A)；中间为准则层(B)，包含 4 个因素类别，即水生态、水资源、水环境、水安全；最底层为指标层(C)，包括年径流总量控制率、天然水域面积变化率、可透水地面面积比例、雨水资源利用率、污水再生利用率、地下水埋深、黑臭水体治理达标率、溢流污染控制、内涝积水点消除比例、内涝防治标准达标率等 10 个指标。

对海绵城市建设试点区域内典型海绵设施的进水口和出水口进行降雨量、流量、液位、水质(悬浮物浓度)监测，作为源头监测数据，支持海绵城市考核指标计算数据溯源，同时为海绵城市建设后设施运行效果的考核提供依据。

对于单项设施分析评价方法，日降雨量径流中各污染物负荷削减率由入流径流及出流径流污染物平均浓度按以下公式计算出：

$$R_i = \frac{C_{入}V_{入} - C_{出}V_{出}}{C_{入}V_{入}} \times 100\% \tag{7.1-1}$$

式中，R_i——第 i 天降雨中污染物负荷削减率；

$C_{入}$、$C_{出}$——第 i 天降雨中入流径流污染物平均浓度和出流径流污染物平均浓度，mg/L；

$V_{入}$、$V_{出}$——第 i 天降雨入流径流及出流径流体积，L。

式(7.1-1)中场次降雨入流(出流)径流污染物平均浓度可由式(7.1-2)计算得出：

$$C=\frac{\sum C_i V_i}{\sum V_i} \tag{7.1-2}$$

式中，C——入流(出流)径流污染物平均浓度；

C_i、V_i——采用时段的污染物浓度和径流体积。

对于单项设施的年径流污染物负荷削减率可通过入流(出流)水质、水量监测加数理统计分析实现。其计算方法见式(7.1-3)：

$$R=\frac{\sum \bar{C}_{入} V_i-\sum \bar{C}_{出} V_o}{\sum \bar{C}_{入} V_i} \tag{7.1-3}$$

式中，R——污染物年径流负荷削减率；

$C_{入}$、$C_{出}$——年降雨入流(出流)径流污染物平均浓度，mg/L；

V_i、V_o——第 i 天降雨入流(出流)径流体积，其可由流量计或液位计读数获取，L。

上式中年降雨污染物入流(出流)平均浓度可按式(7.1-4)计算：

$$C=\frac{\sum C_i V_i}{\sum V_i} \tag{7.1-4}$$

式中，C_i、V_i——全年所监测到的有限场次降雨的入流(出流)径流污染物平均浓度及径流体积。

7.1.3 监测参数

模型的海绵设施参数基于实际设计规格和手册资料典型值而确定。其中设施的尺寸大小及各层的厚度按照实际设计规格取值，而其余参数根据典型值而定。

7.1.3.1 生物滞留设施

简易型生物滞留设施的典型性设计参数：自然土壤入渗率为 507.6mm/h，地下水埋深在 10～20m，蒸发量为 1212mm/a。年径流总量控制率为 75.7%，设计雨强为 9.5mm/d，海绵设施的面积为 30m^2，服务面积比为 75.1%，种植土层饱和渗透系数为 18mm/h，蓄水层滞水排空时间为 48h，溢流口相对高度 h_1 为 300mm，生物滞留设施没有淹没区，蓄水池深度 h_2 为 350mm。生物滞留设施的覆盖层由碎石铺垫厚度 50mm；种植土层中原土、粗砂和营养土以 7∶2∶1 的比例铺垫深度 300mm；滤水层由土工布铺垫深度 5mm；砾石排水层的孔隙率 30%，深度 200mm。设施中穿孔排水管的公称直径为 100mm，主要的植物种类分为

24h 耐淹植物和 48h 耐淹植物，24h 的耐淹植物柳有枝稷、蓍草、八宝景天，48h 的耐淹植物有德国鸢尾、蛇鞭菊，种植的密度柳枝稷 0.3×0.3 株/m^2，八宝景天 0.15×0.15 株/m^2，德国鸢尾 0.3×0.3 株/m^2，蛇鞭菊 0.25×0.25 株/m^2。

7.1.3.2 下沉式绿地

下沉式绿地的典型性设计参数(部分的监测参数与简易型生物滞留设施相同)：自然土壤入渗率为 507.6mm/h，地下水埋深在 10～20m，蒸发量为 1212mm/a。年径流总量控制率为 81.3%，设计雨强为 10.6mm/d，海绵设施的面积为 47m^2，服务面积比为 300∶1，种植土层饱和渗透系数为 18mm/h，蓄水层滞水排空时间为 24h，溢流口相对高度 h_1 为 300mm，下沉式绿地没有淹没区，蓄水池深度 h_2 为 400mm。下沉式绿地的覆盖层由碎石铺垫厚度 50mm；种植土层中种植土、原土和河沙土以 1∶1∶1 的比例铺垫深度 400mm；主要的植物种类分为 24h 耐淹植物和 48h 耐淹植物，24h 耐淹植物有荷兰菊和德国景天，48h 的耐淹植物有德国鸢尾，种植的密度荷兰菊 36 株/m^2，德国景天 36 株/m^2，德国鸢尾 36 株/m^2。

7.1.3.3 植草沟

渗透型植草沟的典型性设计参数：自然土壤入渗率为 25.56mm/h，地下水埋深在 10～20m，蒸发量为 1212mm/a。设计降雨重现期 2 年，海绵设施的汇水面积为 197.5m^2，长度为 25.5m，设计流速 0.5m/s，水力停留时间 t 为 5min，植草沟的沟高 h_1 为 200mm，植草沟的种植土层中原土、粗砂和营养土以 7∶2∶1 的比例铺垫深度 100mm；砾石排水层的孔隙率 30%，深度 200mm。主要的植物种类有不同的马尼拉草皮、混播草、菖蒲等。

7.1.3.4 透水铺装

透水砖铺装(人行道、行车道)的典型性设计参数：自然土壤入渗率为 125.4～507.6mm/h，地下水埋深在 10～20m 范围之内，蒸发量为 1212mm/a。设施的服务面积比为 100∶1，透水面的材料为透水砖铺垫，孔隙率大于 15%，厚 60～100mm；透水找平层中干硬水泥和砂浆以 1∶3∶7 的比例铺垫厚度 30mm。

7.1.4 建设效果评价

7.1.4.1 生物滞留设施

生物滞留设施效果监测数据汇总见表 7-1。

综上所述，雨水花园的简易型和复杂型生物滞留设施共监测到 12 场有效降雨，降水量为 8.5～24.5mm，径流总量控制率为 40.98%～100%，水质参数中的悬浮物去除率为 22.24%～100%；生物滞留带共监测到 5 场有效降雨，降水量为 8.5～26.0mm，径流总量控制率为 77.41%～96.31%，悬浮物去除率为 59.63%～89.81%。可知，建设生物滞留设施对提高雨水径流总量控制和悬浮物去除率具有明显的效果。

表 7-1 生物滞留设施效果监测数据汇总

编号	设施类型		项目名称	降雨事件			水量参数			水质参数
				降雨日期	降雨量/mm	降雨历时/h	径流总量控制率/%	峰值越迟时间/min	峰值削减率/%	悬浮物去除率/%
1	雨水花园	简易型生物滞留设施	山水佳苑小区	20190615	24.0	21.67	61.59	15	76.49	53.6
				20190625	11.5	6.17	95.97	2420	95.27	87.83
				20190708	8.5	22.75	100	—	100	100
				20190714	17.0	6.83	58.81	10	83.10	22.24
				20190820	17.5	10.50	78.14	50	90.60	60.16
				20190826	15.5	8.50	59.10	70	77.93	42.33
				20190909	13.0	8.17	78.26	20	77.32	59.54
				20190917	9.5	12.83	74.45	30	66.39	70.67
		复杂型生物滞留设施	城西区第二幼儿园	20190813	14.0	5.42	93.66	510	67.81	86.51
				20190819	24.5	11.33	73.48	280	40.26	56.07
				20190912	18.5	15.67	40.98	285	68.28	34.91
			海西州干体所	20190819	18.0	10.50	97.65	5	48.17	95.93
2	生物滞留带	简易型生物滞留设施	文汇路	20190609	8.5	7.58	92.83	20	83.92	79.86
				20190614	26.0	21.92	77.41	5	18.26	59.63
				20190820	14.5	6.75	94.46	140	95.33	89.62
				20190825	19.0	10.58	96.31	100	96.96	89.81
			文苑路	20190624	10.0	6.33	89.82	500	82.25	64.70

7.1.4.2 植草沟

植草沟效果监测数据汇总见表 7-2。

表 7-2 植草沟效果监测数据汇总

编号	设施类型	项目名称	降雨事件			水量参数			水质参数
			降雨日期	降雨量/mm	降雨历时/h	径流总量控制率/%	峰值延迟时间/min	峰值削减率/%	悬浮物去除率/%
1	传输型植草沟	行知路	20190505	12.0	7.58	85.13	5	84.54	73.01
			20190627	7.5	11.17	92.51	10	86.43	79.57
			20190826	28.0	16.42	96.83	10	90.89	91.08
			20190904	7.0	0.83	3.90	25	3.60	—
			20190909	12.5	8.33	87.18	25	47.61	74.23
2	渗透型植草沟	文化公园	20191006	8.5	8.83	68.12	—	—	61.50
			20191015	7.5	11.67	71.87	—	—	61.50

综上所述，传输型植草沟共监测到 5 场有效降雨，降雨量为 7.0～28.0mm，径流总量控制率为 3.90%～96.83%，水质参数中的悬浮物去除率为 73.01%～91.08%；渗透型植草沟共监测到 2 场有效降雨，降雨量为 7.5～8.5mm，径流总量控制率为 68.12%～71.87%，悬浮物去除率为 61.50%。可知，建设植草沟对提高雨水径流总量控制和悬浮物去除率具有明显的效果。

7.1.4.3　透水铺装

透水铺装效果监测数据汇总见表 7-3。

表 7-3　透水铺装效果监测数据汇总

编号	设施类型	项目名称	降雨事件			水量参数			水质参数
			降雨日期	降雨量/mm	降雨历时/h	径流总量控制率/%	峰值延迟时间/min	峰值削减率/%	悬浮物去除率/%
1	透水砖	安泰华庭	20190427	7.5	4.42	70.83	—	—	47.92
			20190830	25.5	8.50	93.84	—	—	76.65
			20190904	9.5	6.67	91.98	—	—	90.66
			20190912	34.5	16.00	27.96			20.83
2	透水砖	依林佳苑	20190609	9.0	7.00	24.54	—	—	—
			20190615	9.0	7.42	78.40	—	—	—
			20190826	18.0	8.75	61.90	—	—	—
			20190909	13.5	7.92	45.27	—	—	—
3	透水砖	世通国际	20190626	10.5	17.58	69.73			67.07
			20190708	8.5	18.42	92.60			99.10
			20190904	7.0	0.83	20.44			12.70
			20190912	35.5	15.75	36.25			84.70

综上所述，铺装的透水砖共监测到 12 场有效降雨，降雨量为 7.0～35.5mm，径流总量控制率为 20.44%～93.84%，水质参数中的悬浮物去除率为 12.70%～99.10%。可知，对雨水径流控制和悬浮物去除率具有明显的效果。

7.2　海绵城市建设项目地块效果评价

在降雨过程中，对典型项目地块进行水样人工采集和检测，可观测海绵城市建设项目地块整体海绵设施的污染物削减效果，通过对项目地块海绵城市建设前的污染排放量进行对比，来计算项目地块径流污染的削减效果。因此，方案对典型项目地块开展径流量、水质检测，便于探究海绵城市建设项目的实际运行效果，为海绵城市建设提供经验参数。

7.2.1 项目地块点位分布及分析评价方法

7.2.1.1 项目地块点位分布

对西宁市海绵城市建设试点区内22处项目地块的雨水出水口进行降雨量、流量、液位、水质(悬浮物浓度)在线监测，作为源头项目监测数据，支持海绵城市考核指标计算数据溯源，同时选取试点区内湟水花园小区、安泰华庭小区、海湖广场科技馆、海湖广场大剧院、依林佳苑、瑞安小区等项目进行了精细化模型的概化，为海绵城市建设项目运行效果的考核提供模型评估。西宁市试点区典型项目地块点位情况见表7-4。

表7-4 西宁市试点区典型项目地块点位情况

序号	项目名称	项目类型	雨水排口点位位置	设备布置情况
1	文苑路	市政道路	海晏路1处，文景街1处	2处监测站点
2	文汇路		五四西路1处，海晏路1处	2处监测站点
3	光华路		五四西路1处，海晏路1处	2处监测站点
4	依林佳苑	新城小区	东门2处，西门1处	3处监测站点
5	安泰华庭	新城小区	东门2处，西门1处	3处监测站点
6	海湖广场大剧院	教育基地	大剧院道具馆门口1处	3处监测站点
7	海湖广场科技馆	教育基地	科技馆东门门口1处	1处监测站点
8	唐道637	商业广场	南广场1处	1处监测站点
9	世通国际	新城小区	小区门口1处	1处监测站点
10	山水佳苑	新城小区	小区门口1处	1处监测站点
11	五矿小区A座	新城小区	小区门口2处	2处监测站点
12	五矿小区B座	新城小区	小区门口2处	2处监测站点
13	市委党校	办公小区	小区东门1处	1处监测站点
14	市纪检委办案基地	办公小区	小区北门1处	1处监测站点
15	电力支行小区	老旧小区	小区门口1处	1处监测站点
16	湟水花园	老旧小区	小区门口2处	2处监测站点
17	海西干休所	老旧小区	小区门口1处	1处监测站点
18	瑞安小区	老旧小区	小区门口1处	1处监测站点
19	紫宁家园西区	老旧小区	小区门口1处	1处监测站点
20	虎台一巷15号院	老旧小区	小区门口1处	1处监测站点
21	虎台一巷16号院	老旧小区	小区门口1处	1处监测站点
22	省广播电视家属院	老旧小区	小区门口1处	1处监测站点

7.2.1.2 分析评价方法

(1)监测分析方法

1)年径流总量控制率。

通过雨水总排口监测的实时流量数据,可计算得到该排口相对应的排水分区的实际径流控制率。径流控制率可以细分为单场降雨事件径流总量控制率和年径流总量控制率。

①单场降雨事件径流总量控制率(ε)。

$$\varepsilon=\left(1-\frac{\sum_{0}^{t} q_{\text{out}} \Delta t}{m H}\right) \times 100\% \tag{7.2-1}$$

式中,q_{out}——出口处的流量,m^3/min;

Δt——监测时间间隔,min;

t——典型降雨事件的持续时间,min;

m——排水分区汇水面积,m^2;

H——降雨量,mm。

②年径流总量控制率($\varepsilon_{年}$)。

$$\varepsilon_{年}=\left(1-\frac{\sum_{0}^{T} q_{\text{out}} \Delta t}{m H}\right) \times 100\% \tag{7.2-2}$$

式中,q_{out}——出口处的流量,m^3/min;

Δt——监测时间间隔,min;

T——年降雨事件的持续时间,min;

m——排水分区汇水面积,m^2;

H——降雨量,mm。

2)径流污染去除率。

①源头污染负荷。

对于排水分区和地块项目来说,由于难以获得径流源头水质,因此需要实测屋顶、道路、绿地等类型的径流水质,计算不同下垫面污染物输出系数,同时借助 GIS 等软件提取不同下垫面面积,计算地块或排水分区上的源头污染负荷。

$$W_{\text{in}}=m \times f \tag{7.2-3}$$

式中,W_{in}——源头污染负荷,mg;

m——不同类型下垫面面积,m^2;

f——不同类型下垫面污染物输出系数,mg/m^2。

②外排污染负荷。

对于排水分区和地块项目,目前已经在雨水总排放口布设了流量计和悬浮物分析仪,通过实时监测的流量和水质数据,可以计算得到外排污染负荷。

$$W_{\text{out}}=\sum_{0}^{t} q \times c \tag{7.2-4}$$

式中，W_{out}——外排污染负荷，mg；

q——外排口流量，m^3/h；

c——外排口污染物浓度，mg/L；

t——时间，min。

③径流污染去除。

污染负荷削减率可以细分为单场降雨事件削减率和年污染负荷削减率。

a. 单场降雨事件削减率(R)。

$$R=\left(1-\frac{W_{out}}{W_{in}}\right)\times 100\% \tag{7.2-5}$$

b. 年污染负荷削减率($R_{年}$)。

$$R_{年}=\left(1-\sum\nolimits_{1}^{n}\frac{W_{out}}{W_{in}}\right)\times 100\% \tag{7.2-6}$$

式中，n——年有效监测降雨场次模型分析方法。

(2)模型分析方法

根据试点区现状情况建立 SWMM 模型，在模型中输入各完工项目的低影响开发及其他措施实际参数，并在模型中输入 2018 年度全年和典型场次降水量数据，模拟各排水分区出流情况，并统计各排水分区的全年和典型场次出水总量，与排水分区产生的全年和典型场次降雨量，若比值大于规划指标，则年径流总量控制率目标达标；若比值小于规划指标，则年径流总量控制率目标不达标。

径流污染悬浮物削减率可以细分为单场降雨事件削减率和年污染负荷削减率。

1)单场降雨事件削减率 R。

$$R=\left(1-\frac{W_{后}}{W_{前}}\right)\times 100\% \tag{7.2-7}$$

式中，$W_{前}$——海绵城市改造前场次外排污染负荷，mg；

$W_{后}$——海绵城市改造后场次外排污染负荷，mg。

2)年污染负荷削减率($R_{年}$)。

$$R_{年}=\left(1-\sum\nolimits_{1}^{n}\frac{W_{后}}{W_{前}}\right)\times 100\% \tag{7.2-8}$$

式中，n——年有效监测降雨场次。

7.2.2 项目效果评估

7.2.2.1 单场降雨事件效果评估

(1)降雨类型标准

国家气象部门规定的降雨量标准见表 7-5。

表 7-5 降水量划分标准 (单位:mm)

降雨类型	24h 降雨量	12h 降雨量
小雨	小于 10.0	小于 5.0
中雨	10.0～24.9	5.0～14.9
大雨	25.0～49.9	15.0～29.9
暴雨	50.0～99.9	30.0～69.9
大暴雨	100.0～249.0	70.0～139.9
特大暴雨	250.0 及以上	140.0 及以上

(2)典型降雨选取

参考国家气象部门降雨类型划分标准,分析西宁市多年降雨数据,结合雨量站在 2018 年的雨量监测数据及各排口出流监测情况,本年度场次降雨事件效果评估共选取 7 场典型降雨(分别为 3 场小雨、3 场中雨和 1 场大雨)为评估对象具体场次及降雨量见表 7-6。

表 7-6 场次评估典型降雨条件

日期	平均降雨量/mm	降雨类型
5 月 9 日	8.3	小雨
5 月 21 日	10.8	中雨
6 月 7 日	9.1	小雨
7 月 2 日	29	大雨
7 月 19 日	6.2	小雨
8 月 3 日	16.3	中雨
8 月 18 日	14.2	中雨

(3)典型场次降雨径流控制效果评估

采用单场降雨事件径流总量控制率、单场降雨事件悬浮物削减率计算评估办法,对不同典型降雨场次下的以上 22 个地块项目进行单场降雨事件径流控制效果及单场降雨事件削减率评估计算,详细结果如下:

1)唐道 637。

唐道 637 监测段面积为 $2.72hm^2$,项目年径流总量控制目标为 76.7%,对应设计降水量为 9.8mm,悬浮物削减率为 44.5%,结合项目流量及悬浮物监测数据,唐道 637 在 3 场典型降雨场次中均有监测流量及悬浮物数据,根据单场降雨事件径流总量控制率及单场降雨事件悬浮物削减率计算公式,对唐道 637 进行场次径流总量控制率及场次污染物削减率评估,详细结果见表 7-7 和表 7-8。

表 7-7　　唐道 637 典型场次降雨径流控制效果评估

序号	日期	当日降雨量/mm	降雨总量/m^3	外排量/m^3	场次径流总量控制率/%
1	5月9日	7.5	204.1	34.0	83.3
2	5月21日	10.5	285.7	56.0	80.4
3	6月7日	12.0	326.6	77.8	76.2

表 7-8　　唐道 637 典型场次降雨悬浮物削减效果评估

序号	日期	当日降雨量/mm	悬浮物产生量/kg	外排量/kg	悬浮物削减率/%
1	5月9日	7.5	4.60	0.160	96.5
2	5月21日	10.5	6.44	1.100	82.9
3	6月7日	12.0	7.36	2.058	72.0

由表 7-8 可以看出，唐道 637 在所监测的典型场次降雨条件下，场次径流总量控制率及悬浮物削减率均达到年均控制目标要求。

2)依林佳苑。

依林佳苑监测段面积为 10.61hm^2，项目年径流总量控制目标为 73.4%，对应设计降雨量为 8.9mm，悬浮物削减率为 42.6%，结合项目流量及悬浮物监测数据，依林佳苑在 7 场典型降雨场次中均有监测流量及悬浮物数据，根据单场降雨事件径流总量控制率及单场降雨事件悬浮物削减率计算公式，对依林佳苑进行场次径流总量控制率及场次污染物削减率评估，详细结果见表 7-9 和表 7-10。

表 7-9　　依林佳苑典型场次降雨径流控制效果评估

序号	日期	当日降雨量/mm	降雨总量/m^3	外排量/m^3	场次径流总量控制率/%
1	5月9日	7	742.742	24	96.8
2	5月21日	8	848.848	11	98.7
3	6月7日	9	954.954	24	97.5
4	7月2日	33	3501.498	249	92.9
5	7月19日	6	636.636	19	97.0
6	8月3日	20	2122.120	93	95.6
7	8月18日	15	1591.590	97	93.9

表 7-10　　依林佳苑典型场次降雨悬浮物削减效果评估

序号	日期	当日降雨量/mm	悬浮物产生量/kg	外排量/kg	悬浮物削减率/%
1	5月9日	7	17.612	3.1	82.4
2	5月21日	8	20.128	0.8	96.0
3	6月7日	9	22.644	2.6	88.5
4	7月2日	33	83.027	16.1	80.6

续表

序号	日期	当日降雨量/mm	悬浮物产生量/kg	外排量/kg	悬浮物削减率/%
5	7 月 19 日	6	15.096	1.3	91.4
6	8 月 3 日	20	50.319	8.0	84.1
7	8 月 18 日	15	37.740	6.9	81.7

由表 7-10 可以看出，依林佳苑在所监测的典型场次降雨条件下，场次径流总量控制率及悬浮物削减率均达到年均控制目标要求。

3)安泰华庭。

安泰华庭监测段面积为 5.0hm^2，项目年径流总量控制目标为 86.0%，对应设计降水量为 13.5mm，悬浮物削减率为 49.9%，结合项目流量监测数据，安泰华庭在 3 场典型降雨场次中有监测流量，根据单场降雨事件径流总量控制率及单场降雨事件悬浮物削减率计算公式，对安泰华庭进行场次径流总量控制率及场次污染物削减率评估，详细结果见表 7-11。

表 7-11　　安泰华庭典型场次降雨径流控制效果评估

序号	日期	当日降水量/mm	降雨总量/m^3	外排量/m^3	场次径流总量控制率/%
1	7 月 2 日	33.5	1661.566	299.946	82.0
2	7 月 19 日	6.0	297.594	5.670	98.1
3	8 月 3 日	16.0	793.584	94.000	88.2

由表 7-11 可以看出，安泰华庭在所监测的典型场次降雨条件下，场次径流总量控制率及悬浮物削减率均达到年均控制目标要求。

4)电力支行小区。

电力支行小区监测段面积为 0.75hm^2，项目年径流总量控制目标为 85.2%，对应设计降水量为 13.1mm，悬浮物污染物削减率为 49.4%，结合项目流量及悬浮物监测数据，电力支行小区在 3 场典型降雨场次中均有监测流量和悬浮物数据，根据单场降雨事件径流总量控制率及单场降雨事件悬浮物削减率计算公式，对电力支行小区进行场次径流总量控制率及场次污染物削减率评估，详细结果见表 7-12。

表 7-12　　电力支行小区典型场次降雨径流控制效果评估

序号	日期	当日降水量/mm	降雨总量/m^3	外排量/m^3	场次径流总量控制率/%
1	8 月 3 日	3.0	22.4	0	100
2	8 月 18 日	11.5	86.0	0	100

表 7-13　　电力支行小区典型场次降雨悬浮物削减效果评估

序号	日期	当日降水量/mm	悬浮物产生量/kg	外排量/kg	悬浮物削减率/%
1	8 月 3 日	3.0	0.913	0	100
2	8 月 18 日	11.5	3.501	0	100

由表 7-13 可以看出，电力支行小区场次径流总量控制率及悬浮物削减率均达到年均控制目标要求。

5)市纪检委办案基地。

市纪检委办案基地监测段面积为 0.46hm²，项目年径流总量控制目标为 78.3%，对应设计降水量为 10.3mm，悬浮物削减率为 45.4%，结合项目流量和悬浮物监测数据，根据单场降雨事件径流总量控制率及单场降雨事件悬浮物削减率计算公式，对市纪检委办案基地进行场次径流总量控制率及场次污染物前减率评估，详细结果见表 7-14。

表 7-14　市纪检委办案基地典型场次降雨径流控制效果评估

日期	当日降水量/mm	降雨总量/m³	外排量/m³	场次径流总量控制率/%
8 月 18 日	12	55.2	6.5	88.2

表 7-15　市纪检委办案基地典型场次降雨悬浮物削减效果评估

日期	当日降水量/mm	悬浮物产生量/kg	外排量/kg	悬浮物削减率/%
8 月 18 日	12	3.205	1.2	62.6

由表 7-15 可以看出，市纪检委办案基地 8 月 18 日降雨径流总量控制率和悬浮物削减率均达到年均控制目标要求。

6)市委党校。

市委党校监测段面积为 2.83hm²，项目年径流总量控制目标为 83.6%，对应设计降水量为 12.3mm，悬浮物削减率为 48.5%，结合项目流量及悬浮物监测数据，市委党校在 5 场典型降雨场次中均有监测流量及悬浮物数据，根据单场降雨事件径流总量控制率及单场降雨事件悬浮物削减率计算公式，对市委党校进行场次径流总量控制率及场次污染物削减率评估，详细结果见表 7-16。

表 7-16　市委党校典型场次降雨径流控制效果评估

序号	日期	当日降水量/mm	降雨总量/m³	外排量/m³	场次径流总量控制率/%
1	5 月 21 日	8.0	226.40	0	100
2	7 月 2 日	34.5	976.35	139.27	85.7
3	7 月 19 日	18.0	509.40	58.74	88.5
4	8 月 3 日	15.0	424.50	56.82	86.6
5	8 月 18 日	12.0	339.60	7.02	97.9

表 7-17　市委党校典型场次降雨悬浮物削减效果评估

序号	日期	当日降水量/mm	悬浮物产生量/kg	外排量/kg	悬浮物削减率/%
1	5 月 21 日	8.0	5.187	0	100
2	7 月 2 日	34.5	22.368	7.342	67.2

续表

序号	日期	当日降水量/mm	悬浮物产生量/kg	外排量/kg	悬浮物削减率/%
3	7 月 19 日	18.0	11.670	3.927	66.4
4	8 月 3 日	15.0	9.725	2.789	71.3
5	8 月 18 日	12.0	7.780	0.885	88.6

由表 7-17 可以看出，市委党校场次径流总量控制率及悬浮物削减率均达到年均控制目标要求。

7)瑞安小区。

瑞安小区监测段面积为 1.02hm^2，项目年径流总量控制目标为 89.1%，对应设计降水量为 15.4mm，悬浮物削减率为 51.7%，结合项目流量及悬浮物监测数据，瑞安小区在 3 场典型降雨场次中均有监测流量及悬浮物数据，根据单场降雨事件径流总量控制率及单场降雨事件悬浮物削减率计算公式，对瑞安小区进行场次径流总量控制率及场次污染物削减率评估，详细结果见表 7-18。

表 7-18　　瑞安小区典型场次降雨径流控制效果评估

序号	日期	当日降水量/mm	降雨总量/m^3	外排量/m^3	场次径流总量控制率/%
1	7 月 19 日	6	61.1	2.95	95.2
2	8 月 3 日	15	152.9	15.23	90.0
3	8 月 18 日	12	122.3	6.81	94.4

表 7-19　　瑞安小区典型场次降雨悬浮物削减效果评估

序号	日期	当日降水量/mm	悬浮物产生量/kg	外排量/kg	悬浮物削减率/%
1	7 月 19 日	6	2.091	0.33	84.2
2	8 月 3 日	15	5.227	1.35	74.2
3	8 月 18 日	12	4.182	0.81	80.6

由表 7-19 可以看出，瑞安小区场次径流总量控制率及悬浮物削减率均达到年均控制目标要求。

8)海西干休所。

海西干休所监测段面积为 2.67hm^2，项目年径流总量控制目标为 74.5%，对应设计降水量为 9.2mm，悬浮物削减率为 43.2%，结合项目流量及悬浮物监测数据，海西干休所在 2 场典型降雨场次中均有监测流量及悬浮物数据，根据单场降雨事件径流总量控制率及单场降雨事件悬浮物削减率计算公式，对海西干休所进行场次径流总量控制率及场次污染物削减率评估，详细结果见表 7-20。

表 7-20　海西干休所典型场次降雨径流控制效果评估

序号	日期	当日降水量/mm	降雨总量/m³	外排量/m³	场次径流总量控制率/%
1	8月3日	15.0	401.3	51.1	87.3
2	8月18日	20.5	548.4	107.4	80.4

表 7-21　海西干休所典型场次降雨悬浮物削减效果评估

序号	日期	当日降水量/mm	悬浮物产生量/kg	外排量/kg	悬浮物削减率/%
1	8月3日	15.0	6.883	2.3	67.3
2	8月18日	20.5	9.406	3.3	64.9

由表 7-21 可以看出，海西干休所场次径流总量控制率及悬浮物削减率均达到年均控制目标要求。

9)湟水花园。

湟水花园监测段面积为 2.67hm²，项目年径流总量控制目标为 81.4%，对应设计降水量为 11.4mm，悬浮物削减率为 47.2%，结合项目流量及悬浮物监测数据，湟水花园在 3 场典型降雨场次中均有监测流量和悬浮物数据，根据单场降雨事件径流总量控制率及单场降雨事件悬浮物削减率计算公式，对湟水花园进行场次径流总量控制率及场次污染物削减率评估，详细结果见表 7-22。

表 7-22　湟水花园典型场次降雨径流控制效果评估

序号	日期	当日降水量/mm	降雨总量/m³	外排量/m³	场次径流总量控制率/%
1	7月19日	6.0	160.5	0	100
2	8月3日	15.0	401.2	18.00	95.5
3	8月18日	20.5	548.4	78.13	85.7

表 7-23　湟水花园典型场次降雨径流悬浮物削减效果评估

序号	日期	当日降水量/mm	悬浮物产生量/kg	外排量/kg	悬浮物削减率/%
1	7月19日	6.0	6.743	0	100
2	8月3日	15.0	16.857	5.00	70.3
3	8月18日	20.5	23.038	8.95	61.2

由表 7-23 可以看出，湟水花园场次径流总量控制率和悬浮物削减率均达到年均控制目标要求。

10)山水佳苑。

山水佳苑监测段面积为 2.67hm²，项目年径流总量控制目标为 75.7%，对应设计降水量为 9.5mm，悬浮物削减率为 43.9%，结合项目流量和悬浮物监测数据，山水佳苑在 3 场典型降雨场次中均有监测流量和悬浮物数据，根据单场降雨事件径流总量控制率及单场降雨事件悬浮物削减率计算公式，对山水佳苑进行场次径流总量控制率及场次污染物削减率评估，详细结果见表 7-24。

表 7-24 山水佳苑典型场次降雨径流控制效果评估

序号	日期	当日降水量/mm	降雨总量/m^3	外排量/m^3	场次径流总量控制率/%
1	7 月 19 日	5.0	133.5	10.2	92.4
2	8 月 3 日	16.5	440.6	63.4	85.6
3	8 月 18 日	15.0	400.5	40.2	90.0

表 7-25 山水佳苑典型场次降雨径流悬浮物削减率效果评估

序号	日期	当日降水量/mm	悬浮物产生量/kg	外排量/kg	悬浮物削减率/%
1	7 月 19 日	5.0	1.166	0.55	52.7
2	8 月 3 日	16.5	3.848	2.01	47.8
3	8 月 18 日	15.0	3.498	1.57	55.1

由表 7-25 可以看出，山水佳苑场次径流总量控制率和悬浮物削减率均达到年均控制目标要求。

11）世通国际。

世通国际监测段面积为 3.29hm^2，项目年径流总量控制目标为 76.1%，对应设计降水量为 9.6mm，悬浮物削减率为 44.1%，结合项目流量和悬浮物监测数据，世通国际在 7 场典型降雨场次中均有监测流量和悬浮物数据，根据单场降雨事件径流总量控制率和单场降雨事件悬浮物削减率计算公式，对世通国际进行场次径流总量控制率及场次污染物削减率评估，详细结果见表 7-26。

表 7-26 世通国际典型场次降雨径流控制效果评估

序号	日期	当日降水量/mm	降雨总量/m^3	外排量/m^3	场次径流总量控制率/%
1	5 月 9 日	7.5	246.9	6.09	97.5
2	5 月 21 日	10.5	345.7	56.22	83.7
3	6 月 7 日	12.0	395.1	61.60	84.4
4	7 月 2 日	33.5	1103.2	315.06	71.4
5	7 月 19 日	6.0	197.5	8.25	95.8
6	8 月 3 日	15.5	510.4	62.05	87.8
7	8 月 18 日	13.0	428.1	55.03	87.2

表 7-27　　世通国际典型场次降雨悬浮物削减效果评估

序号	日期	当日降水量/mm	悬浮物产生量/kg	外排量/kg	悬浮物削减率/%
1	5月9日	7.5	6.039	1.037	82.800
2	5月21日	10.5	8.455	2.513	0.703
3	6月7日	12.0	9.663	3.445	0.643
4	7月2日	33.5	26.976	13.752	0.490
5	7月19日	6.0	4.832	0.718	0.851
6	8月3日	15.5	12.481	2.764	0.779
7	8月18日	13.0	10.468	3.328	0.682

由表 7-27 可以看出，世通国际场次径流总量控制率及悬浮物削减率均达到年均控制目标要求。

12)海湖广场大剧院。

海湖广场大剧院监测段面积为 3.60hm^2，项目年径流总量控制目标为 76.6%，对应设计降水量为 9.8mm，结合项目流量监测数据，海湖广场大剧院在 7 场典型降雨场次中均有监测流量数据，根据单场降雨事件径流总量控制率计算公式，对海湖广场大剧院进行场次径流总量控制率评估，详细结果见表 7-28。

表 7-28　　海湖广场大剧院典型场次降雨径流控制效果评估

序号	日期	当日降水量/mm	降雨总量/m^3	外排量/m^3	场次径流总量控制率/%
1	5月9日	8.5	306.20	55.7	81.8
2	5月21日	10.5	378.26	57.0	84.9
3	6月7日	10.0	360.25	57.5	84.0
4	7月2日	34.5	1242.86	208.0	83.3
5	7月19日	7.0	252.18	29.0	88.5
6	8月3日	14.5	522.36	65.0	87.6
7	8月18日	13.5	486.34	66.0	86.4

由表 7-28 可以看出，海湖广场大剧院场次径流总量控制率均达到年均径流控制目标要求。

13)海湖广场科技馆。

海湖广场科技馆监测段面积为 3.60hm^2，项目年径流总量控制目标为 76.6%，对应设计降水量为 9.8mm，结合项目流量监测数据，海湖广场科技馆在 7 场典型降雨场次中均有监测流量数据，根据单场降雨事件径流总量控制率计算公式，对海湖广场科技馆进行场次径流总量控制率评估，详细结果见表 7-29。

表 7-29　　海湖广场科技馆典型场次降雨径流控制效果评估

序号	日期	当日降水量/mm	降雨总量/m^3	外排量/m^3	场次径流总量控制率/%
1	5 月 9 日	8.5	311.27	56.4	81.9
2	5 月 21 日	10.5	384.51	79.5	79.3
3	6 月 7 日	10.0	366.20	85.6	76.6
4	7 月 2 日	36.0	1318.32	235.0	82.2
5	7 月 19 日	7.0	256.34	48.0	81.3
6	8 月 3 日	14.5	530.99	108.0	79.7
7	8 月 18 日	13.5	494.37	95.0	80.8

由表 7-29 可以看出，海湖广场科技馆场次径流总量控制率均达到年均径流控制目标要求。

(4)年度降雨效果评估

2018 年试点区不同雨量站监测平均降水量为 451.8mm，根据各项目监测点位年度流总量及悬浮物监测数据，采用年径流总量控制率及年悬浮物削减率计算公式，进行排水分区年径流总量控制及悬浮物削减控制效果评估。各排水分区年径流控制效果见表 7-30，可以看出，2018 年 13 个典型项目地块均达到了规划年径流总量控制的目标要求。

表 7-30　　西宁市试点区 2018 年径流总量控制效果评估

项目名称	所属排水分区	规模/m^2	年径流总量控制目标/%	产流量/m^3	外排量/m^3	实测年径流总量控制率/%	达标情况
光华路	3-2	18228	50.3	7437.0	1560.7	79.0	达标
唐道 637	7	27217	76.7	1878.0	385.5	79.5	达标
依林佳苑小区	4	106106	73.4	45625.6	2806.0	93.8	达标
安泰华庭小区	6	49599	86.0	20236.4	2234.0	89.0	达标
电力支行小区	11-1	7479	85.2	3216.0	316.3	90.2	达标
市委党校	9-2	28300	83.6	11546.4	650.3	94.4	达标
瑞安小区	11-2	10198	89.1	3457.1	190.4	94.5	达标
海西干休所	11-2	26755	74.5	9069.9	295.7	96.7	达标
湟水花园小区	11-2	26753	81.4	9069.3	170.2	98.1	达标
山水佳苑小区	8	26705	75.7	9053.0	657.5	92.7	达标
世通国际	1	32933	76.1	13436.7	1406.7	89.5	达标
海湖广场大剧院	1	36025	76.6	14698.3	1951.3	86.7	达标
海湖广场科技馆	7	36620	81.4	14941.0	2419.3	83.8	达标

由表7-31可以看出，2018年9个典型项目地块均达到了年悬浮物削减控制目标要求。

表7-31　　西宁市试点区2018年悬浮物削减控制效果评估

项目名称	所属排水分区	规模/m^2	年悬浮物削减目标/%	悬浮物产出量/kg	悬浮物外排量/kg	实测年悬浮物削减率/%	达标情况
唐道637	7	27217	44.5	42.3	12.8	69.6	达标
依林佳苑小区	4	106106	42.6	1081.9	254.1	76.5	达标
电力支行小区	11-1	7479	49.4	130.9	27.7	78.8	达标
市委党校	9-2	28300	48.5	264.5	15.7	94.1	达标
瑞安小区	11-2	10198	51.7	118.1	22.2	81.2	达标
海西干休所	11-2	26755	43.2	155.5	10.0	93.6	达标
湟水花园小区	11-2	26753	47.2	381.0	24.2	93.6	达标
山水佳苑小区	8	26705	43.9	79.1	17.8	77.5	达标
世通国际	7	32933	44.1	328.6	98.1	70.1	达标

7.3　区域、全域及流域效果评价

7.3.1　监测目标

监测评价与考核工作对关键指标的量化要求使得传统的静态图纸和计算结果无法满足需求，实时可靠的在线监测技术成为新的有效考核方式，长期连续的监测数据是模型率定的重要数据基础，对于监测评价与考核海绵城市建设绩效具有重要作用。

在线监测技术为海绵城市绩效考核提供真实的量化指标和数据，为绩效评估模型的应用提供率定数据和验证数据，为海绵设施建设与改造提供基础数据，为海绵设施运行维护提供基础数据，为智慧水务平台建设提供支撑数据。

7.3.2　监测评价工作

7.3.2.1　年径流总量控制率

2018年5—9月共进行降雨监测8次，2019年5—9月共进行降雨监测10次，对11个排水分区和18个项目地块的出水口外排流量和降水量进行了场次监测分析，得出场次年径流总量控制率的计算评估；同时对全年降雨监测下，对8个排水分区和15个项目地块的出水口外排流量和降水量进行了场次监测分析，得出了年径流总量控制率的计算评估结果。在数字模拟方面，进行了全年日降雨的整个试点区、30个排水分区和4个典型地块项目的年径流总量控制率的模拟，并提交了模拟数据结果，从而得出年径流总量控制率的达标评估结果。

7.3.2.2　城市面源污染控制

城市面源污染控制的考核监测涉及大量的现场下垫面人工水质检测、在线流量和悬浮物污染浓度在线监测工作。全年考核监测阶段共形成 100 个有效的人工水质检测水样以及全年实时的监测数据，并在 2018 年 5—9 月，筛选出降雨监测 8 次，2019 年 5—9 月共进行降雨监测 10 次，对 11 个排水分区和 18 个项目地块的出水口外排流量和降水量进行了场次监测分析，得出场次悬浮物污染总量削减率的计算评估；同时对全年降雨监测下，进行了 13 个项目地块的出水口外排流量和降水量进行了监测分析，得出了悬浮物污染总量削减率的计算评估结果。在数字模拟方面，进行了全年日降雨的整个试点区、30 个排水分区和 4 个典型地块项目的悬浮物污染总量削减率的模拟，并提交了模拟数据结果，得出了悬浮物污染总量削减率的达标评估结果。

7.3.2.3　生态岸线恢复

通过对 2019 年的湟水河、火烧沟、解放渠生态修复项目生态驳岸的遥感卫星图片和现场踏勘，获取各河道水系生态岸线恢复长度及达标率数据，从而得出各河道水系生态岸线的达标评估结果。

7.3.2.4　天然水域保持

通过对 2016 年和 2019 年的湟水河、火烧沟、解放渠、湟水河湿地公园水系、山体公园湖体等天然水域的遥感卫星图片和现场踏勘，获取海绵城市改造前后各河湖水系的天然水域面积及水域占比数据，从而得出各河湖水系天然水域保持度的达标评估结果。

7.3.2.5　城市热岛效应

自海绵城市建设以来，已对试点区内 5 处气象站和试点区外 3 处气象站进行了 2016—2018 年试点区日平均气温监测。并对 2016 年 6—9 月、2017 年 6—9 月、2018 年 6—9 月试点区及主城区气温监测，同时进行城市热岛效应的计算评估。

7.3.2.6　地下水位

2016 年开始对海绵城市地下水考核监测评估实施方案进行修改优化，在 2016 年对试点区内 3 处符合监测需求的地下水井进行现场踏勘。同时选取试点区内海绵城市改造前已有的 3 处背景地下水井。2016 年 6 月开始进行现场踏勘和调研，对已确定的 6 处地下水监测井进行了 2 次/月的地下水埋深观测，共监测 14 次，2017 年共监测 28 次，2018 年共监测 28 次，2019 年共监测 21 次，同时记录了具体的位置和经纬度、监测水位深度数据，从而得出试点区地下水位有所上升的达标评估结果。

7.3.2.7　地表水环境质量

地表水环境质量监测工作自 2016 年 1 月起到 2019 年 6 月结束，共开展了湟水河水系 4 个断面的各月水质检测工作，同时对 3 处断面的火烧沟、3 处断面的解放渠和 7 处断面的湟水河湿地水系开展了 2018 年 5 月至 2019 年 6 月的各月水质检测工作，并通过地表水评价方法和达标率计算方法，得出以上河道水系地表水环境质量和水质达标率的评估结果。

7.3.2.8 污水再生利用率

通过与湟排管委会部门、设计单位相关负责人进行对接与调研，获取有关现状信息，落实设计规划内容，明确监测参数和设备需求。对试点区内的第四污水处理厂、第四中水处理厂的规划设计处理量、实际运行处理量和中水回用量进行统计分析，从而计算汇总试点区中水回用量、污水处理量，得出试点区污水再生利用率的评估结果。

7.3.2.9 雨水利用量替代城市自来水比例

通过对试点区内公园湖体、湟水河湿地水系、项目地块蓄水池、项目地块雨水桶进行现场踏勘和调研，统计出试点区雨水调蓄池主要应用于建筑与小区、道路与广场和水厂与管网类项目，共计 24 个，雨水调蓄池总容积 7291.4m^3，收集雨水主要应用于建筑和公用设施用地的物业养护保洁、道路浇洒以及绿地灌溉；雨水桶主要应用于建筑与小区、公园与绿地类项目，雨水桶总容积 110m^3，收集雨水主要应用于建筑和公用设施用地的物业养护保洁以及绿地灌溉；具有水系调蓄功能的公园绿地项目湟水河南北岸湿地公园、火烧沟景观水系、解放渠等共计 13 个，调蓄容积 7.6 万 m^3，收纳雨量主要用于公园水系补水、绿地灌溉和道路浇洒等。同时对试点区自来水供水规模进行统计计算，进而计算汇总年雨水资源利用量和自来水供水总量，得出试点区雨水利用量替代城市自来水比例的评估结果。

7.3.2.10 城市暴雨内涝灾害防治

对试点区内的 5 处内涝积水点和试点区外 1 处内涝积水点进行了内涝监测降雨 4 场次，完成内涝积水深度监测结果，评估得出内涝积水结果。在数据模拟方面，通过获取试点区高精度地形数据，进行了 50 年一遇 24h 设计降雨的内涝风险模拟，将模拟积水水位、积水面积、积水时间结果进行统计分析，得出海绵城市改造前后的内涝积水情况和内涝积水分布情况，同时研究了 3 处内涝积水点工程改造前后的内涝评估结果。

第 8 章　海绵城市监测评价系统建设

本章节基于互联网技术，结合物联网理念，以国务院关于开展“十四五”系统化全域推进海绵城市建设第一、二批示范工作的要求，住房和城乡建设部《关于进一步明确海绵城市建设工作有关要求的通知》与其他相关政策为顶层设计思想，明确海绵城市建设重点，综合运用监测、遥感、5G、中台、大数据、模型、数字孪生等前沿技术，建立适用于当前海绵示范城市考核评估的信息化业务应用平台，秉承以问题为导向、目标为抓手的主体思路，因地制宜建立长效机制，协同海绵城市建设形成生态、安全、可持续的城市水循环系统。

通过对海绵城市业务内容的分析，结合当前政策，搭建由感知层、数据资源层、支撑层、应用层、交互层组成的智慧海绵城市平台，构建以实时监测加统计分析为主、计算机仿真模型为辅的考核评估体系，实现对海绵城市建设项目能否为城市解决问题并带来效益的综合评价；对海绵城市建设过程中的规划、建设、管理、考核、运维提供全生命周期信息化支持，实现设计信息、地理信息、气象水文信息、建设信息、设施信息、实时监测信息和管理信息等一体化管控；实现对项目建设全流程的电子化管理，准确便捷；实现对建设成效的长效管理，建立海绵设施及监测设备日常维护机制，减少运维成本；建立包含长期有效的水环境系统空间数据、属性数据和运行数据的实时动态数据库，全天候管理，及时发现问题并采取有效措施进行响应决策；实现海绵城市建设成果展示及与公众互动交流，打造具有示范城市特色的海绵城市名片。

8.1　海绵城市监测评价系统(智慧海绵城市)定义

智慧城市与海绵城市的结合是近年来发展的建设概念，智慧城市是由数字城市不断发展演化而成，是城市发展的必然阶段。智慧城市可以用智慧城市＝数字城市＋物联网＋云计算这一公式来表示。数字城市存在于网络空间中，虚拟的数字城市与现实的物理城市相互映射，形成数字孪生，相互依存、相互映射间，虚拟的数字城市通过绵密的物联网监测设备与现实城市关联起来，将巨量数据存储、计算、分析和决策交由云计算平台处理。数字城市与物理城市通过物联网的有机融合，形成虚实一体化空间，将自动和实时地感知现实世界中人和物的各种状态和变化，并通过复杂的计算与控制，提供各种智能化的服务，建立一个低碳、绿色和可持续发展的城市。

海绵城市监测评价系统（又称为智慧海绵城市）通过数字城市、物联网、云计算等信息技术，将各种集中或分布式的碳汇处理设施、绿色基础设施和海绵城市建设的海绵设施协同起来，从而使海绵城市的建设与管理更加高效和智慧。海绵城市智慧化思路流程见图 8-1。首先通过物联网传感器，对涉及的各种涉水信息进行监测和收集，然后通过互联网传输及采集平台，将数据信息传输到服务器。各种涉水信息录入服务器时，快速进行数据过滤，排查有问题的数据内容，如同生物神经反射般对异常消息快速起反应后再将涉水信息录入储存。在涉水信息录入储存阶段进行数据统计与模拟，利用云计算等手段对数据信息统计分析发掘更深入的涉水问题，并通过模型模拟给出优化的涉水问题解决方案，依据涉水问题解决方案进行数据决策，执行排除涉水问题工作。最后通过全面合理的绩效评价，对结果进行反馈和展示，形成一个管理体系的闭环流程。

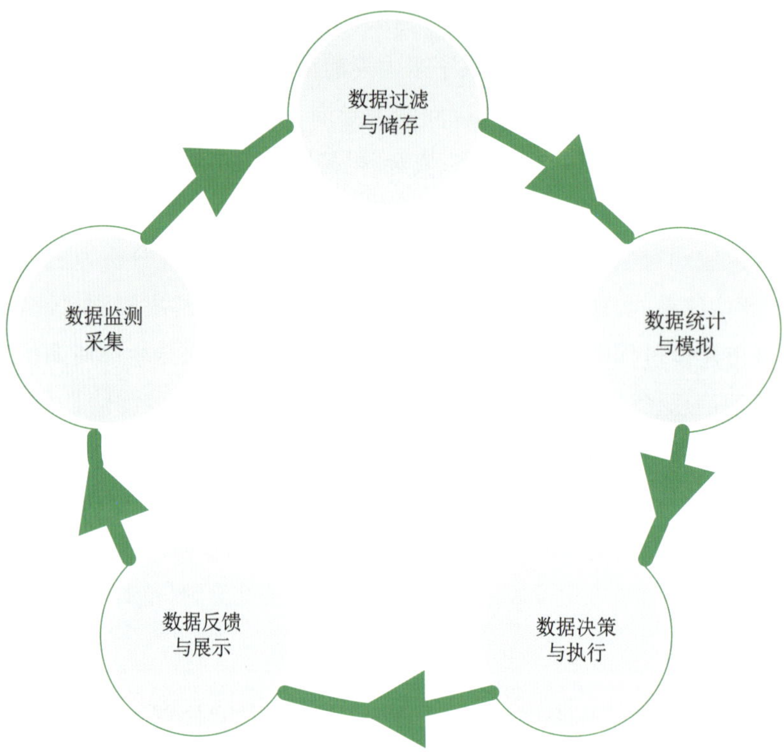

图 8-1　海绵城市智慧化思路流程

海绵城市智慧化的优势是使原来非常难于获取的监测数据和难于决策的控制参数，变得容易实现，并使海绵城市更高效地发挥其在排水防涝、雨水资源利用和生态环境保护等方面的作用。依据本书前章叙述内容归纳整理的智慧海绵城市体系见图 8-2，这 3 个体系如同神经系统般进行管理，具有可持续发展的特色。其中，感知体系如同生物学上的感受器，通过基础的水量、水质、土壤、气象监测设备，或无人机巡航、遥感等新兴监测方式进行多源耦合、数据同化；决策模型体系如同生物学上的神经中枢，通过影像反演、融合数据模型、耦合型预报模型的算法技术进行整合分析、模拟预测；管理体系如同生物学上的效应器，实现多源异构融合展示、水环境负荷管理、水智慧策略拟定、实时控制调度等功能。

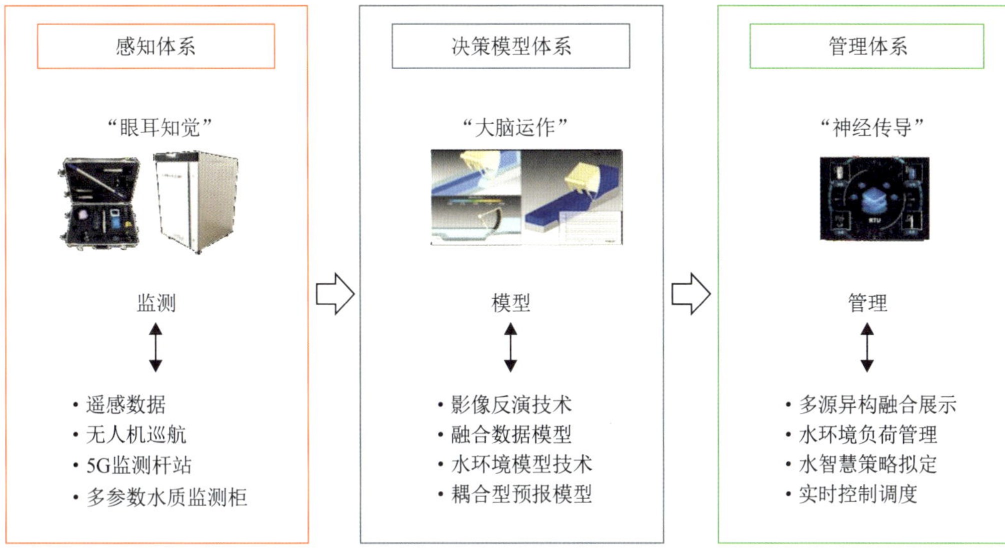

图 8-2　智慧海绵城市 3 个体系关系图

在上述的体系下，重要的关键技术包括以下 5 个层面。

8.1.1　物联网

在智慧海绵城市建设中物联网是一项关键技术，包括传感器技术、自动检测技术、联网视频监控技术等。在智慧海绵城市领域，物联网技术主要用于对地块低影响开发设施、排水管渠和城市水系的各维度信息进行感知和采集。这包括排水流量、水质、水文、视频录像和自动控制命令等信息。实现各类海绵设施信息的实时监控和动态采集、调度以及远程管理。

8.1.2　地理信息系统

在智慧海绵城市系统中，地理信息系统（GIS）技术将各类海绵城市基础设施信息进行适当编码，使之保存为具有良好拓扑关系并为各类 GIS 数据库所能支持的文件格式。目前，满足智慧海绵城市系统的 GIS 数据库软件有 ArcGIS、InfoNet 和 MapGIS 等。海绵城市基础设施数据的建设，应通过建设完善的信息共享机制，让各部门将地块低影响开发设施、排水管渠和城市水系的新建、改扩建工程，都及时上报至智慧海绵城市数据中心来实现。

8.1.3　数学模型

数学模型的搭建是内涝模拟的前提，同时也是验证排水管渠、涝水通道、城市内河和低影响开发设施等功能与效果的根本方法。通过建模分析，能及时排查问题所在，提出改造方案，并为这些设施的更新和规划方案提供最有效的建议。能够搭建智慧系统数学模型的软件有 SWMM、Infoworks ICM 和 MikeUrban 等。SWMM 采用非线性水库模型模拟地表径流，采用圣维南方程演算管网的输送过程，累积—冲刷模式模拟地表径流的污染。SWMM可用于城市低影响开发设施、降雨径流、合流制管道、污水管道和其他排水系统的规划设计、情景分析和方案评估等多个方面。Infoworks ICM 软件能完整模拟城市雨水系统，实现城市排水管网系统模型与河道模型的整合，更真实地模拟地下排水管网系统与地表受纳水体之间的相互作用。它在一个独立模拟引擎内，完整地将城市排水管网及河道的一维水力模型，同城市/流域二维洪涝淹没模型结合在一起，实现了在单个模拟引擎内组合这些模型引擎及功能。MikeUrban 与相关数据的衔接较顺畅、模型较简单、运行速度快、结果较精准。它不仅可以模拟城市排水管网的运行情况，还可以实现二维地面洪水的演算。该模型已被广泛应用于城市排水管网的模拟评估。

8.1.4 内涝模拟与预警

内涝模拟与预警是数学模型构建的主要目的。以数学模型构建为基础，结合气象部门发布的降雨预报信息，即可对易涝区的风险级别进行预报，从而为应急管理提供决策依据。内涝风险预警通常采用可视化的呈现方式，以提高应急管理的效率。内涝风险预警平台应及时向社会公众发布可视化的预警信息，方便市民在雨天时计划出行线路，避免内涝风险高发区的人流聚集。

8.1.5 移动互联

移动互联技术就是将移动通信技术与互联网结合为一体。随着 4G 技术的普及以及 5G 技术的逐渐发力，移动互联网和智能手机已经彻底改变了人们的生活方式。基于移动互联的智能手机 App 既可以将移动通信和互联网的优势结合起来，从而提高智慧海绵城市的运作效率和管理服务水平，也可以结合智能手机操作系统的开放性特征，开发操作简单、高效便捷、专注于智慧海绵城市的移动管理系统，并连接 PC 服务器实现信息共享，使智慧海绵城市运营企业的数据采集、设施维修、过程监控、成本管理和绩效考核均实现数字化。移动互联将作为网络通信的补充，打通信息孤岛和业务隔阂，实现信息之间的无缝衔接，既有利于企业掌握经营全貌，也利于市民方便快捷地接收预警信息，参与基础海绵设施的故障举报。

目前智慧海绵城市相关的研究有 3 个方面的不足：第一，智慧海绵城市内涵解析尚偏重于信息化建设的提高，而对于基于信息化带来的管理效能提升、社会经济增长以及城市居民生活状况改善等方面偏少；第二，目前关于智慧海绵城市建设动力机制方面侧重于城市病带来的压力以及信息技术发展带来的基础支撑力，实际上随着城镇都市化的发展及边界的扩大，居民对环境保护的重视，低碳经济的发展，产业结构调整和引导、管理创新、公众参与、人才培养等因素也是智慧海绵城市建设的强大动力；第三，依据国家海绵城市建设试点项目，全国试点城市共计 30 个，主要为经济较发达区域，而对其他欠发达地区智慧海绵城市的建设偏少。

因此还需要从以下几个方面深入展开：第一，完善智慧海绵城市的内涵和监测评价体系。智慧海绵城市的准确界定是对海绵城市评价的基础和前提，而智慧海绵城市建设成果的量化计算和科学测评，是智慧海绵城市建设的行动指南。第二，开展智慧海绵城市建设的动力机制研究。当前智慧海绵城市正处于发展初期，随着我国“十四五”规划的开展，面对国内外经济全球化发展、城市都市化、城市蠕变，造成气候变化、极端气候的发生，我国智慧海绵城市建设在短期内迅速兴起，是由多方面因素共同驱动，分析这些因素的驱动机理，能更好地分析海绵城市发展的评价体系，为城市发展对策提供理论依据。第三，评估我国欠发达地区智慧海绵城市水平。根据住房和城乡建设部、科技部公布的国家智慧城市试点名单，将省会城市和非省会城市分成两类样本进行比较研究，分析智慧城市建设的差距，提出我国欠发达地区智慧海绵城市中存在的问题和对策。

8.2 通信和数据采集

8.2.1 物联网通信

物联网(Internet of Things，IoT)是在互联网基础上延伸与扩展的一种网络，通过信息传感设备(如无线传感器节点、射频识别装置、红外感应器等)按照事先约定的协议，将世间万物与互联网连接起来，并进行信息的交换和通信，从而实现智能化识别、定位、跟踪、监测控制和管理。IoT 主要包括两个方面，即物与物之间的信息交互、人与物之间的信息交互。IoT 通常可以分成感知层、网络层和应用层 3 层。其中，感知层通过实时感知，随时随地对物体进行相关信息的采集和获取，并将收集到的物理信息传送至网络层；网络层通过将物理世界接入信息网络，进行安全可靠的信息交互和共享；应用层则对感知信息和数据进行相关分析和处理，以实现智能化决策和控制。

近年来，IoT 业务发展迅速，它包括一些高速率业务(如视频类业务等)，以及一些低速率业务(如抄表类业务等)。据不完全统计，低速率业务占据 IoT 业务的 67%以上，且低速率业务没有良好的蜂窝技术来提供支持，这也意味着低速率广域网技术拥有巨大的需求空间。在 IoT 不断发展的同时，IoT 通信技术也日趋成熟，其中广域网通信技术的发展尤其明显。

目前，很多监控系统采用 GPRS、GSM、3G 等无线通信技术实现远程传输并取得了很好的效果，但通信模块存在成本高、功耗大等缺点。而 NB-IoT(基于蜂窝技术的窄带物联网)技术的发展很好地解决了这些问题。它可直接部署于 GSM 网络、UMTS 网络或 LTE 网络，可以支持大量的低吞吐率、超低成本设备连接，并且具有低功耗、优化网络架构等特点。除此以外，其低功耗、低成本、广覆盖、海量连接的特点也使得数据的传输过程更加清晰透明，从而提高了数据传输的可靠性。综合来说，NB-IoT 具有迫切的市场需求，同时也具备良好的通信网络支撑，因此拥有广阔的发展前景。

NB-IoT 体系架构主要分为 NB-IoT 终端、基站、物联网核心网、物联网平台(云平台)、第三方应用 5 个部分。NB-IoT 终端属于物联网层次架构中的感知层,负责实时监测并收集相关数据;基站、物联网核心网、云平台属于传输层,其中物联网核心网是 NB-IoT 体系架构的核心部分,该层主要负责数据的传输、存储,并对数据加以分析;第三方应用层包含了用户基于物联网平台的各种应用。

目前,依靠其低功耗、低成本、广覆盖、海量连接的独特优势,NB-IoT 技术得到广泛的应用。

8.2.1.1 低功耗

NB-IoT 技术最大的优势在于它的低功耗。相比于其他物联网通信技术,NB-IoT 的功耗可以达到 12~15 年,同时可以延长终端的使用寿命,进一步降低该技术的成本。低功耗的实现形式分为两种,即省电模式(Power Saving Mode,PSM)以及扩展非连续接收(extended Discontinuous Reception,eDRX)技术。

(1)PSM

PSM 的原理在于 NB-IoT 终端大部分时间都处于休眠态。当终端传输完数据后,会进入空闲态。在该段时间内,终端并不会向基站发送数据,而是等待基站与终端设备进行通信。如果两者没有发生任何通信,此时,终端会进入休眠态。进入休眠态后,因为通信原件的损耗较少,所以其功耗非常低。而休眠的时间可以通过两个低功耗的定时器实现,即激活定时器以及休眠 PSM 定时器。通过对两个定时器时间的设置可以控制空闲态以及休眠态的时长。PSM 省电模式的劣势很明显,在 90%的休眠态中,基站是无法与终端设备进行通信的,所以该模式比较偏重数据主动上报场景。

(2)eDRX

eDRX 是 DRX 的扩展技术。当终端设备与基站进行通信的时候,在 DRX 技术的基础上,终端设备会周期性地监听寻呼消息。相比于 DRX 技术,eDRX 技术支持的寻呼周期更长,从而达到节电的目的。除此以外,该技术更适合上行加下行的场景,一定程度上下行数据可以"实时接收"。

8.2.1.2 低成本

NB-IoT 技术低功耗的独特优势使该技术的成本比其他物联网通信技术低。芯片成本往往和芯片尺寸有关,尺寸越小,成本越低,模块的成本随之变低。相比于其他的通信技术,NB-IoT 技术不需要重新建网,射频和天线可以重复使用。通过对物理层和硬件的重新设计,终端芯片的价格也会不断下降,未来的目标是将该芯片的价格降至平民可接受的水平。成本低使 NB-IoT 技术有望在未来得到更好地推广,应用于实际生活的各个领域。

8.2.1.3 广覆盖

有些物联网应用场景对覆盖区域和穿透强度的要求较高。与一般分组无线电服务

(GPRS)相比,NB-IoT 可以在所有操作模式下提供多达 20dB 的覆盖增强。NB-IoT 广覆盖来自两方面。下行主要依靠增加各自信道的最大重传次数以实现覆盖增强;上行主要通过提升其功率谱密度以及增加上行信道的最大重传次数来增加其覆盖面积。在频段相同的情况下,该技术与传统的物联网通信技术相比,覆盖目标为 164dB,比传统的 2G 技术增强 20dB,相当于提升了 100 倍覆盖区域能力。

8.2.1.4 海量连接

NB-IoT 的终端可以支持大批量部署,目标是在一个 cell-site 扇区内至少支持 52547 个设备的接入。NB-IoT 技术实现海量连接的方式主要有两种,分别是降低信令开销和窄带传输。NB-IoT 通过降低信令开销来提高数据包在传输过程中的效率,同时可以节省 4～5 条信令。NB-IoT 采用窄带传输技术。业务传输占用的频带资源相比 LTE 降低了许多。因此,在总资源一定的情况下,NB-IoT 技术资源利用率更高,与此同时,支持的连接数也就越多。经过统计发现,在同一基站的情况下,NB-IoT 通信技术相比于传统的 2G/3G/Zigbee 物联网通信技术,可以提供 50～100 倍的连接数。

8.2.2 通信安全

物联网通信是指通过部署大量智能终端和设备,来感知并采集海量的实时数据、非实时数据、结构化数据、非结构化数据,进行信息传输及交换,并通过信息处理系统来进行信息加工及决策。因此,物联网除了受传统网络安全威胁,还受某些特殊安全问题威胁。物联网的安全和隐私技术包括安全体系架构、网络安全技术、智能终端的广泛部署对社会生活带来的安全威胁、隐私保护技术、安全管理机制和保证措施等。

物联网安全防护以信息安全风险分析为前提,以信息安全法令法规为手段,以防止物联网系统服务中断、防止恶意渗透攻击、防止智能终端和设备被非法操控、防止业务数据篡改或丢失为目标,它从边界防护、区域防护、节点防护和核心防护 4 个层面,以及物理安全、环境安全、区域边界安全、通信安全、管理中心安全及应急处理等方面进行全方位防护。

物联网安全也存在着自身的安全和对他方的安全问题。其中自身的安全就是物联网是否会被攻击而变得不可靠,其重点表现在如果物联网被攻击、数据被篡改等致使其出现了与所期望的功能不一致的情况,或者不再发挥应有的功能,那么依赖于物联网的控制结果将会出现灾难性的问题,如工厂停产或出现错误的操控结果。而对他方的安全则涉及的是通过物联网来获取、处理、传输用户的隐私数据,如果物联网没有防范措施,就会导致用户隐私的泄露,这一点通常称为物联网的隐私保护问题。

物联网安全防护需要实现:物理安全,即信息系统硬件或电磁特性方面的安全;运行安全,即信息系统的软件或代码执行过程中的安全;数据安全,即信息自身的安全;内容安全,即信息利用安全。物联网作为以控制为目的的数据体系与物理体系相结合的复杂系统,一般不会考虑内容安全方面的问题，但是物联网在物理安全、运行安全、数据安全方面与互联网有着一定的异同性，这一点需要从物联网的构成来解释。

物联网的安全形态表现在感知节点、传输系统以及处理系统 3 个方面。在感知节点的安全方面，包括对传感器的干扰、屏蔽、信号截获等，这一点应该说是物联网的特殊所在；就运行安全而言，则存在于各个要素中，即涉及传感器、传输系统及信息处理系统的正常运行，这方面与传统的信息安全基本相同；数据安全也是存在于各个要素中，要求在传感器、传输系统、信息处理系统中的信息不会被窃取、被篡改、被伪造、被抵赖，但这里面传感器与传感网所面临的问题比传统的信息安全更为复杂，因为传感器与传感网可能会受制于能量受限的问题而不能运行过于复杂的保护体系。

从保护要素的角度来看，物联网的保护要素仍然是可用性、机密性、可鉴别性与可控性。由此可以形成一个物联网安全体系。其中可用性是从体系上来保障物联网的健壮性、鲁棒性与可生存性；机密性是要构建整体的加密体系来保护物联网的数据隐私；可鉴别性是要构建完整的信任体系来保证所有的行为、来源、数据的完整性等都是真实可信的；可控性是物联网最为特殊的地方，是要采取措施来保证物联网不会因为控制判断的冗余性、控制命令传输渠道的可生存性、控制结果的风险评估能力等错误而带来控制方面的灾难。

总之，物联网安全既包括传统信息、通信安全需求，又包括物联网自身特色所面临的新的特殊需求。

8.2.3 数据采集

数据采集系统的主要功能分为协议管理模块、数据转换模块和数据预处理模块 3 部分。

8.2.3.1 协议管理模块

协议管理实现了协议栈的动态接入以及协议的封装和解析功能。数据采集系统可供使用的协议数量多、差异大，在进行数据传输时，应根据接入运控终端要求，将原始数据按照约定的一层协议或者协议栈进行封装，或将传输得到的协议帧按照约定的一层协议或者协议栈进行解析，得到原始数据载荷。传统的数据采集系统大多仅根据实际项目需求使用特定协议进行编写，通用性较差，修改也十分不便。为便于统一调用协议栈，设计了协议开发接口，实现了一层协议、协议栈的灵活配置。根据接收信息完成数据源和协议栈的自动匹配，支持协议二次开发。在进行协议封装时，协议管理模块是数据预处理和数据转换模块的出口，将完成封装的原始数据载荷，通过协议栈进行协议封装，得到字节流，发送给指定运控终端。在进行协议解析时，协议管理模块是数据转换和数据预处理模块的基础。系统通过协议栈进行协议帧的解析，将得到原始数据载荷发送至数据转换模块。此外，若协议在解析时存在 CRC 校验码，应先对协议帧进行 CRC 校验处理，通过后根据协议进行帧头、帧尾的解析，得到该层协议的协议数据单元。当协议栈全部协议解析完成后，得到原始数据载荷。

8.2.3.2 数据转换模块

数据转换模块通过多线程并发的方式，负责完成原始数据载荷与具有实际意义的感知数据之间的转换。原始数据载荷为传感器感知数据的原始形式，用来标识和区分传感器，一般来说，以字节流的形式在运控终端和系统中传输。数据转换将接收到的上层应用下发遥控命令中的感知数据转换为可以被运控终端识别的原始数据载荷，后续进行协议封装，这一过程称为数据封装。数据转换将接收的经过解析协议帧得到的原始数据载荷转换为可以被理解的感知数据，这一过程称为数据解释。

在对感知数据进行封装时，系统首先根据得到的感知数据以及物联网实体信息，获取需要封装的感知数据数值，随后判断是否将需要封装的感知数据全部封装完毕。若还存在未封装的数据，则首先根据得到的物联网实体信息，即站点名称、设备名称和数据名称，获取对应的传感器地址等信息。接着根据数据转换方式、数据长度、数据偏移量、系数、存储方式，将感知数据转换为原始数据，从而完成一条感知数据的封装。然后判断感知数据是否封装完毕，若未封装完毕，则继续上述封装过程；若得到的感知数据全部封装完毕，则得到原始数据载荷，以供系统进行后续协议封装。

在进行原始数据载荷的数据解释时，首先判断原始数据载荷有无未进行数据解释的内容。若有，则获取首个传感器地址，并根据运控终端地址以及传感器地址获取与上述地址相对应的站点、设备和数据名称，即可唯一确定一个与上述名称对应的物联网实体资源。接着根据物联网实体资源的数据转换方式、数据长度、数据偏移量、系数、存储方式等描述信息，将原始数据转换为感知数据，即根据数据长度，在原始数据载荷中对传感器的原始数据进行截取，并根据存储方式获得原始数据的正确排列顺序后，将原始数据转换为感知数据。例如，当数据转换方式为 IEEE754 时，可将测量值转换为浮点数。当数据转换方式为 BCD 码时，可以将信号量转换为二进制数。在完成首个传感器的原始数据到感知数据的转换后，继续向后判断原始数据载荷有无剩余内容，若有，则继续进行上述数据解释过程，通过获取传感器地址、物联网实体资源信息描述表中相关信息，截取原始数据，进行原始数据到感知数据的转换，直至原始数据载荷数据全部解释完毕。

8.2.3.3 数据预处理模块

数据预处理模块包括数据上传、事件生成和数据聚合 3 个部分。系统获得感知数据，即完成数据解释后，数据采集系统将根据上层应用的需求将得到的数据按照指定格式上传，以供其他物联网应用平台使用。同时，数据采集系统将对得到感知数据值的实际含义进行分析，并将数据分析结果生成事件并上报其他系统。此外，对于多个站点不同运控终端，系统还应对数据进行聚合分析。数据上传，即数据采集系统将得到的感知数据以及与之对应的物联网实体资源描述信息封装为统一消息格式并发送至其他系统。事件生成，即数据采集系统将得到的感知数据值的实际含义进行分析，通过越限判断将越限数据生成事件，并封装为统一消息格式发送至其他系统，以供其他物联网应用平台进行事件处理。

在对感知数据的实际含义进行分析时，首先将感知数据数值与数据阈值进行比较，判断数据是否越限，若感知数据为模拟量，则数据阈值信息存储于遥测表中；若感知数据为开关量，则数据阈值信息存储于遥信表中。如果感知数据处于正常范围，并未越限，就需要查询系统中物联网实体资源的异常状态记录，若记录为异常状态，但此次感知数据值正常，则表明物联网实体资源的异常状态已经恢复，需要移除该物联网实体资源的异常状态并生成异常恢复事件；若不存在该物联网实体资源的异常记录，则表示该物联网实体资源一直处于正常状态，直接结束事件生成流程。如果感知数据在正常范围之外，就需要对系统中物联网实体资源的异常状态记录进行查找，若记录为异常状态，则通过感知数据与预警、告警阈值进行对比，得到此次越限事件等级和类型；若与记录异常状态一致，则表明该物联网实体资源的异常状态并未发生变化，为避免生成相同事件，导致资源浪费，应忽略此次事件；若与记录异常状态不一致，则表明该物联网实体资源的异常状态已发生改变，应对物联网实体资源的异常状态记录进行更新操作，并生成越限事件，发送至其他系统；若未找到物联网实体资源的异常状态记录，则表明该物联网实体资源出现异常情况，通过感知数据与预警、告警阈值进行对比，得到此次越限事件等级和类型，记录该物联网实体资源的异常状态，并生成越限事件，发送至其他系统。

8.3 数据库和数据滤网

8.3.1 数据库

企业信息化是企业应用先进的计算机、通信、互联网和软件等技术和产品，使企业的生产、经营、管理等各个层次、各个环节和各个方面的水平得以提高，不断提高企业决策力和竞争力的过程。企业信息化建设的思路伴随企业现代化改造与市场环境需求日趋完善，不间断的信息化投入使许多企业拥有了一定数量、不同目标的信息系统。受各种原因影响，企业内部各信息系统之间，以及企业与外部各信息系统之间存在许多不相适应的地方，形成一个个“信息孤岛”。为了打破信息割据、提高信息系统的运行效率，企业必须对信息化系统加以整合。

就水务行业来说，现实的情况是：在企业投入大量资金进行信息系统建设以后，发现信息系统总是不能完全满足企业需求。很多信息系统建成以后都在自己的领域内独立运转，形成了众多的“信息孤岛”。水务相关企业的信息系统建设集中在生产自动化、营业收费和行政管理信息化上。面对一个个相对独立的企业信息分系统，企业信息系统不能有效管理企业零散信息，不能使信息系统之间协同工作，不能综合利用企业的数据资源，不能有效组织信息资源，诸如此类的问题，在给水务企业信息化建设中屡见不鲜。因此，系统整合首先要解决多个系统的信息互通和信息系统使用效率问题。

早期水务相关企业信息化建设由于缺乏比较严谨的总体规划，或者在实施过程中企业内部管理需求发生了变化，加之不同系统开发商各自的风格或侧重点不同，因此信息系统大多存在功能重叠、漏缺和互不连接的情况。例如，财务管理系统通常按照自己的需求，设计了需要由设备管理部门提供的相应的合账管理功能，但没有考虑设备管理部门管理系统中所需要的仓储细节管理；设备管理系统根据自身的业务流程和需求进行系统设计，这也不可避免地与其他系统产生功能重叠或造成信息上的孤立，甚至误导。另外，有些信息是多个系统的综合信息，但系统开发时却没有从细节上分析这些综合数据是如何产生的。

为了优化当前的资源配置，企业的联合重组成为现代企业调整的重点内容。要实现处于不同区域的企业有效管理，企业领导首先会考虑如何利用信息化手段来加强和统一企业的管理。这一点在给水务工业企业的整合中尤为明显。对于企业信息化负责人而言，远程网络与通信技术已经不成问题，他们会更多地思考在联合重组的这些企业中，已经投入使用的信息系统如何整合的问题。这些系统可能来自不同的开发商，基于不同的管理角度，实施的时间长短不一，但对业务的服务功能却是相近的。许多技术问题和管理问题交织在一起。因此，从业务统一管理的模式需求出发，在对现有各企业的系统进行取舍的同时，还应考虑通过系统的整合实现企业内部相同功能分系统之间的连接与整合。

通过系统的整合，企业不仅可以消除“信息孤岛”，而且不同的信息系统可以实现互通，更为重要的是企业拥有一个整合各个系统的企业数据中心。同时可以根据实际情况，在企业数据中心的基础上，挖掘出更具有综合性和更深层次的企业数据仓库。利用这些整合的数据，使企业在进行新的信息系统开发和投资中能够更全面地考虑公司的实际情况，使企业能够综合利用已有的数据，同时使企业开发基于大数据跨度的企业经营决策信息系统和战略决策信息系统成为可能。

水务信息化数据整合系统的困难来自很多方面，并不是简单地把多个系统进行界面和功能的汇集，而是真正地要实现信息整合。具体来说，信息整合就是将业务应用系统的信息数据进行有机地整合集成，从而实现对业务应用信息数据共享的过程，同时根据水务企业的实际情况，建立企业基本数据表、企业数据库、数据挖掘仓库等不同等级的信息汇聚库。因此，水务信息化系统整合的困难主要来自信息数据的结构、规范和技术体系的不同。

系统整合要实现真正的数据优化，必须从数据库开始。从过去几年水务企业主流的数据库来看，ORACLE、SYBASE、SQL SERVER 等在应用系统中的使用均占一定的比例。因此，企业中存在多种信息系统，就必然要考虑多种数据库集成的可能，同时还要考虑在不同的操作系统下如何实现数据的整合和共享。水务信息化数据整合系统平台将 XML 作为数据传输和交换的规范。因为 XML 具有与操作系统无关、数据库无关的特性，在进行数据传输和交换过程中，数据始终以 XML 格式的报文进行传输，能提高数据格式的标准性和规范性。

在设计信息系统时，由于开发平台和所基于的硬件体系不同，存在 C/S 和 B/S 等不同类型的系统体系结构。对于系统的整合来说，要把不同体系结构的系统按不同的层次整合在一起，其方法和要求也不同，故而存在着不同程度的困难。整合数据库平台的服务器采用Windows操作系统，数据库采用MS-SOL2016/2019，可以提供对外相对统一的接口。对数据的更新，系统需提供足够的适应能力，采用XML规范能克服不同体系结构的系统带来的壁垒。

信息系统最重要的资源是信息，而传输信息必须有统一的标准，企业内部不同时期系统之间规范的不统一，必然导致信息所适用的规范和标准的不统一。例如，销售系统中对企业产品的编码与财务系统中对企业产品的编码可能是不一样的。整合数据库中的表采用双主键结构，并且各个表对各个系统都是透明的。在进行数据共享时，系统只需要访问整合数据库中相应的表，整合数据库会根据其他系统对该数据的不同要求，对数据库进行动态更新。整合数据库在被访问时，以名称作为逻辑访问外键，结合表的名称，保证了数据的一致性。数据库中的表在更新过程中，采用id号和名称的双主键结构，同时数据源具有唯一性，最大限度地保证了数据的真实性和可靠性。

水务数据库划分采用分布式数据库系统，其中，市局为一级结点，区(县)为二级结点。各级数据库统一以《标准体系》为基础，统一数据库结构，以便于数据交换和数据共享，数据库的维护和管理不存在依赖关系。

(1)基础水务业务数据库

水务信息系统的非空间数据采用分布式数据库，水务空间数据采用集中存储方案。水务数据中心业务数据库存储十二大类业务数据，为业务应用系统的开发和数据仓库的建设奠定基础。

(2)数据共享交换库

数据共享交换库部署在前置机，作为介于两级数据中心用于管理数据交换、共享的一套机制，共享交换库与市数据中心的可操作型数据库(ODS)的结构应保持一致。

(3)水务空间数据库

水务空间数据库的作用主要是对基础测绘数据和水务专题数据进行有效组织和整理，其基本内容包括基础地形和专题水务要素等，为水务综合业务平台系统提供空间信息服务。

(4)数据仓库

数据仓库对ODS和水务空间数据库中的数据进行清洗，将其数据转换到数据仓库数据库中，并根据水务行业业务对数据仓库数据库中的数据进行决策OLAP分析、数据挖掘，形成相关的业务主题(数据集市)，应用于应用层的多维查询、统计分析、报表查询等。

从数据交换与共享、便于日常系统运维和原始数据保存等方面考虑，提出水务数据中心数据库结构按照“三层多类”进行设计。“三层”是指基础数据、核心数据以及数据仓库等3

个部分；“多类”是指监测监控类、基础设施类、政务办公类和元数据类等数据。

基础数据位于水务数据中心最底层，用于存储来源于各单位的基础数据，实现与原始数据表结构保持一致的原始数据的快速存储，确保水务数据中心现有原始数据的需求。

核心数据位于水务数据中心中间层，按照水务业务逻辑，经过对基础数据进行规范、分类、归并和加工后形成校心数据，实现对原始数据进行分类、规范、整合、运算和逻辑等二次处理，形成具有统一计量单位数据的集中存储，满足统一计量的数据准确性、一致性需求。

数据仓库位于水务数据中心顶层，按照不同的业务应用，对核心数据进行分析、挖掘后，形成面向政府和行业管理应用的决策支持数据。实现对按照不同行业专题应用，经过分析、挖掘形成具有决策支持、行业分析作用数据的存储，满足集中调用、统一口径的综合管理应用需求。

根据数据资源逻辑划分成果，在保护现有建设成果（综合库）的基础上，突出水务数据资源体系业务支撑关系，构建层次合理、结构稳定、有效应对上层需求变化的数据库总体框架。在总体框架下，根据水务业务形成不同的主题数据库，各主题数据库只有建立互通互联的逻辑关系，才能发挥支撑决策分析的功能，建立主题数据组织图。新构建的数据库系统既要充分继承和利用过去十余年水务信息化建设的已有成果，又要有机地集成水务普查产生的新成果，即能补充和完善信息资源，可扩展和丰富共享服务，充分运用动态水务数据资源，向水务局局机关、局属单位、区（县）水务局及外部单位提供一套简明、便捷、多样的数据服务模式，以多种方式让用户获得数据，形成水务数据资源的长效应用服务。

8.3.2　大数据

在水务企业数字运营过程中，受到概念不清晰、标准缺失、市场无序等诸多问题的阻碍，水务行业的信息化应用不足，离大数据运营的目标相距甚远。在大数据时代，数据质量的高低、数据管控能力的强弱直接影响数据分析的准确性和实时性。水务行业内对数据的采集效率和准确度还有所欠缺，行业中的企业缺乏完整的数据管控策略、组织以及管控流程。人员供需不足特别是掌握排水、供水、信息技术的复合人才严重不足也阻碍了水务大数据的发展与应用。

将大数据、云计算、物联网、人工智能等新技术与水务行业深度融合，把大数据应用于公司管理与为民服务中，创造新型的管理与服务模式。在数据的价值创造与价值传递过程中，数据将价值链的更多环节转化为战略优势，实现技术、物资、资金、人才、服务等资源的优化配置，进一步提升管理精细化、为民服务精准化的目标，数据驱动创新，使数据处理能力成为引领企业发展的新动力。

通过大数据平台，进一步优化管理。一方面，根据供水厂、加压站、调节池水位、管网压力等基础数据信息，进行数据分析与挖掘，建立模型深度学习，精准预测，科学调度，从而降低漏损率和实现优质供水。另一方面，对污水处理厂各个关键设备的振动、速度、温度等指标的监测和海量数据进行分析，对工艺和设备故障进行诊断，对出水水质进行预测分析，加强应急处理，从而保障水质达标排放，实现节能降耗。运用大数据平台实现生产管理精细化，降本增效，防范安全风险，进一步提升管理水平。

目前主流大数据平台都采用以 Hadoop 为核心的数据处理框架，大数据的应用历程可归纳为三个阶段：第一个阶段是面向互联网数据收集、处理的搜索推荐时代；第二个阶段是面向金融、安全、广播电视数据的用户画像和关系发现时代；第三个阶段是面向多数据源与多业务领域数据的融合分析与数据运营时代，对数据处理规模和实时性的要求大幅提高。

多源异构是大数据的基本特征，为适应此类数据导入、存储、处理和交互分析的需求，主要包括基础平台层、数据处理层、应用展示层 3 个层面的内容。其中，基础平台层是由 Hadoop 生态系统组件以及其他数据处理工具构成，除了提供基本的存储、计算和网络资源，还提供分布式流计算、离线批量处理以及图计算等计算引擎；数据处理层是由多个数据处理单元组成，除了提供基础的数据抽取与统计分析算法，还提供半结构化和非结构化数据转换结构化数据处理算法、数据内容深度理解算法等，涉及自然语言处理、视频图像内容理解、文本挖掘与分析等，是与人工智能联系最紧密的层，该层数据处理效果的好坏直接决定了业务应用层数据统计分析的准确性和客户体验；应用展示层是由 SSH 框架及多类前端可视化工具组成，对应用层的约束是比较宽松的，主要是对数据处理层结果的进一步归纳和总结，以满足具体业务的需要。系统框架的使用优先推荐开源生态系统及其组件，系统存储主要依托 Hadoop 分布式文件系统（HDFS）、HBase，同时支持 Oracle、MySQL 等结构化数据存储系统，计算框架涵盖 Map Reduce、Storm、Spark 以及定制分布式视频流处理引擎，可视化系统基于 SSH 框架设计，可根据实际需求，灵活配置。

鉴于数据存储介质、数据存储类型和数据传输方式的差异，系统在数据导入单元设计了如下数据导入框架，借助不同的导入工具，实现不同源数据和不同结构数据的导入。其中，对实时性要求较高的监测数据以分布式消息队列的形式由 Kafka 分发；关系型数据库使用 Sqoop 等工具，直接将数据导入 HDFS；安全等级较高的数据和一些离线数据使用硬件复制或文件传输协议（FTP）传输的方式导入；日志等文本数据使用 Flume 工具导入；互联网数据使用爬虫程序爬取并导入；视频等多媒体数据使用各厂商提供的定制码流软件开发工具包（SDK）开发导入程序，或者利用多媒体流处理引擎直接抓取和在线处理。在智慧城市建设过程中，数据来源差异一般较大，数据库中存放的主要是业务系统加工后的数据，而描述行为过程的数据一般未被记录，需要定制开发能够直接连接原始数据源的数据采集工具。

根据数据类型的差异，选择不同的计算和存储引擎。非实时性数据计算选择 Map Reduce 计算引擎；对实时性要求较高的数据计算选择 Spark 或 Storm 计算框架；时序不可分的流媒体数据处理选择定制流媒体计算引擎；结构化或键值对数据，采用 Hive 或 HBase 存储，兼容 Oracle 和 MySQL 等关系型数据库；日志、多媒体等半结构化和非结构化数据采用 HDFS 存储。数据仓库可以统一建立在 HDFS 上，统一的存储有助于最大化地发挥分布式系统的数据处理能力，充分利用内网带宽，减少异构数据仓库自身性能瓶颈导致的大数据系统性能下降问题。

结构化数据处理主要包括内容清洗、统计分析、关联分析等；半结构化数据处理涉及模板分类、字段检索、关键字段提取等；非结构化数据处理涉及音视频内容的结构转化、文本内容的挖掘与分析、语义理解与情感分析等。随着数据结构多样性和内容不确定性的增加，数据处理的复杂度和难度呈指数型非线性增长，诸多数据处理问题在这个阶段转变为人工智能算法问题。

大数据的出发点是以为人民服务为中心，运用大数据分析，使服务内容及方式更加智能化、个性化，实现客户营销精准服务。建立数据交换中心，抓取管网地理系统(GIS)、客户服务系统、便民服务系统等，针对特定需求，提取知识特征，实现精准服务，提升满意度。

通过建设大数据平台，对内提高工作效率，对外提高服务公众的能力。应用大数据，强化数据在生产运行管理、服务管理、管网管理、安全保障等方面的应用，从民生、经济、运营等角度，对信息共享、数据挖掘等业务领域进行问题梳理，查缺补漏、快速解决问题，达到提高效率与服务能力的目的。

8.4 系统架构

智慧海绵城市监测评估系统架构是基于“物联网”理念，利用先进的传感技术，实时监测城市水文信息，利用模型模拟内涝渍水、水污染变化趋势，通过多种途径、多种方式实时发布积水、城市防洪等信息，提供预警及应急指挥信息，提升智慧海绵城市管理水平。

智慧海绵设计理念是以多源耦合的市政、水文、气象、交通、防办、应急办等信息为依据，以数据同化技术为支撑，实现数据采集、传输、处理、分发的闭环。智慧海绵城市监测评价系统功能是以业务需求为导向，以物联网技术为支撑，集“智能感知、智能服务”于一体，建设智能监测体系，提高调控能力，为保障人民生命、财产安全等提供技术手段。

智慧海绵城市监测评价系统架构见图 8-3，主要依据“政策法规与标准规范体系”及“信息安全与运行维护体系”等体系。①感知层。为全面掌握城市水系运行状态，评判海绵城市建设质量，感知层建设以流域区域为单位分析城市生态本底，以源头减排、过程控制、系统治理全要素管控为目标，结合当地环境特色及海绵城市建设要求，有针对性地研发并筛选适用性强、性价比高、技术成熟的涉水要素感知设备，形成涵盖水文、水质、视频监控等的海绵城市系统化监测体系。②传输层。传输层因地制宜选取匹配符合现场工况的通信传输模式，依托高质量信号传输终端，实现感知层和数据层之间的贯通，形成安全可靠的端对端通信服务。③数据层。数据层以云计算技术为政务信息化系统运行环境搭建的主流方式，建设数据共享交换平台，形成统一的数据底板，从而逐步完善管理体制，健全法规体系，以海绵城市信息基础设施为支撑，实现资源整合共享，数据互联互通。④支撑层。支撑层基于智慧应用系统的共性业务抽离，结合监测介入需求、数据资源整合和共享需求，将分散、异构的应用和信息资源进行聚合，通过统一的访问入口，进行结构化数据资源、非结构化文档和互联网资源、各种应用系统跨数据库、跨系统平台无缝接入和集成，实现智慧应用的高效开发、集成、部署与管理，为信息化系统提供可靠、高效、松耦合、可伸缩的支撑服务平台。⑤平台层。系统功能设计聚焦海绵城市建设效果评估、注重城市内涝消除成效、加大水资源利用率考核力度，以“发现—立项—派单—核查—结项”为平台业务处理逻辑，形成海绵城市建设全过程动态考核评估机制。⑥展示层。PC端互联是常规桌面端的平台应用；移动端管理系统配合PC端业务管理系统使用，方便与户外工作人员手持移动终端使用；大屏展示为调度指挥服务。总之，智慧海绵城市监测评价系统通过PC端互联网、移动互联和大屏展示多种输出方式，跨平台展现多方技术共享。

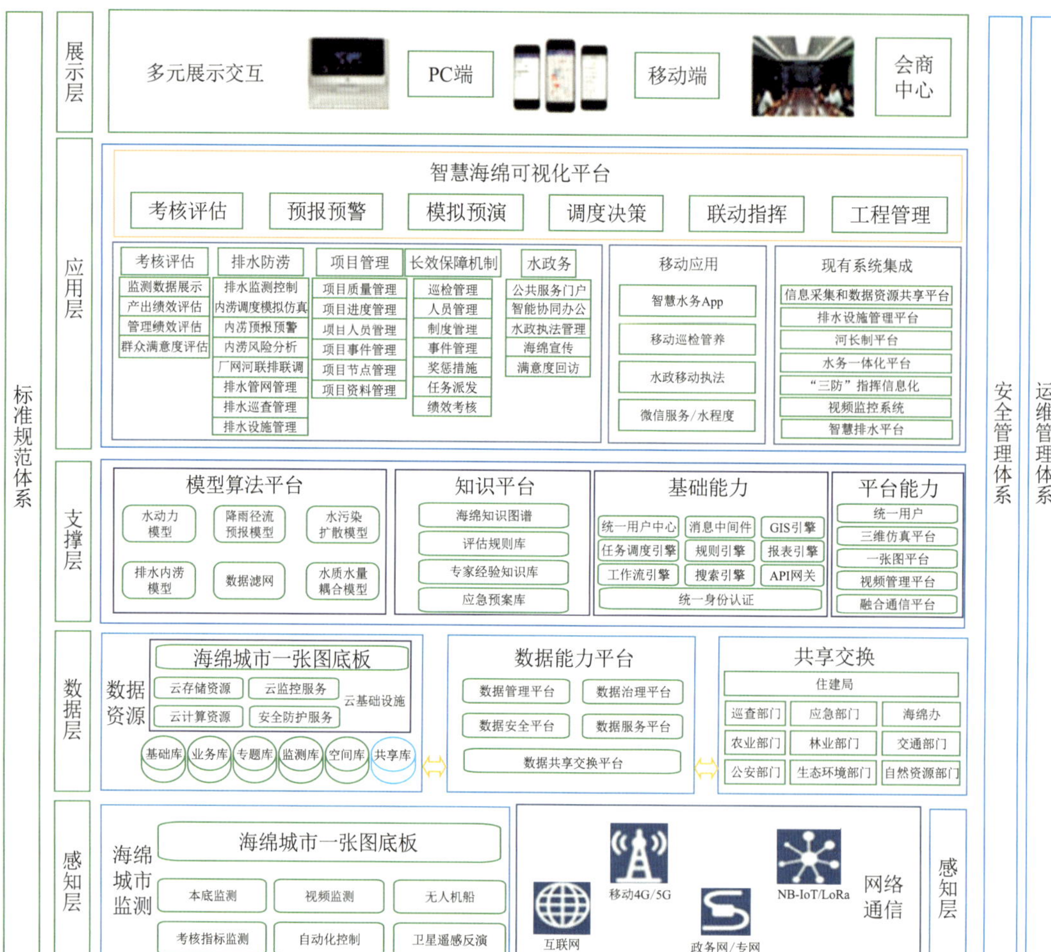

图 8-3　智慧海绵城市监测评价系统架构图

数据融合技术架构数据流处理见图 8-4。系统选型初步定为 Spring Boot 微服务框架，采用模块化整合，模块功能各司其职，互不干扰，可单独运行。权限模块初步选型为 Shiro 框架，Shiro 本就与 Spring 框架有着天然的配合，能让权限模块更加健壮，数据库初步选型为国内开源的 MySQL，目前 MySQL 在世界上开发者社区中使用最高，开发文档齐全，与 Spring 框架也能很好的配合。前台框架是使用轻量级 MVVM 风格 VUE 框架，数据驱动和组件化的前端开发，可完成响应式数据绑定，将应用抽象为多个相对独立的模块，增加分工、复用和可维护性；可合理规划项目路径，使用嵌入式模型页面，整合项目资源，加快渲染进程，对性能进行优化，用户体验进行提升。

系统数据展示中，三维地球、WebGL 地图引擎功能使用 Cesium，它提供基于 JavaScript 语言的开发包，方便用户快速搭建一款零插件的虚拟地球 Web 应用，并在性能、精度、渲染质量以及多平台，易用性上都有高质量的保证；使用 3D tiles 格式流加载的 3D 数据包括倾斜摄影、人工模型、三维建筑物、CAD、BIM、点云数据等；支持样式配置和用户交互操作；利用全球高精度地形数据可视化，支持特殊效果，以及可编程实现的热力图和水质渲染效果，来表现水质中各因子变化走向。

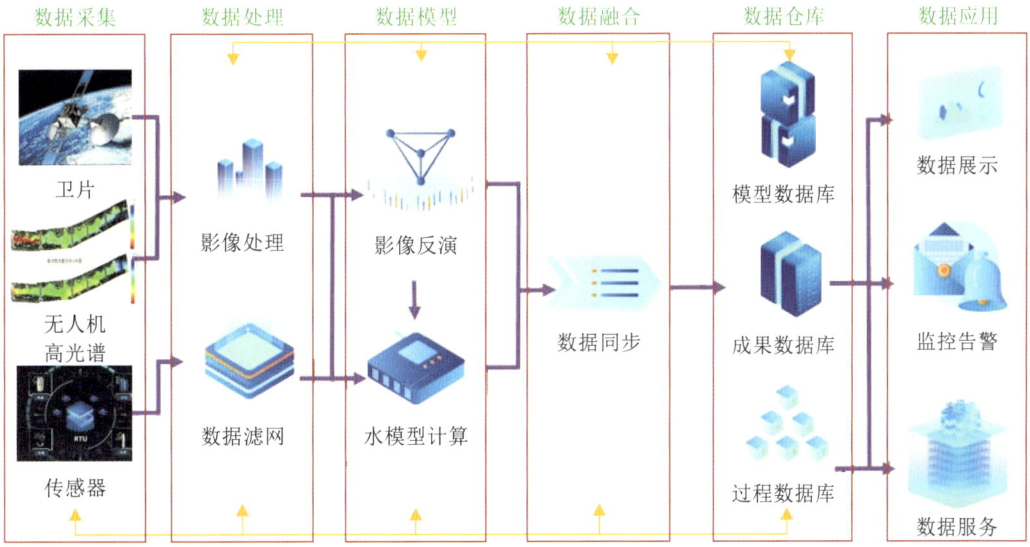

图 8-4　数据融合技术架构数据流处理

海绵城市监测评价系统拓扑情况见图 8-5。由图 8-5 可知，该系统主要分成 4 个部分。其中，第 1 部分为图 8-5 下方的现场感受器设备，包括雨量计、压力水位计、流量计、水质传感器、摄像头等。无线远程监测设备（remote terminal unit，RTU）将现场感受器设备的信息收集起来，进行现场端第一层的数据管理工作。RTU 应具有相对稳定的性能以应对通信距离长，同时提供多种通信端口以适应分散应用和本地的不同通信要求；中央处理器计算能力强，能提供大容量程序和数据存储空间，适合就地运算和大量数据安全存储、恶劣的温度和湿度环境，模块结构化设计，便于扩展。第 2 部分为图 8-5 中间的通信系统。第 3 部分为图 8-5 左上角的服务器系统。第 4 部分为图 8-5 右上角的移动应用系统，其功能包括消息应用、现场应用、管理应用、自助应用。

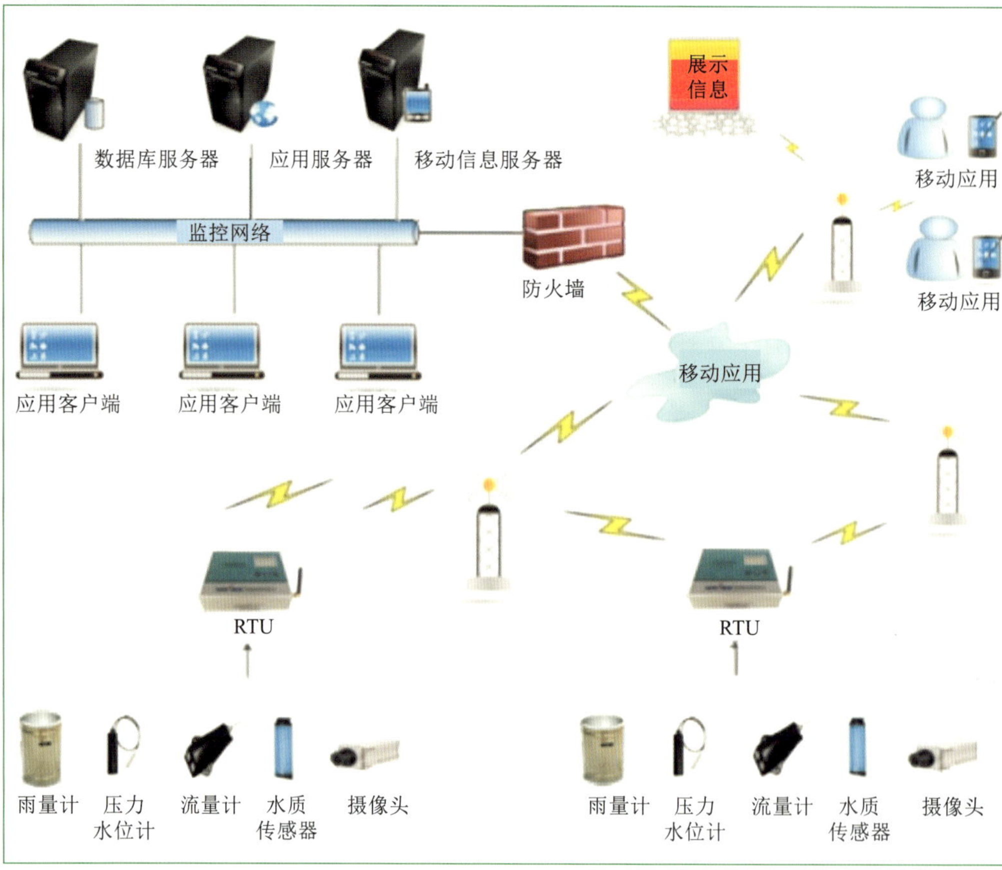

图 8-5　海绵城市监测评价系统拓扑情况

8.5　平台建设案例

8.5.1　系统介绍

系统基于“物联网”理念，利用先进的传感技术，实时监测城市水文信息，根据住房和城乡建设部颁布的《海绵城市建设绩效评价与考核办法（试行）》，综合运用在线监测数据、填报数据、系统集成数据，逐项细化分解考核指标，建立考核评估指标体系，支持海绵城市建设效果 6 个方面、18 项指标的全方位、可视化、精细化评估，实现海绵城市建设效果（各项监测指标）的逐级追溯、实时更新，并通过多种展示方式进行考核评估指标的综合展示、对比分析等。

8.5.2　感知层

感知层属于高度一站式集成（图 8-6），通过无线远程监测设备将现场感受器设备的信息收集起来，包括水量信息（水位、降水量、流量、流速、蒸发量、土壤墒情）、水质信息（悬浮物、电导率、pH 值、溶解氧、温度、化学需氧量、五日生化需氧量、氨氮、总磷、总氮），进行现场端第一层的数据管理。通过 RTU 设备里的通信模块，将信息实时传输至平台层。

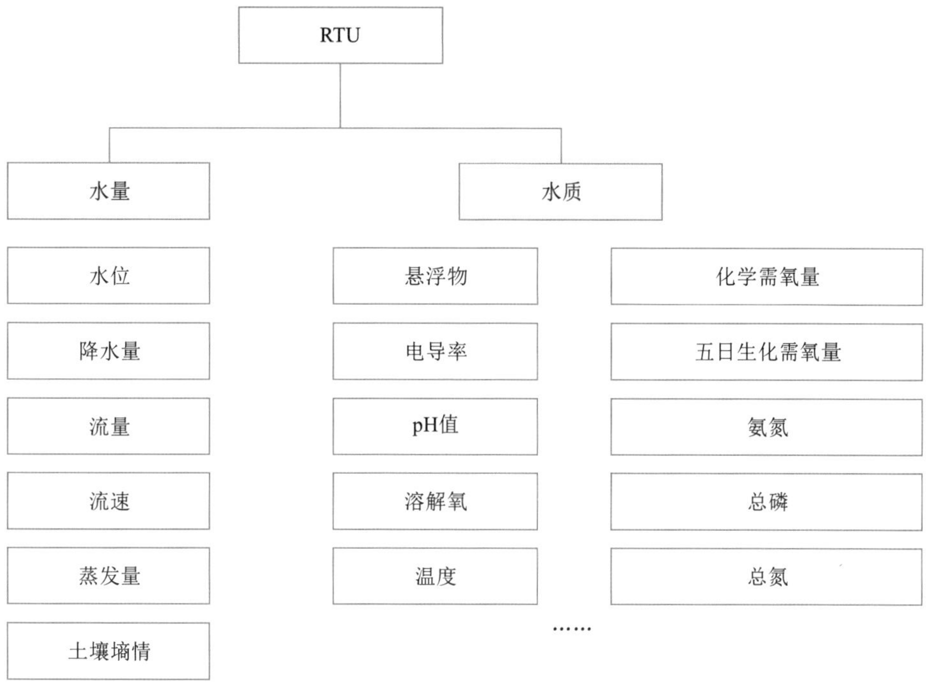

图 8-6　前端监测设备优势

8.5.3　平台层

8.5.3.1　云端服务平台特点

1)智能化的云端备份服务；

2)便捷化的存取数据；

3)健全的灾害复原机制；

4)无需担心硬件维护；

5)数据存储安全性高；

6)存储速度快。

8.5.3.2　HTML5、CSS3、JavaScript 特点

1)跨平台；

2)良好的版本及性能升级机制；

3)最统一、最规范的前端技术；

4)最先进的前端技术；

5)最强大的前端功能；

6)兼容性最好的前端技术；

7)更高端、友好的体验度。

8.5.3.3 分布式负载均衡架构特点

1)最高效率的运输处理;

2)不同地点统一计算、控制、管理。

8.5.3.4 多态灵活性

支持PC端和移动端用,PC端包括企业平台、门户网站;手机移动端包括微信、App,实现一套系统多样性应用。

8.5.4 应用层

8.5.4.1 GIS地图可视化管理模块

GIS地图可视化管理模块(图8-7)提供了整个海绵城市的地块规划图、项目考核图、监测信息图、考核指标图和径流系数图,可查看海绵城市建设过程数据与实施效果,包括年径流总量控制率、设计降水量、低影响开发设施数量和规模、每个地块中低影响开发设施的径流控制数量、具体低影响开发设施的空间布局、控制指标详情及设施的监测数据。

图8-7 GIS地图可视化管理模块展示

8.5.4.2 项目管理模块

项目管理模块(图8-8)提供海绵城市建设项目的属性信息、空间地图、设施建设信息的查看和编辑功能。可实现项目分级管理及查询,对项目进行全过程信息跟踪,查询项目的全要素信息,如各设施类型、描述信息、工程进度、完成度等内容。

图 8-8　项目管理模块展示

8.5.4.3　在线监视模块

在线监视模块(图 8-9)包括各种水量、水质等数据的在线监测、实时水雨情、视频图像等，实时监测海绵城市各环节与水相关的信息。该模块功能包括地图监视和各种监测站运行状态监控;智能预警，根据内置预警规则自动发布并推送预警;智慧运维，根据故障类型自动派送订单、自动将运维任务推送到运维人员手机上;智能巡检，跟踪运维人员轨迹，根据运维人员响应情况对运维绩效进行考核。

图 8-9　在线监视模块展示

8.5.4.4 模型分析模块

模型分析模块(图 8-10)集成了城市二维和三维排水管网模型,应用于海绵城市建设的辅助规划设计、城市内涝预警分析和海绵城市建设成果考核预评估。

8.5.4.5 专项考核模块

专项考核模块(图 8-11)综合运用在线监测数据、填报数据、系统集成数据,逐项细化分解考核指标,建立考核评估指标体系,支持海绵城市建设效果 6 个方面、18 项指标的全方位、可视化、精细化评估,实现海绵城市建设效果(各项指标)的逐级追溯、实时更新,并通过多种展示方式进行考核评估指标的综合展示、对比分析等。

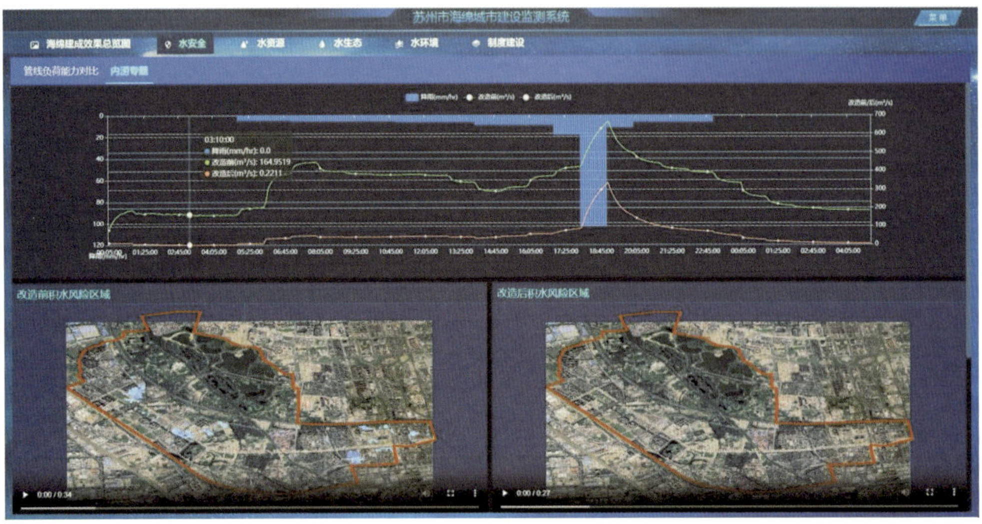

图 8-10　模型分析模块展示

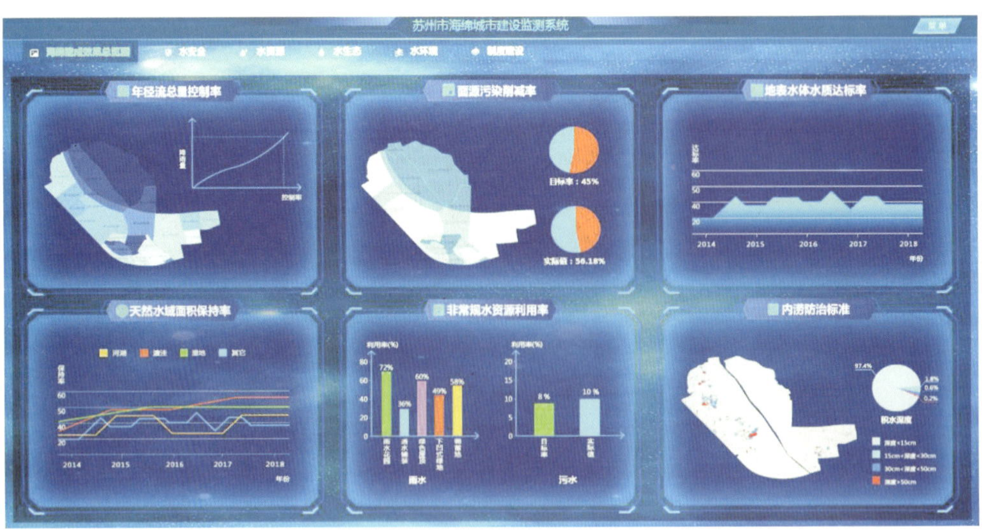

图 8-11　专项考核模块展示

8.5.4.6　政策中心模块

政策中心模块(图 8-12)展示政策综合信息,收集我国最新海绵城市建设相关政策文件,迅速掌握国内最新政策变化,快速调整工作要求;区域内攻克的技术难点,形成导则文件;区域完成的优秀典型项目,形成典型案例集,供后续海绵工程设计、施工参考;收集区域内项目信息,使项目情况可查询。

图 8-12　政策综合信息展示

8.5.4.7　平台配置模块

平台配置模块(图 8-13)可以快速满足不同需求的客户,更灵活、更高效地搭建符合自己要求的平台系统。页面属性以及页面控件(包含事件)可配置并保存,在加载页面时,宜直接读取数据库中的配置信息,自动生成页面;可进行平台数据自定义研究计算、预留外接端口等。

图 8-13　平台配置模块展示

8.5.4.8 公众参与模块

公众参与模块(图 8-14)实现海绵城市建设过程与公众互动,加深市民对海绵城市的认识、理解和支持。通过微信公众号发布海绵城市建设及项目考核评估情况,公众可对海绵城市建设项目进行公开查询、获取基于 LBS 的精细化排水内涝预警预报,以及就水环境、水安全问题进行在线投诉。

图 8-14　公众参与模块展示

8.5.4.9 权限管理模块

权限管理模块(图 8-15)能实现对系统整体运行环境、初始化配置、角色权限等统一管理,维护系统的安全性和稳定性。权限管理模块的主要功能包括用户管理、数据及功能模块的权限管理、系统参数管理、数据库维护等。

8.5.4.10 大屏控制模块

大屏控制模块(图 8-16)将系统平台各项信息在大屏实时展示,方便应急指挥部门的可视化调度。

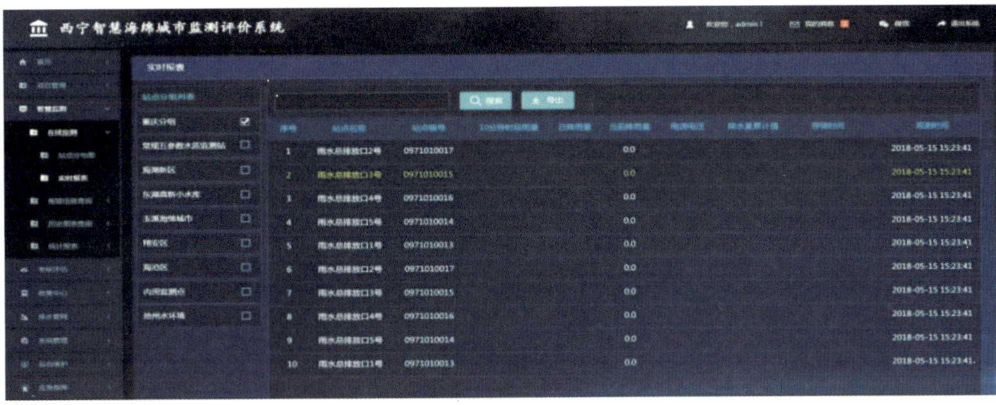

图 8-15　权限管理模块展示

图 8-16　大屏控制模块展示

第 9 章　海绵城市监测新技术发展介绍

9.1　“天空地”一体化融合监测评价技术

9.1.1　技术简介及整体架构

9.1.1.1　目的

“天空地”一体化融合监测评价技术的意义是将卫星(天)、无人机(空)、地面传感(地)等立体化“天空地”感知数据深度融合,利用物联网、大数据、人工智能、物理模型建立起数据融合与模型耦合分析计算的后台工具,然后呈现卫星影像渲染、实时数据展示、三维立体展示、监控视频融合等多源异构数据无缝拼接切换功能。整个工作技术思路见图 9-1。智慧水务创新产品开发了一体化运维管理、水系流域系统化管理考核、城市水安全联动保障、全区排水设施协同调度的智能水务管理新模式,其具备业务联动、实时监控、预警预报和辅助决策功能的综合管理系统,能为水务工作的日常管理业务和应急指挥决策提供全方位信息化支撑。

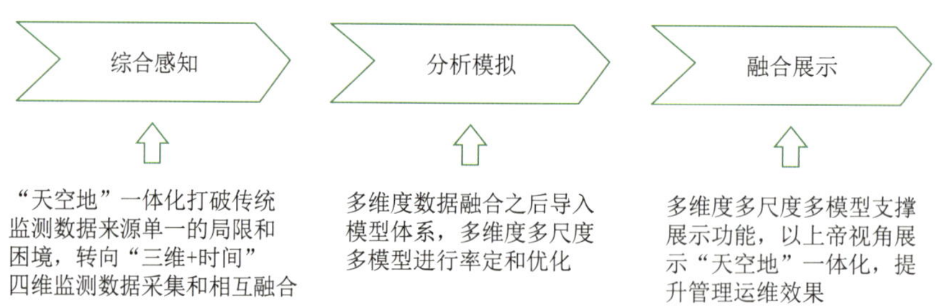

图 9-1　“天空地一体化融合”监测评价技术思路

本节内容包含 3 个部分:

1)针对目前国家政策,说明推行“天空地”一体化符合国家发展方向的。

2)说明“天空地”一体化的技术内容。

3)提出一个总结性的内容,说明预期关键技术节点与核心创新点。

9.1.1.2　国家现有政策

2014 年 4 月,环境保护部和中国科学院联合攻关完成“全国生态环境十年变化(2000—

2010年)遥感调查与评估项目”,科学调查和评估了我国生态环境十年变化的基本状况、时空特征与问题原因,该项目是“天空地”一体化技术在生态调查与评估领域的具体实践。“天空地”一体化生态环境监测是综合运用卫星遥感监测、航空遥感监测和地面站点监测等环境监测手段,基于数据挖掘、数据融合、数据协同和数据同化等关键技术,获得更加准确数据支持的立体生态环境监测感知体系。“天空地”一体化生态环境监测体系能更全面地反映环境质量现状及发展趋势,为环境管理、污染源控制、环境规划等提供科学依据。

2015年8月12日国务院办公厅印发的《生态环境监测网络建设方案》提出,到2020年初步建成陆海统筹、天地一体、上下协同、信息共享的生态环境监测网络,使生态环境监测能力与生态文明建设要求相适应,为当前和今后一个时期尤其是“十三五”期间生态环境监测工作提供行动指南和路线图。“天空地”一体化生态环境监测系统将为生态环境监测工作提供强大的技术支撑,成为环境监测未来发展的新方向。主要目标为全国生态环境监测网络基本实现环境质量、重点污染源、生态状况监测全覆盖;各级各类监测数据系统互联共享,监测预报预警、信息化能力和保障水平明显提升。监测与监管协同联动,初步建成陆统筹、天地一体、上下协同、信息共享的生态环境监测网络。

2019年水利部印发《水利网信水平提升三年行动方案(2019—2021年)》,明确要以习近平新时代中国特色社会主义思想为指导,积极践行“节水优先、空间均衡、系统治理、两手发力”治水思路和网络强国战略思想,按照“安全、实用”总要求,针对差距大、风险高的重点薄弱环节,补齐水利网信突出短板,提升强监管支撑能力,建成省级以上水利网络安全防护体系,构建高速互联的水利信息网,初步建成“天空地”一体化的水利监测感知网,基本建成水利数据共享分析服务体系,基本建成高效协同的水利业务应用体系,提供较为丰富的水利公共服务产品。

在“天空地”一体化政策的推动下,目前已有水利部、生态保护部的相关政策正在支持及进行中。除上述内容以外,尚有国务院办公厅《关于印发〈国家综合防灾减灾规划(2016—2020年)〉的通知》,以及中共中央办公厅 国务院办公厅印发的《关于建立以国家公园为主体的自然保护地体系的指导意见》等政策正在执行中。

9.1.1.3 基本目标原则

“天空地”一体化是利用卫星遥感方案(天)、无人机倾斜摄影(空)、传感器(地)多源异构数据进行一体化监测,利用地面在线传感器的高精度、连续数据对卫星和无人机多光谱的反演数据进行标定和率定,能极大地提升反演数据的准确性和可靠性。卫星及无人机多光谱影像水文水质数据反算法,反演湖库水位等水文数据;水温、总磷、总氮、叶绿素a、蓝藻、透明度等水质指标。

9.1.1.4 技术路线

“天空地”一体化多源异构数据融合技术路线共分两个部分,第一部分是数据收集模块,主要利用卫星遥感、无人机多光谱遥感、水中传感器;第二部分是数据反演模块,包括影像前处理、影像反演、水质评价。

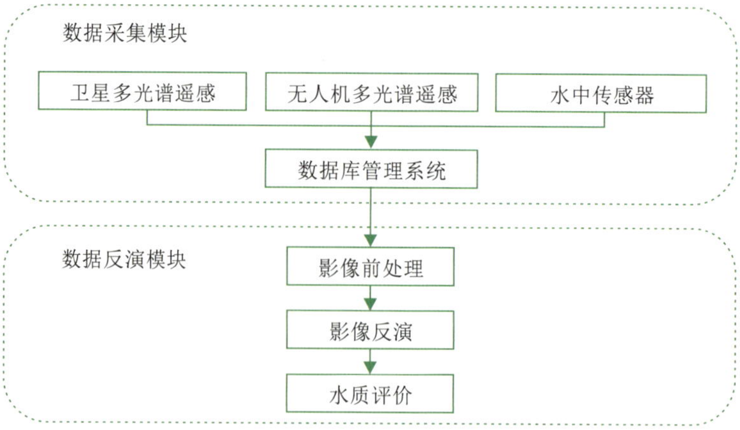

图 9-2 “天空地”一体化多源异构数据融合技术路线

9.1.2 “天空地一体化融合”监测评价技术方法

9.1.2.1 卫星遥感多光谱数据反演

卫星遥感多光谱数据反演系统包括数据采集模块、数据预处理模块、水体提取模块、数据反演模块、数据应用模块 5 个模块。卫星遥感多光谱数据反演系统技术架构见图 9-3。

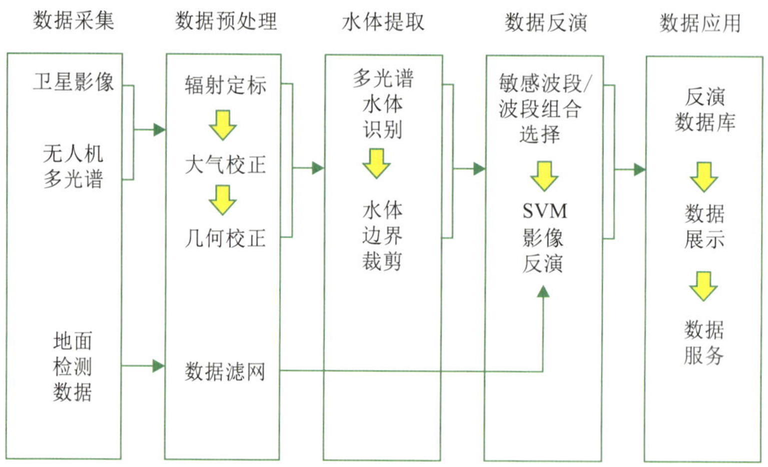

图 9-3 卫星遥感多光谱数据反演系统技术架构

9.1.2.2 卫星遥感影像

影像包括以下成果：

1)经过影像纠正(也叫正射校正、几何校正)的卫星灰度值(DN)影像，这些影像带有数据。

2)经过影像纠正、辐射定标的具有卫星 4 个光谱波段(蓝、绿、红、近红外)各自辐亮度的影像。影像带有各波段的数据，可以进行数据提取以及波段运算。

3)经过影像纠正、辐射定标以及大气纠正(即大气校正)的具有卫星 4 个光谱波段(蓝、绿、红、近红外)各自遥感反射率的影像。影像带有各波段的数据,可以进行提取以及波段运算。

4)经过影像融合处理的波段融合影像。

5)所有包含影像信息的辅助文件。

提供所有处理的所用方法与相关参数资料,如辐射定标中的增益和偏置系数;大气校正的方法中涉及的参数。影像成果必须达到以下要求:

1)影像中区域内的云覆盖量小于区域总面积的 15%;

2)拍摄到的影像所包含的区域的范围大于区域总面积的 85%;

3)空间分辨率为 4m 或更优;

4)影像纠正的精度必须优于 10m,并且可以作为几何精校正的基础;

5)影像无明显噪声、斑点、坏线和变形,且无异常高亮,无信息损失;

6)拍摄角度(垂向夹角)小于 30°;

7)自带坐标,采用 CGCS2000 坐标系;

8)数据格式为 GeoTiff;

9)做到"即插即用",即无使用门槛,可与各类 GIS 以及 ENVI 软件系统无缝衔接。

9.1.2.3 遥感影像预处理模块

数据预处理模块可分为辐射定标、大气校正、几何校正 3 个模块。

(1)辐射定标

将数字图像中的原始影像的亮度灰度值转换为具有一定物理意义的其他数据的过程就是辐射定标。本书采取辐亮度法,亮度灰度值与辐亮度之间存在简单的线性关系:

$$L_i = \mathrm{DN}_i \times \mathrm{Gain}_i + \mathrm{Bias}_i \tag{9.1-1}$$

式中,i——波段号;

L——辐亮度;

DN——原始影像 DN 值;

Gain——增益系数,是卫星传感器头文件里提供的定标参数;

Bias——偏置系数,是卫星传感器头文件里提供的定标参数。

辐射定标的目的是为大气校正做准备。若使用 ENVI 软件,需要将定标好的影像数据排列格式(BSQ)转换为大气校正默认的数据排列格式(BIL 或 BIP)。

(2)大气校正

水色遥感数据大气校正的目的是精确获取水面归一化离水辐亮度或者归一化离水辐射率。对于Ⅱ类水体,常用的大气校正方法为最佳邻近法校正方法、迭代校正方法、光谱匹配和光谱优化校正方法、两个短波红外波段校正方法。最终可得到归一化离水辐亮度、归一化离水辐射率、遥感反射率。

(3)几何校正

在遥感成像过程中,受多种因素的综合影响,原始图像上地物的位置、形状、尺寸等特征与其对应的地面地物的特征往往是不一致的，这种不一致就是几何变形，也称几何畸变。几何校正是指消除或改正遥感影像几何误差的过程。遥感影像图的几何校正有 3 种方案，即系统校正、利用控制点校正以及混合校正。

遥感数据接收后，首先由接收部门进行校正，这种校正叫系统校正（又叫几何粗校正），即把遥感传感器的校准数据、传感器的位置、卫星姿态等测量值代入理论校正公式进行几何畸变校正。

用户拿到这种产品后，因使用目的不同或投影及比例尺不同，仍旧需要做进一步的几何校正，这就需要对其进行几何精校正，即利用地面控制点 GCP（遥感图像上易于识别，并可精确定位的点）对因其他因素引起的遥感图像几何畸变进行纠正。

混合校正则是由一般地面站提供的遥感 CCT 已经完成的第一阶段几何粗校正，用户所要完成的仅仅是对图像做进一步几何精校正。几何粗校正的服务通常由卫星接收系统提供。

9.1.2.4 数据反演模块

本书对已知的水质光谱曲线进行统计分析，选择最佳波段或波段组合。反演核心算法首先使用支持向量机（Support Vactor Machine，SVM）模拟，将最佳波段或波段组合、实测水质参数作为输入值反演水质，然后进行结果评价，以及生成水质栅格数据。人工智能影像反演技术路线见图 9-4。

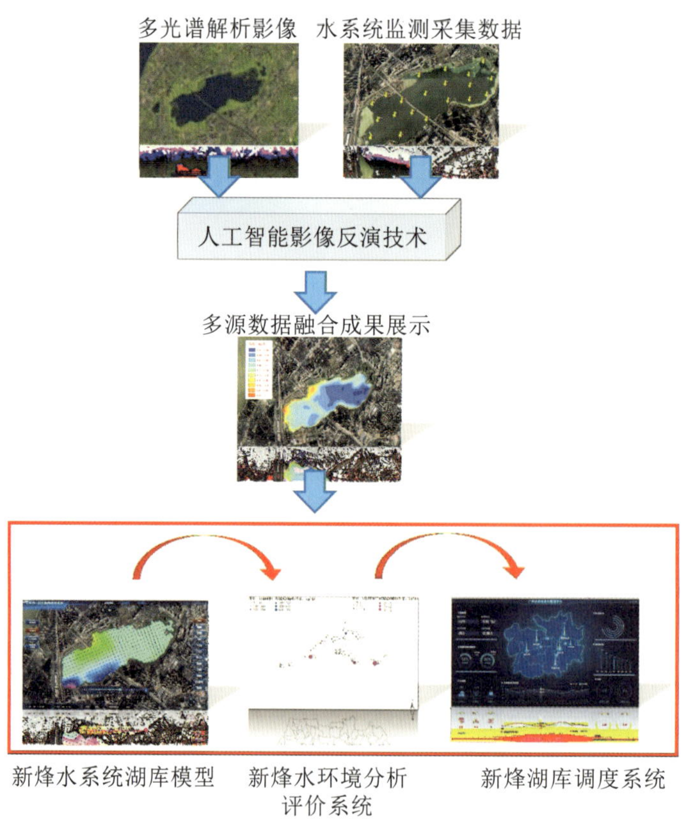

图 9-4　人工智能影像反演技术路线

最佳波段或波段组合相关性分析，作出实测光谱值（可以是经过处理后的）或波段组合与每一种水质参数的皮尔森相关分析。选出相关性大于 0.5 阈值的敏感波段或波段组合。

多光谱影像数据是由多个波段组合，每个波段与水质指标有不同的相关性，例如可见光和近红外的反射率可以成功地用来反演水体叶绿素 a 的质量浓度[65]。在数据反演上，为了减少弱相关数据的干扰，可以进行皮尔森相关系数分析。通常，在实际操作过程中，选出相关性大于 0.5 阈值的敏感波段或波段组合作为后续反演使用。

首先选择训练组数据反演结果较好的几组模型进行参数设置，并利用验证组数据对反演结果进行评价，可供选择的评价指标包括平均绝对值误差百分比及相关系数，然后选取综合评价结果最好的一组参数设置，来反演整个水域的水质参数，并生成水质参数栅格数据供后续水质评价、预报、调度应用。

9.1.2.5　数据评价模块

在数据评价模块上可以使用 3 种国内外常见评价方法，即地表水环境质量标准、营养状态评价及卡尔森指数。

在水质应用展示及服务上，本书将制作反演数据的水质评价工作，针对水库内不同位置的 8 项水质指标情况，通过地表水环境质量标准分析。地表水环境质量标准基本项目标准限值见表 9-1，将水体分为Ⅰ、Ⅱ、Ⅲ、Ⅳ、Ⅴ类水体。

表 9-1　地表水环境质量标准基本项目标准限值

项目	Ⅰ类	Ⅱ类	Ⅲ类	Ⅳ类	Ⅴ类
水温/℃	人为造成的环境水温变化：周平均最大温升≤1，周平均最大温降≤2				
pH 值	6～9				
总磷/(mg/L)（湖库标准）	0.01	0.025	0.05	0.1	0.2
总氮/(mg/L)	0.2	0.5	1.0	1.5	2.0

采用营养状态指数（TLI）进行湖泊（水库）富营养化状况评价（表 9-2）。TLI 计算方法如下。

$$
\begin{aligned}
&\mathrm{TLI(Chl\text{-}a)}=10(2.5+1.086\ln \mathrm{Chl\text{-}a})\\
&\mathrm{TLI(TP)}=10(9.436+1.6241\ln \mathrm{TP})\\
&\mathrm{TLI(TN)}=10(5.45+1.6941\ln \mathrm{TN})\\
&\mathrm{TLI(SD)}=10(5.118-1.941\ln \mathrm{SD})\\
&\mathrm{TLI(COD_{Mn})}=10(0.109+2.661\ln \mathrm{COD_{Mn}})
\end{aligned}
\tag{9.1-2}
$$

式中，Chl-a 单位为 mg/m^3，其他指标单位为 mg/L。

表 9-2　　TLI 营养化分级

TLI	营养化分级
小于 30	贫营养
[30～50]	中营养
(50～60]	轻度富营养
(60～70]	中度富营养
大于 70	重度富营养

另一种常见湖泊（水库）富营养化状况评价指数为卡尔森指数（TSI），其计算方法如下。

$$TSI(Chl\text{-}a) = 9.81\ln(Chl\text{-}a) + 30.6$$

$$TSI(TP) = 14.42\ln(TP) + 4.15 \tag{9.1-3}$$

$$TSI = [TSI(TP) + TSI(Chl\text{-}a) + TSI(SD)]/3$$

$$TSI(SD) = 60 - 14.4\text{Ln}(\text{塞氏盘深度}) \tag{9.1-4}$$

表 9-3　　TSI 营养化分级

TSI	营养化分级
小于 30	贫营养
[30～50]	中营养
(50～60]	轻度富营养
(60～70]	中度富营养
大于 70	重度富营养

9.1.2.6　无人机多光谱数据

采集的无人机多光谱影像合成数据成果每幅无人机多光谱影像技术参数及要求如下：

1)波段应包含蓝波（450nm±16nm）、绿波（560nm±16nm）、红波（650nm±16nm）、红边（730nm±16nm）、近红外（840nm±26nm）。

2)空间分辨率应达到 30cm 或更优。

3)完成影像全色融合和拼接。

4)要求影像灰度值服从正态分布，层次丰富，纹理细节清晰，色调正常，无明显噪声、斑点、坏线和变形，且无异常高亮，无信息损失。

5)提供成果格式 CGCS2000 坐标系的 DOM 数据。

9.1.2.7　水传感器在线监测

(1)湖心采样作业

由于湖泊周边的环境各不相同，在水平方向上出现水质特性明显差异时，需考虑湖泊水体的水动力条件、湖泊面积、补给条件、出水及取水、排污设施的位置和规模等，经过对湖泊实地考察来布设若干采样点。湖泊的水质特性若在水平方向上没有明显的差异时，可均匀布设采样点。依据以上原则，并参考《水质 采样方案设计技术规定》(HJ 495—2009)。采用便携式水质检测箱检测方式对水温、叶绿素 a、蓝藻、透明度等 4 项指标进行现场测定，实验室测定总磷、总氮等 2 项指标进行检测。

(2)出流监测作业

地面出流监测作业重点为在大的主河道、闸排口安装多参数水质在线监测柜、流量水位监测设备、地面摄像视频(主要为入闸口处影像)、气象监测设备。监测指标包括水质指标(水温、总磷、总氮、叶绿素 a、蓝藻、透明度等 6 项)；水情指标(水位、流量等 2 项)；气象指标(气温、蒸发量、日辐射、风速等 4 项)；工情指标(泵机组启停状态、抽排量等 2 项)。

(3)入流监测作业

地面入流监测作业重点为在大的主河道、雨污水排口安装流量、水位、水质监测设备。监测指标包括水质指标(浊度等 11 项)；水情指标(流量等 2 项)。

9.1.2.8 应用案例

"天空地"一体化多源异构数据融合湖库监测是通过把卫星遥感反演水文水质数据、低空遥感、倾斜摄影等方式获得的信息和地面及水中在线传感器监测的水文水质数据相融合，将"天空地"不同数据来源和数据结构、多维度的气象、水质、工情等涉水信息相互融合、率定、优化。该系统通过"天空地"感知数据深度融合、多源异构数据无缝融合展示、实现浸入式漫游调度效果、智慧调度输出与驱动等，来实现湖库监测的智慧化。图 9-5 至图 9-9 是武汉沙湖的研发成果，其内容包括水质反演、在线监测数据与卫星影像融合、沿湖巡检与在线监测数据、倾斜摄影融合、视频数据与三维模型无缝融合、反演数据与卫星影像融合，相关细节可参考专利"天空地一体化湖库水质监测融合数据方法"。

该系统功能包括综合感知(卫星、无人机、传感器等多源监测数据采集)、分析模拟(通过卫星遥感数据反演、无人机多光谱数据反演、数据和水模型耦合，对数据进行率定和优化)、融合展示(卫片、倾斜摄影、视频图像、传感器多源数据同步展示)、智慧调度(基于水质、水量模型模拟的结果，提供智慧专家调度方案，实现湖库智慧调度管理)。该系统优势有如下 4 点：

1)对水体进行大范围、全天候、多频次、多角度、快速、低成本动态监测，提供丰富的可供定性、定量分析的水环境信息，实现全天候、全时空覆盖无死角。

2)弥补实地监测耗时长、监测范围局限、长期趋势分析困难且费用高的缺陷，极大地降低维护运行成本，完善现有常规监测技术在不确定性、代表性、精确性等方面的不足。

3)与人工智能、高性能数值仿真、大数据技术等高新信息化技术有机融合，提升水文、水动力、水质模型的细部刻画能力和模拟预测的精度及可靠性，满足智能化、精细化、自动化的水环境管理与决策的需求。

4)有利于发现实地监测方法和地表模型难以揭示的污染源和污染物的迁移特征，及时捕捉突发性、大范围的水环境、水生态变化。

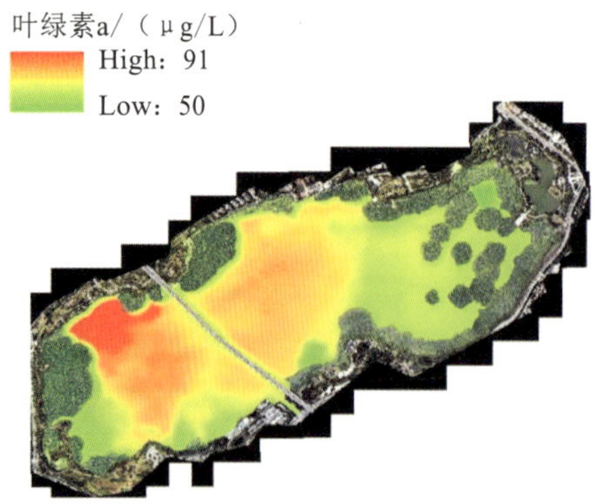

(a)叶绿素 a

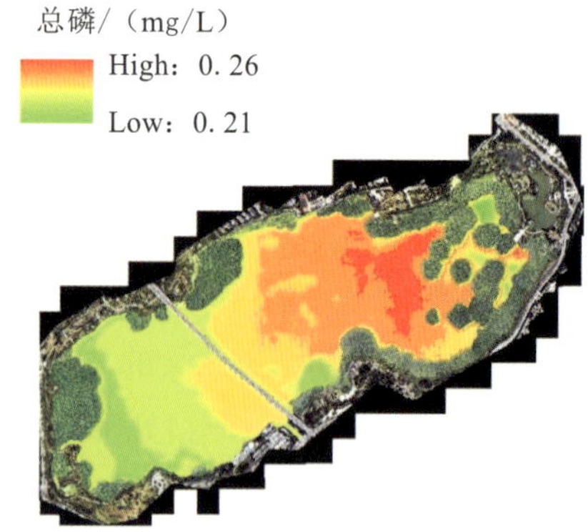

(b)总磷

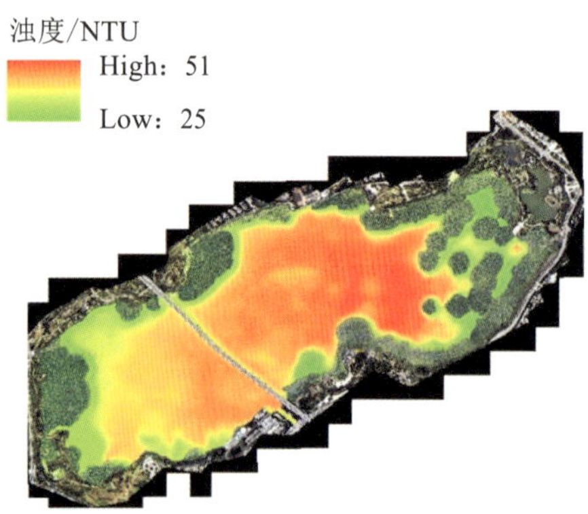

(c)浊度

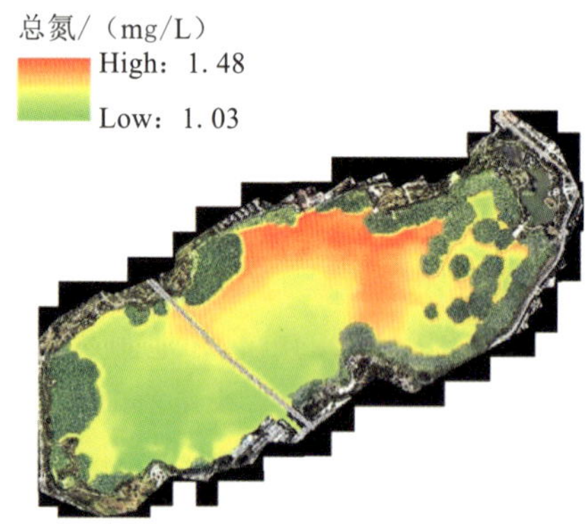

(d)总氮

图 9-5　反演成果

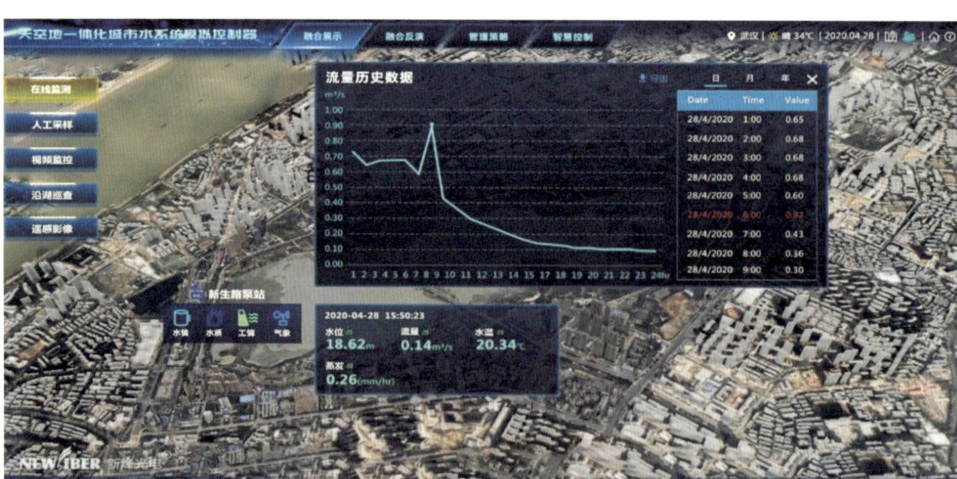

图 9-6　在线监测数据与卫星影像融合

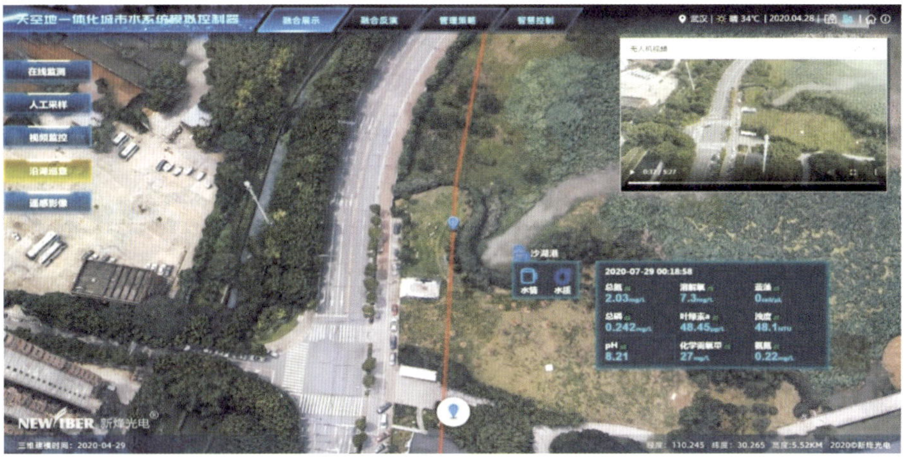

图 9-7　沿湖巡检与在线监测数据、倾斜摄影融合

图 9-8　视频数据与三维模型无缝融合

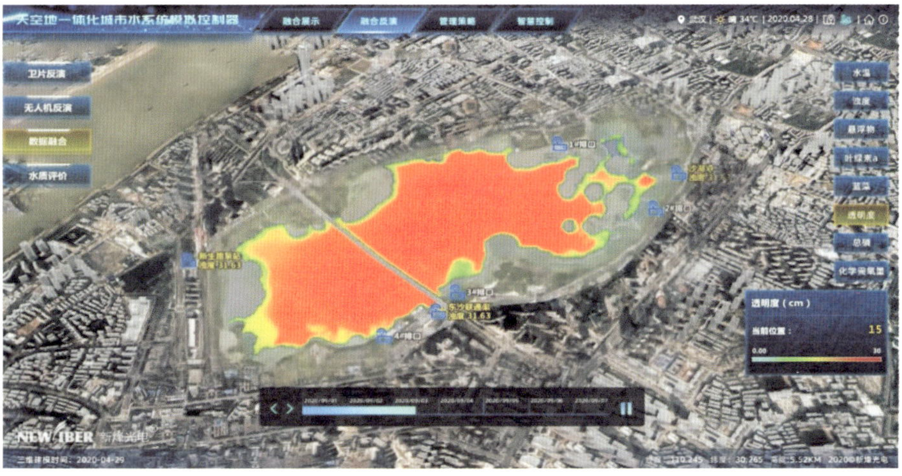

图 9-9　反演数据与卫星影像融合

9.1.2.9 小结

数据融合预期成果见图 9-10。①"天空地"监测数据采集，包括卫星多光谱影像、无人机多光谱影像、无人机倾斜摄影、地面监测采集数据的收集；②多源异构数据融合展示分析，包括系统平台、影像处理、影像反演、数据仓库、数据同步等系统的搭建；③水量水质模型支持，实现多维度多尺度多模型的构建，为后续水务工业 4.0 工作实时控制调度做准备；④技术标准和规范，首先实现在行业内领先，后续在全国能得到推广，为城市水系流域管理及考核监测（包括水资源保护、水域岸线管理保护及空间管控、水污染防治、水环境治理、水生态修复、执法监管）而努力。

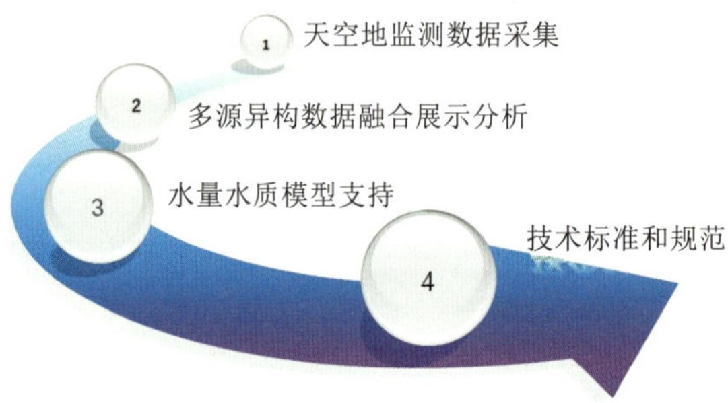

图 9-10　天空地一体化多源异构数据融合预期成果

9.2　水文水量监测新技术新产品

9.2.1　现代水文水量问题

水是生命之源，在人类的生存和发展中发挥着不可替代的作用，但是当前由水而引发的自然灾害严重威胁人们的财产安全和生命安全，造成大量的财产损失和人员伤亡，而海绵城市建设能够明显改善城市水文灾害问题。

传统的土地开发过程会对城市中大部分地面进行硬化，导致城市下垫面的透水性和滞水性显著下降，从而使降雨中汇流过程发生变化。具体表现在短时间内地表径流增大、洪峰流量增加，以及峰现时间提前等，使城市面临严峻的内涝威胁。近年来，我国夏季城市内涝灾害频发，频繁造成人员伤亡和巨额经济损失，从而对水文监测工作的质量提出更高的要求。为此，针对当前水文监测中存在的问题，相关部门必须加强认识，积极采取有效措施加以解决和应对，促进水文监测工作的顺利展开和发展。

9.2.1.1　监测设施设备的测洪能力较低

自从 1998 年发生特大洪灾以来，我国的水文监测工作取得了一定的发展，用于水文监测的基础设施建设水平有了大幅提高，并更新和改造了大型动力测船和水文缆道等，使得水文监测能力和质量大大提高。但是从整体上来看，水文监测设施设备的测洪能力依然较低，主要表现在以下方面：一是改造之后的测洪能力只是能够测量到设站以来的最大洪水，对于超标洪水的监测远远不够;二是对一些大洪水或者是特大洪水的监测依然采用传统的浮标测洪法,监测质量低下。

9.2.1.2　技术手段较为落后

在当前的水文监测中,不少监测站依然是利用测深杆来测量水深,利用流速仪来测量水流速度。这些测量方式在中低水测量中的准确度较高,但是监测大洪水时往往存在着测速和取沙定位困难、精准度较差的问题。并且由于单次测验所耗费的时间较长,劳动强度较大,且所测量的数据无法自动传输给计算机,因此使得水文监测工作的质量和效率不高。

9.2.2　水文水量监测新技术新产品

9.2.2.1　积极研发新技术和新产品

我国是多河流、多湖泊、多水库的国家,为了能够实时、有效地对重点水域的水流量、水量的库存和水资源的开发利用,需要实时掌握重点水域地区的水位、水流速度、上下游地区的降水量、闸位等重要的数据信息。水文监测工作的质量和效率在很大程度上依赖监测技术和检测设备,但当前水文监测工作中的一个突出问题就是监测技术和检测设备相对落后,已经渐渐无法满足监测工作的实际需要,因此必须积极研发新技术和新设备。具体来说,就是要提高水文监测工作的质量和时效,以满足水利工程管理和建设、防汛抗旱指挥的需要。同时还要积极研发有关测深、测速等工作的新技术和新设备,有效解决流量测验等过程中存在的问题。

9.2.2.2　新技术新产品——投入式超声波流量监测仪

随着世界经济全球化和我国经济水平的不断发展,尤其是国际竞争的日趋激烈,科学信息技术的普及,我国各项工作也快速被信息化大潮所席卷,这些变化对于各行业的发展来说既是机遇又是挑战,对于水文监测工作也不例外。近年来,计算机技术、电子技术、遥感技术,自动化技术等发展给水文工作的进一步发展奠定了坚实的基础和前提,同时也为水文监测质量的提高提供了有利条件。计算机等先进技术的应用大大地推动了水文工作的发展,信息技术手段的使用提高了水文监测质量和效率,减少了监测的时间,提高了监测的准确率,保证了水文监测资料的准确性和可靠性。可以说,监测手段是影响水文监测质量的重要因素。

新一代高精度智能型管网/河道流量监测产品——投入式超声波流量监测仪执行《超声波流速仪》(SL/T 186—1997)标准,适用于需要连续精确测量流速、流量的环境,具有安装简单、维护方便、可靠性高、精度高等显著优点。投入式超声波流量监测仪设计见图 9-11。

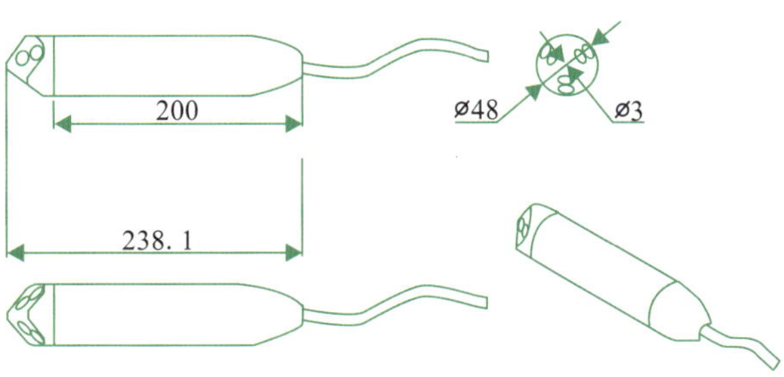

图 9-11　投入式超声波流量监测仪(单位:mm)

其主要特点如下：

1)末端传感器无需固定，对于城市管网监测，无需安排专人冒险下井安装和维护，无人员安全隐患。

2)不受水体中异物影响，水中异物不易挂在设备上，不易受污染。

3)可以在河道、管道等各种水流环境自动适应流速方向，流体方向变化不会影响产品精度。

4)采用非接触式测量水位，不受伯努利定理影响，水位测量更加精准。

5)流速测量装置柔性安装，不会产生壅水现象带来测量误差。

6)维护方便，末端传感器不需安装，创新的监测原理和结构设计可极大降低维护工作量，提升产品寿命。

7)操作方便，系统自带率定软件，可根据水理模型、流速分布及已知流量3种方式进行率定。

投入式超声波流量监测仪河道测流是将沉底过河缆道布置在河道断面的河床上，流速流量智慧感知系统核心传感器投入式超声波流量监测仪沿沉底过河缆道分布且分别通过通信线缆与沉底过河缆道连接。以投入式超声波流量监测仪对应的通信线缆和沉底过河缆道的连接点为缆道节点，缆道节点与投入式超声波流量监测仪一一对应，沉底过河缆道由缆道节点分为多段，每段为一条测线，共分为m条测线，投入式超声波流量监测仪为n个，缆道节点为n个，$m=n+1$，各个投入式超声波流量监测仪沿沉底过河缆道等距分布，各个测线长度相等，沉底过河缆道通过一定重量的铁链沉底，具有足够的重量与柔韧性，可以良好地贴合河底。投入式超声波流量监测仪的超声波探头能进行三轴流速测量，可以无视自身姿态测量设备周围流速。投入式超声波流量监测仪河道测流见图9-12。

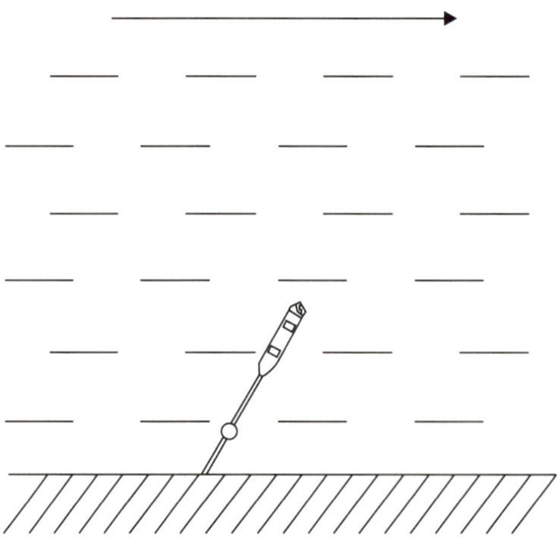

图9-12 投入式超声波流量监测仪河道测流

投入式超声波流量监测仪将超声波发射器作为固定声源，随流体一起运动的固体颗粒起了与声源有相对运动的“观察者”的作用，把入射到固体颗粒上的超声波反射回收。发射声波与接收声波之间的频率差，就是由流体中固体颗粒运动而产生的声波多普勒频移。由于这个频率差正比于流体流速，因此测量频率差可以求得流速，进而可以得到流体的流量。

$$f_d = \frac{2f}{c} v\cos\theta \qquad (9.2\text{-}1)$$

式中，f_d——接收到的频率；

f——发射的频率；

c——超声波速度；

θ——水流和入射波的夹角。

整套系统由投入式超声波流量监测仪、激光雷达水位计（压力式水位计）及便携式多参数水质水文监测仪等部件构成，各部件均能独立工作。一般在管道中使用只选用一个投入式超声波流量监测仪进行测量，在自然河流中选择多个投入式超声波流量监测仪组合进行测量。

投入式超声波流量监测仪内部带有水温传感器，用于测量水温的同时可补偿声音在水中的声速，确保流速测量准确可靠。

在实际河道测流，布设过程一般是将投入式超声波流量监测仪设置两条垂线，采用水力学方法作为基础算法，分析出河道截面流速横向分布规律，构建横向流速分布律模型，利用横向流速分布律模型算法技术实现流速以少量测量点流速计算出整个河道断面流速，结合河道断面面积计算出整个河道流量，再采用双线相互校核验证，大幅提高了断面平均流速准确性。

水位测量除投入式超声波流量监测仪本身携带的水位传感装置和算法以外，同时一般设有雷达或浮子等固定式水位计，结合河道断面高程可以计算出断面横截面，并与投入式超声波流量监测仪测量出的水深相互校核。

该系统采用太阳能供电，结合蓄电池储能。流速流量数据通过 4G 通信网络发送到云服务器。流速流量智慧感知系统组成示意图见图 9-13。

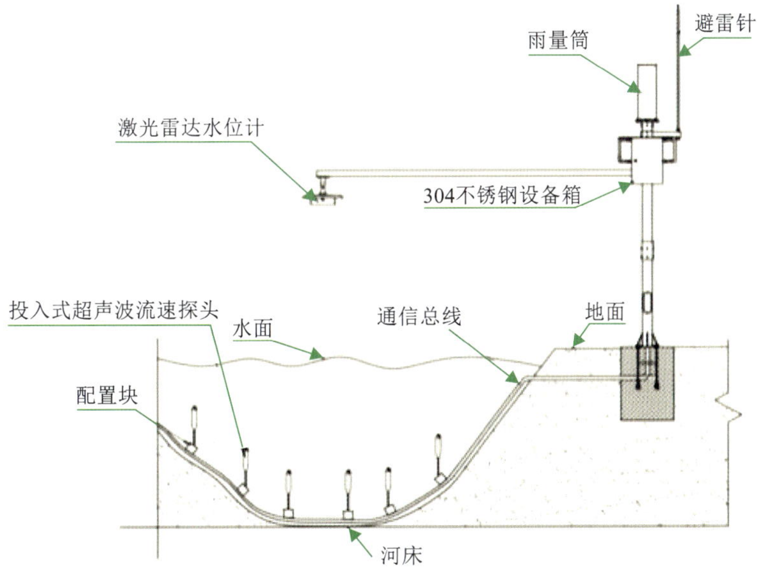

图 9-13　流速流量智慧感知系统组成示意图

此项研发产品适合我国排水系统管网运行实际情况，采用多普勒超声波原理测量流速，特殊场合可配套超声波、雷达、激光雷达、压力等水位计（液位计）进行水位精确测量，可用于河流、明渠、管道在线流量监测，特别是管网埋深大、水量多、流速大、安装和维护难度大的环境。

9.2.2.3 新技术新产品——非接触式排水管网流量水位监测仪

主要用于排水管网流量测量的非接触式排水管网流量水位监测仪，内部集成雷达水位单元、雷达流速单元，测量管道非满管情况下的流量；同时内部集成超声波流速单元、压力水位单元，测量管道满管情况下的流量。

非接触式排水管网流量水位监测仪的主要特点如下：

1）采用多普勒超声波技术、压力液位技术、雷达多普勒技术、雷达液位技术等多种方法相结合，可同时测量满管和非满管下的液位和流量。

2）可用于地下排水管网、明渠、河道、箱涵、灌渠等场合进行非接触式流量测量。

3）抗干扰性强，设备可安装在管顶，属于非接触测量，不受温度、泥沙、河流污染物、水面漂浮物等因素的影响，同时所需维护成本低。

4）内置一套水力模型算法技术，流量测量精度更高。

5）设备具备倾角测量，自动修正算法，安装角度变化不影响测量结果。

6）可适应多种数据采集形式，立杆式、便携式、分体式不限。

7）IP68 防水等级，可长期在水下使用。

8）耐腐蚀，对地下管网恶劣环境的适应性很好。

非接触式排水管网流量水位监测仪监测场景见图 9-14。其工作原理是雷达流速单元采用多普勒效应原理测量流体的表面流速，雷达水位单元通过发送和接收雷达波信号之间的时间差来计算水位，再结合管道的断面信息以及非满管水力模型算法计算断面流速，通过流速面积法计算出流量。超声波流速单元采用多普勒效应原理测量流体的点流速，压力水位单元采用静水压力原理来计算水位，再结合管道的断面信息以及满管水力模型算法计算断面流速，通过流速面积法计算出流量。

图 9-14　非接触式排水管网流量水位监测仪监测场景

9.2.3　总结

建设海绵城市就要有“海绵体”。城市“海绵体”包括河、湖、池塘等水系，以及绿地、花园、可渗透路面等城市配套设施。雨水通过“海绵体”下渗、滞蓄、净化、回用，最后剩余部分径流通过管网、泵站外排，从而可有效提高城市排水系统的标准，减缓城市内涝的压力。本书研究的管网、泵站外排水文监测是水文监测的重要流程，也是促进经济发展和社会进步中必不可少的重要方面。

在水文监测工程的规划、设计以及施工的各个环节都要树立超前的安全意识和研发精神，保证水文监测基础设施质量的稳定性。并且在实际的水文监测工作中，工作人员同样要具备超前的发展眼光和严谨的工作态度，将水文监测产生的社会效益和经济效益最大化，同时积极参与海绵城市建设，恢复城市生物多样性，营造生态、优美的景观环境，建设真正的生态与低碳城市。

9.3　水质监测新技术新产品

9.3.1　微流控水质检测

化学需氧量、氨氮、总磷、总氮是《“十四五”国家地表水监测及评价方案（试行）》中提出“9＋X”和“5＋X”的基本监测评价指标，这些指标通常用化学法进行水质在线监测，存在诸多问题，如废液为危险废物，易二次污染；样品和试剂消耗量大；检测所需时间长；运维要求具备专业技能，操作烦琐等，以及功耗大，体积大等。

实验室或便携式水质检测设备也具有系统自动化程度低、操作烦琐、成本高、受操作者人为因素影响大等问题。

微流控芯片技术是在有微米级通道的厘米级芯片上通过控制微流体的流动来实现各项宏观的生物和化学反应，包括筛选、分离、定量、反应、检测等操作。因此微流控芯片也被称为微流控芯片实验室。

微流控水质检测技术具有以下优点：

1）能够严格遵循国家标准和行业标准的步骤和流程。

2）所需的试剂和所需水样总量为微升级别，比现有常规体系小数十倍。

3）环境友好，废液大幅减少。

4）微流控技术强化的传质和传热可使各指标的检测时间大幅缩短。

5）指标含量测定准确性高，运维便捷。

6）兼容 12V 供电适应应急监测等特殊场景。

7）芯片集成度高，体积小，适用场景广泛等诸多场景。

9.3.2 量子点光谱传感技术

量子点(Quantum Dots,QDs)是一种新型半导体荧光纳米材料,其结构决定了它具有优异的光化学稳定性、激发谱宽而发射谱窄以及较长的荧光寿命等特点。目前研究较多的量子点主要包括镉系量子点(如 CdSe、CdS、CdTe)、铟系量子点(如 InGaAs、InP、InAs)、硅量子点、碳量子点等。量子点材料凭借优异的光学特性,极适合作为荧光探针用于传感分析,量子点荧光传感器灵敏度高、易于操作,近年来在环境监测、细胞成像、疾病诊断和治疗等领域发展迅速。然而其存在一个突出的缺陷,即实际样品基质可能存在一些与目标待测物发光响应性质相似的物质,导致荧光传感器的选择能力降低。为解决这一问题,研究人员将分子印迹技术(MIT)引入荧光传感器。分子印迹技术是通过模拟天然分子识别现象,人工合成对模板分子能够进行特异性和选择吸附的高分子功能材料即分子印迹聚合物(MIPs)的一种新技术。在早期研究应用中,MIPs 通常用于萃取/分离,检测分析仍需利用色谱/质谱等手段,无法实现现场的快速检测。分子印迹荧光传感器以 MIPs 为识别元件、QDs 为响应元件,结合了 QDs 和 MIT 的优势,具有高选择性和高灵敏度,是一种易于操作的快速检测新手段。

目前量子点分子印迹荧光传感器在环境监测、食品安全和生物分析等领域展现出巨大的优势和广阔的应用前景,但该传感器在制备、应用等方面仍存在着一定的问题。例如,印迹过程需要用到大量模板分子,有些化合物价格昂贵,还有些化合物如代谢产物、生物活性物质等不易得到,这大大限制了分子印迹荧光传感器的制备和应用;如何实现对于生物大分子以及病毒、细菌的印迹仍是重大挑战。在实际应用检测时,对于一个样本需要同时检测两种或多种残留物质的情况十分普遍,开发出能够对样本中多种目标物质同时检测的复合型传感器,是该技术有待深入研究的一个重要方向。总之,关于量子点基分子印迹荧光传感器的研究开展时间并不长,这项技术还需要学者不断地探索和完善,以期获得更大的发展和应用。

9.3.3 多光谱融合技术

高集成多光谱在线水质快速监测系统是新一代快速水质在线分析技术,其采用了UV+FL 光谱融合分析技术,即在水质分析样本紫外/可见吸收光谱和多维荧光发射光谱的基础上,建立水质综合指标与水样多源多维光谱的相关性数据模型,充分利用紫外/可见(UV)吸收光谱和多维荧光发生光谱各自的优势,实现信息互补,得到对水质综合指标更全面、准确的分析,从而提高参数的模型计算精度。甚至在此基础上实现化学需氧量、生化需氧量、总有机碳、总磷、总氮、氨氮、高锰酸钾指数、多环芳烃、叶绿素 a 和蓝绿藻等综合水质指标的快速测量,高集成多光谱在线水质快速监测系统能够克服在线化学分析仪表在高盐度、高浊度、低浓度情况下的测量问题,具有光学检测方法的一般优点,如测量时间短、无二次污染、运行成本低、设备投资少等,虽然仍然存在光学法相较化学法的传统缺点,如准确性较差、市场接受程度低等,但是仍然有相当大的技术进步空间。

9.3.4 高光谱水质监测

高光谱水质监测系统是在光谱分析的技术原理基础上，利用高光谱特性深入分析水体中各类特征物质在不同波段下的反射信号的新型水质指标监测方法。高光谱分析是利用200～25000nm 范围的紫外-可见光-近红外主动光源对监测物进行照射，将反射信号通过分光技术分解成数百个波段，并分析各个波段能量值的高低，进而分析出被照射物的分子组成及物质含量。水体中的各类物质光学组分影响水体的光学性质，可表现在水体对光的吸收与散射上，进而影响水体的离水辐射与离水反射率，通过探测器接收水体离水辐射信号，针对一种或多种光学组分剥离出可反映水体光学组分含量的有用信息，并利用人工智能分析反演，获得水体中一种或多种重要组分含量，通过光学特性分析与人工智能模型结合，最终算出重要的特征物质含量，实现水质指标监测。该原理具有光学监测方法的通用优点，但多场景实际环境应用效果还有待经过市场的进一步验证。

9.4 模型发展和新技术

模型通常是指用于描述模拟物理系统的一组方程或算法。在本书中，模型还指能够自动计算系统的各种可用软件工具。为了解决特定的技术问题，模型工程师可以选择应用现有模型、单独或组合应用多个模型、修改现有模型或开发特定于站点的模型，只有设计模型的每个应用程序，才能满足特定系统的分析需求。

9.4.1 模型开发

模型包括代表关键的数值化过程。模型工程师需要考虑给定应用程序相应的复杂性。程序越复杂意味着物理过程的模拟越详细和时空分辨率越高，需要更多经验、时间、数据和资源来实施。选定的模型需要对流程充分地描述，以保持管理评估或替代方案的灵活性，以及对相关绩效测量的影响。换句话说，若所选的模型不能量化所选站点对负荷变化的潜在响应，则该模型不适用于该任务。

还可以通过配置特定的建模系统来调整模型应用程序的复杂性。通常详细的建模系统包括选择过程和定义适当的空间、时间细节的灵活性，如 HSPF 提供了使用径流和土地侵蚀过程的详细描述的能力，但 HSPF 也可以在不包括显示侵蚀过程的情况下应用。简化模型更受其原始公式和定义假设的限制，如 GWLF 模型不包括径流过程的模拟，也没有提供替代配方。模型工程师在定义特定模型应用程序的复杂性的模型设置期间提供了许多选择，定义空间和时间分辨率、模拟的具体过程以及分析的详细程度，如基于用户设置选择，雨水管理模型(SWMM)等模型可以包括污染物模拟，将描述灰尘和污垢的堆积、冲刷或更简单的方法分配给径流。将模型应用于特定流域或水体时，模型工程师可以确定模型的空间分辨率——要模拟多少土地利用类别、子流域和水体特征。这些决策允许模型工程师将复杂性从简化更改为详细。

9.4.2 整合模型系统和链接模型

对于具有多种土地和水特征的流域，如陆地区域、河流、运河、水库和河口，通常需要一个以上的模型。建模者经常将模型连接在一起以描述整个系统。当一个模型不能充分描述系统的多个特征时，需要使用多个模型，模型之间的联系可以是静态的或动态的。静态链接从一个模型获取输出并将其用做第二个模型的输入；动态链接可以是双向的，其中来自每个时间步长的信息在模型之间来回传输并影响两个模拟。模型工程师通常通过简单的文件传输系统或通用数据库来实现链接，以便在应用模型时自动执行所有文件交换要求。

9.4.3 模型开发趋势

政策和环境方面的新问题需要通过模型开发来解决，许多模型被用于流域管理研究，这些研究涉及多个目标。

9.4.3.1 模型可能用于评估的问题

1)分析下垫面长期变化的影响；

2)评估水体承受污染物负荷；

3)规划水资源在供水、休闲和水生态方面的综合应用；

4)管理港口和航道；

5)实施有效的海绵城市项目；

6)处理多个项目耦合，如内涝、TMDL、水生态、湿地和水源保护；

7)管理备选方案的成本效益；

8)帮助选择最小化成本和最大化收益的替代方案；

9)分析全球气候变化对水量和水质长期的影响。

9.4.3.2 模型新的技术挑战

新的技术挑战将用来支持环境决策和满足新出现的计划需求。本书侧重于确定需要开发的技术以支持海绵城市建设。对今后趋势进行分析，有助于确定模型开发需要使用的关键技术。

1)分析不常见污染物类型。许多研究以营养物质、溶解氧、沉积物、病原体和金属为评估对象。但需要分析更多类型的污染物，包括氯化物、滴滴涕、多氯联苯和重金属，现有模型和可用的数据受化学过程和污染物范围限制。

2)扩大适用场景的范围。典型的建模应用集中在主要的一般源类别，如“农业”“城市”“森林”。新的研究可能面临更具体的适用场景或负载特征，如特种作物种植地、高尔夫球场或滑雪场。

3)改进技术来应对复杂的水文条件，如地表水与地下水相互作用的高地下水位、抽水和管理系统、大坝、地下水抽水而导致的基流减少或岩溶地貌等。

4)资源竞争、空气污染治理(汞、氮)和流域管理越来越需要跨域分析(空气—陆地—地表水—地下水)。

5)受污染的沉积物以及环境恢复方案和疏浚影响分析需要对沉积物运输和沉积物化学进行更详细的模拟。

6)评估水环境用途和流域管理影响,需要更进一步分析水生生物和陆地栖息地以构建生态模型。

7)扩大对成本效益实施的关注将推动建模系统的技术,即管理实践的模拟、考虑并优化管理成本技术的发展。

8)全球气候变化和城市化意味着将需要对不断变化的下垫面和未来气候进行建模,以实现对复杂土地的利用和气象预测。

9)随着模型越来越多地用于支持基础设施进行重大财务投资的决策,模型的可防御性和准确性将受到挑战,需要技术来支持模型测试、校准支持、验证和不确定性风险分析。

9.4.4 应用模型

尽管有多种模型可用,但对建模需求的评估还必须考虑模型对流域规划的适用性。模型的适用性是通过模型能力与一组应用标准相匹配来评估的。适用性考虑项目应用的定义和特征,如污染物、土地和水特征、管理备选方案、数据和用户界面;讨论可用模型提供的覆盖范围并确定了关键差距,以及现有集成建模系统通过模型和支持实用程序的连接来满足应用程序需求的能力。

应用标准旨在评估当前可用模型支持评估实施选项的能力。应用标准将特定的模型构建需求与所描述的模型构建能力和过程、模拟的土地和水的特征以及支持模型应用的公用设施相匹配,用于评估模型执行分析的能力,即培训、工作水平和开发界面能力。对模型在流域、受纳水体和低影响开发模拟方面的基本能力进行评估,所有可用模型都在表 9-4 至表 9-7 中进行评估,每个模型均可支持多个应用标准。

应用标准的结构化序列用于评估五个主要类别中的每一个能力。

第一类应用考虑模型模拟的时间步长、频率和持续时间的能力(表 9-4)。用于模拟评估流域的污染物负载能力的模型构建至关重要。

第二类应用旨在确定模型模拟分析特定土地和水体特征的能力(表 9-5)。一些模型旨在模拟分析一种或多种水体(如湖泊和河流),而另一些模型则仅限于单一水体。此类应用的目的是开发一个描述可用模型的功能和范围的清单。在实际应用中,可以组合使用一个或多个模型来处理单个流域中存在的多种土地和水特征。

第三类应用确定特殊应用类别,以突出模型中有时但并非总是需要的土地和水过程(表 9-6、表 9-7)。将这些应用程序类别与一般类别分开的目的是突出模型之间的差异,并确定那些包含特定应用程序的模型可能需要的机理过程。将这些类别分开后,新型能力就更加清晰可辨。

表 9-4 支持污染物分析的模型

模型	总磷负荷	总磷浓度	总氮负荷	总氮浓度	硝酸盐浓度	氨氮浓度	总磷、总氮质量比	溶解氧	叶绿素 a	藻类密度	净悬浮物负荷	净悬浮物浓度	沉积物浓度	沉积物负荷	硫酸盐浓度	重金属浓度	杀虫剂浓度	除草剂浓度	有毒物质浓度①	病原体计数（如粪便大肠菌）	温度	甲基汞组织浓度	金属沉积物浓度	汞沉积物浓度	合成有机化学品沉积物浓度
AGNPS	○	○	○	○	—	—	—	○	—	—	—	○	○	○	—	—	○	○	—	—	—	—	—	—	—
AnnAGNPS	⊕	⊕	⊕	⊕	—	—	—	⊕	—	—	—	⊕	⊕	⊕	—	—	⊕	⊕	—	—	—	—	—	—	—
AQUATOX	—	—	—	—	⊕	⊕	—	⊕	⊕	⊕	—	⊕	⊕	⊕	—	—	⊕	⊕	⊕	—	—	—	—	—	⊕
BASINS	●	●	●	●	●	●	●	●	●	⊕	●	●	●	●	—	●	●	●	●	●	●	—	—	—	⊕
CAEDYM	●	●	●	●	●	●	●	●	●	●	—	●	●	—	—	—	—	—	—	●	—	—	—	—	—
CCHE1D	—	—	—	—	—	—	—	—	—	—	●	●	●	●	—	—	—	—	—	—	—	—	—	—	—
CE-QUAL-ICM/TOXI	●	●	●	●	●	●	●	●	●	●	●	●	●	●	—	●	●	●	●	—	●	—	●	●	●
CE-QUAL-R1	●	●	●	●	●	●	●	●	●	—	—	●	●	—	●	●	—	—	—	●	●	—	●	—	—
CE-QUAL-RIV1	●	●	●	●	●	●	●	●	●	—	—	—	—	—	—	●	—	—	—	—	●	—	—	—	—
CE-QUAL-W2	●	●	●	●	●	●	●	●	●	●	●	●	●	—	—	—	—	—	—	●	●	—	—	—	—
CH3D-IMS	●	●	●	●	●	●	●	●	●	—	●	●	●	●	—	—	—	—	—	—	●	—	—	—	—
CH3D-SED	—	—	—	—	—	—	—	—	—	—	●	●	●	●	—	—	—	—	—	—	—	—	—	—	—
DELFT3D	●	●	●	●	●	●	●	●	●	●	●	●	●	●	—	—	—	—	—	—	●	—	—	—	—
DIAS/IDLMAS	—	—	—	—	—	—	—	—	—	—	—	—	—	△	—	—	—	—	—	—	—	—	—	—	—
DRAINMOD	—	—	—	—	●	●	—	—	—	—	—	—	—	—	—	—	—	—	—	—	—	—	—	—	—
DWSM	●	●	●	●	●	—	●	—	—	—	—	●	●	●	—	—	●	●	—	—	—	—	—	—	—

续表

模型	总磷负荷	总磷浓度	总氮负荷	总氮浓度	硝酸盐浓度	氨氮浓度	总磷、总氮质量比	溶解氧	叶绿素 a	藻类密度	净悬浮物负荷	净悬浮物浓度	沉积物浓度	沉积物负荷	硫酸盐浓度	重金属浓度	杀虫剂浓度	除草剂浓度	有毒物质浓度①	病原体计数（如粪便大肠菌）	温度	甲基汞组织浓度	金属沉积物浓度	汞沉积物浓度	合成有机化学品沉积物浓度
ECOMSED	—	—	—	—	—	—	—	—	—	—	—	●	●	—	—	—	—	—	—	—	●	—	—	—	—
EFDC	●	●	●	●	●	●	●	●	●	●	●	●	●	●	—	●	●	●	●	●	●	—	●	●	●
EPIC	⊕	⊕	⊕	⊕	⊕	⊕	⊕	—	—	—	—	—	—	⊕	—	—	⊕	⊕	—	—	—	—	—	—	—
GISPLM	⊕	⊕	—	—	—	—	—	—	—	—	—	—	—	—	—	—	—	—	—	—	—	—	—	—	—
GLLVHT	—	●	—	●	●	●	●	●	●	●	—	●	●	—	—	—	—	—	—	●	●	—	—	—	—
GSSHA	—	—	—	—	—	—	—	—	—	—	—	●	●	●	—	—	—	—	—	—	—	—	—	—	—
GWLF②	⊕	⊕	⊕	⊕	—	—	⊕	—	—	—	—	—	⊕	⊕	—	—	—	—	—	—	—	—	—	—	—
HEC-6	—	—	—	—	—	—	—	—	—	—	●	●	●	●	—	—	—	—	—	—	—	—	—	—	—
HEC-6T	—	—	—	—	—	—	—	—	—	—	●	●	●	●	—	—	—	—	—	—	—	—	—	—	—
HEC-HMS	—	—	—	—	—	—	—	—	—	—	—	—	—	—	—	—	—	—	—	—	—	—	—	—	—
HEC-RAS	—	—	—	—	—	—	—	—	—	—	—	—	—	—	—	—	—	—	—	—	—	—	—	—	—
HSCTM-2D	—	—	—	—	—	—	—	—	—	—	●	●	●	●	—	—	—	—	—	—	—	—	—	—	—
HSPF	●	●	●	●	●	●	●	●	●	—	●	●	●	●	—	●	●	●	●	●	●	—	●	—	●
KINEROS2	—	—	—	—	—	—	—	—	—	—	●	●	●	●	—	—	—	—	—	—	—	—	—	—	—
LSPC	●	●	●	●	●	●	●	—	—	—	●	●	●	●	—	●	—	—	●	●	●	—	●	—	●
MCM	—	—	—	—	—	—	—	—	—	—	—	—	—	—	—	—	—	—	—	—	—	⊕	—	⊕	—

续表

模型	总磷负荷	总磷浓度	总氮负荷	总氮浓度	硝酸盐浓度	氨氮浓度	总磷、总氮质量比	溶解氧	叶绿素 a	藻类密度	净悬浮物负荷	净悬浮物浓度	沉积物浓度	沉积物负荷	硫酸盐浓度	重金属浓度	杀虫剂浓度	除草剂浓度	有毒物质浓度①	病原体计数(如粪便大肠菌)	温度	甲基汞组织浓度	金属沉积物浓度	汞沉积物浓度	合成有机化学品沉积物浓度
Mercury Loading Model	—	—	—	—	—	—	—	—	—	—	—	—	—	△	—	—	—	—	—	—	—	—	—	△	—
MIKE 11	●	●	●	●	●	●	●	●	●	●	●	●	●	●	—	●	—	—	—	●	●	—	●	●	●
MIKE 21	●	●	●	●	●	●	●	●	●	●	●	●	●	●	—	●	—	—	—	●	●	—	●	●	●
MIKE SHE	—	—	—	—	—	—	—	—	—	—	—	—	—	—	—	—	—	—	—	—	—	—	—	—	—
MINTEQA2	+	+	+	+	+	+	+	—	—	—	—	—	—	—	+	+	—	—	+	—	—	—	+	+	—
MUSIC	●	●	●	●	—	—	●	—	—	—	—	●	●	—	—	—	—	—	—	—	—	—	—	—	—
P8-UCM	●	●	●	●	—	—	—	—	—	—	●	●	●	—	—	—	—	—	—	—	—	—	—	—	—
PCSWMM	●	●	●	●	●	●	●	●	—	—	●	●	●	●	—	●	—	—	—	●	—	—	—	—	—
PGC -BMP	●	●	●	●	●	●	●	—	—	—	●	●	●	●	—	●	—	—	●	●	●	—	●	—	●
QUAL2E	+	+	+	+	+	+	+	+	+	—	—	—	—	—	—	—	—	—	—	+	+	—	—	—	—
QUAL2K	+	+	+	+	+	+	+	+	+	+	—	—	—	—	—	—	—	—	—	+	+	—	—	—	—
REMM	⊕	⊕	⊕	⊕	⊕	⊕	⊕	—	—	—	⊕	⊕	⊕	⊕	—	—	—	—	—	—	—	—	—	—	—
RMA-11	●	●	●	●	●	●	●	●	●	●	●	●	●	●	—	—	—	—	—	●	●	—	—	—	—
SED2D	—	—	—	—	—	—	—	—	—	—	●	●	●	●	—	—	—	—	—	—	—	—	—	—	—
SED3D	—	—	—	—	—	—	—	—	—	—	●	●	●	●	—	—	—	—	—	—	—	—	—	—	—
SHETRAN	—	—	—	—	—	—	—	—	—	—	●	●	●	●	—	—	—	—	—	—	—	—	—	—	—

续表

模型	总磷负荷	总磷浓度	总氮负荷	总氮浓度	硝酸盐浓度	氨氮浓度	总磷、总氮质量比	溶解氧	叶绿素 a	藻类密度	净悬浮物负荷	净悬浮物浓度	沉积物浓度	沉积物负荷	硫酸盐浓度	重金属浓度	杀虫剂浓度	除草剂浓度	有毒物质浓度①	病原体计数(如粪便大肠菌)	温度	甲基汞组织浓度	金属沉积物浓度	汞沉积物浓度	合成有机化学品沉积物浓度
SLAMM	●	●	●	●	●	●	●	—	—	—	●	●	●	●	—	●	—	—	—	—	—	—	—	—	—
SPARROW	△	△	△	△	—	—	△	—	—	—	—	—	—	△	—	—	△	△	—	—	—	—	—	—	—
STORM	—	—	○	○	—	—	—	—	—	—	—	○	○	○	—	—	—	—	—	○	—	—	—	—	—
SWAT	⊕	⊕	⊕	⊕	⊕	⊕	⊕	⊕	⊕	—	—	⊕	⊕	⊕	—	⊕	⊕	⊕	—	⊕	⊕	—	—	—	—
SWMM	●	●	●	●	●	●	●	●	—	—	●	●	●	●	—	●	—	—	—	●	—	—	—	—	—
Toolbox	●	●	●	●	●	●	●	●	●	●	●	●	●	●	●	●	●	●	●	●	●	—	●	●	—
TOPMODEL	—	—	—	—	—	—	—	—	—	—	—	—	—	—	—	—	—	—	—	—	—	—	—	—	—
WAMView	●	●	●	●	●	●	●	—	—	—	●	●	●	●	—	●	●	●	●	●	—	—	—	—	—
WARMF	⊕	⊕	⊕	⊕	⊕	⊕	⊕	⊕	⊕	—	⊕	⊕	⊕	⊕	⊕	⊕	⊕	⊕	—	⊕	⊕	—	⊕	⊕	—
WASP	●	●	●	●	●	●	●	●	●	●	—	●	●	—	—	—	—	—	●	—	—	—	—	—	—
WEP P	—	—	—	—	—	—	—	—	—	—	—	—	⊕	⊕	—	—	—	—	—	—	—	—	—	—	—
WinHSPF	●	●	●	●	●	●	●	●	●	—	●	●	●	●	—	●	●	●	●	●	●	—	●	—	●
WMS	●	●	●	●	●	●	●	●	●	—	●	●	●	●	—	●	●	●	●	●	●	—	●	—	●
XP-SWMM	●	●	●	●	●	●	●	●	—	—	●	●	●	●	—	●	—	—	—	⊕	—	—	—	—	—

注：①此类别下的条目表明模型具有模拟用户定义的有毒化学品的能力。

②GWLF 计算每天进行，但结果按月显示。

③"—"不支持；"+"仅稳态；"○"暴雨事件；"△"时间步长为年；"⊕"时间步长为天；"●"时间步长为小时或更小。

表 9-5　支持土地和水特征分析的模型

模型	都市	乡村	农田	森林	河流	湖泊	水库/蓄水池	河口（潮汐）	沿海（潮汐/海岸线）
AGNPS	—	●	●	—	—	—	—	—	—
AnnAGNPS	—	●	●	—	—	—	—	—	—
AQUATOX	—	—	—	—	○	△	△	—	—
BASINS	△	●	●	●	●	△	△	—	—
CAEDYM	—	—	—	—	●	●	●	●	●
CCHE1D	○	○	○	○	●	—	—	—	—
CE-QUAL-ICM/TOXI	—	—	—	—	●	●	●	●	●
CE-QUAL-R1	—	—	—	—	—	○	○	—	—
CE-QUAL-RIV1	—	—	—	—	●	—	—	—	—
CE-QUAL-W2	—	—	—	—	●	●	●	●	●
CH3D-IMS	—	—	—	—	●	●	●	●	●
CH3D-SED	—	—	—	—	●	●	●	●	●
DELFT3D	—	—	—	—	●	●	●	●	●
DIAS/IDLMAS	—	△	△	●	—	—	—	—	—
DRAINMOD	—	●	●	●	—	—	●	—	—
DWSM	—	●	●	●	△	—	○	—	—
ECOMSED	—	—	—	—	●	●	●	●	●
EFDC	—	—	—	—	●	●	●	●	●
EPIC	—	●	●	△	—	—	—	—	—
GISPLM	○	△	△	△	—	○	○	—	—
GLLVHT	—	—	—	—	●	●	●	●	●
GSSHA	○	●	●	●	●	△	○	—	—
GWLF	△	△	△	△	○	—	—	—	—

续表

模型	都市	乡村	农田	森林	河流	湖泊	水库/蓄水池	河口（潮汐）	沿海（潮汐/海岸线）
HEC-6	—	—	—	—	●	—	—	—	—
HEC-6T	—	—	—	—	●	—	—	—	—
HEC-HMS	●	●	●	●	●	—	△	—	—
HEC-RAS	—	—	—	—	●	—	—	—	—
HSCTM-2D	—	—	—	—	●	—	—	●	—
HSPF	△	●	●	●	●	△	△	—	—
KINEROS2	○	●	●	△	○	—	○	—	—
LSPC	△	●	△	●	●	●	●	—	—
MCM	—	—	—	—	—	●	●	—	—
Mercury Loading Model	○	△	△	△	○	○	○	—	—
MIKE 11	—	—	—	—	●	—	●	—	—
MIKE 21	—	—	—	—	●	●	△	●	●
MIKE SHE	●	●	●	●	●	—	●	—	—
MINTEQA2	—	—	—	—	—	—	—	—	—
MUSIC	●	—	—	—	—	—	—	—	—
P8-UCM	△	○	○	○	○	—	△	—	—
PCSWMM	●	△	○	○	△	○	△	—	—
PGC-BMP	●	△	△	△	—	—	○	—	—
QUAL2E	—	—	—	—	●	—	—	—	—
QUAL2K	—	—	—	—	●	—	—	—	—
REMM	—	—	●	●	—	—	—	—	—
RMA-11	—	—	—	—	●	●	●	●	●
SED2D	—	—	—	—	●	●	●	●	●

续表

模型	都市	乡村	农田	森林	河流	湖泊	水库/蓄水池	河口（潮汐）	沿海（潮汐/海岸线）
SED3D	—	—	—	—	●	●	●	●	●
SHETRAN	●	●	●	●	●	—	—	—	—
SLAMM	●	△	—	○	—	—	—	—	—
SPARROW	△	△	△	△	△	—	—	—	—
STORM	●	—	—	—	—	—	—	—	—
SWAT	△	●	●	●	○	○	○	—	—
SWMM	●	△	○	○	○	○	△	—	—
Toolbox	●	●	●	●	●	●	●	●	●
TOPMODEL	—	●	●	●	○	—	—	—	—
WAMView	△	●	●	●	△	△	△	—	—
WARMF	●	●	●	●	○	●	●	—	—
WASP	—	—	—	—	●	●	●	●	●
WEPP	—	●	●	●	—	—	—	—	—
WinHSPF	△	●	●	●	●	△	△	—	—
WMS	△	●	●	●	●	△	△	—	—
XP-SWMM	●	△	○	○	△	△	△	—	—

注："—"不支持；"○"特征的简化表示显著受限制；"△"中等分析水平受一定限制；"●"与土地特征相关过程受到详细模拟。

表 9-6 支持特殊土地特征分析的模型

模型	空气沉降模拟	湿地模拟	陆地传输模拟①	水文改造设置	BMP设施设置	城市土地管理							农村土地管理					
						街道清扫	营养物控制设施（肥料、宠物粪便管理）	雨水处理构造物（人孔、分流器）	调蓄滞留池	人工湿地	植被设施	入渗设施	营养物控制设施（肥料、粪便管理）	农业保护设施（等高耕、梯田、行耕）	灌溉设施	暗管排水管	蓄水池	植被设施
AGNPS	—	—	○	—	●	—	△	—	△	—	△	—	●	●	—	○	△	△
AnnAGNPS	—	—	○	—	●	—	△	—	△	—	△	—	●	●	○	○	△	△
AQUATOX	—	—	—	—	—	—	—	—	—	—	—	—	—	—	—	—	△	—
BASINS	○	△	△	△	○	○	○	—	○	○	○	—	●	●	—	—	△	○
CAEDYM	—	—	—	—	—	—	—	—	—	—	—	—	—	—	—	—	●	—
CCHE1D	—	—	—	—	—	—	—	—	—	—	—	—	—	—	—	—	—	—
CE-QUAL-ICM/TOXI	○	○	—	—	—	—	—	—	—	—	—	—	—	—	—	—	●	—
CE-QUAL-R1	—	—	—	—	—	—	—	—	—	—	—	—	—	—	—	—	—	—
CE-QUAL-RIV1	—	—	—	—	—	—	—	—	—	—	—	—	—	—	—	—	—	—
CE-QUAL-W2	—	—	—	—	—	—	—	—	—	—	—	—	—	—	—	—	●	—
CH3D-IMS	○	—	—	—	—	—	—	—	—	—	—	—	—	—	—	—	●	—
CH3D-SED	○	—	—	—	—	—	—	—	—	—	—	—	—	—	—	—	●	—
DELFT3D	○	—	—	—	—	—	—	—	—	—	—	—	—	—	—	—	●	—
DIAS/IDLMAS	—	—	—	—	△	—	—	—	—	—	—	—	—	—	—	—	—	—
DRAINMOD	—	△	—	△	—	—	—	—	—	—	—	—	●	—	●	●	●	—
DWSM	—	—	—	—	●	—	—	—	—	—	—	—	—	—	—	●	△	△
ECOMSED	—	—	—	—	—	—	—	—	—	—	—	—	—	—	—	—	●	—

续表

模型	空气沉降模拟	湿地模拟	陆地传输模拟①	水文改造设置	BMP设施设置	城市土地管理							农村土地管理					
						街道清扫	营养物控制设施（肥料、宠物粪便管理）	雨水处理构造物（人孔、分流器）	调蓄滞留池	人工湿地	植被设施	入渗设施	营养物控制设施（肥料、粪便管理）	农业保护设施（等高耕、梯田、行耕）	灌溉设施	暗管排水管	蓄水池	植被设施
EFDC	○	△	—	△	—	—	—	—	—	△	○	○	—	—	—	—	●	○
EPIC	—	—	—	—	—	—	—	—	—	—	—	—	●	●	●	●	○	○
GISPLM	—	—	—	—	△	—	—	—	○	—	○	—	○	○	—	—	—	○
GLLVHT	—	—	—	—	—	—	—	—	—	—	—	—	—	—	—	—	●	—
GSSHA	—	△	—	●	○	—	—	—	—	△	—	—	—	△	—	—	●	—
GWLF	—	—	—	—	—	○	—	—	—	—	○	—	○	○	—	—	—	○
HEC-6	—	—	—	—	—	—	—	—	—	—	—	—	—	—	—	—	—	—
HEC-6T	—	—	—	—	—	—	—	—	—	—	—	—	—	—	—	—	—	—
HEC-HMS	—	—	△	△	△	—	—	—	—	△	—	—	—	—	△	—	—	—
HEC-RAS	—	—	—	—	—	—	—	—	—	—	—	—	—	—	—	—	—	—
HSCTM-2D	—	—	—	—	—	—	—	—	—	—	—	—	—	—	—	—	—	—
HSPF	○	△	○	△	○	—	○	—	○	—	○	○	●	●	—	—	△	○
KINEROS2	—	—	—	△	○	—	—	—	—	○	—	—	—	△	—	—	△	—
LSPC	—	△	—	△	○	—	○	—	○	—	○	○	△	△	—	—	△	○
MCM	—	—	—	—	—	—	—	—	—	—	—	—	—	—	—	—	—	—
Mercury Loading Model	—	○	—	—	—	—	—	—	—	—	—	—	—	—	—	—	—	—
MIKE 11	—	—	—	—	—	—	—	—	—	—	—	—	—	—	—	—	—	—
MIKE 21	○	—	—	△	—	—	—	—	—	—	—	—	—	—	—	—	—	—

续表

模型	空气沉降模拟	湿地模拟	陆地传输模拟①	水文改造设置	BMP设施设置	城市土地管理							农村土地管理					
						街道清扫	营养物控制设施（肥料、宠物粪便管理）	雨水处理构造物（人孔、分流器）	调蓄滞留池	人工湿地	植被设施	入渗设施	营养物控制设施（肥料、粪便管理）	农业保护设施（等高耕、梯田、行耕）	灌溉设施	暗管排水管	蓄水池	植被设施
MIKE SHE	—	△	●	●	○	—	—	○	—	○	○	○	—	○	○	—	—	—
MINTEQA2	—	—	—	—	—	—	—	—	—	—	—	—	—	—	—	—	—	—
MUSIC	—	△	—	—	—	—	—	—	●	—	●	●	—	—	—	—	△	—
P8-UCM	—	○	—	—	△	△	○	○	△	○	○	○	—	—	—	—	△	—
PCSWMM	—	○	—	△	△	△	○	△	△	○	○	—	○	○	—	—	△	—
PGC-BMP	—	△	—	●	●	—	—	—	—	△	—	—	△	—	—	—	●	—
QUAL2E	—	—	—	—	—	—	—	—	—	—	—	—	—	—	—	—	—	—
QUAL2K	—	—	—	—	—	—	—	—	—	—	—	—	—	—	—	—	—	—
REMM	—	—	—	—	—	—	—	—	—	—	●	—	—	—	—	—	—	●
RMA-11	—	—	—	—	—	—	—	—	—	—	—	—	—	—	—	—	●	—
SED2D	—	—	—	—	—	—	—	—	—	—	—	—	—	—	—	—	—	—
SED3D	—	—	—	—	—	—	—	—	—	—	—	—	—	—	—	—	—	—
SHETRAN	—	△	●	●	○	—	○	○	—	○	○	○	○	○	○	—	—	—
SLAMM	—	○	—	○	○	○	○	○	○	○	○	○	—	—	—	—	△	—
SPARROW	—	△	—	—	—	—	—	—	—	—	—	—	○	○	—	—	—	—
STORM	—	—	—	—	—	—	—	—	—	—	—	—	—	—	—	—	—	—
SWAT	—	○	—	—	—	○	○	—	○	○	○	—	●	●	●	●	△	△
SWMM	—	○	—	△	△	△	○	△	△	○	○	—	○	○	—	—	△	—

续表

模型	空气沉降模拟	湿地模拟	陆地传输模拟①	水文改造设置	BMP设施设置	城市土地管理							农村土地管理					
						街道清扫	营养物控制设施（肥料、宠物粪便管理）	雨水处理构造物（人孔、分流器）	调蓄滞留池	人工湿地	植被设施	入渗设施	营养物控制设施（肥料、粪便管理）	农业保护设施（等高耕、梯田、行耕）	灌溉设施	暗管排水管	蓄水池	植被设施
Toolbox	○	●	●	△	△	○	△	○	△	●	△	△	△	△	△	●	●	△
TOPMODEL	—	—	○	—	—	—	—	—	—	—	—	—	—	—	—	—	—	—
WAMView	○	●	●	△	△	○	△	○	△	●	△	△	△	△	△	●	●	△
WARMF	—	△	—	—	—	—	—	—	—	—	—	—	●	—	—	—	●	—
WASP	—	—	—	—	—	—	—	—	—	—	—	—	—	—	—	—	●	—
WEPP	—	—	—	—	—	—	—	—	—	—	—	—	—	●	—	—	△	—
WinHSPF	○	△	○	△	○	—	○	—	○	—	○	○	●	●	—	—	△	○
WMS	○	△	○	△	○	—	○	—	○	—	○	○	●	●	—	—	△	○
XP-SWMM	—	○	—	△	△	△	○	△	△	○	○	—	○	○	—	—	△	—

注：①地对地模拟：模拟将径流、沉积物和养分从陆地转移到陆地而不是从陆地转移到溪流或其他接收水体的能力。

②“— ”不支持；“○ ”特征的简化表示显著受限制；“△ ”中等分析水平受一定限制；“● ”与土地特征相关的过程受到详细模拟。

表 9-7 支持的特殊水环境分析的模型

模型	详细操作（闸、泵）	近场分析（混合区）①	空气沉降	表水与地下水交互	河岸侵蚀	泥沙运输	沉积物成岩作用	浮游植物/浮藻	附生植物/大型植物	浮游和底栖藻类	鱼类
AGNPS	—	—	—	—	—	△	—	—	—	—	—
AnnAGNPS	—	—	—	—	—	△	—	—	—	—	—
AQUATOX	—	—	—	—	—	—	—	●	●	●	●
BASINS	△	—	△	△	—	△	—	●	●	●	●
CAEDYM	—	—	—	—	—	—	—	—	—	—	—
CCHE1D	—	—	—	—	△	●	—	—	—	—	—
CE-QUAL-ICM/TOXI	—	—	△	○	—	—	●	●	●	●	—
CE-QUAL-R1	—	—	—	—	—	—	—	—	—	—	—
CE-QUAL-RIV1	—	—	—	—	—	—	—	—	—	—	—
CE-QUAL-W2	●	—	○	—	—	—	—	●	●	●	—
CH3D-IMS	—	—	—	—	—	●	—	—	—	—	—
CH3D-SED	—	—	—	—	△	●	—	—	—	—	—
DELFT3D	—	—	—	—	△	●	—	—	—	—	—
DIAS/IDLMAS	—	—	—	—	—	—	—	—	—	—	—
DRAINMOD	—	—	—	●	—	—	—	—	—	—	—
DWSM	—	—	—	—	—	●	—	—	—	—	—
ECOMSED	—	—	—	—	—	—	—	—	—	—	—
EFDC	●	●	○	○	△	●	●	●	●	●	△
EPIC	—	—	—	○	—	—	—	—	—	—	—
GISPLM	—	—	—	—	—	—	—	—	—	—	—
GLLVHT	—	—	—	—	—	—	—	—	—	—	—
GSSHA	—	—	—	●	—	△	—	—	—	—	—
GWLF	—	—	—	—	—	—	—	—	—	—	—

续表

模型	详细操作（闸、泵）	近场分析（混合区）①	空气沉降	表水与地下水交互	河岸侵蚀	泥沙运输	沉积物成岩作用	浮游植物/浮藻	附生植物/大型植物	浮游和底栖藻类	鱼类
HEC-6	—	—	—	—	△	●	—	—	—	—	—
HEC-6T	—	—	—	—	△	●	—	—	—	—	—
HEC-HMS	△	—	—	—	—	—	—	—	—	—	—
HEC-RAS	—	—	—	—	—	—	—	—	—	—	—
HSCTM-2D	—	—	—	—	○	●	—	—	—	—	—
HSPF	△	—	△	△	—	△	—	—	—	○	—
KINEROS2	—	—	—	—	—	●	—	—	—	—	—
LSPC	△	—	○	○	—	—	—	—	—	○	—
MCM	—	—	○	—	—	—	—	△	△	△	△
Mercury Loading Model	—	—	○	—	—	—	—	—	—	—	—
MIKE 11	△	△	—	—	—	△	—	—	—	—	—
MIKE 21	△	△	○	—	△	△	—	△	△	△	—
MIKE SHE	—	—	—	●	—	—	—	—	—	—	—
MINTEQA2	—	—	—	—	—	—	—	—	—	—	—
MUSIC	—	—	—	—	—	—	—	—	—	—	—
P8-UCM	—	—	—	—	—	—	—	—	—	—	—
PCSWMM	●	—	—	—	—	△	—	—	—	—	—
PGC-BMP	○	—	—	—	—	—	—	—	—	—	—
QUAL2E	—	—	—	—	—	—	●	●	△	△	—
QUAL2K	—	—	—	—	—	—	●	●	△	△	—
REMM	—	—	○	△	—	△	—	—	—	—	—
RMA-11	—	—	—	—	—	—	—	—	—	—	—
SED2D	—	—	—	—	—	—	—	—	—	—	—

续表

模型	详细操作（闸、泵）	近场分析（混合区）①	空气沉降	表水与地下水交互	河岸侵蚀	泥沙运输	沉积物成岩作用	浮游植物/浮藻	附生植物/大型植物	浮游和底栖藻类	鱼类
SED3D	—	—	—	—	—	—	—	—	—	—	—
SHETRAN	—	—	—	●	—	●	—	—	—	—	—
SLAMM	—	—	—	○	—	—	—	—	—	—	—
SPARROW	—	—	—	—	—	—	—	—	—	—	—
STORM	—	—	—	—	—	—	—	—	—	—	—
SWAT	—	—	—	△	—	△	—	—	—	—	—
SWMM	△	—	—	—	—	△	—	—	—	—	—
Toolbox	●	●	○	○	△	●	●	●	●	●	—
TOPMODEL	—	—	—	△	—	—	—	—	—	—	—
WAMView	△	—	—	●	○	○	—	—	—	—	—
WARMF	○	—	△	△	—	—	—	—	—	—	—
WASP	—	—	○	—	—	—	●	●	●	△	—
WEPP	—	—	—	—	—	—	—	—	—	—	—
WinHSPF	○	—	△	△	—	○	—	—	—	—	—
WMS	△	—	△	△	—	△	—	—	—	—	—
XP-SWMM	●	—	○	○	—	△	—	—	—	—	—

注：① 陆地传输模拟：模拟将径流、沉积物和营养物在陆域对陆域间传输，而不是陆地转移到溪流或其他接收水体的能力。
②“— ”不支持；“○ ”简化的特征表示；“△ ”分析水平适中，存在一定限制性；“● ”分析过程有土地利用特征，可详细模拟。

第四类应用检查模型接口和应用程序注意事项，包括数据需求、界面和代码可用性（表 9-8）。这些功能描述有助于根据数据需求和软件系统评估模型的“可用性”。尽管特定模型应用程序的复杂性会因节点数量、下垫面和模拟过程不同而有所不同，但每个模型的标准都是通用的。

表 9-8　检查模型接口和应用程序注意事项

模型	经验需求	开发所需时间	数据需求	可用支持	软件工具	成本
AGNPS	△	△	△	△	△	●
AnnAGNPS	△	△	△	△	△	●
AQUATOX	△	●	△	△	●	●
BASINS	○	○	○	●	●	●
CAEDYM	○	△	○	△	△	△
CCHE1D	—	○	○	●	△	●
CE-QUAL-ICM/TOXI	—	—	○	△	—	●
CE-QUAL-R1	●	●	●	○	○	△
CE-QUAL-RIV1	—	○	△	○	○	△
CE-QUAL-W2	—	—	○	●	△	●
CH3D-IMS	—	—	○	○	○	△
CH3D-SED	—	—	○	○	○	△
DELFT3D	—	—	○	△	●	—
DIAS/IDLMAS	△	●	△	○	○	△
DRAINMOD	△	△	△	△	△	○
DWSM	△	△	●	○	○	●
ECOMSED	—	—	○	○	—	●
EFDC	—	—	○	●	●	●
EPIC	△	△	○	△	△	●
GISPLM	△	●	●	○	●	●
GLLVHT	—	—	○	△	△	—
GSSHA	—	—	△	○	●	—
GWLF	●	●	●	○	●	●
HEC-6	△	△	○	△	●	●
HEC-6T	△	△	○	△	●	○
HEC-HMS	△	△	○	△	●	●
HEC-RAS	△	△	○	△	●	●
HSCTM-2D	—	—	○	○	○	●

续表

模型	经验需求	开发所需时间	数据需求	可用支持	软件工具	成本
HSPF	—	—	○	●	●	●
KINEROS2	○	△	△	○	●	●
LSPC	—	○	○	△	●	●
MCM	○	●	△	△	△	△
Mercury Loading Model	●	●	△	○	△	●
MIKE 11	—	—	○	●	●	—
MIKE 21	—	—	○	●	●	—
MIKE SHE	—	—	○	●	●	—
MINTEQA2	△	●	△	○	○	●
MUSIC	△	△	△	●	●	○
P8-UCM	●	●	●	○	○	●
PCSWMM	—	○	○	△	●	—
PGC-BMP	△	●	○	○	●	△
QUAL2E	△	●	△	△	○	●
QUAL2K	△	●	△	△	△	●
REMM	○	△	○	○	—	●
RMA-11	—	—	○	△	△	—
SED2D	—	—	○	△	△	—
SED3D	—	—	○	△	△	●
SHETRAN	—	—	○	●	●	△
SLAMM	○	△	△	△	△	○
SPARROW	△	△	●	●	△	●
STORM	○	●	△	○	—	●
SWAT	○	△	△	△	●	●
SWMM	—	○	○	△	○	●
Toolbox	○	○	○	●	●	●
TOPMODEL	△	△	●	△	●	●
WAMView	○	—	○	△	●	△
WARMF	○	○	△	△	△	—
WASP	—	—	○	○	○	●
WEPP	△	●	●	○	○	●
WinHSPF	—	○	○	●	●	●
WMS	—	○	○	△	●	—

续表

模型	经验需求	开发所需时间	数据需求	可用支持	软件工具	成本
XP-SWMM	—	○	○	△	●	—
符号	经验需求:"—"需要大量培训或建模专业知识[通常需要高级流域和(或)水动力、水质模型的专业经验] "○"需要适度培训[假设有基本流域和(或)水质模型的经验] "△"需要有限的培训[假设对基本环境模型有一定的了解] "●"很少或不需要培训 开发所需时间:"—"＞6个月 "○"＞3个月 "△"＞1个月 "●"＜1个月			数据需求:"○"高 "△"中 "●"低 可用支持:"—"没有任何 "○"低 "△"中 "●"高 软件工具:"—"没有任何 "○"低 "△"中 "●"高 成　　本:"—"重大成本(＞500美元) "○"名义成本(＜500美元) "△"有限成本 "●"公共资源(政府运维)		

9.4.5 方案优选评价案例

近年来,流域整体性污染总量管理逐渐受到重视,TMDL水体污染物的管理首先依据计算机模型推算水体的涵容能力,再以排放许可方式,分配该水体点源污染及面源污染的容许排放量,可视其水体水质状况,选择一种或多种指标(如总氮、总磷、化学需氧量等)进行管理。总量管理的实施应以整体汇水区为单元,对流域内所有的水污染控制进行评估。将各管理行为其成效纳入计算机模型进行评估,配合优化模型,整体考虑总量管理的优化策略。本节对整体流域进行总量管理评估,提出系统性的优化研究方法与执行步骤,落地的优化方案分析有待后续研究来实施。总量管理优化模型及优化作业的执行流程见图9-15。

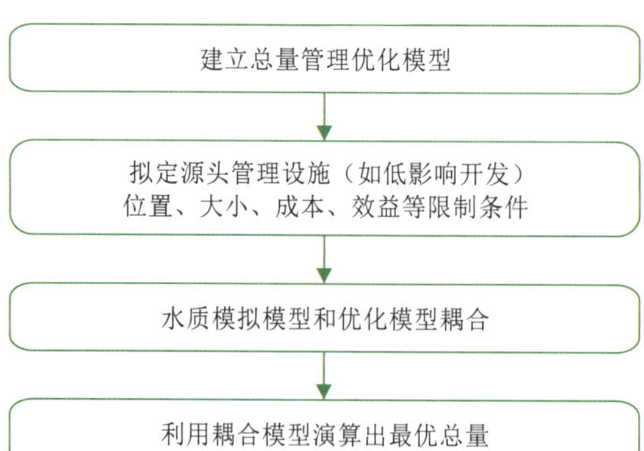

图9-15　总量管理优化模型及优化作业的执行流程

9.4.5.1 构建总量管理优化模型

为构建涵盖整个汇水区与河道及湖泊水质的优选模型，在汇水区采取低影响开发，以有效减低非点源污染的情形，利用汇水区模式 HSPF、SWMM 分别模拟乡村及城镇汇水区中污染物的传输情形，将汇水区的模拟结果则结合河道及湖泊水理、水质模式(EFDC 及 HEC-RAS 模式)，以探究污染物进入水库以后的物理与生化反应对污染物的影响，在汇水区内采取不同类型且不同大小(因地制宜)的低影响开发，利用优选法中的遗传算法求解以得到汇水区低影响开发或污染物削减的最佳配置。

9.4.5.2 目标函数

低影响开发的方案选取的目的在于求得汇水区内低影响开发的最佳配置，即优选模式的目标函数为整个汇水区内采取低影响开发的年计成本最低，其表示式如下：

$$\min_{X_i} C_T = \sum_{i=1}^{M} N(X_i) C_A(X_i) \tag{9.4-1}$$

式中，C_T——整个汇水区的低影响开发总年计成本；

i——第 i 个子汇水区；

M——整个汇水区最大可能采取低影响开发的上游汇水区个数；

$N(X_i)$——第 i 个子汇水区容许采取低影响开发种类 X_i 的数量；

$C_A(X_i)$——低影响开发种类为 X_i 的年计成本函数；

X_i——决策变数，即第 i 个子汇水区采取低影响开发种类。

9.4.5.3 限制式

优化模型的限制式为流域内若干位置的水质项目需达到要求的限制浓度。在此考虑总磷、氨氮、总悬浮固体、硝酸盐氮、叶绿素 a、生化需氧量与溶氧等 J 个水库项目的浓度。限制式可分为两个类型。第 1 类型为模拟时间内若干位置的水质项目 J 的平均浓度 S_j 需满足其限制浓度，即 $j=1,2,\cdots,J$：

$$f(S_j)=\begin{cases}\bar{S}_j \geqslant S_{cj}, j=1,2,\cdots,J \\ \bar{S}_j < S_{cj}，其他\end{cases} \tag{9.4-2}$$

式中，S_j——模拟时间内若干位置水质项目 j 的平均浓度；

S_{cj}——水质项目 j 的限制浓度。

$j=1,2,\cdots,J$——第 j 个水质项目(如 1 为总磷，2 为氨氮，…，J 为溶氧)。

另考虑第 2 类型的限制条件为模拟时间内若干位置的水质项目 j 之浓度 S_j 满足其限制浓度 S_{cj} 需达一限制比例 r_j，即 $j=1,2,\cdots,J$：

$$f(S_j)=\begin{cases}p(S_j \geqslant S_{cj}) \geqslant r_j, j=1,2,\cdots,J \\ p(S_j < S_{cj}) \geqslant r_j，其他\end{cases} \tag{9.4-3}$$

式中，S_j——模拟时间内每日若干位置水质项目 j 浓度；

S_{cj}——水质项目 j 的限制浓度；

$p(S_j \geqslant S_{cj})$——模拟时间内若干位置 $S_j \geqslant S_{cj}$ 的比例；

r_j——水质项目 j 的限制比例。

$j=1,2,\cdots,J$——第 j 个水质项目（如 1 为总磷，2 为氨氮，…，J 为溶氧）。

9.4.5.4 决定各类型管制作为的成本及效益参数

汇水区非点源污染因传输的过程较为复杂，所以其控制方式也与点源污染不同，近年来日本、澳洲及欧美等国家和地区都在大力推动，并使用低影响开发以控制非点源污染。低影响开发的主要功能在于减少污染源，减缓径流量以及利用沉降或植物过滤摄取等机制以去除污染物。控制方法包括建造硬件设施（即结构性）如入渗、生物滞留设施，或通过管理性（非结构性）措施，如肥料使用管制、土地使用规划等。目前在汇水区内最常用的低影响开发有生物滞留池、植物缓冲带、人造湿地等。选取数种低影响开发，通过国内外研究实验的分析成果，设定各项优化问题成本参数（如低影响开发所需土地、工程费用等）及效益参数（如洪峰削减百分比或污染削减率等）；并根据不同种类低影响开发限制条件（所需面积、限制坡度、土地利用方式）拟定其设置条件。利用上游汇水区的地理信息系统叠加分析工具和数据筛选工具，输入上述设置条件，即可得到低影响开发在汇水区内可能的设置地址。不同低影响开发的污染物去除效率可参考国内外的数据库，如 UDFCD 以及 Wright Water Engineers，Inc.，利用 HSPF/BASINS 的 BMPs 模块进行计算。

此外，低影响开发年操作及维护成本比率为 $B(X_i)$，年操作及维护成本 C_M 见式(9.4-4)。

$$C_M(X_i)=C_c(X_i)B(X_i) \tag{9.4-4}$$

由式(9.4-5)可得低影响开发年计成本 C_A：

$$C_A(X_i)=C_c(X_i)\times\left(\frac{b(1+b)^n}{(1+b)^n-1}\right)+C_M(X_i) \tag{9.4-5}$$

式中，C_A——年计成本；

C_c——建造成本；

b——年利率；

n——低影响开发的经济寿命。

如前所述，所建立的优化模型为非线性模型，其决策变量为 $X_i(i=1,2,\cdots,M)$，即整个集水区最多可设置 M 处低影响开发，其解空间范围相当大，故本书将启发式算法中的遗传算法（GAs）作为求解工具。

将遗传算法作为优化模型的优化演算程序。由麻省理工学院开发的遗传算法程序 GAlib，为 C++程序，是利用面向对象（OOP）的概念设计而成，本书可通过编修其组件，将总量管制策略优化问题转化为遗传算法的求解步骤来进行有效求解。

9.4.5.5 优化模型决策变量求解

本书使用遗传算法求解优化模型。将汇水区模型与湖泊水质模型结合，演算流程见图 9-16。演算的目的是求得整个汇水区低影响开发的最佳配置，各汇水区低影响开发即为优化模型的决策变量。首先利用 GAlib 产生染色体，染色体基因即为各汇水区所采用的低影响开发，再将染色体转换成 HSPF/BASINS 的 BMPs 模块输入数据。接着进行汇水区、河川及湖泊的连续模拟，模拟结果首先需满足水质限制条件，若未能满足上述条件，则重新产生新的一组染色体；若满足上述条件，则记录该组染色体数据。最后，演算可得满足水质限制条件且成本为最小的各汇水区低影响开发配置方案，此方案即为汇水区低影响开发最佳配置策略。

利用遗传算法演算优化模型决策变量的流程见图 9-17，该流程包括进行染色体编码、产生初始世代、计算目标函数、检查是否达到最大世代数、产生下一世代以及演算终止等步骤，而在产生下一世代的步骤中又包含计算适合度、进行复制繁殖、进行交配繁殖以及进行突变繁殖等子步骤。

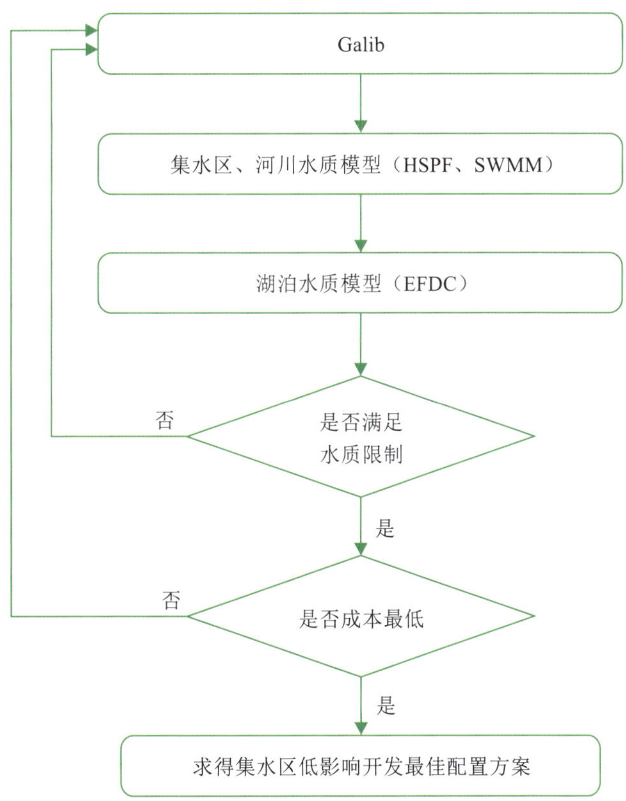

图 9-16　演算流程

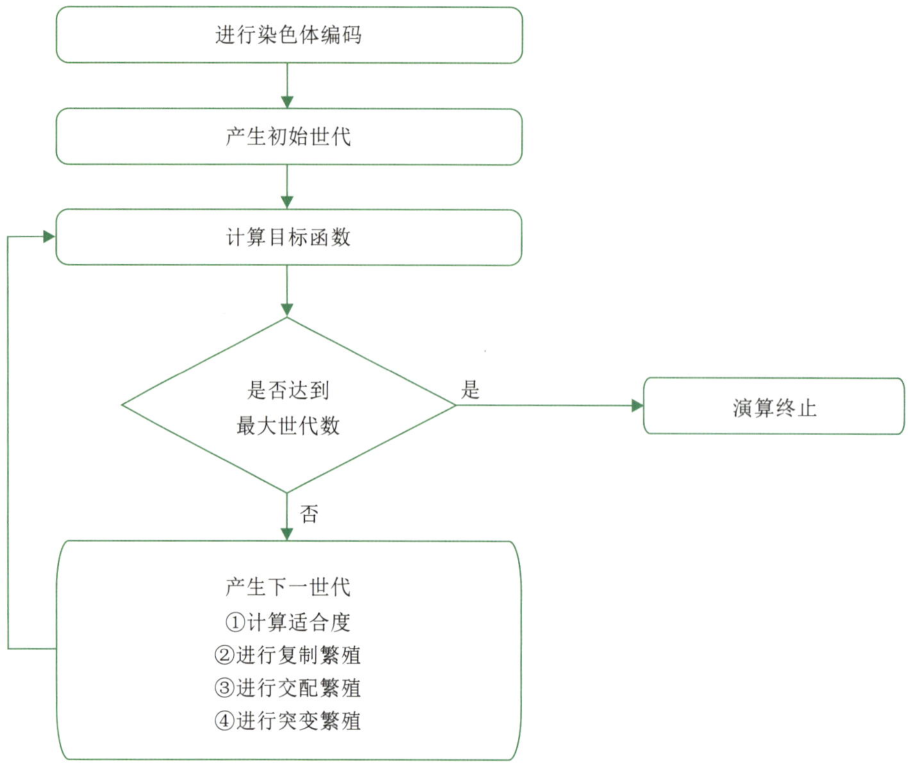

图 9-17　遗传算法演算流程

9.5　标准监测井的设计和应用

目前,大型标准监测井是市政管网建设的重要产品,在市政工程中得到广泛应用。国内地埋管道检查井施工多采用砖块砌筑形式,砖块砌筑存在强度低、耐久性差等缺点,使用一定时间后多出现下沉现象,严重时引起路面凹坑,影响通行质量。采用预制装配式钢筋混凝土检查井可大量减少现场湿作业,提高检查井施工速度,同时使检查井井体整体性更好、抗震能力更强,检查井刚度大,有利于提高检查井四周回填土的密实度,避免回填土下沉,提高道路质量,耐久性好,使用寿命长。

大型标准监测井埋于地下,工作环境复杂,导致塑料检查井在交通载荷等不可控的因素下容易出现井盖下沉、井盖周围路面开裂破损及基础塌陷等问题。而稳健设计能够确保产品在可控和不可控因素的双重干扰下具有较好的稳定性。因此,利用稳健设计研究大型标准监测井的结构,保证大型标准监测井在不可控因素的干扰下具有较高的刚度、强度,从而减少大型标准监测井导致的经济损失具有重要的意义。

城镇排水信息化起步晚、投入少,排水系统监测设施少,覆盖度不高、管网监测工况复杂、监测条件不满足要求,从而使监测数据准确性不高、稳定性差、数据质量很低,导致现有的排水监测体系难以支撑实际排水管理工作要求并实现高效监管。

(1)监测工况条件

现有监测设备都是布置在管井中或者排口,流量监测不具备流速面积法的计算条件;水质和液位监测环境恶劣。其中,流量、水位监测设备难以找到符合水力学测量标准的安装点位;与水质监测设备没有合适的工况环境完成预处理、测量后冲洗等操作,严重影响监测的精准度和重复性。

(2)供电条件

监测井内没有电源,设备使用电池供电或者破路取电,导致维护量大、设备运行不稳定。

(3)通信条件

无线通信信号受井盖影响,井内信号强度衰减严重,降低通信可靠性、增加通信功耗。

(4)多样性需求

雨污水排水系统运行状态监测的需求越来越多,对监测指标的要求也越来越多样化。监测条件必须考虑作业安全、便于运维等因素,原有管井不具备条件。

《城乡排水工程项目规范》(GB 55027—2022)提出的3条规范内容如下:

1)排水工程的变配电及控制设备应有防止受淹的措施。城镇排水工程的供电电源应按二级负荷设计,重要设备应按一级负荷设计。

2)排水工程应设置检测仪表和自动化控制系统,并应采用信息化手段提供信息服务。

3)城镇排水工程中,存在有毒有害气体或易燃气体的格栅间、雨水调蓄池等构(建)筑物,应设置相应的气体监测和报警装置。

《城乡排水工程项目规范》(GB 55027—2022)要求在排水工程建设时,应该考虑智慧化管理的必要基础条件。在排水工程建设过程中,要考虑相关监测检测仪表的布设和安装,并通过信息化手段来实现信息服务及有效监控。

标准监测井的设计需考虑测量、供电、通信和安全4个方面的问题。都有不同的创新点。测量:根据水力学测量要求,标准监测井提供均匀流态测量条件,为管道流量、水位监测创造水力学测量环境。供电:专用安全供电单元设计,为管道监测设备,尤其是管道水质监测设备提供良好供电条件。通信:无线通信专用天线预埋孔设计,为数据稳定传输创造有利条件。安全:爬梯和作业平台设计,为监测设备安装调试、设备运行维护、水质人工采样等提供安全便捷的人工作业条件。标准监测井设计要求如下:

1)监测井靠近井盖处宜预留过线孔,确保供电线缆能通过,过线孔不宜小于$\varphi 32$。

2)监测井靠近井盖处孔壁应预埋能安装无线通信用途天线的孔管,管长应确保穿过井盖侧壁铸铁且具有一定抗压强度。

在设备维护或安装过程中人员可通过爬梯下井作业,爬梯需采用耐腐蚀的钢筋材料,爬梯设置需要满足以下要求:

1)检查井爬梯横向面必须保持平衡水平,竖向排列要整齐。

2)井口、井筒和井室的尺寸应方便保养和检修,爬梯及脚窝的尺寸、位置应方便检修,并确保上下安全。

3)组合式钢筋混凝土检查井中预留接管孔，需在井壁内侧、井壁外侧预留足够的接驳空间。

4)爬梯基座部分与砌墙混凝土充分咬合、密实，与固定墙面要保持直角状态，保证基座受力面积不变形。

5)井壁抹面应密实平整，不得有空鼓、裂缝等现象。

6)从井内管顶以上 20cm 开始安装，踏步爬梯错步布置，上下间距 36cm，左右中心距 30cm。

监测井内的各种监测设备应安装在管道监测孔内，管道监测孔应符合以下要求：

1)设备安装孔应位于测流横管正上方，宜采用方形，安装区域段内需满足前 10*D* 后 5*D*(*D* 为流量计管道内径)要求，在该顺直区域段内底坡、糙率等水力特性保持不变。

2)安装区域管道应满足《室外排水设计标准》(GB 50014—2021)最小设计坡度要求。

3)设备安装孔应在监测井内居中位置以便于设备安装，使施工工人有良好作业空间。

4)井内作业平台应与设备安装孔位于同一高程并朝向监测孔，保证一定的坡度，确保作业平台上积水能排入测流管道。

标准监测井设计剖面图见图 9-18。

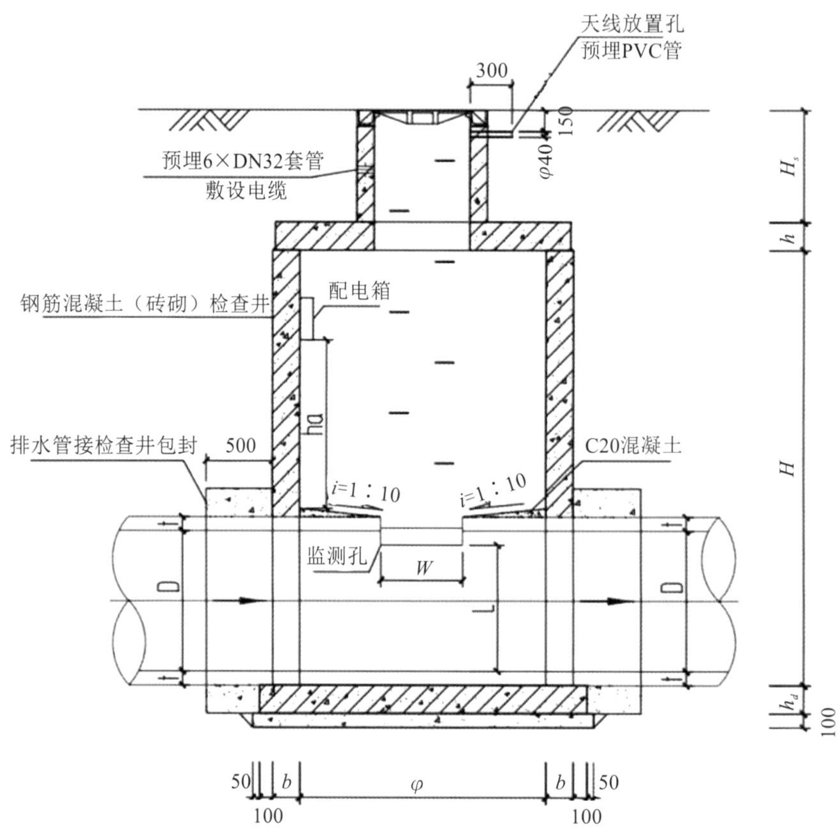

图 9-18　标准监测井设计剖面图

有些预制的标准监测井分底座、井室、支管接入段、标高调整段、收口4个部分进行预制。只要调整好井室组件的模块，就可以轻松调整井高。设置现浇井圈定型吊模进行井圈施工。在浇筑混凝土时，使用内部可伸缩悬挂模板系统。伸缩悬挂模板系统主要由水平和垂直伸缩杆和弧形模板组装而成。可实现多级支撑，提高模具支撑效率。检查井用定型人孔吊具吊装。吊具下部装有可伸缩承重板，用于吊装，吊具中部装有可伸缩顶杆，用于支撑预制的检修井壁，提高检修井在吊装过程中的稳定性。管道过渡弧形支架设置在检查井与管道的连接处，使管道与检查井的连接处紧凑稳定，保证结构的稳定连接，提高抗腐蚀能力和渗水效果。总体监测目的如下：

(1)水位监测

掌握排水管网运行水位情况，及时发现管道高水位运行、水位突变、管道溢流等问题。

(2)流速/流量监测

掌握排水管网排放流量、排水口的排放流量负荷，间接反映排水管道的淤积和偷排漏排情况。

(3)水质监测

掌握排水管网重点区域实时水质情况，实时了解各排水分区企业废水、重点排水户、城市污水排放情况，实现污染溯源。

(4)有毒有害气体监测

在线监测窨井、重要管道内气体爆炸下限及有毒物质的浓度，了解当前管道的环境状况，确保管道维护人员的安全。

由于雨水、污水、合流制管道排水特点、排水性质不同，不同类型排水管道监测目的与监测井布置位置有所差异。标准监测井安装过程也有一定的特点。

1)设置现浇井圈定型吊模进行井圈施工。在浇筑混凝土时，使用内部伸缩式悬挂模板系统。伸缩式悬挂模板系统主要由水平和垂直伸缩杆和弧形模板组装而成。可实现多层次支撑，提高模板效率，同时模板与周围紧密贴合，防止混凝土流入井内。

2)标准监测井吊装采用检查井定型吊具进行，提高了检查井吊装过程中的稳定性、施工的安全性和施工效率。

3)标准监测井与管道连接处采用防水砂浆密封，然后涂上聚合物水泥防水涂料，保证标准监测井与管道连接处的防水效果。

按照《施工企业安全生产管理规范》(GB 50656—2011)、《建筑施工安全检查标准》(JGJ 59—2011)安全规范执行。认真贯彻“安全第一，预防为主”的方针，按照现行有关规定和条例，建立健全安全组织保障体系，成立安全生产领导小组，设立施工现场专职安全员，负责施工安全检查、指导和监督。建立健全安全生产保障体系，成立安全生产领导小组，配备专职安全员和安全生产员，负责施工安全检查、指导和监督。严格执行相关法律法规、安全法规和技术规范。施工前进行专项安全技术交底，施工过程中要明确分工，统一指挥。机械施工现场必须严格执行一机一人专职防护，严格遵守持证上岗制度。机械操作人员必须熟悉本机的构造、性能及保养规程，按期进行设备检查保养，熟练掌握机械设备的操作规程。所有进入施工现场的人员需穿工作服，佩戴安全帽。

按照《建筑施工现场环境与卫生标准》(JGJ 146—2004)、《建筑工程绿色施工规范》(GB/T 50905—2014)规范执行。健全施工环境卫生管理机构，科学施工，文明施工。加强对施工过程中产生废水、垃圾、弃料的处理和管控。施工场地合理布置、规范围挡，做到标牌清楚、齐全，各种标识醒目，施工场地整洁文明。施工场地内所用物料应堆放在指定的区域内，不影响道路通行，严禁污染环境。完工后及时对场地进行清理，保证施工场地整洁。施工便道应进行日常养护，经常清扫、洒水、防止尘土飞扬。现场设置自动冲洗设备、排水沟及沉淀池，布设排水系统，设置明显标识；施工污水处理达标后方可排入污水管网或河流。

经济效益应用预制装配式检查井施工方法，采用检查井定型化吊具进行检查井吊装，吊具下部设置可伸缩承载板进行吊装，吊具中部设置可伸缩顶杆对预制检查井孔壁进行支撑，提高检查井吊装过程中的稳定性，施工效率高，节约工时约20%。检查井与管道连接部位设置管道过渡弧托，使管道和检查井连接部位密实、稳定，保证结构连接稳固，提高防渗效果。缩短工期，达到了节省费用的良好效果，取得了良好的经济效益。采用以上方法施工加快了工程施工进度，减少施工过程中对周边环境的影响，保证了施工质量，降低了施工成本，具有较好的社会效益。解决了施工难题，有效提高了施工综合效率，得到了业主单位的认可，也为今后研发类似的施工技术积累了宝贵的经验。

根据排水流向，将布设标准监测井的汇水区域作为分析单元。在雨天或雨季的天气下，雨水管网运行负荷诊断：水位、流量监测，充满度和管网运行水位分析；片区溢流渍水点识别：水位监测、溢流渍水风险诊断；监测区雨水溢流污染：水质、水位、流量监测，污水溢流量和污染负荷判断；管网流速(淤积风险)评估：上下游流量、水位监测对比及降雨关联性分析和淤积分析；排水系统运行状态监测分析：管网饱和度水位监测，校核管网设计标准；雨水管网入流入渗定量分析：流量、水位监测，降雨入流、外水入流分析。在晴天或者旱季的天气下，污水偷排漏排：水位、水质监测，晴天污水偷排漏排诊断；雨污混错接定量化判别：水质变化监测、流量监测，片区水量平衡分析和污染分析；排涝泵站能力评估：流量监测，评估泵站排涝能力。

对雨水排水管网布设标准监测井(图9-19)。开展：进入河湖水系的主要雨水排口上游5～20m顺直处，雨水排水管网整体流量统计、水质影响评价分析、管网运行整体规律分析与问题诊断、海绵城市建成效果评估；排水分区面积大于2km^{2}的干支管接口的支管上游5～50m顺直处，2km^{2}以上的子汇水分区雨水管网流量统计、管网运行整体规律分析与问题诊断、海绵城市建成效果评估；易涝点、有入渗风险管段下游顺直处，地势低洼地段、沿河湖入渗入流高风险管段入渗入流分析。

根据排污水流向，将布设标准监测井的排水区域作为分析单元。开展：在雨天或雨季污水管网高水位运行负荷诊断，污水管网溢流监测分析，雨污混接识别及定量化分析，降雨期污水管道雨水入流分析，泵站及污水处理厂来水流量统计分析；识别分析监测片区旱季、雨季污水量和入流入渗，污水提质增效达标分析；识别污染源类型及污染溯源分析。晴天或者旱季片区外水入流入渗识别分析，测定污水管网运行负荷（充满度），重点排水户偷排、漏排、水质超标等问题定位，雨污分流成效分析，污水管网流速（淤积风险）评估，污染溯源分析，雨污混流识别、分流井或调蓄池溢流分析。

对污水排水管网布设标准监测井（图 9-20）。开展：污水主干管接入污水处理厂前 5～50m 顺直处，污水处理厂服务范围内排水规律分析、管网问题诊断、污水提质增效达标分析、污水处理量统计。污水管道接入泵站的前后 5～50m 顺直处，提升泵站服务范围内分区排水规律分析、管网问题诊断、污水提质增效达标分析、泵站抽排量统计。排水分区面积大于 $2km^2$ 的干支管接口的支管上游 5～50m 顺直处，$2km^2$ 以上的子排水分区排水规律分析、管网问题诊断、分区污水提质增效分析。重点排水区（重点排水户、重点社区、高校、企业集聚区）排放污水管接入市政干管前 5～20m 顺直处，重点排水户排水规律分析、偷漏排监测、雨污分流成效分析、排污量统计。有入渗风险管段下游顺直处，地势低洼地段、沿河湖入渗入流高风险管段入渗入流分析。

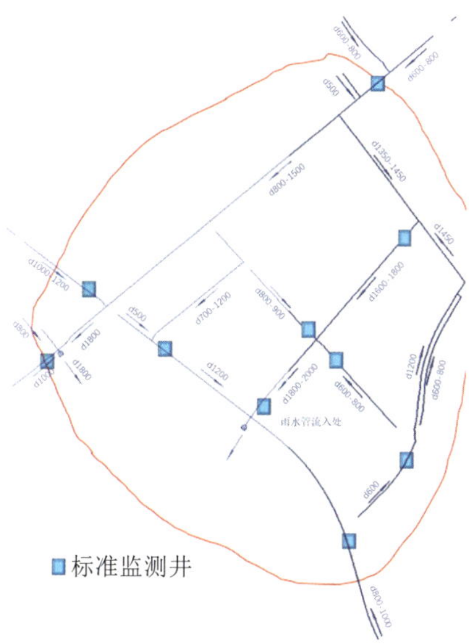

图 9-19　对雨水排水管网布设标准监测井

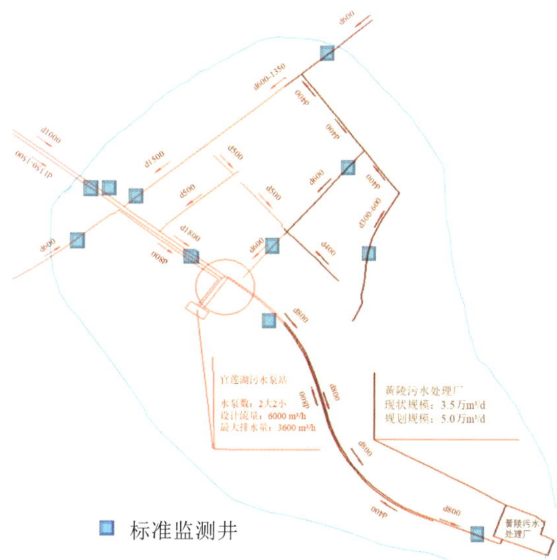

图 9-20　对污水排水管网布设标准监测井

对合流制排水管网布设标准监测井。开展：截污干管接入污水处理厂前 5～50m 顺直处，污水处理厂服务范围内排水规律分析、管网问题诊断、污水提质增效达标分析、污水处理量统计。排水管道接入泵站的前后 5～50m 顺直处，提升泵站服务范围内分区排水规律分析、管网问题诊断、污水提质增效达标分析、泵站抽排量统计。排水分区面积大于 $2km^2$ 的干支管接口的支管上游 5～50m 顺直处，$2km^2$ 以上子排水分区排水规律分析、管网运行诊断、分区污水提质增效分析。重点排水区（重点排水户、重点社区、高校、企业集聚区）排放污水管接入市政干管前 5～20m 顺直处，重点排水户排水规律分析、偷漏排监测、雨污分流成效分析、排污量统计。易涝点、有入渗风险管段下游顺直处，地势低洼地段、沿河湖入渗入流高风险管段入渗入流分析。合流管接入截流井的接口上游，截流污水出口和雨水溢流口下游 5～20m 顺直处，合流制溢流频次、溢流量统计、水质影响评价分析，排放口上游排水区域合流制管网运行诊断分析。

不同工程系统分汇水单元、分区域、分阶段、分层次逐层搭建，通过监测预警、过程监督、评价分析，实现排水防涝、提质增效、控源截污的功能，达到可诊断、可追溯、可优化的管理目标。

为城镇雨污水排水系统预留“数据接口”，以实现城市排水系统管理的信息化、数字化和智慧化。标准监测井和监测解决方案的意义如下：

(1)补短板

建立排水管网监测井技术标准，弥补现行排水管网设计规范中监测井指导文件的盲区，促进排水管网设计规范化体系的健全。

(2)强监管

通过排水管网标准监测井及配套监测方案的推行，促进排水管网监测技术的广泛推广，以长期有效的监测数据，为城镇排水管网的运行监管提供有力支撑。

(3)保畅通

有效的排水管网监测数据，将为管网的科学运维提供数据基础，配合合理的运维养护措施，可确保排水管网处于良好的运行状态，为城镇排水防涝、污水收集处理提供保障。

(4)降成本

通过监测数据分析，结合配套维护措施，加强管网病害发现能力，通过及时有效的维护维修措施，减缓管网老化、损坏发生率，在确保排水通畅的同时，降低管网大修、重建频次，降低排水管网系统运营成本。

(5)利发展

建立良好的排水管网监测体系，将为城镇排水规律研究、排水系统的优化建设提供重要依据，排水管网标准监测井和标准监测方案的推广，是“打赢污染防治攻坚战，加快生态文明建设”“实现美丽中国和高质量发展”的必行措施和必要手段。

第 10 章　海绵城市监测评价案例

10.1　西宁市智慧海绵城市监测评价系统(智慧海绵城市)

近年来随着我国城市化进程的推进,城市开发强度逐年增大,大量不透水硬化下垫面取代了原先的自然下垫面,阻断了自然界的水文循环,诱发了热岛效应、内涝、雾霾等城市病。伴随着社会发展水平和城市治理水平的不断提高,人们对改善城市生态环境的呼声也愈发强烈,而单纯依靠传统灰色基础设施已无法实现这一诉求。2013 年 12 月习近平总书记在中央城镇工作会议上提出,要建设自然积存、自然渗透、自然净化的海绵城市,指明了城市发展的方向。

本章以西宁市海绵城市建设过程管控和考核评估为核心,构建一套系统、完整的监测体系方案,将西宁市试点区实施后所得数据远程传输,通过开发数字化管控平台,实现一张图可视化展示、建设情况分级显示、监测数据集成显示、考核指标动态评估、海绵城市项目信息管理、现场运行情况采集,支持西宁市海绵城市的考核评估;优化完善监测方案,开展西宁市海绵城市试点区域全方位、长期有效的过程监测,实现西宁市海绵城市建设全生命周期管理,根据运行监测数据,对已建项目进行工程效益的自评估与内部考核,同时开展西宁市海绵城市建设过程中涉及领域科研课题研究,发现西宁市海绵城市试点区建设过程中的问题,进而探索西宁市全市范围内海绵城市建设新思路和新想法。

10.1.1　工程概况

西宁市是青海省省会,地处青海东部黄土高原向青藏高原的过渡地带,四面环山,三川汇聚,位于东经 100°52′～100°54′、北纬 36°13′～37°28′,地势由北向南倾斜,西北高,东南低,全年主导风向及冬季盛行风向均为东南风,具有海拔高、气压低、日差大、年差小、太阳辐射强、昼夜温差大、高寒、干旱的特点(图 10-1)。

依据《西宁市海绵城市建设试点实施计划(2016—2018)》(以下简称《实施计划》)和《西宁市海绵城市建设试点区项目系统性方案详细规划(2016—2018)》(以下简称《海绵详规》),试点区域位于西宁中心城区西部,其范围东起新宁路,西至湟水路,北临青藏铁路,南到大南山山脊线,总面积 21.61km^2。该区域由城西区、海湖新区以及城北区 3 个行政区组成,老城区 5.40km²，海湖新区 12.26km²，以及山体郊野森林公园绿化区 3.97km²。试点区域西南高、东北低，最高点位于西南角山脊处，海拔 2480m，最低点位于东北角湟水河北岸，海拔 2230m。

试点区开发建设情况一览表

序号	片区名称	建设完成情况	面积（km²）	用地性质
1	新城区（海湖片区）	已建	13.65	居住用地占 33.7%，商业服务业设施用地占 10.1%
2	老城区（虎台片区）	已建	3.46	居住用地占 32.3%，商业服务业设施用地占 8.3%
3	外围山体（西宁环城国家生态公园）	已建	4.07	城市外围山体
4	部分拟建区	拟建	0.43	待开发

图 10-1 试点区域范围

依据《实施计划》，西宁市海绵城市建设期为 2016—2018 年，试点区域内将主要围绕“治山、理水、润城”的海绵城市建设总体方案，打造“河谷型”本土特色的海绵型城市体系。试点区海绵城市示范项目共 252 项，具体包括建筑与小区 201 项、道路与广场 31 项、公园与绿地 9 项、水系治理 5 项、水厂与管网建设 4 项、内涝治理 1 项、城市水务数字化管理平台 1 项，三年建设期总投资 54.58 亿元。

在西宁市海绵城市试点建设中，城市水务数字化管理平台是建立监测预警体系与能力建设的重要内容之一。根据《实施计划》《海绵详规》提出的相关建设内容，需要借助在线监测技术检验各项目是否达到海绵城市规划设计目标要求；需要监测设施的长期运行效果，及时发现运行风险及问题，进行有效处理处置，支持现场运行情况的应急预警，提高设施的运行保障率；需要对海绵城市规划建设的全过程信息进行有效记录，支持海绵城市建设全生命周期管理，保障设施的持续运营。

因此，基于海绵城市规划建设需求，综合运用在线监测、地理信息系统、数学模型等先进技术，实施西宁市海绵城市信息化管控平台建设及服务项目，利用在线监测系统多方位记录海绵城市建设相关设施建设运行情况，为考核与评估提供依据；同时建立信息化平台，集中反映海绵城市建设、运营和管理的全过程信息，全面提升海绵城市的运营管理水平、规划决策水平和建设维护水平，为海绵城市建设的有效实施提供现代数字化管理手段。

10.1.2　监测工作开展情况

《西宁市海绵城市建设试点区本底数据监测实施方案》的编制已通过评审并顺利实施，获取的数据已上传至本底数据收集管控信息平台。生态本底监测主要以典型地块、雨水总排口、城市内涝风险监测子系统和典型示范区气象监测系统为出发点，对试点区域降雨量、雨水流量、水质、水位和气象等要素进行实时在线监测，总体平面布置见图 10-2。

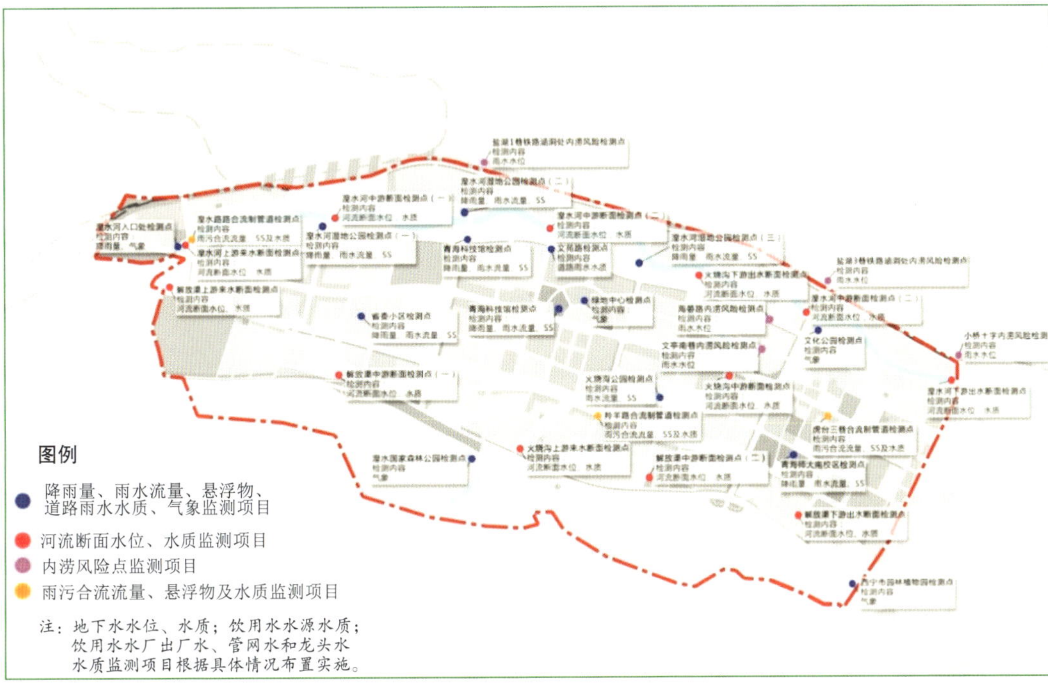

图 10-2　本底监测总体平面布置

10.1.2.1　雨量监测

通过设置 11 处在线翻斗式雨量计进行试点区内雨量监测，其中 7 处雨量监测点位与气象站监测合建，具体点位布设见图 10-3。

10.1.2.2　气象监测

为更好反映海绵城市建设前后西宁市热岛效应，共选取 8 处(试点区内 6 处，试点区外 2 处)设置小型气象站，进行温度、湿度、风向、风速、雨量、气压 6 要素的监测，具体点位布设见图 10-4。

10.1.2.3　河道水系监测

通过雷达水位仪对河道水系(湟水河和解放渠)共 6 个关键断面进行水位在线监测，具体点位布设见图 10-5。

对湟水河、解放渠、火烧沟的关键断面共 8 处以水质人工采样分析的方式进行河道水系的水质检测，具体采样点位见图 10-6。根据《地表水和污水监测技术规范》(HJ/T 91—2002)，对地表水中常规 9 项指标进行监测，周期为每月 1 次。

图 10-3　本底监测雨量监测点位布设

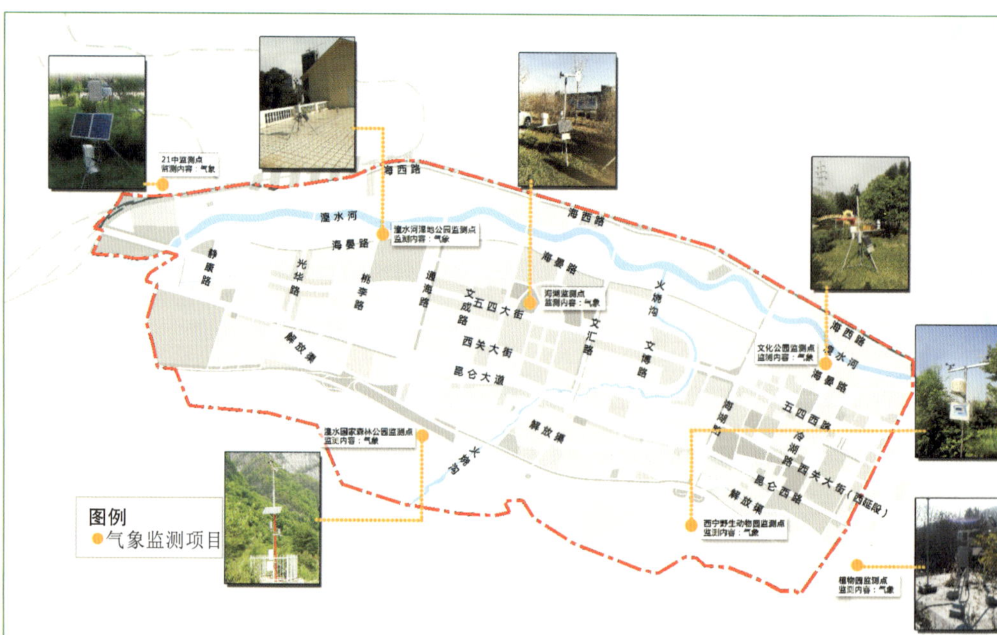

图 10-4　示范区本底监测气象 6 要素监测点位布设

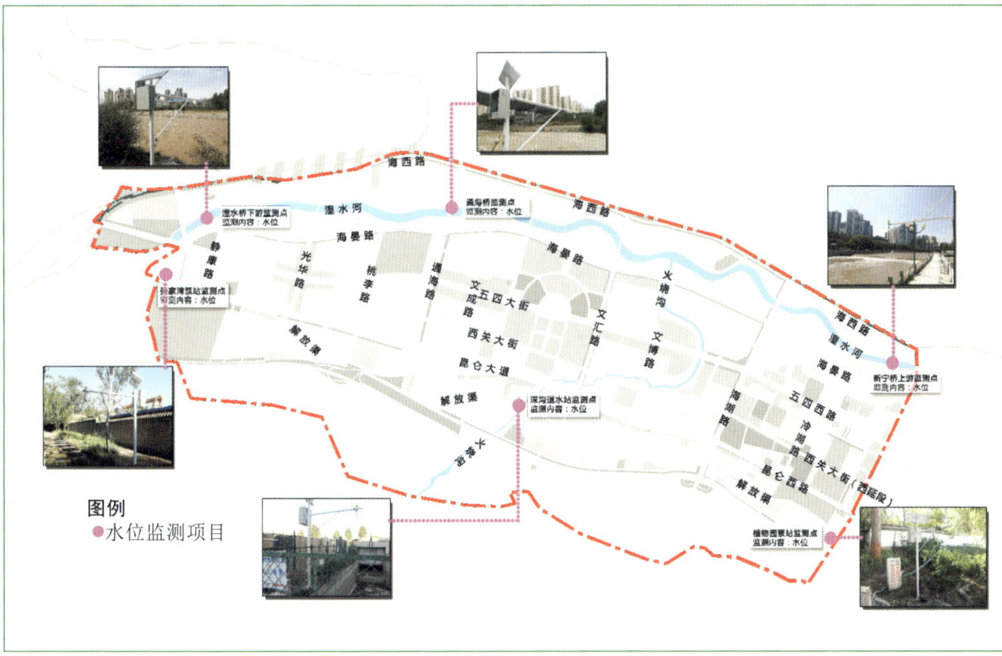

图 10-5 本底监测河道水系水位监测点位布设

图 10-6 河道水系水质采样点位

10.1.2.4 数据管控信息平台

首先设置本底数据收集管控信息平台，再将上述在线监测设备实时监测数据接收、解码、判别、分类，存储在数据库中，并最终纳入管控信息平台。该数据管控信息平台目前建于西宁市规划建设局信息中心具有公网 IP 的工作站。实时监测数据获取界面展示见图 10-7。

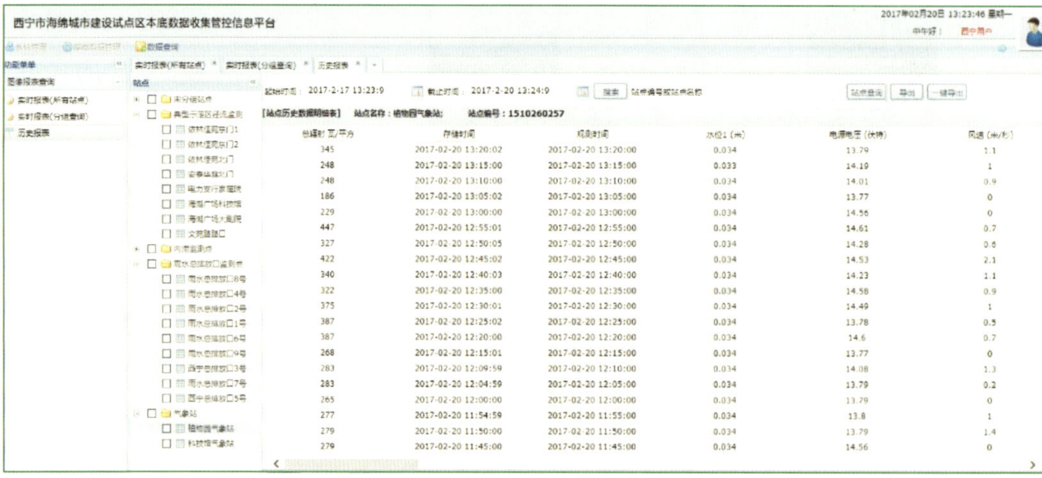

图 10-7　实时监测数据获取界面展示

10.1.3　项目监测

在海绵城市建设过程中，监测跟踪、积累雨水花园、透水铺装、植草浅沟等典型海绵设施数据，形成技术规范，以对同类城市提供经验和指导。

10.1.3.1　气象

西宁市地处黄土高原向青藏高原的过渡地带，气候属大陆性高原半干旱气候，全年主导风向及冬季盛行风向均为东南风，具有海拔高、气压低、日差大、年差小、太阳辐射强、昼夜温差大、高寒、干旱的特点。

西宁市冬季寒冷漫长，夏季凉爽短促，太阳辐射强，光照充足，多年平均年降水量410mm，年均蒸发量1212mm，年均气温在－0.3～8.0℃，极端最高气温为35.8℃，极端最低气温为－34.1℃，植物生长期在190～220d，无霜期在48～184d，年日照时数在2430.8～2666.7h，年均风速在1.5～1.8m/s，最大风速达21.3m/s，冻土层厚者达77～125cm。

(1)监测数据分析

根据西宁市海绵城市建设试点区气象站2018年度数据统计，日均蒸发量在0.18～1.45mm/d，年均气温在7.6℃，最高气温为23.3℃，最低气温－11.8℃；年均气压在775.4hPa，最高气温为785.3hPa，最低气温763.5hPa；年均相对湿度在63.5%，最大相对湿度为97%，最小相对湿度为15%；风速在0.1～2.8m/s。具体情况见图10-8至图10-12。

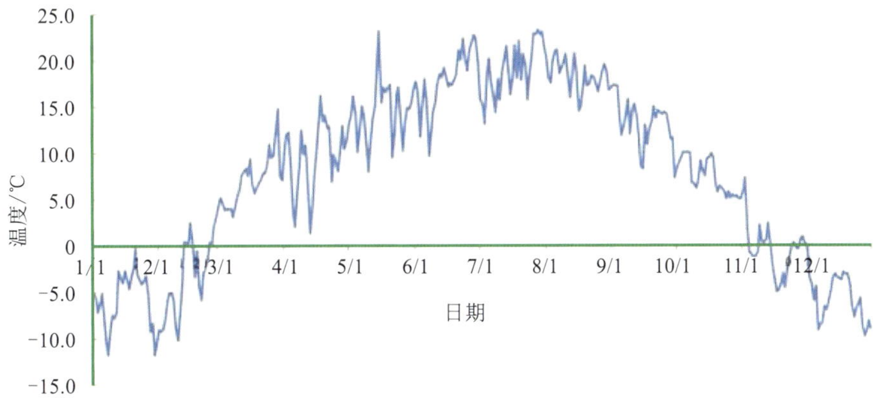

图 10-8　西宁市海绵城市试点区 2018 年度日均气温监测数据分布

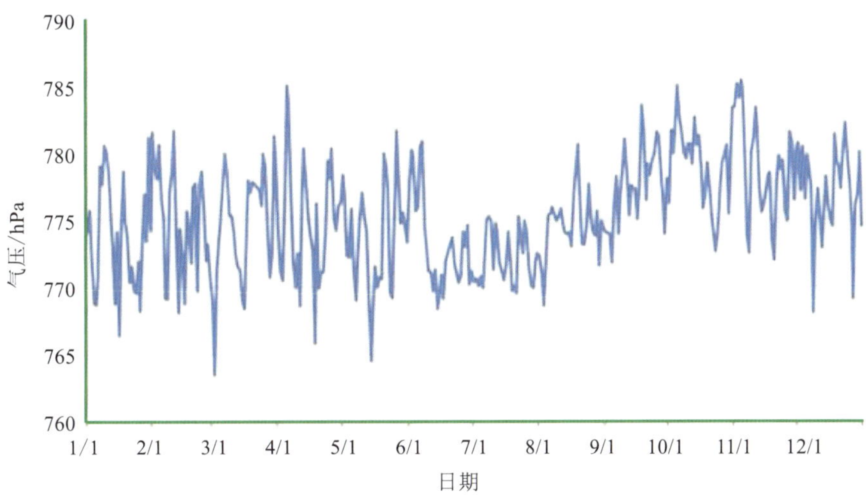

图 10-9　西宁市海绵城市试点区 2018 年度日均气压监测数据分布

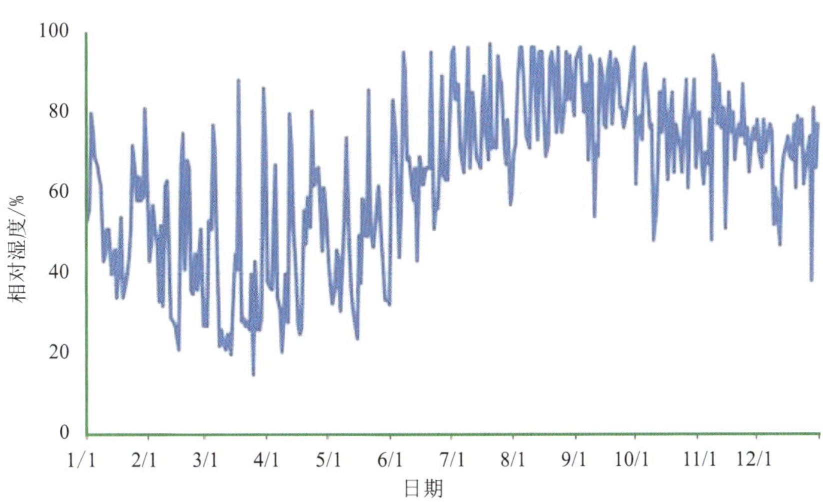

图 10-10　西宁市海绵城市试点区 2018 年度日均相对湿度监测数据分布

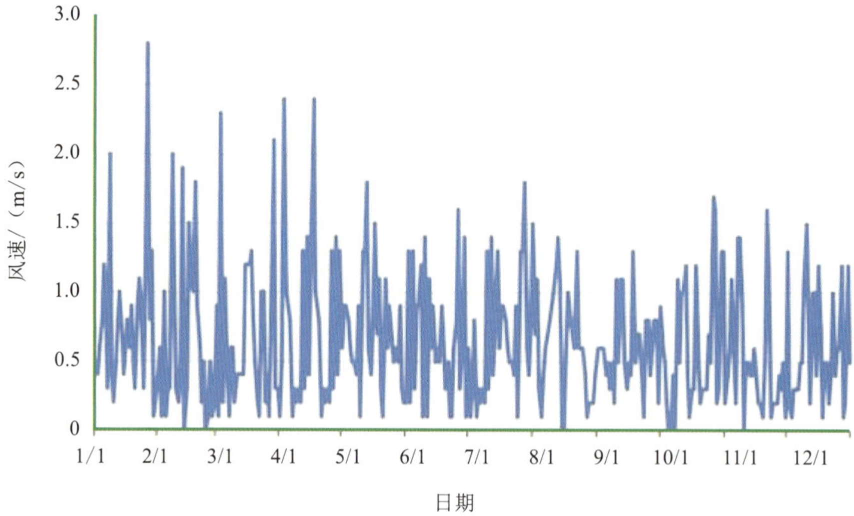

图 10-11　西宁市海绵城市试点区 2018 年度日均风速监测数据分布

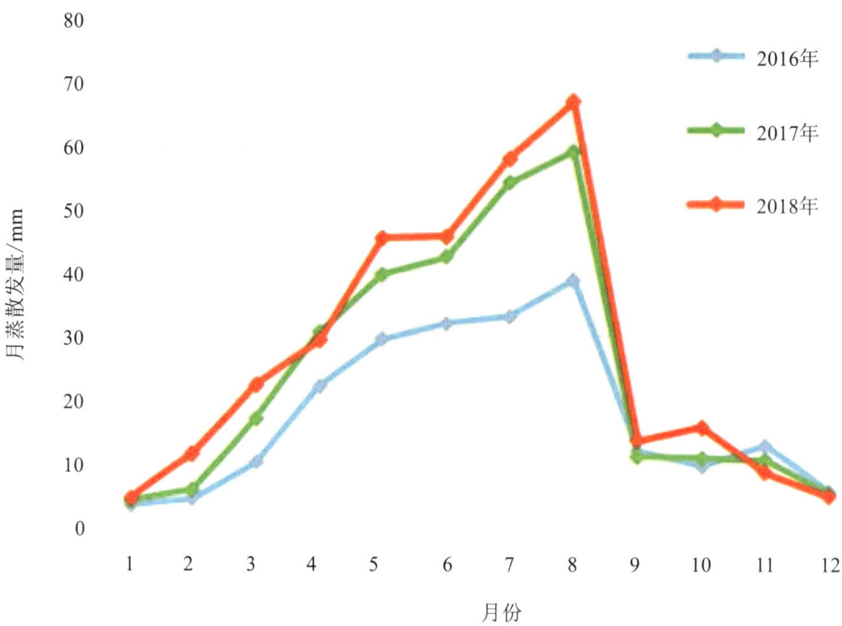

图 10-12　西宁市海绵城市试点区 2016—2018 年度月蒸散发量分布

通过对以上数据统计分析，将日均蒸散发量同日均气温、日均相对湿度、日均太阳辐射和日均风速进行了相关性研究。从图 10-13 可以看出，西宁市海绵城市试点区日均蒸散发量与日均气温相关系数最大，相关系数为 0.75；日平均太阳辐射也是影响蒸散发的主要因素，相关系数为 0.62；风速及相对湿度对蒸散发的影响不显著。

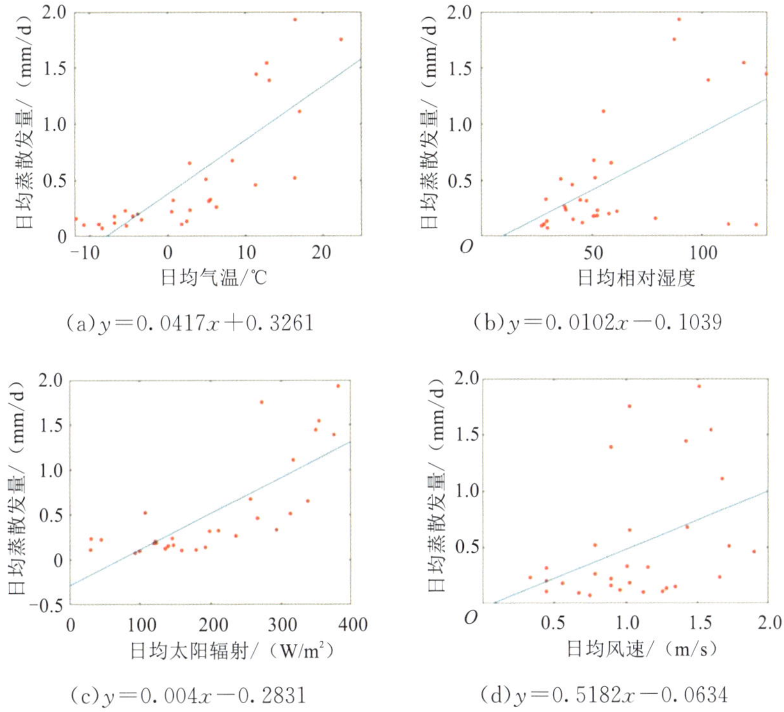

图 10-13 西宁市海绵城市试点区 2018 年度日均蒸发量与各要素相关性分析

10.1.3.2 降雨

(1)降雨规律分析

1)降雨较密集，以中小雨为主。

根据西宁市试点区内雨量监测站 2018 年度监测数据统计(图 10-14)可知，全年共监测到降雨 50 场(日降水量≥2mm)。按照国家气象部门规定的降水量标准划分(表 10-1)，有小雨 35 场，中雨 14 场，大雨 1 场(2018 年 7 月 1 日 29.0mm)，无暴雨事件发生。

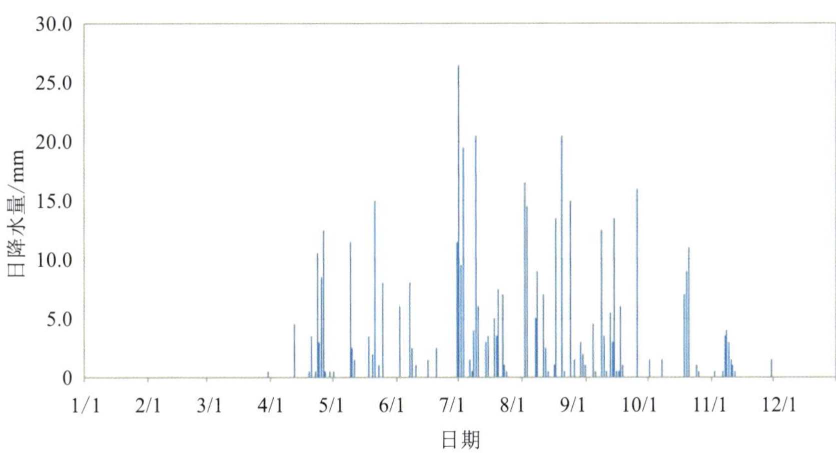

图 10-14 西宁市海绵城市建设试点区 2018 年度日降水量分布

表 10-1　　　　国家气象部门规定的降水量划分标准

降雨类型	24h 降水量/mm	12h 降水量/mm
小雨	≤10.0	≤5.0
中雨	10.0～24.9	5.0～14.9
大雨	25.0～49.9	15.0～29.9
暴雨	50.0～99.9	30.0～69.9
大暴雨	100.0～249.0	70.0～139.9
特大暴雨	≥250.0	≥140.0

2)降雨分布极不均匀。

根据西宁市试点区内雨量监测站 2018 年度监测数据统计可知，全年共监测到的平均降雨总量为 451.8mm。其中，7、8 月降雨量较大，分别为 127.6mm、117.6mm，占比分别为 28.2%、26.0%；1、2 月降雨量最小，均为 0。2018 年度各月降雨量分布见图 10-15。

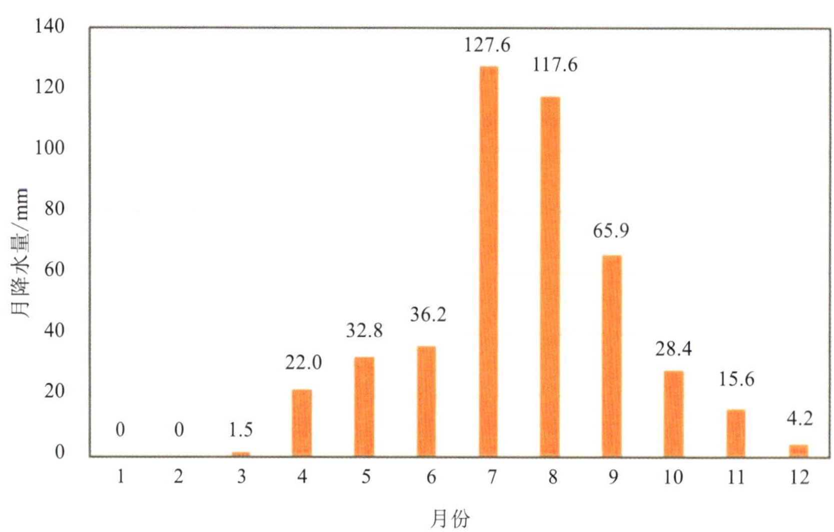

图 10-15　西宁市海绵城市建设试点区 2018 年度月降雨量分布

3)中小雨事件为主要降雨量来源。

由西宁市试点区内雨量监测站 2018 年度监测数据统计可知，小雨事件共产生降雨量 224.4mm，占全年总降雨量的 49.7%；中雨事件共产生降雨量 198.4mm，占比 43.9%；大雨事件共产生降雨量 29.0mm，占比 6.4%。

(2)典型场次降雨

由于试点区范围较大，各个雨量站管辖范围不一样，结合降雨规律分析，在进行典型场次降雨选择时不能一概而论，需要根据各个雨量站点监测到的实际数据情况来选择，原则如下：

1)当天日降雨量≥2mm。

2)选取相对独立场次降雨，相对独立的条件为前三天后一天无降雨产生，满足条件则选取该场次降雨进行数据分析。

3)如无相对独立场次降雨,则选取降雨量接近设计降雨量的场次降雨进行分析,并尽量保证场次降雨受前后连续降雨的影响程度最小。

4)若场次降雨的降雨历时跨越日降雨量的统计时间点(每日 8 点统计日降雨量),如从 4 点开始产生连续降雨至 12 点结束,并且该场次降雨符合上述原则,则也可以选取该场次降雨进行分析。

综合以上考虑,2018 年度试点区场次降雨事件效果评估共选取 8 场典型降雨(4 场小雨、3 场中雨和 1 场大雨)为评估对象,具体场次降雨情况见表 10-2。

表 10-2　　2018 年度 8 场典型场次降雨情况

时间	降雨量/mm	降雨历时/h	平均雨强/(mm/5min)	最大雨强/(mm/5min)	干期长度/d	平均降雨量/mm	降雨类型
5 月 9 日	5.0～11.5	2.2～3.5	0.15～0.2	0.5～1.0	9.5～13.4	8.3	小雨
5 月 21 日	10.5～15.5	17.6～20.6	0.03～0.05	0.5	2.1～2.5	10.8	中雨
6 月 7 日	6.0～10.0	8.6～14.8	0.04～0.12	0.5～2.5	4.4	9.1	小雨
7 月 1 日	27.0～30.0	22.4～22.9	0.11	0.5～1.5	0.01	29.0	大雨
7 月 19 日	5.0～7.5	2.3～14.4	0.03～0.25	0.5～1.0	2.9～3.3	6.2	小雨
8 月 3 日	14.5～17.5	18.3～20.3	0.06～0.09	1.0～2.5	7.7～8.7	16.3	中雨
8 月 18 日	13.0～16.5	3.7～23.7	0.04～0.29	0.5～1.0	0.8～4.0	14.2	中雨
9 月 13 日	8.0～10.0	5.1～23.4	0.02～0.16	0.5	1.4～3.7	8.6	小雨

10.1.3.3　河流水文

(1)河流水系概述

西宁市试点区河流水系包括湟水河、火烧沟及解放渠。其中,火烧沟为湟水河水系支流,解放渠为试点区内的人工水渠。

1)湟水河为流域水系干流,发源于祁连山系达坂山南麓,穿西宁市城区而过,上游正源为麻皮寺河,流经海晏、湟源、湟中,在西宁市区与北川河、南川河汇合后称为湟水河,市区内长度 47km,河面最大宽度 40m,最小宽度 20m。

2)火烧沟是雨水冲刷水土流失形成的自然沟道,属于湟水一级支流,流域范围具典型的干旱山区黄土沟谷地貌和高山地貌,全长 20.1km,道宽度在 15～20m,深度为 10～25m。火烧沟源自试点区南侧大南山,长约 5.7km,仅为完整沟道长度的 25%,沟道流域面积 16.67km^2,植被覆盖率 10%,自南向北呈反“C”形贯穿申报区东部,接湟水河。海湖新区建设过程中,将该段沟道更改为景观水系,下部通过箱涵排洪。

3)解放渠位于南山脚下,横贯城市东西,西起西郊阴山堂,东至东郊杨沟湾,全长 42km。水渠引水流量达 3.5m^3/s,引水口位于湟水河石灰沟口,为有坝引水方式,灌溉面积约

3.05万亩，各类渠系建筑物400座。

(2)水文特征分析

1)湟水河。

试点区域湟水河水系全年流量处于15.69～45.49m^3/s，平均流量值为34.26m^3/s。其中1#断面为36.41m^3/s；2#断面为34.37m^3/s；3#断面为31.99m^3/s。从1#断面到3#断面流量呈减小趋势。湟水河1#断面平均水位为2231.29m，水位差为0.19m；2#断面平均水位为2220.86m，水位差为0.36m；3#断面平均水位为2187.59m，水位差为0.61m。从1#断面到3#断面相对水位差呈升高趋势。

湟水河1#断面全年最大流量、水位出现在5月，分别为43.82m^3/s、0.25m，最小流量、水位出现在1月，流量为26.84m^3/s；湟水河2#断面最大流量、水位出现在6月，分别为45.49m^3/s、0.47m，最小流量、水位出现在3月，分别为24.26m^3/s、0.27m；湟水河3#断面最大流量、水位出现在6月，分别为35.68m^3/s、0.71m，最小流量、水位出现在2月，分别为15.69m^3/s、0.27m。

2)解放渠。

试点区域解放渠水系流量处于0.07～2.49m^3/s，平均值为0.96m^3/s。其中1#断面为1.28m^3/s，2#断面为0.79m^3/s，3#断面为0.82m^3/s。解放渠1#断面平均水位为2258.75m，水位差为0.44m；2#断面平均水位为2255.99m，水位差为0.52m；3#断面平均水位为2245.24m，水位差为0.40m。

解放渠1#断面全年最大流量、水位出现在4月，分别为2.49m^3/s、0.78m，最小流量、水位出现在12月，分别为0.07m^3/s、0.09m；解放渠2#断面最小流量、水位出现在12月，分别为0.07m^3/s、0.11m；解放渠3#断面最大流量、水位出现在10月，分别为2.03m^3/s、0.82m，最小流量、水位出现在12月，分别为0.07m^3/s、0.12m。

10.1.4 监测评价

根据住房和城乡建设部印发的《海绵城市建设绩效评价与考核办法(试行)》，示范建设期结束后，主管部门将对海绵城市建设从水生态、水环境、水资源、水安全、制度建设及执行情况、显示度6个方面进行绩效评价与考核。因此，在海绵城市建设过程中，应做好数据监测及资料收集，以满足部级海绵城市绩效评价与考核要求。

10.1.4.1 分析评价方法

(1)监测断面水质评价

单个监测断面水质评价以地表水水质调查分析资料和水质监测数据为基础，参考《环境影响评价技术导则 地表水环境》(HJ 2.3—2018)和《地表水环境质量评价办法(试行)》，采用单因子评价法进行评价。

试点区各断面的水环境质量目标为《地表水环境质量标准》(GB 3838—2002)中的Ⅳ类

水标准。污染物指标中，一般性水质参数(随着浓度增加而水质变差的水质参数)的标准指数计算公式为：

$$S_{i,j}=\frac{C_{i,j}}{C_{si}} \tag{10.1-1}$$

式中，$S_{i,j}$——水质参数 i 在第 j 个取样点的标准指数，大于 1 表明该水质参数超标；

$C_{i,j}$——水质参数 i 在 j 点的实测值，mg/L；

C_{si}——水质参数 i 的Ⅳ类水标准限值，mg/L。

溶解氧的标准指数计算公式为：

$$S_{DO,j}=\frac{DO_s}{DO_j}, DO_j \leqslant DO_f \tag{10.1-2}$$

$$S_{DO,j}=\frac{|DO_f-DO_j|}{DO_f-DO_s}, DO_j > DO_f \tag{10.1-3}$$

式中，$S_{DO,j}$——溶解氧的标准指数，大于 1 表明该水质参数超标；

DO_j——溶解氧在 j 点的实测值，mg/L；

DO_s——溶解氧的Ⅳ类水标准限值，mg/L；

DO_f——饱和溶解氧浓度，mg/L，河流$DO_f=468/(31.6+T)$，T——水温，℃。

pH 值的指数计算公式：

$$S_{pH,j}=\frac{7.0-pH_j}{7.0-pH_{sd}}, pH_j \leqslant 7.0 \tag{10.1-4}$$

$$S_{pH,j}=\frac{pH_j-7.0}{pH_{su}-7.0}, pH_j > 7.0 \tag{10.1-5}$$

式中，$S_{pH,j}$——pH 值的指数，大于 1 表明该水质参数超标；

pH_j——pH 在 j 点的实测值；

pH_{sd}——评价标准中 pH 值的下限值；

pH_{su}——评价标准中 pH 值的上限值。

(2)地表水环境质量综合达标情况

分别对湟水河、火烧沟、解放渠进行水质综合达标情况的评价。综合达标率计算公式为：

$$综合达标率=\frac{各断面水质达标次数}{断面监测总次数}\times 100\% \tag{10.1-6}$$

10.1.4.2 监测评价结果

(1)湟水河

湟水河水质监测始于 2018 年 5 月，由于 12 月、1 月水面结冰不具备采样条件，补测 2019 年 5—6 月水样。湟水河 4 处监测点位共开展水质监测 48 次。按照《地表水环境质量标准》(GB 3838—2002)中的限值，对各污染因子进行评价。从结果可以看出，高锰酸盐指数、化学需氧量优于Ⅲ类，主要超标因子为氨氮和化学需氧量。

从所监测水质的沿程变化情况可以看出不同断面的单个污染因子变化趋势基本相同。2019 年 2—4 月入境断面湟水桥氨氮为劣Ⅴ类，是下游断面水质超标的重要原因；而化学需氧量超标断面位于火烧沟与湟水河交汇处，可能是由于火烧沟水质不达标或者是该处雨水排口排污量。

(2)火烧沟

火烧沟景观处理站一直没有出水，火烧沟入试点区断面在 5—11 月有水，其他时间为枯水期，不具备采样条件。火烧沟水系监测点位共开展水质监测 18 次。按照《地表水环境质量标准》(GB 3838—2002)，对各污染因子进行评价。从结果可以看出，2018 全年火烧沟各指标达到Ⅳ类水标准，且 2019 年 4—5 月海晏桥化学需氧量分别为Ⅳ类和Ⅲ类，汇入湟水河不会对其水质产生负面影响。可以推测，湟水河化学需氧量超标可能是由于火烧沟与湟水河交汇处雨水排口排污量较大。

(3)解放渠

解放渠在每年 12 月至次年 3 月无水，不具备采样条件。解放渠 3 个检测点位共开展水质监测 30 次。按照《地表水环境质量标准》(GB 3838—2002)，对各污染因子进行评价。从结果可以看出，2018 年各监测指标达到Ⅳ类水标准。2019 年化学需氧量、高锰酸盐指数和氨氮有超标情况。其中，2019 年 4、5 月均为入境断面张家湾泵站化学需氧量超标，下游断面水质较优。

(4)地表水环境质量达标情况

对 2018—2019 年湟水河、火烧沟、解放渠和湟水河湿地公园水系断面进行水质评价。结果表明，试点区内的湟水河各水质断面总体满足《地表水环境质量标准》Ⅳ类标准，火烧沟各断面满足《地表水环境质量标准》Ⅲ类标准，解放渠各断面满足《地表水环境质量标准》Ⅳ类标准，湟水河湿地公园水系各断面满足《地表水环境质量标准》Ⅳ类标准，没有黑臭现象。各水系 2018—2019 年水质综合达标率：湟水河为 77%，火烧沟为 100%，解放渠为 83%，湟水河湿地公园为 85%。

通过海绵城市建设前后湟水河水质变化的对比分析，海绵城市建设后的河道沟渠水质优于海绵城市建设前的水质，氨氮、总磷达标率均有提升：湟水桥断面氨氮达标率由 2016—2017 年的 21.7%提高到 2018—2019 年的 75%，新宁桥断面氨氮达标率由 2016—2017 年的 14.3%提高到 2018—2019 年的 83.3%。下游断面水质优于入境断面：溶解氧过境后由Ⅱ类变为Ⅰ类；氨氮由Ⅳ类变为Ⅲ类；其他污染因子基本保持等级不变。

湟水河为过境河流，上游来水中偶有部分污染物浓度较高，造成下游断面水质超标。水体环境治理需要全流域的配合，才能够彻底改善。

10.2　上海市虹口区海绵城市监测评价系统

10.2.1　工程概况

近年来，随着城镇化的不断推进，城市建成区越来越大，硬化面积增加，雨水吸、渗能力下降。在传统的开发模式和“灰色基础设施”下，雨水难以渗入地下，城市水循环的自然过程被人为改变，导致地表径流增加、地下水位下降、城市内涝频发、水质污染加剧等一系列生态问题。传统的开发模式已经难以应对城市化带来的错综复杂的多重水困境，合理科学地规划设计、创造出能为城市可持续发展提供生态服务的良好城市环境已经成为现代景观规划设计关注的焦点和任务。

虹口区位于上海市中心城区东北部，北纬 31°14′38″～31°19′50″，东经 121°27′18″～121°30′46″。东与杨浦区接壤，西与静安区毗连，南与浦东新区和黄浦区隔江相望，北与宝山区相接。虹口区地处北亚热带南缘，属亚热带季风气候，其特点是气候温和、雨水丰沛、光照充足、四季分明，夏季炎热、秋季凉爽；春季风向以偏东和东南偏南为主，夏季以东南偏南为主，秋季以东北偏北到西北偏北为主，冬季以西北偏北为主。虹口区境内原为东海之滨的滩地，多河道港汊，历史上曾有大小河流 50 条，现留存的有黄浦江、吴淞江和以虹口港、沙泾港、俞泾浦为主的虹口港水系河流 15 条。

10.2.2　监测工作开展情况

上海市虹口区海绵城市建设区分为江湾东片区、汉阳片区。公园运用海绵城市理念，倡导雨水花园和节约型绿地新概念。公园建设时充分利用了场地原有低洼地势形成的水塘，将其适当开挖塑形后形成景观水面，临水建筑以及水上栈道的布设能满足游人亲水活动的需求。同时，响应海绵城市建设理念，结合水面开挖，土方造型及驳岸设计因势利导，在水池一边就势设置下沉式雨水花园，种植水生、湿生植物，承载周边汇水区雨水，就地自然蓄渗，充分发挥其对雨水的净化、滞留作用，形成一片清澈的水下森林。

10.2.2.1　排水分区监测

(1)管网关键节点监测

对江湾东排水分区及汉阳排水系统的市政管网排放口及上游关键节点(2 个)进行流量和悬浮物监测。每处监测点对其进行流量和悬浮物监测，两个排水系统共 6 台流量计和 6 台悬浮物监测仪。

(2)易涝点监测

根据历史积水点数据，选择重要监测积水点，在两个排水分区各布置 1 个液位监测点。

(3)受纳水体人工采样监测

为评估雨天分流制雨污混接污染和合流制溢流污染控制情况，在汉阳泵站、江湾东泵站排口附近分别设点进行人工采样，监测指标包括 pH 值、透明度、溶解氧、化学需氧量、氨氮、总氮、总磷；其中现场测定监测指标包括 pH 值、透明度、溶解氧。

10.2.2.2 典型项目监测

在每个排水分区，选择建筑小区类典型项目 1 个、道路广场类典型项目 1 个、公园绿地类典型项目 1 个，进行流量和悬浮物监测。共 6 台流量计（包括液位及流速功能）及 6 台悬浮物监测仪。

10.2.2.3 典型设施监测

在上述源头减排项目内，选取 2 个典型的海绵设施，对每处监测点进行流量和悬浮物监测。共 2 台流量计和 2 台悬浮物监测仪。

10.2.2.4 布局定位

（1）江湾东片区

江湾东片区设有排水分区、典型项目和典型设施。具体监测点位布设见图 10-16 和表 10-3。

图 10-16 江湾东片区监测点位布设

表 10-3　　江湾东片区监测点位布设

监测层级	监测类别	点位描述	监测指标	监测仪器	点位坐标
排水分区	管网关键节点	节点 1:水电路与丰镇路交会处	水位、流速、流量、悬浮物	多普勒超声波流量计、悬浮物监测仪	121°28′18.11″E，31°18′17.75″N
		节点 2:水电路与万安路交会处			121°28′18.4″E，31°18′11.06″N
	易涝点	万安路公厕对面	水位	压力水位计	121°28′11.24″E，31°18′9.88″N
典型项目	建筑与小区	忠烈小区总排口	水位、流速、流量、悬浮物	多普勒超声波流量计、悬浮物监测仪	121°28′25.96″E，31°18′33.04″N
	公园与绿地	江湾公园总排口			121°28′36.79″E，31°18′28.1″N
		彩虹湾公园总排口			121°28′25.96″E，31°18′33.04″N
典型设施	雨水花园	忠烈小区内	水位、流速、流量、悬浮物	多普勒超声波流量计、悬浮物监测仪	121°28′22.13″E，31°18′31.81″N
	植草沟				121°28′21.47″E，31°18′30.7″N

(2)汉阳片区

汉阳片区设有排水分区、典型项目和典型设施。具体监测点位布设见图 10-17 和表 10-4。

图 10-17　汉阳片区监测点位布设

表 10-4　　汉阳片区监测点位布设

监测层级	监测类别	点位描述	监测指标	监测仪器	点位坐标
排水分区	管网关键节点	汉阳泵站进水排口	水位、流速、流量、悬浮物	多普勒超声波流量计、悬浮物监测仪	121°29′17.89″E，31°15′8.9″N
	易涝点	高阳路	水位	压力水位计	121°29′47.7″E，31°15′20.36″N
典型项目	公园与绿地	北外滩滨江公园排口	水位、流速、流量、悬浮物	多普勒超声波流量计、悬浮物监测仪	121°29′35.34″E，31°14′58.34″N
		滨江公园排口备选点 1			121°29′39.42″E，31°14′57.97″N
		滨江公园排口备选点 2			121°29′57.3″E，31°15′3.72″N
	建筑与小区	开业园屋顶绿地	水位、流速、流量、悬浮物	多普勒超声波流量计、悬浮物监测仪	121°29′57.3″E，31°15′3.72″N
	建筑与小区	白玉兰屋顶绿地	降水量	翻斗式雨量计	121°29′40.68″E，31°15′4.42″N
典型设施	雨水花园	新建路雨水花园	水位、流速、流量、悬浮物	多普勒超声波流量计、悬浮物监测仪	121°29′42.03″E，31°15′12.28″N

10.2.3　项目监测

10.2.3.1　降水量规律分析

1）雨量监测时间为 2021 年 7 月 1 日至 9 月 30 日，累计降水量 1176mm。2021 年监测期区域降水量过程见图 10-18。

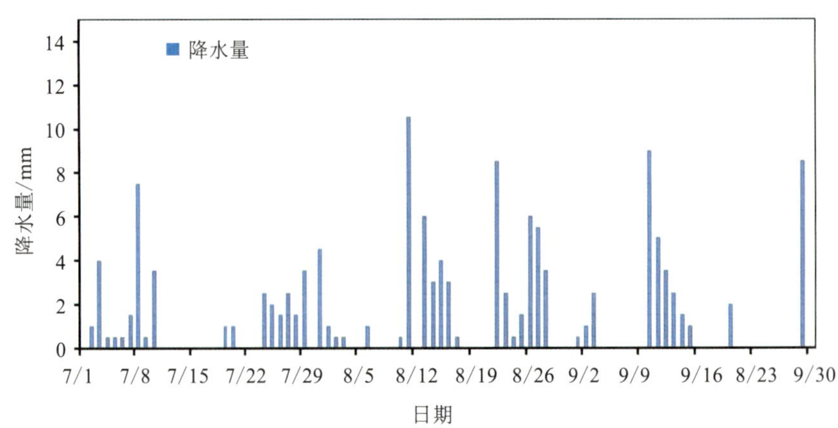

图 10-18　2021 年监测期区域降水量过程

2)监测期以小雨为主要降雨类型。监测期共有 45 场降雨,其中,小雨 22 场,占比 48.89%;中雨 6 场,占比 13.33%;大雨 10 场,占比 22.22%;暴雨 4 场,占比 8.89%;大暴雨 3 场,占比 6.67%;无特大暴雨。

10.2.3.2 江湾东片区

统计江湾东泵站进水口 2021 年 7 月 1 日至 9 月 30 日流量与降水量、流量与水位、流量与悬浮物浓度的变化过程,分析累计外排水量和累计悬浮物负荷变化趋势(图 10-19 至图 10-22)。

监测期江湾东泵站进水口的平均流量为 $25.35m^3/h$,平均水位为 0.94m,平均悬浮物浓度为 38.62mg/L,累计外排水量为 $55683.74m^3$,累计悬浮物负荷为 877676.01g。

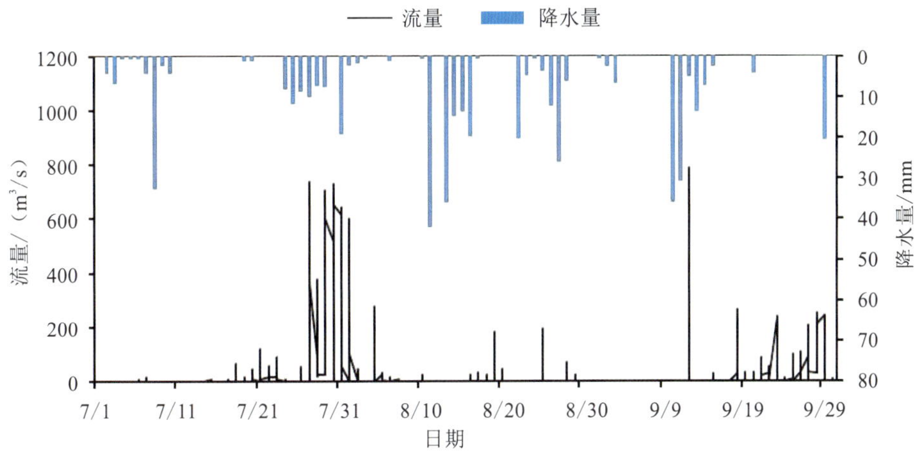

图 10-19 2021 年监测期江湾东泵站进水口流量与降水量变化过程

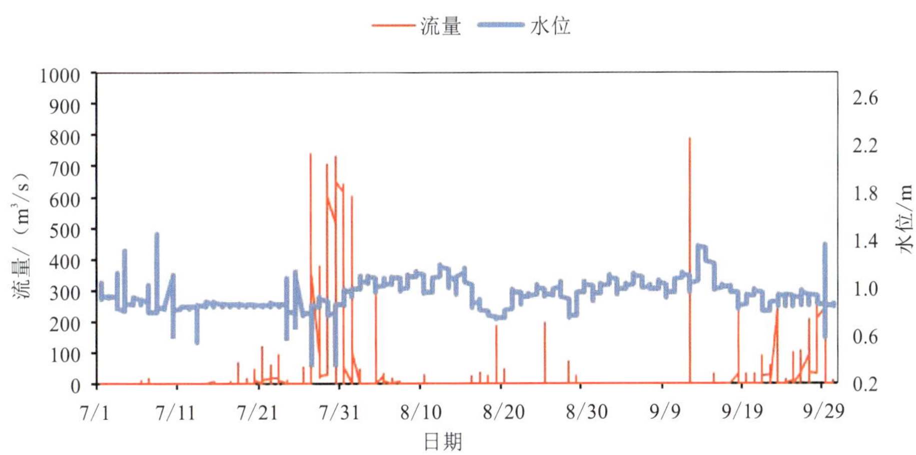

图 10-20 2021 年监测期江湾东泵站进水口流量与水位变化过程

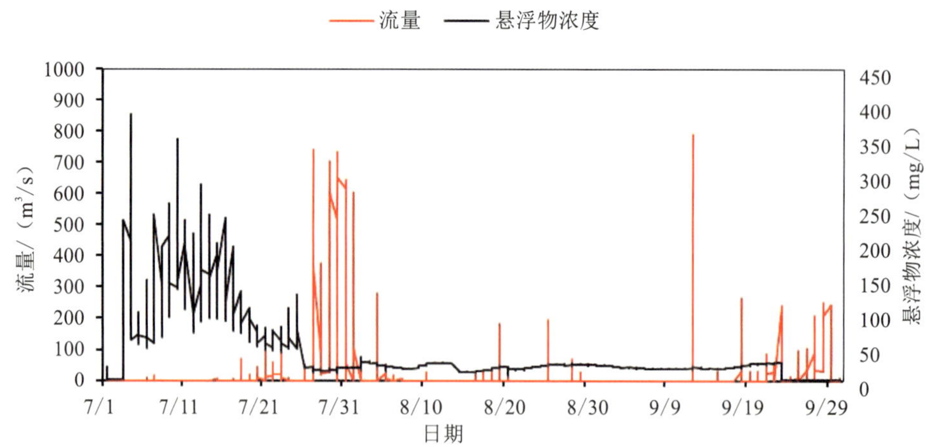

图 10-21　2021 年监测期江湾东泵站进水口流量与悬浮物浓度变化过程

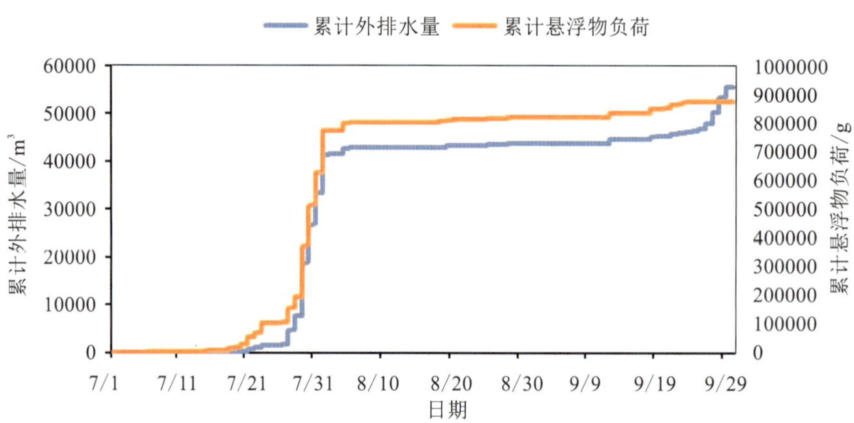

图 10-22　2021 年监测期江湾东泵站进水口累计外排水量和累计悬浮物负荷变化趋势

从以上图可以看出，在 7—9 月降雨期管网流量和水位相应增大；在非降雨期也存在流量变化，如 7 月 19—24 日、7 月 29 日至 8 月 1 日、8 月 4 日、8 月 18—19 日、8 月 25 日、9 月 12 日、9 月 18—22 日、9 月 25—29 日，说明该雨水管道内可能存在其他来源的水体，管网可能存在混错接等问题，需要现场实地勘探管网情况。水体悬浮物浓度在 7 月 25 日 23 点之前波动变化较大，之后较稳定，在 17.35mg/L 左右。

10.2.3.3　汉阳排水系统

统计汉阳泵站进水口 2021 年 7 月 1 日至 9 月 30 日流量与降水量、流量与水位、流量与悬浮物浓度的变化过程，分析累计外排水量和累计悬浮物变化趋势(图 10-23 至图 10-26)。

监测期汉阳泵站进水口的平均流量为 0.14m^3/h，平均水位为 0.25m，平均悬浮物浓度为 76.64mg/L，累计外排水量为 306.16m^3，累计悬浮物负荷为 35813.49g。

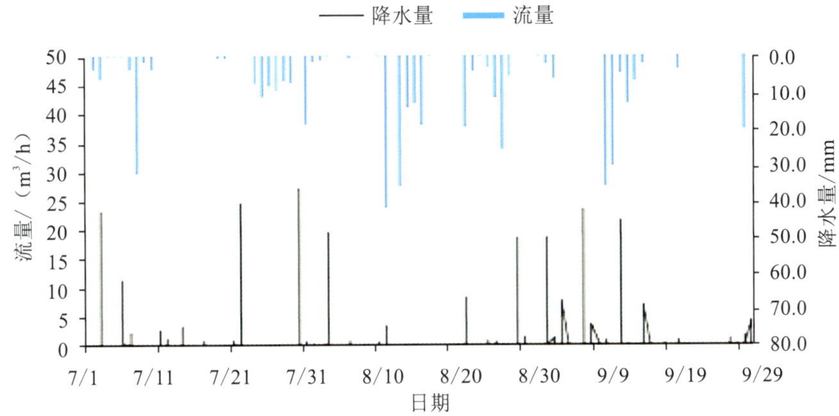

图 10-23　2021 年监测期汉阳泵站进水口流量与降水量变化过程

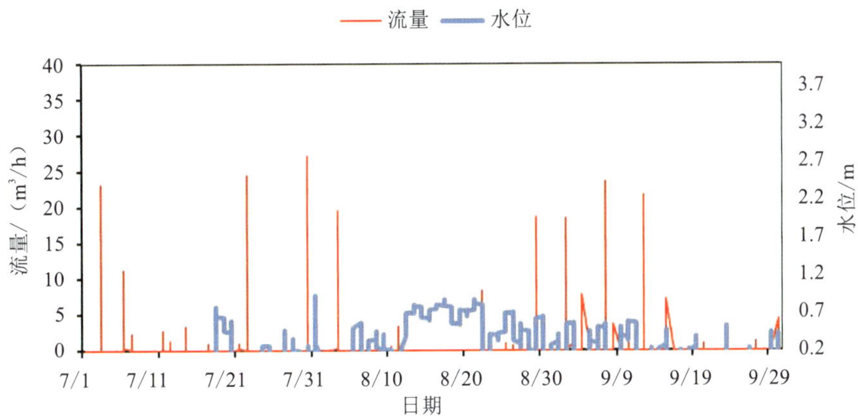

图 10-24　2021 年监测期汉阳泵站进水口流量和水位变化过程

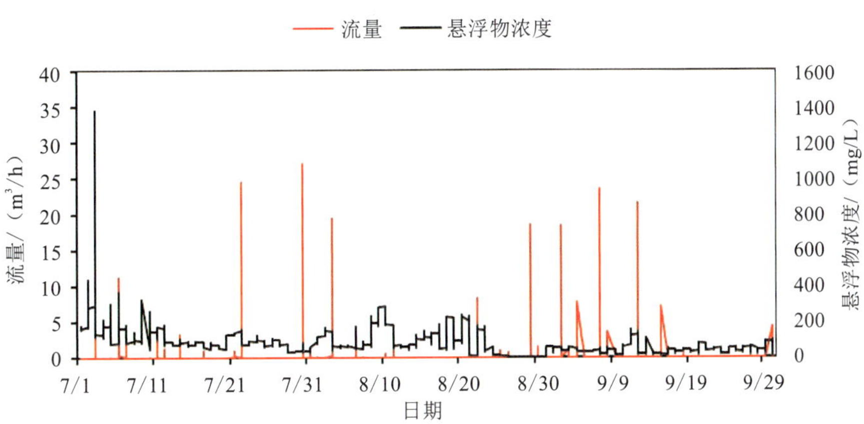

图 10-25　2021 年监测期汉阳泵站进水口流量和悬浮物浓度变化过程

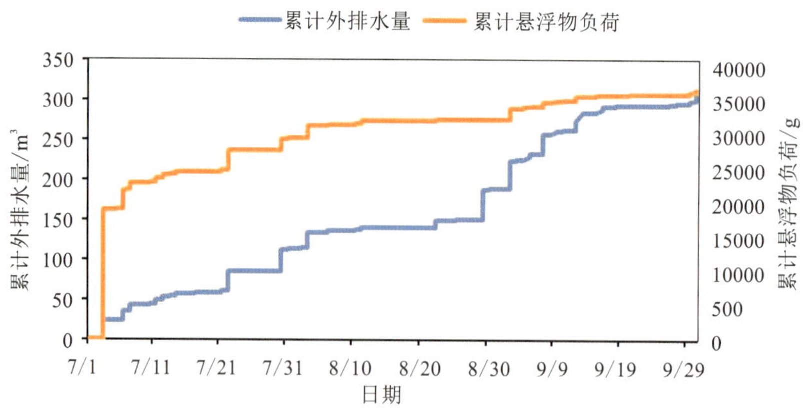

图 10-26　2021 年监测期汉阳泵站进水口排水量和悬浮物负荷变化趋势

从以上图可以看出，在 7—9 月降雨期，管网流量和水位相应增大；在非降雨期也存在流量变化，如 7 月 3 日、7 月 6 日、7 月 11—14 日、7 月 21 日、7 月 30 日、8 月 6—7 日、8 月 11 日、8 月 22 日、8 月 29 日、9 月 2—4 日、9 月 20 日、9 月 30 日，间断有流量突然变大的情况，说明该雨水管道内可能存在其他来源的水体，管网可能存在混错接等问题，需要现场实地勘探管网情况。水体悬浮物浓度随流量波动变化。

10.2.3.4　彩虹湾公园

统计彩虹湾公园排口 2021 年 7 月 1 日至 9 月 30 日流量与降雨量、流量与悬浮物浓度变化过程，分析累计外排水量与累计悬浮物负荷变化（图 10-27 至图 10-29）。

监测期的彩虹湾公园排口平均流量为 0.13m^3/h，平均悬浮物浓度为 56.04mg/L，累计外排水量为 267.84m^3，累计悬浮物负荷为 20208.05g。

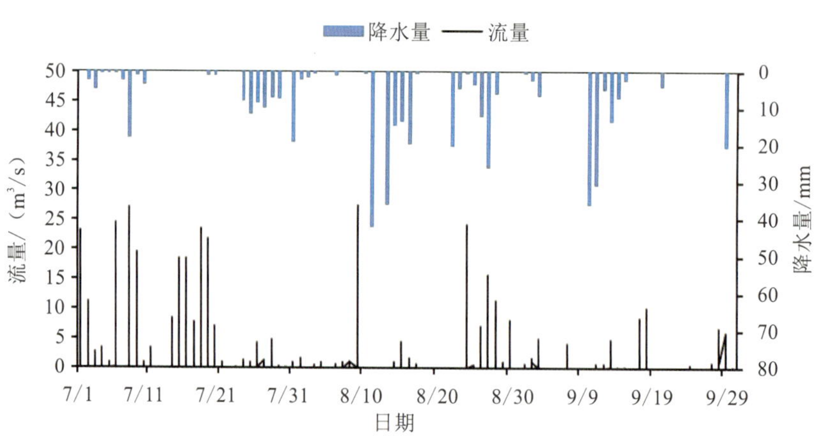

图 10-27　2021 年监测期彩虹湾公园排口流量与降雨量变化过程

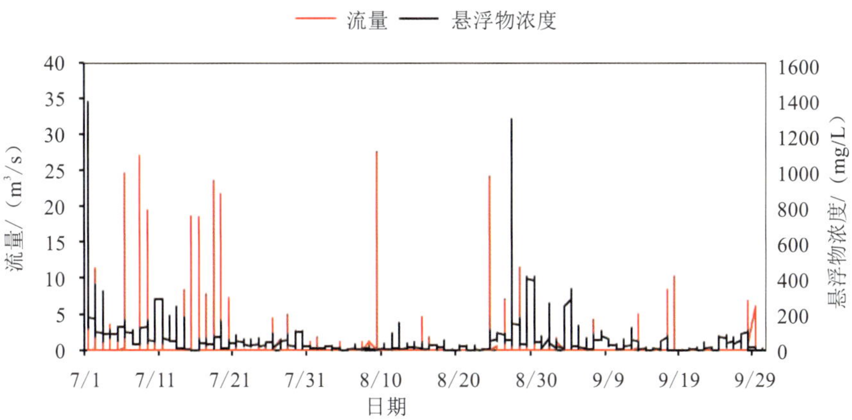

图 10-28　2021 年监测期彩虹湾公园排口流量与悬浮物变化过程

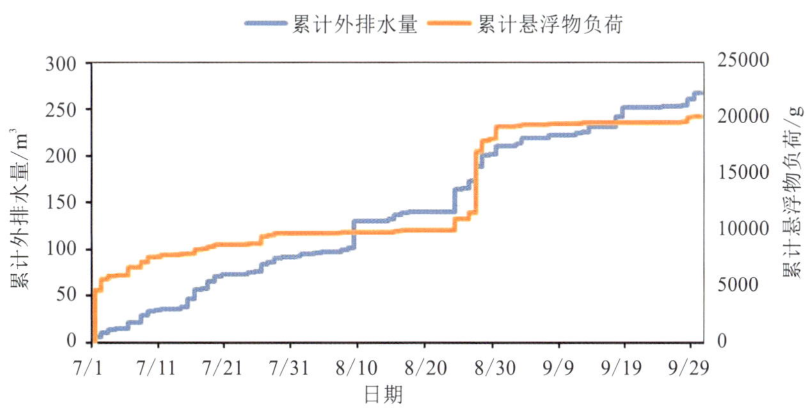

图 10-29　2021 年监测期彩虹湾公园排口累计外排水量和累计悬浮物负荷变化趋势

从以上图可以看出，在 7—9 月管网整体出流量不大。流量变化较小，水位较稳定，在 0.042～0.930m。降雨期会有产流，非降雨期也存在零星外水汇入管道，导致存在流量波动变化情况，但整体影响不大。水体悬浮物随流量波动变化，在小雨不产流的时间段内，水体悬浮物浓度在很小的范围内波动。

10.2.4　监测评估

为全面评价海绵城市建设对上海市虹口区水环境的影响，需要对海绵城市建设过程中的各项监测指标进行科学监测。

(1)江湾东片区

1)江湾东片区整体。

江湾东片区江湾东泵站进水口监测指标为流量和悬浮物。在 2021 年 7 月 1 日至 9 月 30 日监测的降雨总量为 1176mm。降雨过后，发生了产流现象，监测评价效果汇总见表 10-5。

表 10-5 江湾东片区海绵城市监测效果评价汇总

基础信息	
监测时间	2021 年 7 月 1 日至 9 月 30 日
降雨总量/mm	1176
项目占地面积/m^2	218500
项目设计降水量/mm	13.4
项目设计年径流总量控制率/%	大于 52.3
项目设计污染物总量削减率/%	40
水质水量监测	
项目总径流体积/m^3	9248.91
项目总悬浮物负荷/g	150548.26
效果评价	
径流体积控制率/%	92.27
污染物总量削减率/%	96.31

该项目设计年径流总量控制率为大于 52.3%，设计污染物总量削减率为 40%。通过实时监测数据计算，得到江湾东片区径流体积控制率达到 92.27%，年污染物总量削减率为 96.31%。径流体积控制率和污染物总量削减率两项关键监测指标的实算值均大于目标值，数据情况反映该项目海绵城市建设效果较好，满足考核要求。

2)典型地块。

典型地块选取江湾公园和忠烈小区东排口。江湾公园项目设计年径流总量控制率为大于 90%，设计污染物总量削减率为 63%。通过实时监测数据计算，得到江湾公司公园径流体积控制率达到 95.32%，年污染物总量削减率为 97.05%。径流体积控制率和污染物总量削减率两项关键监测指标的实算值均大于目标值，数据情况反映该项目海绵城市建设效果较好，满足考核要求。忠烈小区东排口径流体积控制率为 53.44%，小于设计值 60%；年污染物总量削减率为 82.03%，高于设计污染物总量削减率 38%。此处排口仅控制忠烈小区东排口，占忠烈小区总面积的 44.73%，下垫面主要为道路铺装、绿化、屋面，海绵设施占比少一些，造成该区域径流控制率不达标。

3)典型海绵设施。

忠烈小区雨水花园项目设计年径流总量控制率为大于 52.34%，设计污染物总量削减率为 40%。通过实时监测数据计算，得到忠烈小区雨水花园径流体积控制率达到 54.34%，年污染物总量削减率为 96.85%，径流体积控制率和污染物总量削减率两项关键监测指标的实算值均大于目标值，数据情况反映该项目海绵城市建设效果较好，满足考核要求。

忠烈小区植草沟项目设计年径流总量控制率为大于 90%，设计污染物总量削减率为 63%。通过实时监测数据计算，得到忠烈小区植草沟径流体积控制率达到 100%，年污染物总量削减率为 100%。径流体积控制率和污染物总量控制率两项关键监测指标的实算值均大于目标值，数据情况反映该项目海绵城市建设效果较好，满足考核要求。

(2)汉阳排水系统片区

1)汉阳排水系统片区整体。

汉阳排水系统片区汉阳泵站进水口监测指标为流量和悬浮物。在 2021 年 7 月 1 日至 9 月 30 日监测的降雨总量为 1176mm。降雨过后，发生了产流现象，监测效果评价汇总见表 10-6。

表 10-6　汉阳排水系统片区海绵城市监测效果评价汇总

基础信息	
监测时间	2021 年 7 月 1 日至 9 月 30 日
降雨总量/mm	1176
项目占地面积/m^2	190910
项目设计降水量/mm	14.1
项目设计年径流总量控制率/%	大于 57
项目设计污染物总量削减率/%	40
水质水量监测	
项目总径流体积/m^3	306.16
项目总悬浮物负荷/g	35813.49
效果评价	
径流体积控制率/%	97.59
污染物总量削减率/%	94.18

该项目设计年径流总量控制率为大于 57%，设计污染物总量削减率为 40%。通过实时监测数据计算，得到汉阳排水系统片区径流体积控制率达到 97.59%，年污染物总量削减率为 94.18%。径流体积控制率和污染物总量削减率两项关键监测指标的实算值均大于目标值，数据情况反映该项目海绵城市建设效果较好，满足考核要求。

2)典型海绵设施。

新建路东长治路绿地项目设计年径流总量控制率为大于 90%，设计污染物总量削减率为 63%。通过实时监测数据计算，得到新建路东长治路绿地径流体积控制率达到 95.63%，年污染物总量削减率为 99.02%。径流体积控制率和污染物总量削减率两项关键监测指标的实算值均大于目标值，数据情况反映该项目海绵城市建设效果较好，满足考核要求。

(3)彩虹湾公园

彩虹湾公园总排口监测指标为流量和悬浮物。在 2021 年 7 月 1 日至 9 月 30 日监测的降雨总量为 1176mm。降雨过后，发生了产流现象，监测效果评价汇总见表 10-6。

表 10-6　　彩虹湾公园海绵城市监测效果评价汇总

基础信息	
监测时间	2021 年 7 月 1 日至 9 月 30 日
降雨总量/mm	1176
项目占地面积/m^2	16351.4
项目设计降水量/mm	41
项目设计年径流总量控制率/%	大于 90
项目设计污染物总量削减率/%	63
水质水量监测	
项目总径流体积/m^3	267.83
项目总悬浮物负荷/g	20208.05
效果评价	
径流体积控制率/%	96.39
污染物总量削减率/%	95.91

该项目设计年径流总量控制率为大于 90%，设计污染物总量削减率为 63%。通过实时监测数据计算，得到彩虹湾公园径流体积控制率达到 96.39%，年污染物总量削减率为 95.91%，径流体积控制率和污染物总量削减率两项关键监测指标的实算值均大于目标值，数据情况反映该项目海绵城市建设效果较好，满足考核要求。

主要参考文献

[1] 喻孔坚,李迪华．城市景观之路—与市长们交流[M]. 北京:中国建筑工业出版社,2003.

[2] 林利平．“海绵城市”建设走在全省前列[A]. 台州市档案局．台州年鉴[Z]. 2008.

[3] 俞孔坚,李迪华,吉庆萍．景观与城市的生态设计:概念与原理[J]. 中国园林,2001(6):3-10.

[4] 彭一刚．传统村镇聚落景观分析[M]. 北京:中国建筑工业出版社,1992.

[5] 金其铭．中国农村聚落地理[M]. 南京:江苏科学技术出版社,1989.

[6] 吴庆洲．中国古城防洪研究[M]. 北京:中国建筑工业出版社,2009.

[7] 郑连第．古代城市水利[M]. 北京:水利电力出版社,1985.

[8] 俞孔坚,张蕾．黄泛平原区适应性“水城”景观及其保护和建设途径[J]. 水利学报,2008,39(6):688-696.

[9] 张芳．中国古代淮河、汉水流域的陂渠串联工程技术[J]. 中国农史,2000(1):22-27.

[10] 张芳．中国传统灌溉工程及技术的传承和发展[J]. 中国农史,2004(1):10-18.

[11] Thomas N, Andrew J R. Stormwater Management 2nd ed[M]. Baca Raton: Lewis Publishers,2002.

[12] 国务院．国务院关于加强城市基础设施建设的意见[Z]. 国发〔2013〕36 号,2013.

[13] 国务院办公厅．国务院办公厅关于做好城市排水防涝设施建设工作的通知[Z]. 国办发〔2013〕23 号,2013.

[14] 住房和城乡建设部．住房和城乡建设部城市建设司 2014 年工作要点[Z]. 建城综函〔2014〕23 号,2014.

[15] 住房和城乡建设部．海绵城市建设技术指南—低影响开发雨水系统构建(试行)[Z]. 建城综函〔2014〕275 号,2014.

[16] 仇保兴．海绵城市(LID)的内涵、途径与展望[J]. 中国给水排水,2015(41):3.

[17] 车生泉,谢长坤,陈丹,等．海绵城市理论与技术发展沿革及构建途径[J]. 中国园林,2015(6):11-15.

[18] 俞孔坚,李迪华,袁弘,等．“海绵城市”理论与实践[J]. 城市规划,2015(39):26-36.

[19] 吴丹洁,詹圣泽,李友华,等．中国特色海绵城市的新兴趋势与实践研究[J]. 中国软科

学,2016(1):79-97.

[20] 吴丹洁,詹圣泽,李友华,等. 中国特色海绵城市的新兴趋势与实践研究[J]. 中国软科学,2016(1):79-97.

[21] 车伍,赵杨,李俊奇,等. 海绵城市建设指南解读之基本概念与综合目标[J]. 中国给水排水,2015,31(8):1-5.

[22] 住房和城乡建设部. 海绵城市建设评价标准:GB/T 51345—2018[S]. 北京:中国建筑工业出版社,2019.

[23] 住房和城乡建设部. 关于开展《海绵城市建设评价标准》研究编制工作的函[Z]. 建标标函〔2016〕12 号,2016.

[24] 住房和城乡建设部. 海绵城市建设评价标准:GB/T 51345—2018[S]. 北京:中国建筑工业出版社,2019.

[25] Credit Valley Conservation. CVC Stormwater Management and Low Impact Development Monitoring and Performance Assessment Guide [M]. Mississauga: Credit Valley Conservation,2015.

[26] 夏军,石卫,王强,等. 海绵城市建设中若干水文学问题的研讨[J]. 水资源保护,2017,33(1):1-8.

[27] 李家科. 海绵城市建设低影响开发(LID)关键技术研究[D]. 西安:西安理工大学,2017.

[28] Unite States Environment Protection Agency. Low Impact Development(LID)— A literature review [R]. Washington D. C.: Unite States Environment Protection Agency,2000.

[29] 张园,于冰沁,车生泉. 绿色基础设施和低影响开发的比较及融合[J]. 中国园林,2014(3):49-53.

[30] Mark A Benedict,Edward T McMahon. Green Infrastructure: Smart Conservation for the 21st Century[J]. Renewable Resources Journal,2002(20): 12-17.

[31] 车伍,闫攀,赵杨,等. 国际现代雨洪管理体系的发展及剖析[J]. 中国给水排水,2015,30(18):45-51.

[32] 张宇,王莉芸,刘伦,等. 海绵城市常用监测设备选择及应用研究[J]. 中国给水排水,2020,46:374-378.

[33] 重庆市住房和城乡建设委员会. 重庆市海绵城市建设基本资料调查工作指南(试行)(2016. 5 发布).

[34] 李俊奇,孙瑶,李小静,等. 海绵城市径流雨水水质监测研究[J]. 中国给水排水,2021,47(6):68-74.

[35] 水利部水文局,长江水利委员会水文局. 水文情报预报技术手册[M]. 北京:中国水利水电出版社,2010.

[36] 李婧．海绵城市视角下城市水系规划编制方法的探索[J]．城市规划，2015(39)：26-36.

[37] 水利部水文局，长江水利委员会水文局．水文情报预报技术手册[M]．北京：中国水利水电出版社，2010.

[38] 杜益冬，孙保沭，杜丽蓉．工程水文学[M]．南京：河海大学出版社，1993.

[39] 周益祺，周迎．关于水位计“浮子”的若干问题[J]．水文，1999(2)：58-60.

[40] 侯煜，于兴晗，张军，等．新型浮子式水位计的研制与应用[J]．水利信息化，2012(5)：36-39.

[41] 安保统．气泡水位计设计[D]．北京：北方工业大学，2018.

[42] 杨榕，陈希谣，钟道清．一种声波式水位计的设计[J]．人民珠江，2018，39(8)：76-78.

[43] 许笠，王延乐，华小军．雷达式水位计在水情监测系统中的应用研究[J]．人民长江，2014，45(2)：74-77.

[44] 徐海军，刘林海．电子水尺在城市道路积水监测系统中的应用[J]．水利信息化，2010(2)：4.

[45] 冯若．超声手册[M]．南京：南京大学出版社，1999.

[46] 孙继伟．多普勒超声波测硫仪设计与实现[D]．成都：电子科技大学，2020.

[47] 黄雪莲．浅谈污水流量计的检测[J]．工业计量，2012(10)：7.

[48] 桑晓鸣，尹彦臻，檀臻．明渠堰槽流量计在线校准研究[J]．中国计量，2018(3)：91.

[49] 侯克峰．明渠流量计在线校准规范研究[D]．保定：河北大学，2012.

[50] 任增强，李跃忠，钱永安．超声污水流量测量的数学建模及影响因素分析[J]．山西大同大学学报(自然科学版)，2017(2)：21-24，47.

[51] 张伟．关于超声波明渠流量计维护与检修的探讨[J]．工业计量，2010(2)，261-262，309.

[52] 刘燕强，彭彩霞．雷达流量计在黄壁庄水库入库河道流量监测中的应用[J]．河北水利，2020(3)，45-48.

[53] 牛永红，卢会国，蒋娟萍．称重式雨量计几种不同滤波方法的效果对比分析[J]．气象水文海洋仪器，2013，30(4)：21-26.

[54] Thomann R V，Mueller J A. Priciple of Surface Water Quality Modeling and Control [M]. New York：Harper & Row Press，1987.

[55] Kuo J T，Hsieh M H，Lung W S，et al. Using Artificial Neural Network for Reservoir Eutrophication Prediction[J]. Ecological Modelling，2007，200：171-177.

[56] Ciou S K，Kuo J T，Hsieh P H，et al. Optimization Model for BMP Placement in a Reservoir Watershed[J]. Journal of Irrigation and Drainage Engineering，ASCE，2012，1138(8)：736-747.

[57] Chow V T，Maidment D R，Mays L W. Applied Hydrology[M]. New York：McGraw-

hill Higher Education,1988.

[58] Osman A A,Houghtalen R J. Urban Hydrology Hydraulics, and Stormwater Quality [M]. Hoboken:John Wiley & Sons Inc. ,2003.

[59] Minnesota Pollution Control Agency. Minnesota Stormwater Manual[R]. Willmar: Minnesota Pollution Control Agency,2016.

[60] 中华人民共和国国家质量监督检验检疫总局,中国国家标准化管理委员会. 土地利用现状分类:GB/T 21010—2017[S]. 北京:中国标准出版社,2017.

[61] 国务院办公厅. 国务院关于加强城市基础设施建设的意见[Z]. 国办发〔2013〕36号,2013.

[62] 国务院办公厅. 国务院办公厅关于做好城市排水防涝设施建设工作的通知[Z]. 国办发〔2013〕23号,2013.

[63] 胡坚,王红武,傅源,等. 镇江海绵城市系统性顶层设计方法与实践[J]. 中国给水排水,2019,35(2):1-5.

[64] 刘绪为,胡坚,方帅,等. 镇江海绵城市系统性顶层设计方法与实践[J]. 中国给水排水,2019,35(4):1-4.

[65] 谢恩弘,吴骏恩,杨昆. 基于 Sentinel-2 影像的洱海叶绿素 a 质量浓度反演[J]. 环境工程学报,2022,16(9):3058-3069.